지속가능 기업을 위한

ESG 경영

황인극 · 손환식 · 강성진

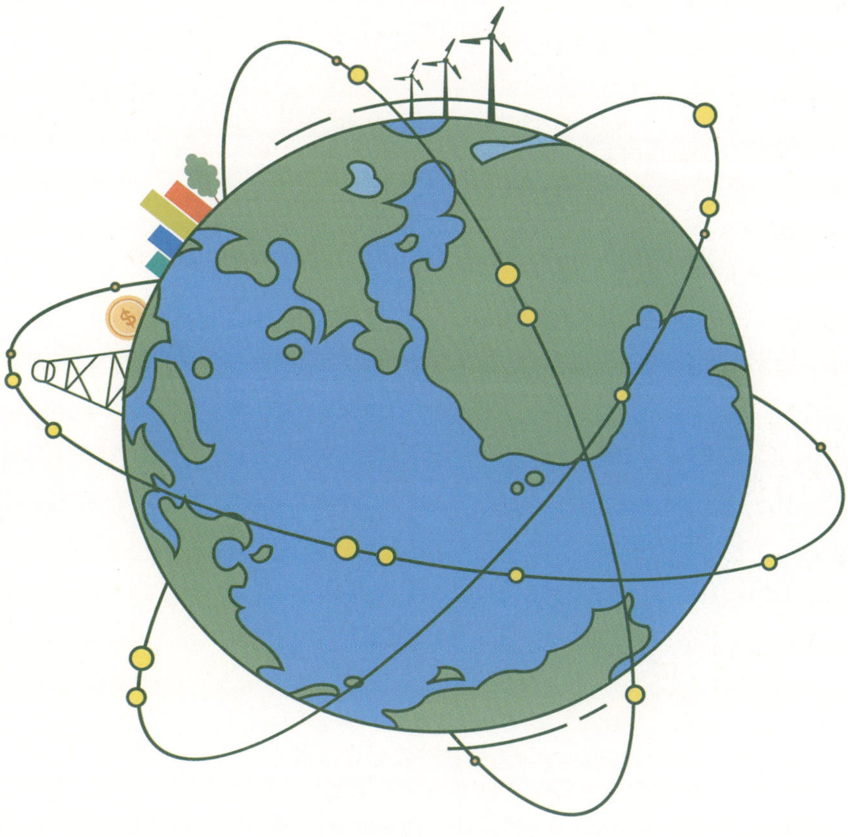

도서출판 청람

_머리말

전 세계 모든 산업의 모든 기업이 공통으로 시급하게 추구해야 할 근본적이고도 특별한 변화의 시대가 도래하였다. 이 변화의 시대는 기존의 혁신기법의 채택이나 효율성 개선 등의 소극적인 대응으로는 해결할 수 없는 거대한 변화로 기업을 둘러싼 모든 이해관계자, 즉 사회 전체의 패러다임 전환이 필요한 특수한 시기임에 틀림없다. 이 변화는 코로나19 팬데믹과 함께 거스를 수 없는 거센 물결이 된 4차 산업혁명과 5차 산업혁명의 동시 진행 그리고 ESG 경영의 등장이다. 그동안 기업들의 세계 무대에서의 무한경쟁과 그에 따른 환경오염과 기후변화로 자연재해 발생이 일상화되었을 뿐 아니라 코로나 팬데믹 발생 등 공멸의 길로 치닫던 인류에게 4, 5차 산업혁명과 ESG 경영은 인류의 공동 번영을 향한 새로운 길의 모색이며 그동안의 시행착오를 고칠 종합처방전인 셈이다.

먼저 4, 5차 산업혁명에 대해 살펴보면 4차 산업혁명은 인간의 한계를 월등히 넘어선 초지능, 모든 사물과 사람이 연결되는 초연결, 사이버 세계와 물리적 세계가 융 · 복합된 사이버물리시스템 등이 가능해졌다. 그 결과 모든 기업들은 이 새로운 기술의 가능성을 활용하여 현재 사업 분야에서 경쟁우위를 지키기보다는 끊임없이 경계를 넘어서서 기존에는 존재하지 않던 새로운 경쟁우위를 위해 상시적인 창조적 혁신을 만들어 내고 있다. 이로써 이제는 경영 환경 자체가 예측하지 못한 방향으로의 불확실성의 도래와 함께 모든 경계가 사라지고 융복합되는 무경계성의 시대가 도래하였다. 종래의 산업혁명은 지속적으로 인간과 기술의 대립적 구도를 촉진해 왔으며 그 결과로써 인간과 기술 간의 문화적 관계는 약화되어 왔음은 주지의 사실이다. 이제 이러한 과거의 구도에서 벗어나야 함에도 불구하고 4차 산업혁명은 그 혁신적인 기술 파괴력에 의하여 인간과 기술 간의 대립 구도를 한층 심화시키고 결과적으로는 인간에 대한 대체를 엄청난 속도로 촉발시킬 수도 있을 것이란 우려가 현실적으로 존재한다.

“그렇다면 이것은 도대체 누구를 위한 기술발전인가?” 그동안의 산업혁명이 인류사회에 전반적인 부의 증가와 삶의 질 향상을 가져다줬지만 효율성 증대를 위한 일련의 기술혁명들에서는 필연적으로 인간을 소외시키며 불평등 또한 심화시켜 왔기 때문에 이와 같은 근본적인 질문이 제기되었다. 이러한 질문에 대해 2021년 유럽위원회에서는 연구 및 기술기관과 유럽 전역의 자금지원기관에서 참가한 참가자들 간의 토론을 거친 후 그해에 공식적으로 5차 산업혁명을 선언하였다. 이 선언은 Industry 5.0으로서 “지속가능하고 인간중심적이며 탄력적인 산업을 향하여”라는 제목으로 공식 발표되었다.

클라우스 슈밥(Klaus Schwab) 세계경제포럼(WEF) 의장은 2020년 그의 저서에서 코로나 팬데믹으로 가속화된 4차 산업혁명은 기존의 질서를 붕괴시켜 세상을 좀 더 바람직한 방향으로 재창조할 것이라고 예측한 바 있으며 나아가 세일즈포스 창업자이면서 세계경제포럼 이사로 있는 마크 베니오프(Marc Benioff)는 2019년 다보스포럼에서 “5차 산업혁명은 지구를 구하는 것과 관련된 것이 될 것”이라고 내다봤다. 인류에게 당면한 문제들을 해결하기 위한 기술들이 인간에게 윤리적이며 인도주의적으로 사용되고 있는가에 대한 기업과 이해관계자들 간의 신뢰가 그 핵심이 될 것이라는 의미이다. 자빌(Jabil)사의 부사장 댄 가모타(Dan Gamota)는 〈포브스〉지에 실린 글에서 코로나 팬데믹이 4차 산업혁명에서 5차 산업혁명으로의 진화를 촉진하고 있다면서 “5차 산업혁명은 디지털 경험 자체로부터 그 경험의 주체인 인간으로 초점이 이동 및 진화하는 것이다”라고 주장하였다.

어쩌면 인류의 마지막 산업혁명이 될 5차 산업혁명은 기술중심의 산업혁명이 아니며 인간중심성, 회복탄력성, 지속가능성이라는 세 가지 상호 연결된 핵심가치를 기준으로 진행되고 있다.

인류의 공동 번영을 향한 새로운 길의 모색이 4, 5차 산업혁명의 기술로만 가능할 수 있을까? 그렇지 않다. 최근 활발히 대두되고 있는 ESG 경영이 필요한 이유이다.

기업 및 금융을 중심으로 추진되어 온 ESG 경영은 같이 사는 공동체 사회를 위한 사람중심으로의 변화를 추동해야 한다. 미국의 아웃도어회사 파타고니아(Patagonia)는 올바른 ESG 경영의 실천을 위해서는 기업의 이해관계자, 즉 투자자, 소비자, 임직원, 주주, 협력사, 지역사회, 정부 및 관련 기관, NGO 및 시민단체 등 공동체의 공감과 지지가 중요하다고 강조한다. 따뜻한 자본주의라고도 불리는 ESG 경영의 성공적인 수행을 위해서는 포용적 가치창출과 함께 생태계를 구축하여 다양한 이해관계자, 즉 사회의 기대에 부응하고 이를 아우르는 데 있다. 공동체 내에서 사람중심의 공존 철학이 성공적 ESG 경영의 중요한 요소임을 명심해야 한다.

ESG 경영은 지향점이 다른 ESG와 경영이라는 두 개념이 서로 타협하고 조율하면서 합의점을 찾아가는 과정과도 같다. ESG의 성공 키워드인 기술, 사람, 지구를 중심으로 한 자사만의 강점과 역량을 살린 제대로 된 경영전략을 전개한다면 ESG는 위기가 아닌 더 큰 기회로 기업에게 엄청난 부와 가치를 가져다줄 것이다.

ESG 경영의 당위성을 살펴보면 다음과 같다.

- **신무역장벽으로서의 기능:** 탄소국경조정제도(CBAM: Carbon Border Adjustment Mechanism), 즉 탄소국경세는 인류 역사상 최초의 녹색무역관세를 의미하는데, 탄소배출에 대한 규제가 상대적으로 약한 국가에서 규제가 강한 국가로의 상품 수출에 대해 관세를 부과한다는 것이다. 탄소배출 규제가 상대적으로 약한 국가는 대표적으로 중국과 한국 등이고 강한 국가는 유럽연합 국가이다.

  실질적 탄소국경세인 CBAM은 2023년 10월부터 EU에 수출되는 철강, 시멘트, 알루미늄, 전력, 비료, 수소 등 6개 품목에 대하여 탄소배출량을 보고하도록 강제하고 이후 2025년까지 시범사업기간으로 정한 후 2026년도부터 관세를 부과할 계획이며 시범사업기간 동안에 여타의 품목이 추가될 가능성이 높다.
- **소비자 및 이해관계자의 변화:** 보스톤컨설팅그룹(BCG)의 조사에 따르면 유럽의 소비자 72%가 친환경 포장제품을 선호하는 것으로 조사되었으며, 세계 소비자의 46%가 유명 브랜드의 제품보다 친환경제품을 구매할 것이라 응답하였고, 밀레니얼 세대의 67%는 사회적 임팩트가 있는 일자리를 갖고 싶다고 응답하였다. 우리나라의 경우 2021년 대한상공회의소 실시 여론조사에 따르면 63%의 소비자들이 제품구매 시 해당 기업의 ESG 활동을 고려한다고 응답하였고, 70%의 소비자들은 ESG 활동에 부정적인 기업의 제품에 대해서는 의도적으로 구매하지 않은 경험이 있다고 응답하였으며, 무려 88%에 이르는 소비자들은 ESG 경영 우수기업 제품의 경우 추가비용을 지불하고도 구매할 의향이 있다고 응답하였다.
- **ESG 공시 의무화:** IFRS(International Financial Reporting Standards) 국제회계기준은 국제표준

의 지속가능성 공시기준을 제정하기 위해 2021년 11월 ISSB(International Sustainability Standards Board) 국제지속가능성기준위원회 설립을 공식화하여 투자자가 기업가치 판단 시에 도움이 되는 국제지속가능성 공시기준(IFRS S1 및 IFRS S2)을 마련하여 2023년 6월 26일 G20 등이 지원하는 가운데 발표하였다. 이는 투자자가 과거의 재무정보뿐만 아니라 비재무정보, 즉 ESG 평가를 전 세계적으로 비교 가능한 지속가능성 관련 공시를 제공함으로써 국제적 표준을 제시하였다.

우리나라의 경우 자산총액 2조 원 규모 이상의 상장사는 2025년부터 ESG 정보공시를 의무화하고 2030년부터는 모든 코스피 상장사가 대상이 되는데 이는 사실상 국내 대부분의 기업이 대상이 되는 셈인데 ESG 정보공시에 따르면 공급망관리 또한 일정부분 기준에 포함되기 때문이다.

- **투자유치**: 그러나 무엇보다도 기업의 ESG 경영에 대한 핵심유인은 자금유치이다. 국내의 경우 ESG 자본 규모가 2021년 채권상장잔액이 100조 원대를 돌파하였으며(한국거래소) 해외의 ESG 자본은 국내보다 훨씬 빠르고 거대해지고 있으며 미국과 유럽 등은 탄소중립을 선언하며 각각 1,000조 원대가 넘는 ESG 펀드를 조성하였다.

이렇게 볼 때 4, 5차 산업혁명과 ESG 경영은 가히 인류의 공동 번영을 향한 새로운 길의 모색이라 할만하다. 역사적으로 볼 때 인류는 바람직한 이상적인 사회에 대한 두 가지의 사상적 구성물, 즉 다시 말해 유토피아적 메타패러다임이 존재하는데 이를 기술주의적 메타패러다임과 인본주의적 메타패러다임으로 부를 수 있다.

이러한 이상적인 사회에 대한 인간의 열망은 지난한 인류 역사의 수레바퀴를 굴려 온 여러 힘들 중 하나이다. 이집트를 떠난 이스라엘 민족에게 40년이라는 떠돌이 생활을 견뎌낼 수 있게 해준 원동력은 다름 아닌 가나안이라는 이상향이었다. 가나안은 한편으로는 물질적으로 풍요로운 젖과 꿀이 흐르는 약속의 땅이자, 다른 한편으로는 굴종와 속박으로부터 완전한 해방을 의미하는 자유의 땅이기도 했다. 이러한 물질적 풍요와 정신적 해방은 사실상 인류의 본원적 열망이 표현된 두 가지의 이상적인 사회의 모습이라고 할 수 있다. 이는 풍요의 열망을 담은 기술주의적 메타패러다임과 해방의 열망을 담은 인본주의적 메타패러다임으로 구분할 수 있다. 이러한 인류의 열망인 두 메타패러다임은 현대 사회조직의 중추적인 위치에 있고 모든 사회 구성원들은 기업활동의 직·간접적인 영향 아래 있으며, 따라서 기업을 경영한다는 것은 인류가 지향하는 이상향, 즉 이상적 사회 구현의 중심에 놓일 수밖에 없다. 그러한 이유로 경영담론은 기업의 모든 이해관계자들의 이해와 관심이 조화를 이루는 이상적 상태를 지향하게 된다. 결과적으로 경영패러다임은 두 가지의 유토피아적 메타패러다임이 기업조직의 맥락 속에서 좀 더 구체화된 사고체계이며 이러한 경영패러다임은 기술주의적 기술중심 경영패러다임과 인본주의적 인간중심 경영패러다임으로 나눌 수 있다.

기술중심 경영패러다임은 테일러(Frederick Taylor)의 과학적 관리론에 근거하여 기술에 의한 인간의 통제, 즉 일에 대한 구상과 실행의 분리를 통해 인간의 자유의지를 기술적 시스템에 내어주는 대신에 인간 고통의 근원이라고 보는 노동에 대한 극적인 시간의 감소와 풍요의 근원인 물질적 보상의 극대화를 달성하여 모든 구성원들이 물질적 풍요의 토대 위에서 상생하고 화합하는 이상적 질서를 달성하고자 하였으며, 이는 최근의 4, 5차 산업혁명으로 기술중심 경영패러다임의 이상사회에 인류 역사상 가장 근접해 가는 상황이다.

인간중심 경영패러다임은 1930년대 대공황 이후 메이요(G. Elton Mayo) 등 하버드대학의 경영학 교수들이 진행한 호손공장 실험에 의해 본격적인 이론적 틀이 마련된 인간관계론에 기반한다. 이는 인간을 관계적 존재 혹은 사회적 존재로서의 역할에 주목하면서 동기, 몰입, 만족 등 인간의 정신적이고 사회적인 영역을 기업경영의 전면에 내세워 노동의 본질은 고통 또는 필요악이 아닌 즐거운 창조이자 자기실현의 과정으로써 구상과 실행이 완벽하게 통합되어 있다는 측면에서 노동은 취미나 여흥과 유사하며 행복한 노동, 즐기는 노동을 통해 창의성을 극대화하는 것이다. 즉 자신의 의지에 의해 시스템을 통제하며 이의 활용을 통하여 자아를 실현하는 것이 노동의 본질이라고 보고 있는데, 이는 최근의 5차 산업혁명의 핵심가치인 인간중심성과 지속가능성에 맞닿아 있으며 또한 점점 구체적으로 제도화되고 있는 ESG 경영과도 맞닿아 있음은 틀림없는 사실이다.

그러나 이러한 인류의 이상향을 향한 올바른 방향 제시에도 불구하고 이전의 산업혁명이 그래왔듯이 4, 5차 산업혁명 그리고 ESG 경영을 추진할 실무자 집단의 실천과정에서 전혀 다른 방향으로 갈 가능성 또한 배제할 수 없다.

인간중심의 4, 5차 산업혁명과 기술, 사람, 지구가 키워드인 ESG 경영이 온전하게 성공하려면 기술적 혁신과 더불어 문화적 혁신이 동반되어야만 한다. 어떤 기술을 사용할 수 있는

가가 아니라 왜 그 기술이 사용되어야 하는지에 집중해야 하며 그것이 또한 인간의 문화적 조건에 얼마나 부합될 수 있는지가 진지하게 고려되어야 한다. 그리하여 젖과 꿀이 흐르고 속박과 굴종이 없는 물질적 풍요와 정신적으로 해방된, 인류가 열망하는 이상향은 누가 만들어 주는 것이 아니라 내 자신이 만든다는 사실을 잊지 말기 바란다.

끝으로 ESG 경영을 학습하면서 바람직한 ESG 경영이 가져올 미래에 대해 모두가 같은 꿈을 꿀 수 있기를 기대한다.

2023년 9월

저자 일동

_차례

PART 01 ESG의 기본 개념

01 Chapter 지속가능 경영의 이해

02 Chapter
ESG 역사

03 Chapter
ESG 개념 및 전략

04
Chapter
ESG 시대의 CSR, CSV, CSI의 발전

05 Chapter 선형경제와 순환경제

PART 02 ESG 핵심요소

E(환경)

06 Chapter 재생 가능 에너지(RE100)

07 Chapter

탄소중립과 기후변화

S(사회)

08 Chapter 산업안전 및 품질

09 Chapter

ESG 기반의 공급망 관리

G(지배구조)

10 Chapter 기업윤리

11 Chapter 기업과 지배구조 그리고 ESG

PART 03 ESG 응용

12 Chapter K-ESG

13 Chapter ESG 평가 시스템

14 Chapter

ESG의 미래

PART
01

지속가능 기업을 위한 ESG 경영
ESG Management for Sustainable Enterprises

ESG의 기본 개념

지속가능 기업을 위한 ESG 경영

CHAPTER 01

지속가능경영의 이해

1.1 | 경영의 이해

1.1.1 경영의 개념

경영(학)은 기업의 경영을 연구대상으로 하는 사회과학의 한 분야이다. 경영에 대한 이해를 바탕으로 경영목표의 합리적인 달성을 위해서 경영활동이 어떻게 수행되어야 하며, 또 이러한 활동들을 어떻게 합리적으로 관리하여야 하는가에 대한 것이 종합적으로 다루어져 체계적으로 처리되어야 한다. 즉 경영(학)은 기업을 연구대상으로 하여 목표 달성과 관련된 활동을 수행하고 관리하는 학문이다.

그러면 기업이란 무엇인가? 기업활동에 기반한다면, 사람들이 모여서 일하는 곳(직장)이나 제품 또는 서비스를 생산하거나 판매하는 곳이라 할 수 있을 것이고, 기업목표에 기반한다면, 기업의 매출과 이윤을 추구하기 위해 노력하는 조직이라 할 수 있을 것이며, 기업 역할에 기반한다면 고용을 창출하는 조직 또는 국가 경제발전의 원동력이 되는 조직 등으로 정의할 수 있겠다.

기업조직은 조직의 공통적인 목표에 따라 영리조직 또는 비영리조직으로 구분 가능하며 영리조직은 이윤 극대화를 주된 목표로 하며 우리가 일반적으로 알고 있는 기업이 이에 해당된다. 이를 뒷받침할 이론으로 마이클 포터(Michael Eugene Porter) 교수의 가치사슬을 들 수 있다. 기업은 가치를 창출하기 위한 여러 가지의 가치행위를 수행하는데, 따라서 이러한 가치행위의 집합체인 기업은 [그림 1-1]과 같이 가치사슬로 구성되어 있다고 보는 것이다.

포터 교수의 가치사슬은 크게 주활동과 보조활동 두 가지로 구분하며, 주활동은 제품이나 서비스의 산출과 물류에 관련된 활동으로 물류투입활동, 생산운영활동, 물류활동, 마케팅/판매활동, 서비스의 다섯 가지로 구분되며, 보조활동이란 주활동이 계속해서 진행될 수 있게 지원하는 활동으로 구매·조달활동(원자재·설비·기타 공급품의 구입), 기술개발(제품의 연구·설계), 인적자원관리(채용·훈련·개발·평가·보상), 기업의 하부구조(일반관리, 회계, 재무, 법무, 전략기획)의 네 가지로 구분된다.

[그림 1-1] 마이클 포터의 가치사슬

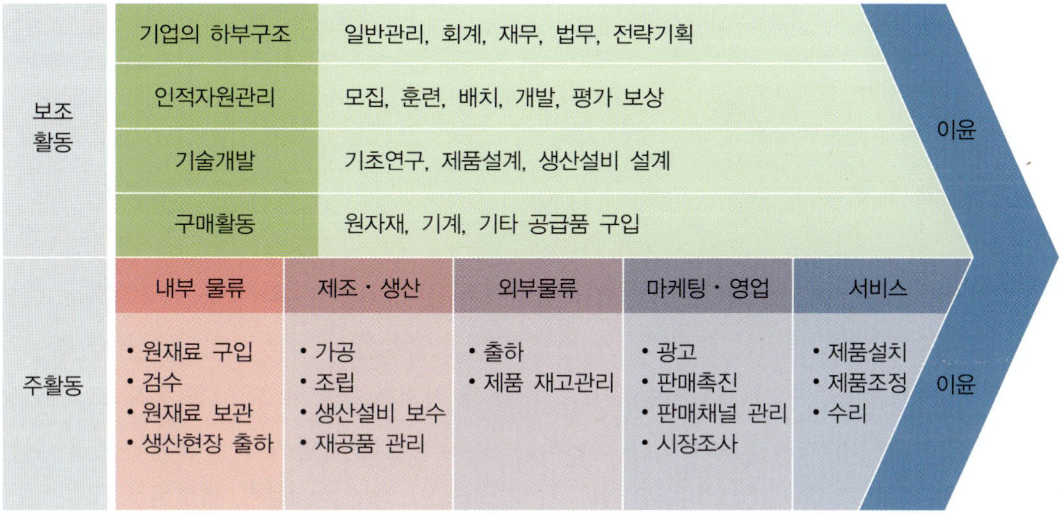

출처: BGSS

한편 갈수록 어려운 환경 속에서 우리나라 또는 세계에서 수많은 기업의 탄생과 소멸이 반복되고 있음은 주지의 사실인데 어떻게 하면 성공적인 기업이 될 수 있는가? 성공적인 기업이 되기 위해서는 여러 조건들을 만족시켜야 하겠지만 본서에서는 다음에 제시하는 다섯 가지의 요소로 정리하고자 한다.

성공요소	내용
기업가정신 함양	창조적이며 혁신적인 기업가와 기업가정신으로 재정적 · 심리적 · 사회적 위험을 기꺼이 감수함과 동시에 시간과 노력을 다하여 새로운 것을 창조하여 금전적 · 심리적 만족을 얻기 위한 과정
고객만족	기업 간 치열한 경쟁과 다양해진 소비자의 욕구 충족(원가, 품질, 납기, 유연성 등)
핵심역량 확보	다른 기업이 가지고 있지 않은 차별화된 경쟁우위능력, 지속적인 연구개발을 통한 핵심역량의 유지능력
수평적 조직구조	급변하는 환경변화에 유연하고 신속한 대응 필요, 의사결정 권한의 하부 이양과 원활한 정보교류의 필요
인간중심 경영	기존의 1차 · 2차 · 3차 산업혁명은 기술중심 산업혁명이었으나, 최근의 4차 · 5차 산업혁명에서는 기술중심 → 인간가치중심으로 이동하며 인간중심성, 회복탄력성, 지속가능성이 특징

- 기업가정신의 함양
- 고객만족
- 핵심역량 확보
- 수평적 조직구조
- 인간중심 경영

드러커(Peter Drucker) 교수는 경영을 인문예술이라 정의하였다. 그 이유는 경영에는 인간의 계발, 삶의 질 향상이라는 분명한 가치가 있으므로 조직에서 사람은 단지 노동과 임금의 대가를 교환하는 도구가 아니라 사람들이 일을 통해 사회에 공헌하고, 일을 통해 스스로 성장하며 결국 자신의 가치를 조직에서 실현하는 것이 경영의 책임이며 경영은 인간을 위한 가치와 바람직한 세상에 대한 비전을 반드시 품어야 한다고 판단했기 때문이다.

1.1.2 경영의 정의

드러커는 경영(학)은 조직의 방향을 설정하여 제시하고 리더십을 통하여 조직의 모든 자원을 어떻게 활용할 것인가를 정하는 것이라고 정의하였으며, 페이욜(Henri Fayol)은 경영을 계획하고, 조직하고, 지시하고, 조정하고, 통제하는 작업으로 규정함으로써 오늘날 경영과정에 대한 이론의 기틀을 제공하였다.

한편 버나드와 사이먼(Chester I. Barnard & Herbert A. Simon)은 경영이란 조직을 형성하여 운영하는 것이며 그것은 곧 의사결정과정이라고 하였으며, 서울대 경영연구소는 경영(학)은 경영을 연구대상으로 하는 사회과학으로 경영에 대해서 종합적으로 이해하며 이를 토대로 하여 경영목표의 합리적인 달성을 위하여 경영활동이 어떻게 수행되어야 하며, 이러한 활동들을 어떻게 합리적으로 관리해야 하는가에 대한 행동 원리를 종합 과학적 입장에서 다루어 이를 하나의 지식체계로 정리한 학문이라고 정의하였다.

즉 넓은 의미에서의 경영이란 조직의 사명과 경영목표를 달성하기 위하여 조직 내 모든 자원을 가장 효율적으로 활용하는 과정이라고 할 수 있다.

기업이 보유하고 있는 자원은 한정되어 있으므로 가장 효율적으로 이용되어야 하며 결과적으로는 기업의 목적을 달성할 수 있도록 사용되어야 한다. 또한 기업은 목적 달성을 위하여 계획을 수립하고 업무를 분담하는 조직을 만들어 함께 열심히 노력하도록 동기부여하며, 일이 진행되는 동안 확인하고 잘못될 경우 시정조치를 취하는 일들을 반복하는 과정을 통틀어 경영이라고 할 수 있다.

1.1.3 경영의 프로세스

앞서 페이욜은 경영을 계획하고, 조직 및 지시 그리고 조정하고, 통제하는 작업으로 정의하고 이러한 현상은 모든 조직경영에 공통적으로 나타나는 현상이라 하였는데 이를 구체적으로 설명하면 다음과 같다.

- **계획**(Planning): 경영자는 경영목표를 달성하기 위하여 구체적인 활동목표를 제시하고 여러 가지 프로그램과 절차를 명시해야 한다. 즉 기업의 경영목표를 달성하기 위한 기획과정과 일정 등을 결정해야 한다.
- **조직화**(Organization): 경영목표와 목표 달성을 위한 계획이 수립된 후에는 그것을 수행할 조직구조를 갖춘 다음 거기에 맞는 사람들을 채용, 배치, 훈련 등 인적 · 물적 자원을 체계화시키는 기능이다.
- **지휘**(Leading): 계획과 조직화가 완료된 상태에서 구성원들에게 원활한 업무 수행을 할 수 있도록 영향력을 행사하는 기능으로 적절한 동기부여와 권한 위임 등을 통하여 목표 달성을 실행하는 기능이다.
- **통제**(Controlling): 앞의 세 가지 기능에 대한 정보를 수집하고 평가하여 구성원과 조직이 바람직한 방향으로 나아가고 있는지 확인하고 시정하는 기능이다. 즉 경영의 모든 행동이 목표에 부합하고 있는지를 평가하여 새로운 개선책을 찾아내는 기능이다.
- **조정**(Coordinating): 상술한 네 가지 기능의 원활한 수행을 위하여 조화와 균형을 위한 조정기능이 필요하다.

1.1.4 전통 경영과 현대 경영이론

(1) 전통 경영이론

■ 과학적 관리

1, 2차 산업혁명 이후 미국에서는 공업화에 의한 기업의 급속한 성장에 따른 관리의 문제가 대두되면서 노사갈등을 야기했다. 이로 인해 체계적이고 과학적인 경영이 필요했으며 이는 테일러(Frederick Taylor)의 과학적 관리론으로 이어졌다. 테일러는 초시계와 자를 들고 다니며 작업 수행의 최적의 동작과 시간을 제시하여 작업자의 하루 작업량을 정하고 이를 기준으로 과업을 달성한 근로자에게는 높은 임금을 지급하고 달성하지 못한 근로자에게는 낮은 임금을 지급하는 성과급제도를 도입하는 등의 관리방법을 '과학적 관리'라 칭하고 1911년 〈과학적 관리의 원리(*The Principles of Scientific Management*)〉라는 책을 출간하였다.

이후 길브레스 부부(Frank and Lillian Gilbreth)는 동작연구를 통해 작업효율을 개선하였고, 간트(H. L. Gantt)는 시간연구를 통한 작업공정의 합리화 방안을 위해 간트차트를 고안하였으며, 포드(Henry Ford)는 컨베이어 벨트식 자동차 조립라인을 통해 자동차 대량생산의 시대를 열었다.

이렇듯 과학적 관리를 시간과 동작의 연구에 의한 근로자의 과업을 설정하고 필요인력과 소요 원자재를 정확히 산정하며, 작업과정을 설계하고, 이의 실행을 위해 근로자의 채용, 훈련을 실시하며 기능별로 전문화된 관리와 계획 대비 실적을 비교 분석하여 재조정하는 등의 과학적 관리는 경영의 획기적인 효율화를 가져왔다. 그렇지만 분명한 한계도 존재한다. 시간연구와 동작연구가 보여주듯이 인간을 기계로 보고 경제적 동물로 취급한 성과급제도 또한 인간이 생각과 감정을 가진 존재라는 인식은 부족했다.

(2) 현대 경영이론

■ 행동과학적 접근이론

행동과학(Behavioral Science)과 인간관계론은 유사한 내용으로 구성되어 있으며 인간관계론의 핵심이 인간인 반면 행동과학적 접근의 핵심은 조직으로, 행동과학은 인적자원의 유효성을 증대시키는 것이 바로 조직의 유효성을 증대시키는 것이라 정의하였다. 행동과학은 인간의 행동에 관하여 객관적 방법으로 수집된 경험적인 증거에 의해 입증된 일반적인 법칙을 확립하고 인간의 행동을 과학적으로 설명하고 예측하는 것이다. 인간의 행동을 설명하는 데는 어느 특정 학문으로로는 설명이 부족하므로 인류학, 심리학, 사회학, 경제학, 역사학 등의 학문에서 종합적인 접근이 필요하다.

■ 시스템이론

시스템이론(System Theory)은 기업을 포함한 모든 조직을 하나의 유기체로 보고 연구하려는 것으로 조직의 효율성을 제고시킬 방법을 모색하고 이론을 도출하는 것이다. 시스템의 개념은 제2차 세계대전을 통하여 전시체제의 물자 수송과 전함 배치, 병참 문제 등의 복잡한 전략적 요소들을 목표 차원에서 통합하고, 관련된 각 부분의 상호작용을 간단한 모형으로 단순화시킴으로써 부분의 집합인 전체 목표의 상승효과를 거둘 수 있게 된 것이다.

버나드(Chester Barnard)는 〈경영자의 역할(*The Functional of the Executive*, 1938)〉에서 실무 경험을 토대로 지식의 이론을 전개하며 협동시스템(Cooperative System)이란 공동의 목적을 위해 의식적으로 조정된 물적, 생물적, 사회적 체계이며, 조직 또한 2인 이상의 사람들의 힘과 활동을 의식적으로 조정하는 사회적 협동시스템이라 정의하였다. 하나의 시스템인 조직은 동시에 여러 개의 상부 혹은 하부시스템과 연결된 복합시스템으로 보았다.

기업은 곧 소비자, 투자자, 공급업체, 유통업체 등 외부와 연결된 복합시스템이며, 조직은 복합시스템 속에서 다른 시스템과 상호작용하는 개방 시스템이기에 외부의 시스템과의 균형관계를 유지하는 것이 경영의 핵심이라고 하였다. 또한 조직경영은 조직이 존속하기 위해서는 구성원들의 공헌과 만족의 균형을 맞추어야 한다. 구성원을 만족시키려면 물질적 보상은 물론 심리적 보상도 주어져야 하는데, 버나드와 사이먼은 인간과 조직 가운데 하나만을 강조하는 과학적 관리와 인간관계론의 한계를 극복하고자 협동시스템 조직론을 주장하였다.

■ 상황적합이론

전통 경영이론인 테일러의 과학적 관리는 시간연구와 동작연구에 의한 과업을 설정하여

성과급제도를 적용하면 엄청난 성과를 낼 수 있으며, 이 경영이론은 어떤 기업에든 적용 가능하다고 가정했으며 페이욜 또한 모든 조직에 적용되는 14가지의 경영일반 원칙을 제시하고 "경영의 일반원칙은 선박 운행에 있어 등대가 필요한 것처럼 경영활동의 항로를 가르쳐 주는 기준"이라며 모든 조직에 보편타당하게 적용되는 일반론적 원칙임을 강조했다.

1960년대 후반부터 발달하기 시작한 상황적합이론의 초점은 특정 시점의 특정 조직에서의 환경과 상황이 복잡다단해지면서 기존의 전통 이론을 그대로 적용하기에는 무리가 있으며 특정 시점의 특정 조직활동에 가장 강력한 영향을 미치는 특정한 상황(Environment, Situation, Contingency)에 따라 다른 접근법을 사용해야 한다는 주장을 상황적합이론(Contingency Theory)이라고 한다.

기업경영에서 보편타당한 일반론적 관리시스템으로는 경영의 효율성을 담보할 수 없으며, 환경의 불안정, 불확실성을 수용하여 외부환경, 관리과정, 경영행동 등의 관점에 통합시킨 접근방법이라 할 수 있다.

[그림 1-2] 상황별 최적행동의 관점에서 상황적합적 관점

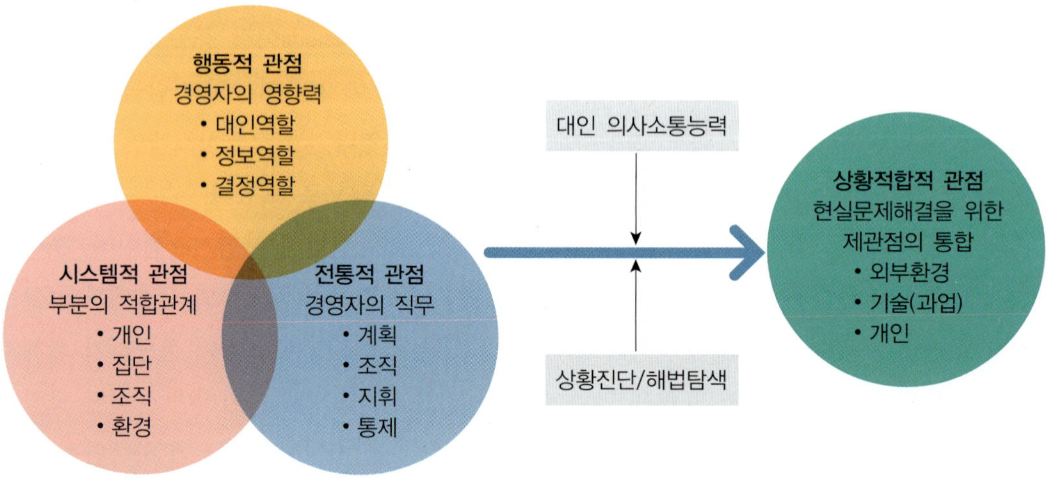

출처: 위오기 외(2012), 스마트시대의 경영학원론, p.54

1.2 | 지속가능경영의 이해

1.2.1 지속가능경영의 개념

(1) 지속가능경영 개념의 대두배경

▪ 환경파괴

2020년 봄부터 전 세계는 코로나19라는 팬데믹(Pandemic) 상황을 맞고 있다. 이러한 상황이 전 세계적으로 어떠한 현상을 초래했는지는 우리가 경험한 현실이므로 각설하고 코로나19 팬데믹의 원인에 대해 살펴보고자 한다. 코로나 바이러스는 원래 야생동물인 박쥐 등에 기생해 살고 있었으나 인간이 자연을 반복적으로 파괴하면서 야생동물들은 삶의 터전을 잃었고, 결과적으로 야생동물과 인간의 접촉이 빈번해지며 인간에게 코로나 바이러스가 전염되기에 이른 것이다. 최초에 중국에서 시작된 코로나 바이러스는 국경이 사라진 글로벌 시대에서는 순식간에 전 세계로 퍼져나갔다. 이러한 인류 역사상 가장 빠른 팬데믹 상황은 인간에 의한 환경과 생태계 파괴에 대한 강력한 경고이다.

1, 2차 산업혁명 이후 20세기에 들어서면서 인간은 물질적 풍요 속에서도 경제성장을 최고의 가치로 여기며 경제성장을 위해 소비 확대를 세계인에게 장려하고 있다. 이때의 각국의 성장지표는 GDP(Gross Domestic Product, 국내총생산)였다. 각국의 GDP가 증가하는 만큼 유한한 지구의 자연 자본이 수탈될 뿐만 아니라 폐기물과 환경오염이 증가되고 있으며, 이에 따른 지구온난화현상과 생물다양성의 절멸현상은 더욱더 심각해지고 있다. 따라서 언제 어느 때 코로나19와 같은 팬데믹이 다시 올지 아무도 모를 일이다.

이제 지속적인 경제성장만을 요구하는 글로벌 경제 모델은 지속가능하지 않으며 인류가 지속가능하려면 생태계와 생물다양성의 절멸과 기후변화, 대기, 수질, 토양오염 등의 지구 환경문제에 대응해야 한다. 21세기의 인류는 지구의 환경을 보전하면서 지속가능한 사회를 구축해야 하는 과제를 안고 있다.

■ 자원고갈

유한한 지구의 자연 자본은 경제가 성장하면서 소비량도 가파르게 늘어나고 있다. 엄청난 양의 자연 자본을 채취하고 채굴하면서 자연을 파괴하고 있으며, 재생 가능한 생물자원도 재생속도를 넘겨 채취한다면 재생 불능상태에 빠진다. 산림 파괴 및 불법 벌채 등은 해당 산출국에서의 인권, 환경, 노동문제와 부패의 온상이 되고 있으며 실제로 자연 자원의 채취, 채굴 현장을 보면 환경이 얼마나 파손되고 있는지 확인할 수 있다.

예를 들어 자연에서 채굴되고 있는 금은 광석 1톤당의 금 함유량은 고작 6g에 불과하다. 자원 고갈의 대표적인 금속은 희소 금속인데 이는 수요에 비해 매장량이 극히 소량인 금속으로 구리가 대표적인 희소 금속이다. 이전에는 기초금속으로써 전 산업에 걸쳐 수요가 많았으나 이제는 위기상황에 있는 희소 금속으로 분류되고 있다. 산업에서 갈수록 수요는 늘어나는 데 비해 구리 광석과 신규 광석의 발견은 지속적으로 줄고 있다. 따라서 향후 구리 등의 희소 금속은 경제성장의 제약조건이 되고 있으며 현재까지 구리 등의 희소 금속을 대체할 물질이 없다는 것이 가장 큰 문제점이다.

■ 환경, 자원에 대한 국제적 관심사 고조

이미 1968년에 이러한 지구의 위기를 느낀 선각자들, 즉 정치인, 기업가, 학자들이 로마클럽을 결성하였고, 1972년에는 동 클럽에서 〈성장의 한계(*The Limit to Growth*)〉라는 보고서를 발표하여 지구의 환경과 자원의 한계에 관한 경종을 울렸는데, 이 보고서의 주요 내용은 "환경, 자원, 토지 등 지구의 물리적 용량에는 한계가 있다. 그러므로 인구 증가와 경제성장을 방치한다면 인류는 위기상황에 빠질 수밖에 없으므로 가능한 한 인구와 경제의 제도성장을 실현해야 한다"라고 주장하며 지속가능한 성장기반으로서의 환경과 자원의 중요성을 세계에 호소하였다.

이제 세계의 각 국가들은 자원에 대한 쟁탈전을 치르며 지구 환경과 천연자원은 유한하다는 현실을 이해하기 시작하였으며 경제성장을 통해 풍요로움을 구가하겠다는 지구 공동체는 한계를 맞고 있다. 이에 한계에 직면한 국제사회는 지속가능한 사회를 구축하기 위해 국제적 대책을 활발하게 추진하기 시작했다.

(2) 지속가능경영 개념

■ 거시적 차원의 타임라인

[그림 1-3] 지속가능경영의 타임라인

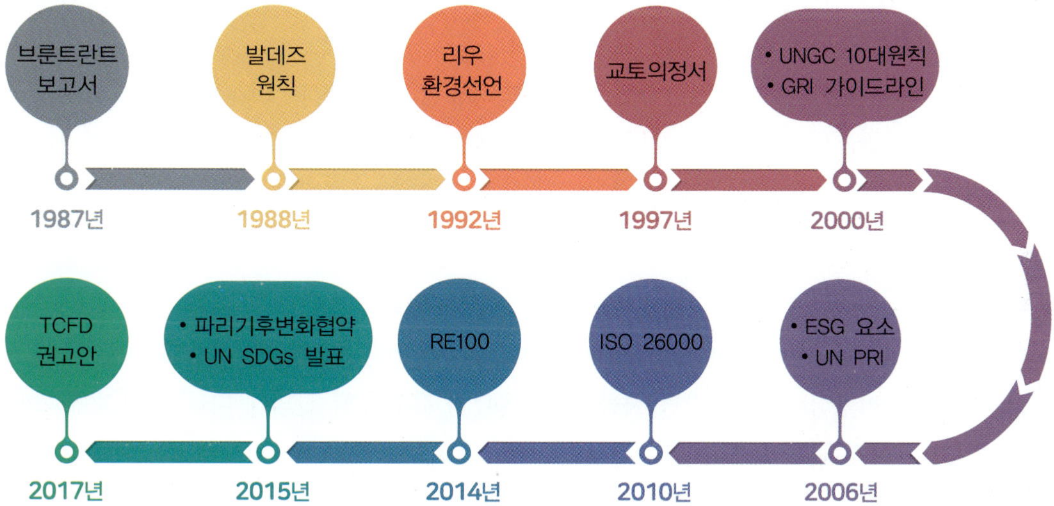

■ 1987년 브룬트란트 보고서

1972년 '유엔환경계획(UNEP: UN Environment Programme)' 전담기구를 설치하여 지속가능성에 대한 논의가 시작되어 1987년 UN 지속가능발전 특별위원회(Bruntland Commission)를 구성하여 브룬트란트 보고서(《*Our Common Future*: 우리 공동의 미래》)에 지속가능발전에 대한 개념이 정립되었다. 보고서에 따르면 "지속가능발전은 미래 세대의 욕구 충족 능력을 저해함 없이 현재 세대의 욕구를 충족시키는 것(Development that meets the needs of the present without compromising the ability of future generations to meet their own needs)이다"라고 정의한다.

■ 1989년 발데즈 원칙

미국 알래스카에서 1989년 엑슨 발데즈호의 원유 유출 사고가 있었는데 이를 계기로 미국 세리즈(CERES)라는 환경단체에서 기업은 환경 및 사회에 끼치는 영향을 스스로 파악하여 공개 및 관리할 뿐만 아니라 개선하기 위해 노력해야 한다는 내용의 발데즈 원칙(Valdez Principles)을 발표하였다.

■ 1992년 리우환경선언

1992년 브라질 리우데자네이루에서 178개국 정상들이 모여 지구환경 정상회의(Earth Summit)를 개최하여 지속가능발전을 논의하였다.

이 회의에서는 환경적으로 건전하면서도 지속가능한 개발(ESSD: Environmentally Sound and Sustainable Development)의 구현을 위하여 지구환경질서의 기본 규범인 '리우선언'과 21세기를 향한 구체적인 환경보전 실천계획인 'Agenda 21'을 채택하였다.

■ 1997년 교토의정서(Kyoto Protocol) 실천협약 체결

유엔지속개발위원회(Commission on Sustainable Development)는 1992년 리우회의에서 채택된 'Agenda 21'의 이행상황 평가 및 감시를 위해 제47차 유엔총회 결의에 따라 유엔경제사회이사회(ECOSOC) 산하에 설립되어 1993년부터 매년 개최되고 있으며 지속가능한 개발에 관한 이슈를 논의해 오고 있다. 1997년 186개국의 기후변화협약 회원국 중 유럽연합 15개 회원국은 2012년까지 1990년 온실가스 배출량 대비 8%, 미국은 7%, 일본은 6%를 줄여야 한다는 내용으로 채택되었으며 2005년 2월 16일 발효되었다.

그러나 미국의 교토의정서 탈퇴와 중국, 인도는 개발도상국이라는 이유로 적용되지 않는 등의 문제로 교토의정서는 현재 유명무실한 상태이다.

■ 2000년 UNGC 10대 원칙

UNGC(UN Global Compact)는 코피 아난 전 UN 사무총장이 출범시킨 기업의 사회적 책임(CSR)에 관한 국제협약으로 인권, 노동, 환경, 반부패, 4대 분야에서의 10대 원칙 준수를 핵심으로 한다.

표 1-1 UNGC 10대 원칙

4대 분야	10대 원칙
인권 (Human Right)	• 원칙 1. 기업은 국제적으로 선언된 인권 보호를 지지하고 존중해야 하며, • 원칙 2. 기업은 인권 침해에 연루되지 않게 적극 노력한다.
노동 (Labour)	• 원칙 3. 기업은 결사의 자유와 단체교섭권의 실질적인 인정을 지지하고, • 원칙 4. 모든 형태의 강제노동을 배제하며, • 원칙 5. 아동노동을 효율적으로 철폐하고, • 원칙 6. 고용 및 업무에서 차별을 철폐한다.
환경 (Environment)	• 원칙 7. 기업은 환경문제에 대한 예방적 접근을 지지하고, • 원칙 8. 환경적 책임을 증진하는 조치를 수행하며, • 원칙 9. 환경친화적 기술의 개발과 확산을 촉진한다.
반부패 (Anti-corruption)	• 원칙 10. 기업은 부당취득 및 뇌물 등을 포함하는 모든 형태의 부패에 반대한다.

■ 2000년 GRI 가이드라인

2000년에 발표된 GRI 가이드라인(G1)은 지속가능성 보고를 위한 최초의 글로벌 프레임워크이며 2016년에는 '글로벌 지속가능성 보고서'의 표준인 'GRI 스탠다드(GRI Standard)'를 제시하였다(GRI: Global Reporting Initiative의 약자로 기업의 경제, 사회 환경 관련 활동의 가이드라인을 제시하는 비영리기구로 1997년 UNEP와 미국 환경단체 CERES(세리즈)에 의해 설립됨).

■ 2006년 ESG 요소

2006년 UN 책임투자원칙(UN PRI)에서 ESG(Environmental, Social, Governance)를 구성하는 세부 요소가 제시되었으며 UN은 기업의 책임 있는 경영을 위해 ESG에 대한 기업과 공공기관의 체계적 대응이 필수적이라 하였다. ESG라는 용어는 2004년 유엔글로벌콤팩트에서 발표한 보고서에 처음으로 인용되었다.

■ 2006년 UN PRI(책임투자원칙)

UN PRI(United Nations Principles for Responsible Investment)는 투자자가 기업의 환경(E), 사회(S), 지배구조(G)를 투자결정요인으로 반영하도록 하기 위해 기업은 관련 정보를 공개하도록 유도하자는 것이다.

표 1-2 UN PRI 6대 원칙

원칙 1	우리는 투자 분석 및 의사결정과정에 ESG 이슈를 통합한다.
원칙 2	우리는 투자철학 및 운용원칙에 ESG 이슈를 통합하는 적극적인 투자자가 된다.
원칙 3	우리는 투자대상자에게 ESG 이슈의 정보공개를 요구한다.
원칙 4	우리는 투자산업에 대해 PRI 준수와 이행을 위해 노력한다.
원칙 5	우리는 PRI의 이행에 있어 그 효과를 증대시킬 수 있게 상호 협력한다.
원칙 6	우리는 PRI 이행에 대한 세부활동 및 진행상황에 대해 보고한다.

출처: UN PRI Homepage

■ 2010년 ISO 26000(사회적 책임에 대한 국제표준)

2010년 국제표준화기구(ISO)는 기업의 사회적 책임에 대한 실행지침과 권고사항을 ISO 26000으로 표준화하였다. ISO에서 정한 국제표준은 인증절차를 거쳐 대부분 인증서를 발급받는데 ISO 26000은 사회 구성원 모두의 노력에 대한 가이드라인이므로 인증서를 발급하지는 않지만 기업의 지배구조, 인권, 환경, 노동 관행, 공정거래, 소비자 이슈, 지역사회 참여 등 일곱 가지의 세분화된 영역에서 목표 달성을 위해 세계의 국가와 시민, 기업, 단체가 노력하도록 제정된 국제표준이다.

■ 2015년 파리기후변화협약

파리기후변화협약(파리협정, Paris Climate Agreement)은 지구온난화를 막고자 2015년 12월 12일에 채택되어 2016년 11월 4일부터 포괄적으로 적용되는 국제법으로서의 효력이 발효되었다. 195개 국가가 참여한 이 협약은 지구 평균온도 상승폭을 산업화 이전 대비 2℃ 이하로 유지하고, 더 나아가 온도 상승폭을 1.5℃ 이하로 제한하기 위한 노력을 담고 있는 국제협약이다. 2020년 11월 미국의 공식 탈퇴와 재가입의 해프닝에도 불구하고 세계 탄소배출량 중 주요 5개국(미국, EU+영국, 중국, 러시아, 일본)이 80%에 달하며, 이들 국가를 포함하여 2022년 2월 말 기준 193개국(192개국+영국)이 협약을 이행 중이다. 이 협정은 각 나라마다 온실가스 감축목표를 자발적으로 정하여 발표하고 국제사회는 이행 결과에 대해 공동으로 검증하게 된다.

■ 2015년 SDGs

2015년 UN에서는 193개 국가의 정상들이 서명한 '지속가능발전목표(지속가능개발목표, SDGs: Sustainable Development Goals)'를 발표하여 인류의 번영과 행복을 위한 큰 걸음을 내딛게 된다. 지구와 인류를 대상으로 환경보존, 사회발전, 경제성장의 세 가지 분야에서 17개 목표와 169개의 세부목표로 제시한 SDGs는 2030년까지 이행하여야 하는 국제적인 공동목표이며 R&D에 대한 투자전략지침이다. 산업계는 SDGs에 기반한 기업경영의 비전과 사업전략, 그리고 R&D 투자전략을 세우고 수행해야 하는데 UN의 SDGs가 사회적 가치 실현의 이정표로 대두되며 SDGs가 ESG 경영의 기본 목표이자 지속가능경영의 지표가 된 것이다.

유럽연합(EU)은 2021~2027년 동안 기후변화의 대처 및 SDGs 달성을 지원하면서 EU의 경쟁력과 성장을 촉진하기 위한 연구 및 혁신에 대한 지원을 위해 약 130조 원을 투자한다. 일본 정부는 2017년 4차 산업혁명의 대응전략으로 'Society 5.0'을 채택하였는데, SDGs와 연동해 추진되고 있으며 '제6기 과학기술혁신 기본계획(2021~2025)'에서도 Society 5.0 계승을

[그림 1-4] ESG와 SDGs, PRI의 관계

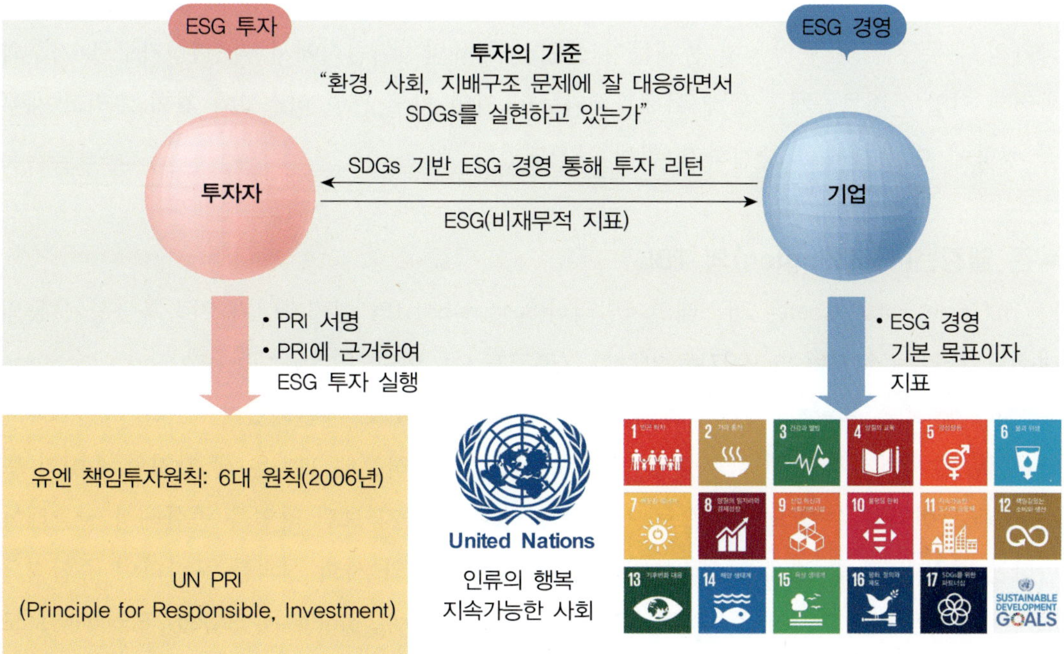

출처: 김재필(2021), ESG 혁명이 온다 2: 미래전략과 7가지 트렌드 편

목표로 한 '지속가능성 확보'를 핵심내용으로 한 연구개발 투자계획을 수립하고 있다.

앞서 지속가능경영 타임라인에서 살펴보았듯이 UN은 2006년 PRI를 통하여 ESG 투자에 대한 원칙을 만들었고, 2015년 SDGs를 통해 ESG 경영의 목표를 제시했다고 할 수 있다.

다시 정리하자면 ESG는 투자자가 기업에 투자할 때 UN PRI의 6대 원칙에 입각하여 해당 기업이 ESG 이슈를 관리하면서 SDGs를 실현하고 있는지를 판단하는 비재무적 지표이며 따라서 투자대상 기업이 ESG 경영을 잘하고 있는지 확인하려면 SDGs에서 제시한 세부목표들이 기업의 목표와 잘 정렬되어 있을 뿐만 아니라 실현되고 있는지를 살피면 된다.

2015년 UN에서 힘차게 출범한 지속가능발전목표(SDGs)는 17개의 주요 목표와 169개 세부적 실행목표들을 기반으로 글로벌 주요 기업이 기업경영의 핵심가치로 삼는 '지속가능경영', 'ESG 경영', '환경경영'의 가장 중심이 되는 글로벌 기준이 되고 있다.

■ 2017년 TCFD 협의체와 권고안

TCFD(Task Force on Climate-related Financial Disclosures) 협의체 권고안에는 이해관계자들의 기후변화에 관련된 리스크와 기회, 권고안과 지침 그리고 시나리오 분석 등이 있으며 G20 국가의 재무장관 및 중앙은행 총재들이 설립한 금융안정위원회에서 파생된 기구로 기후와 관련된 기업의 정보공개를 통해 이해관계자들이 기업 기후 관련 리스크와 기회 그리고 재무적 영향에 대한 이해를 증진하기 위해 구성되었다.

■ 존 엘킹턴(J. Elkington)의 TBL

TBL(Triple Bottom Line)은 서스테인어빌리티(SustainAbility)의 설립자이자 지속가능성 운동의 대부로 불리는 엘킹턴이 1997년 발간한 〈포크를 든 야만인(*Cannibals With Forks the Triple Bottom Line of 21st Century Business*)〉이라는 저서에서 최초로 제안되었다. 보텀 라인(Bottom Line)이란 손익계산서의 맨 아랫줄에 있는 순이익을 의미하는데 TBL은 세 가지의 순이익 또는 성과로 번역될 수 있으며 앞으로 기업의 실적은 세 가지 보텀 라인을 종합해서 산출해야 한다는 주장이다. 즉 경제적 성과뿐만 아니라 환경 성과와 사회 성과를 포함하여 종합적으로 본다는 것이다. TBL 또는 3BL은 3P(People, Planet, Profit), 3E(Equity, Ecology, Economy)로도 통용되는데 조직과 단체 그리고 지역 등의 성과측정에서 재무성과와 함께 비재무성과를 포함하여 측정하는 것이다. 이는 단순한 성과 측정방법을 넘어서 조직을 바라보는 철학이라 할 수 있다.

TBL 기준은 주로 사회적 회계나 공공회계에 적합하다고 볼 수 있으나, 기업의 본래 성격인 사회적 기관으로서의 성격을 회복한다면 기업회계기준으로 충분히 기능할 가능성이 있다. 따라서 TBL을 중시하는 경영을 TBL 경영 또는 지속가능경영이라고 말할 수 있다.

[그림 1-5] 엘킹턴의 지속가능경영의 세 관점

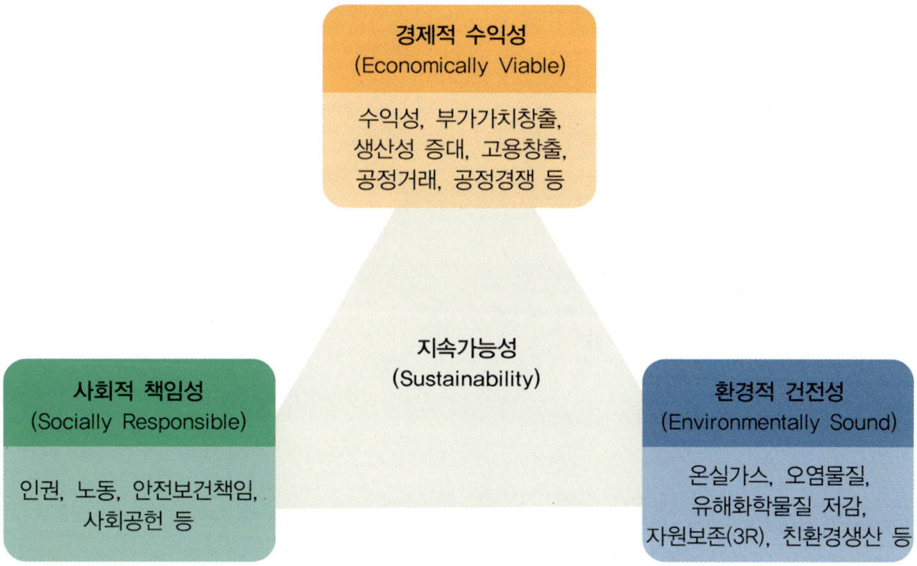

1.2.2 지속가능경영의 필요성

(1) 사회적 존재로서의 기업

기업은 사회적 존재이고 따라서 사회의 지지를 받아야만 존속할 수 있으며, 사회적 지지를 받기 위해서는 사회에 공헌해야 한다.

유엔은 2030년까지 달성해야 할 SDGs를 빈곤퇴치, 기아해결, 에너지 절약, 기후변화 대책 마련, 평화로운 사회구현 등을 제시하고, 이 같은 SDGs 달성을 위하여 기업들도 적극 협조할 것을 요구하고 있다. 유엔의 SDGs를 기업들이 사업전략에 활용하게 된다면 기업들이 사회에 공헌하는 기업활동을 보여주면서 기업의 정당성을 보여줄 수 있을 뿐만 아니라 종업원, 거래처 고객에게 사회적 책임을 수행하는 기업의 존재의의를 어필하는 효과가 있을 것이며, 종업원은 더 좋은 미래에 공헌하는 자신의 회사에 대한 자긍심이 생기고 다양한 이해관계자들도 사회에 공헌하는 기업의 SDGs 활동에 대해 크게 신뢰하게 될 것이다.

표 1-3 UN SDGs(지속가능발전목표)

1. 모든 국가에서 모든 형태의 빈곤종식
2. 기아해소와 식량안보 달성, 지속가능농업 발전
3. 건강한 삶의 보장 및 웰빙 증진
4. 양질의 교육을 보장하고 평생학습의 향상
5. 성평등의 달성과 여성역량의 강화
6. 물과 위생시설의 접근성과 관리 강화
7. 모두에게 지속가능한 에너지 보급
8. 지속가능한 경제성장과 일자리 증진
9. 인프라의 구축과 지속가능한 산업화 확대
10. 불평등의 해소
11. 지속가능한 도시의 조성
12. 지속가능한 소비와 생산패턴의 확립
13. 기후변화의 대응
14. 해양과 해양자원의 보존과 지속가능한 이용
15. 육상생태계 보호와 지속가능한 이용
16. 지속가능발전을 위한 평화로운 사회 증진 및 제도 구축
17. 지속가능발전을 위한 이행수단 강화를 위한 글로벌 파트너십 강화

세계 최대의 PR회사 에델만(Edelman)사는 최근 세계 28개국 3만 3,000명을 대상으로 한 '2017년 신뢰도 지표'에 대한 조사 결과를 발표했는데, 조사 결과에 따르면 75%에 달하는 세계의 시민은 기업이 경제적 이익을 중시하면서도 지역사회를 위한 사회, 경제적 과제를 동시에 해결해 줄 것을 희망하였다. 즉 대다수 세계 시민(소비자)은 기업이 사회적 과제를 해결하는 경영전략에 관심을 보인다는 것을 알 수 있다.

(2) 사업 기회의 확보

기업이 SDGs에 적극 대응해야 하는 이유는 환경과 사회의 지속성만큼이나 경제의 지속가능성도 중요하므로 기업은 다양한 사업 기회를 창출하고 지속적 성장을 위해 SDGs에 적극 대응해야 한다.

기업 및 지속가능발전위원회(BSDC: Business & Sustainable Development Commission) 보고서에 의하면 2030년에 SDGs를 달성한다면 환경과 에너지, 도시개발 분야에서 12조 달러의 사업 기회를 창출하고 일자리 또한 3억8,000만 개가 증가하여 세계의 고용이 확대된다는 전망이다. 4차 산업혁명 과정에서 기업들의 경영환경은 매우 빠르게 변화하고 있으며 글로벌 시장의 변동성과 경쟁강도의 증가, 정보통신기술의 발전에 따른 급격한 기술발전 및 디지털화와 개인화된 제품 수요에 따른 제품수명주기의 감소와 복잡성 증대, 인구 고령화에 따른 노동인구의 감소와 환경 및 지속가능성에 대한 이슈 등과 같은 다양한 압박상황에서도 기업은 저비용, 고품질, 유연성, 민첩성, 대응성 등을 모두 충족해야만 하는 상황에 놓여 있다.

이러한 경영환경에 적응하려면 디지털 기술을 효과적으로 적용해 나가고 기업을 혁신해야 한다. 디지털 기술을 SDGs에 활용하는 기업은 경쟁사 대비 새로운 성장 기회를 확보할 가능성이 커질 수밖에 없을 것이다.

2017년 'CSR 유럽' 조사 결과에 따르면, 유럽 164개 회사 중에 90% 이상이 SDGs 대응을 중요하게 생각하고 있으며 그 이유는 79%의 경영자가 SDGs의 대응은 기업가치를 높일 뿐 아니라, 지속가능전략에 부합하기 때문이라고 답했다. 그 다음 52%의 경영자는 신규 사업의 기회, 46%는 이해관계자 관계 강화, 30%는 위험관리 대책이 가능하기 때문이라고 답했다.

앞으로는 세계적 규모의 거대자금이 SDGs의 과제 해결에 투입될 예정이므로 SDGs에 적극 대처하는 기업은 이러한 공적 및 사적 자금을 활용하여 선제적인 사업 기회창출과 기업의 혁신을 이룰 가능성이 크다. 이렇듯 SDGs가 달성될 경우 기업에 돌아갈 경제적인 효과 또한 엄청난 규모의 사업 기회가 창출된다는 사실을 직시할 필요가 있다.

(3) 경영위험 감소

기업은 사회적 존재이므로 지속가능경영을 위해서는 사회에서의 좋은 평판은 필수적이다.

SDGs는 사회에서 요구하는 공통 기준을 전 세계에 포괄적으로 제시하고 있으므로 기업이 SDGs에 대응하는 것은 곧 기업의 경영위험을 줄이는 것이며 나아가 기업이 SDGs에 대응하는 것은 사회적 가치를 실현하는 방법이다.

최근 기후변화 대책은 사회적으로 중요한 과제이므로 기업은 경영위험관리 차원에서 기후변화에 안 좋은 영향을 주는 사업 분야는 철수 또는 혁신을 통한 긍정적 변화를 유도해야 한다. 기업의 사회적 평판 위험에 따른 경영위험이 있기 때문이다. 나이키의 사례를 보면 1990년대 중반 동남아시아의 제조공장에서 아동노동과 장시간 노동 착취로 세계적인 불매운동에 직면했으며, 후지제록스는 2011년 불법으로 산림을 파괴한 대형 제지회사에서 용지를 조달받아 사회적 비판과 함께 사업도 큰 타격을 받았다. 두 회사는 이러한 경험을 통해 환경보전과 지역주민을 보호하고 기업윤리를 철저히 지키면서 위기를 벗어날 수 있었다. 기업들은 내부, 외부에서 발생한 스캔들을 어떻게든 숨기려 하겠지만 인터넷과 SNS가 발달한 현대사회에서는 순식간에 전 세계로 퍼져 나간다. 이러한 경영위험을 회피하려면 SDGs를 활용하여 대응체계를 만들어야 한다. 그렇지 않을 경우 사소한 사건만으로도 기업의 평판은 훼손될 가능성이 크다.

1.3 | 지속가능경영과 이해관계자

지속가능경영으로 지난 반세기 동안 유지되어 오던 주주제일주의 경영이 이해관계자 경영으로 변화되고 있다. 포스트 등은 이해관계자란 “어떤 조직에 관심이나 우려가 있는 사람이며, 그룹 또는 조직의 이해관계자는 조직의 행동, 목표 및 정책에 영향을 주거나 영향을 받을 수 있는 자”로 정의했다(Post, Preston, Sachs, 2002).

일반적으로 기업의 이해관계자는 기업의 제품이나 서비스를 구매하는 고객을 떠올리게 되는데 기업은 고객의 선택을 받기 위해 고객과 관련된 모든 것을 분석하고 반영하여 양질의 제품 및 서비스를 생산한다. 아직도 대부분의 기업에서 이해관계자를 고객으로만 인식하는 경향이 있으나 지속가능경영에서의 이해관계자는 그 범위를 대폭 넓혀야만 한다.

지속가능경영에서의 이해관계자 기준을 SPICE 모델로 설명하면 사회(Society), 협력사(Partners), 투자자(Investors), 고객(Customers), 직원(Employees)을 일컬으며 여기에 SPICEE로 확장하여 E(Environment)를 추가하기도 한다. 이해관계자는 여섯 가지 또는 일곱 가지 영역에서 기업의 특성에 따라 더하거나 뺄 수도 있다. 예를 들면 정부, 공공기관, 채권자, NGO 및 시민단체 등이다.

만일 기업이 영위하고자 하는 업종이 정부 규제에 영향을 받는다면 정부 및 관련 기관이 중요한 이해관계자이므로 그들과의 소통과 관계를 중시해야 하며, 또 환경에 영향을 주는 업종이라면 NGO, 관련 시민단체가 중요한 이해관계자이다. 또한 기업이 새로운 업종의 사업을 하고자 할 때 임직원들에게 비전과 목표를 공유하고자 한다면 임직원을 중요한 이해관계자로 인식해야 함은 당연하다.

과거에는 기업 관련 이해관계자가 기업에게 사회적 책임을 먼저 요구했으나, 현재는 기업이 이해관계자들에게 기업의 지속가능경영을 위한 사회적 책임과 환경적 책임에 대한 대화를 시도하고 있다. 그러면 이해관계자별로 그들이 기업에 원하는 것이 무엇인지 살펴보고자 한다.

■ 정부 및 관련 기관

정부 및 관련 기관들은 기업의 비즈니스와 관련된 정책이나 법률, 제도 등을 만드는 과정에서 그들의 의견을 반영하기 위해 기업들의 참여를 유도하기도 한다.

■ 협력사

수직적 구조의 지배관계가 아닌 협력관계라는 점에서 협력사라는 용어가 일반적으로 쓰이고 있으며 협력사는 발주량을 늘려주기를 원하고 적절하고 원활한 대금지급도 중요하게 고려한다.

■ 투자자

투자자는 이해관계자 중에서도 기업경영에 가장 관심이 많을 수밖에 없는데, 기업경영이 잘되어 기업가치가 커지면 주식가치도 커지고 배당금도 커진다. 그러므로 투자자는 주식가치가 훨씬 커지기를 바란다.

■ 고객

고객은 기본적으로 더 좋은 제품이나 서비스를 원하고 이미 구매한 경우에는 원활한 애프터서비스(A/S)를 원한다. 또한 제품과 서비스에 대한 브랜드 인지도와 충성도를 유지, 향상하기를 바란다.

■ 임직원

임직원은 기업이 지속성장하여 회사의 연봉과 복지가 향상되고 업무역량이 향상될 수 있도록 교육, 훈련에도 신경 써주기를 바란다.

■ 지역사회

지역사회는 기업의 사업장이 있는 곳으로 환경, 사회적으로 다양한 영향을 끼친다.

■ NGO, 시민단체 등

NGO, 시민단체 등은 기업활동과정에서 환경적, 사회적 측면에서의 부정적 영향이 최소화되기를 바라며, 이들 단체의 관심과 활동이 기업 운영에 긍정적 영향을 미치기를 바란다.

따라서 지속가능경영이란 모든 이해관계자에게 경제적, 사회적, 환경적 책임과 가치를 제공하는 비즈니스 모델이라 할 수 있다.

표 1-4 지속가능경영과 이해관계자

구분	투자자	고객	임직원	협력사	지역사회	정부 및 관련기관	NGO, 시민단체
경제적 책임							
사회적 책임							
환경적 책임							

출처: 언론종합

1.4 | 지속가능경영의 비즈니스 모델

아시아 지속가능성 에너지 및 환경회의(ACSEE: Asian Conference on Sustainability, Energy & the Environment)의 공식 자료집에서는 지속가능성에 대한 아홉 가지 시사점을 제시하고 있다. 그 내용을 들여다보면 현재 많은 기업들이 지속가능성에 대한 비전과 계획을 제시하고 있으나 아직 누구도 완전히 지속가능한 조직을 운영하고 있다고 볼 수 없으며 지속가능성은 아직 기업 비즈니스 모델의 펀더멘털이 아니며 많은 기업이 SDGs를 시작했으나 아직은 아무도 완료하지 못했음을 알 수 있다. 현재 대다수 기업은 지속가능전략에 대한 비전이나 우선 과제를 선정하는 단계이며 다음 단계로의 이행에 어려움을 느끼는 상황이다. 따라서 아홉 가지 시사점을 바탕으로 기업의 지속가능한 비즈니스 모델 5단계를 제시하고자 한다.

1.4.1 아시아 지속가능성 에너지 및 환경회의 아홉 가지 시사점

- 지속가능성은 아직 비즈니스 모델의 펀더멘털이 아니며 많은 기업이 시작은 했으나 아직 아무도 완료하지 못했다.
- 기업들은 지속가능성의 비전 수립을 넘어 지속가능한 시스템화에 대해 노력 중이다
- 기업은 지속가능성 및 SDGs 이행의 측정과 평가에 합의된 프레임워크와 도구가 부족하여 어려움을 겪고 있다.
- 투자자는 지속가능경영의 채택을 유도하는 자산관리자 역할을 하고 있다.
- 그린워싱(Greenwashing, 친환경, 녹색경영을 위장하는 행위)은 갈수록 불가능해지고 있다.
- 지속가능성 관련 전문가 부족에 따른 인재영입의 어려움이 있다.
- 특히 젊은 세대의 직원들은 지속가능성에 더 높은 가치를 두는 기업에서 근무하고자 한다.
- 공급망은 지속가능성 달성을 위한 중요한 쟁점이다.
- 지속가능경영에서 협업과 파트너십은 성공의 필수적 요소이다.

1.4.2 지속가능 비즈니스 모델

표 1-5 지속가능 비즈니스 모델의 단계별 이정표

제1단계: 기초 수준의 이해

- 고위 관리직의 인식
- 지속가능성 담당팀 구성
- 높은 수준의 목표 설정

제2단계: C-레벨 임원의 개입 및 초기 선택

- CEO의 비즈니스 모델 전환 지지와 승인
- SDGs에 맞추어 현재 활동을 정렬
- 지속가능성 우선순위 파악을 위한 중요성 분석
- 우선순위 영역에서 초기 목표 설정
- 보고(GRI, ESG 등)

제3단계: 이행 및 첫 결실

- 이니셔티브 발표 및 게시
- 이행을 위한 파트너십(협회, 국제기구 등)
- 적극적인 커뮤니케이션(대내외)
- 산업 내 및 산업 간 개입과 인식
- 초기 목표에 대한 성과 추적

제4단계: 조직 간 우선순위 설정 및 승인

- 현재 위치와 방향에 관한 명확성(업계 내 최고 기업 및 경쟁사와 비교)
- 모든 SDGs의 영향 이해(일부 목표에 집중한 우선순위 설정 가능
- 명확한 핵심성과지표(KPI: Key Performance Indicators)
- 제품 및 서비스 포트폴리오에 지속가능성 통합
- 리더십 개발과 직원 교육을 통하여 조직 간 지속가능성 지식과 역량 배양

제5단계: 정렬 및 과정 통합

- 지속가능성 전략 = 비즈니스 전략
- 전략을 지지하기 위한 명확한 이행계획 – 납품, 시기, 책임
- 공통 플랫폼
- 가치 및 원칙
- 비즈니스 선택, 기획, 제품개발, 보고에 대한 통합적인 접근
- 새로운 KPI를 정기적으로 추적할 수 있는(기술 및 과정) 시스템
- 직원 리뷰 및 인센티브 시스템에 새로운 KPI 반영

출처: Trista Bridges and Donald Eubank(2021), 지속가능하게 리드하라

[그림 1-6] UN SDGs: 지속가능 비즈니스 모델의 5단계

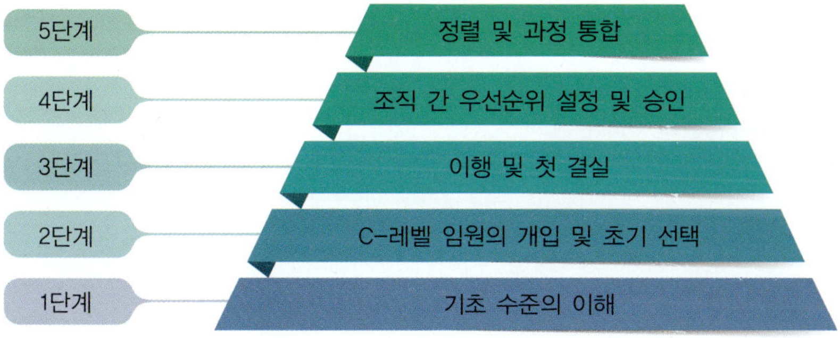

출처: Trista Bridges and Donald Eubank(2021), 지속가능하게 리드하라

1.4.3 글로벌 기업의 지속가능경영 트렌드와 비즈니스 사례

표 1-6 글로벌 기업의 지속가능경영 트렌드와 기업 사례

범주	글로벌 기업 트렌드	기업 사례
환경 건강 안전	• 건강을 사업 변신의 중요한 모티브로 설정 • 제품 제조과정상에서 위험요소를 최소화 • 가치사슬의 전 단계에서 환경오염 예방 • 환경은 의무사항이 아닌 사업 기회로	• 펩시: 건강식품기업으로 변신 • LVMH: 제품에 유해성분 사용금지 • BMW: 쉽게 해체되는 디자인 적용 • 지멘스: 친환경 도시개발 솔루션을 개발
접근성	• 저소득층, 개발도상국에서 사업 기회를 발굴 • 베리어프리 제품과 서비스로 약자 배려	• 보다폰: 저소득층을 위한 'M-PESA' 출시 • 로레알: 제품에 점자표기
연결과 협력	• 클러스터로 건전한 기업 생태계 구축 • 신뢰 기반으로 협력사와의 공동성장 추구	• 노보노디스크: 메디콘밸리 연구 주도 • 포드: 원포드 전략으로 협력사와 시너지
지역 발전	• 고용창출로 지역사회에 기여 • 지역개발을 위한 핵심적 역할을 수행 • 원료조달 지역 투자로 새로운 이익 원천 발굴	• 사우스웨스트에어라인: 불황기에도 고용증진 • 스탯오일: 캐나다 앨버타 지역에 인프라 구축 • 네슬레: 원두생산 프로그램 'Ecollaboration'
종업원 만족	• 일하기 좋은 직장의 의미가 다양화됨 • 일하기 좋은 직장이 성과도 좋음 • 여성인재의 전략적 활용이 곧 기업 경쟁력	• 유니레버, 직원건강관리 프로그램 '램프라이터' • SAS: 낮은 이직률로 안정적 사업운영 • 듀폰: 여성 멘토링 프로그램 'WOMEN Unlimited'
사회 공헌	• 나눔과 분배에서 사회 전반으로 영역 확대 • 기업주도적 CSR에서 고객주도형으로 발전 • 기업 CSR 활동을 확대하여 타 기업과 협력	• IBM: '월드 커뮤니티 그리드' 지원 • 펩시: 고객 아이디어로 기부 '리프레시 프로젝트' • 전자산업시민연대: 전자 관련 기업의 CSR 연합체

출처: 삼성경제연구소(2012)

결국 기업의 지속가능경영은 기업뿐만 아니라 기업을 둘러싼 다양한 이해관계자들에게 혜택을 제공하게 된다.

표 1-7 지속가능경영과 이해관계자

범주	기업	이해관계자
환경 건강 안전	신사업 · 성장 동력, 사업변신 기회	건강, 안전, 환경을 고려한 삶의 질 향상
접근성	신규고객 창출로 신시장 확보	저소득층, 장애인 제품 사용 기회 확대
연결과 협력	협력사와 신뢰 관계 구축으로 장기적 운영 능력 강화	건전한 기업생태계 확보
지역 발전	• 양질의 물리적 자원 확보 • 지역사회와 우호적 관계 형성	지역의 사회 · 경제적 발전
종업원 만족	임직원 만족도 제고로 성과 향상	커리어 개발, 열린 기업문화 등으로 직원 만족도 향상
사회 공헌	사회적 평판도 상승	• 사회문제 해소 • 고객과 사회의 사회공헌 욕구 충족

출처: 삼성경제연구소(2012)

연습문제

01 다음 중 마이클 포터의 가치사슬 주활동이 아닌 것은?

① 제조생산 ② 마케팅 영업
③ 연구개발 ④ 내 · 외부 물류

02 다음 중 과학적 관리의 방법론이 아닌 것은?

① 성과급제도 ② 동작관리
③ 시간관리 ④ 자율성 부여

03 다음 중 지속가능경영의 대두 배경이 아닌 것은?

① 자원고갈 ② 환경파괴
③ 코로나19 ④ 미 · 중 패권 경쟁

04 지구환경에 대한 정상회의를 개최하여 구체적 환경보전 실천계획인 'Agenda 21'을 채택한 국제회의는?

① 1997년 교토의정서 협약 ② 1987년 브룬트란트 보고서 채택
③ 1992년 리우환경선언 ④ 2014년 RE100

05 2000년 UNGC 10대 원칙의 4대 분야가 아닌 것은?

① 인권 ② 노동
③ 질서 ④ 환경

06 성공적인 기업이 되기 위한 다섯 가지 요소를 제시하시오.

( )

07 페이욜(Henri Fayol)의 경영에 대한 정의에 기반한 경영의 프로세스 다섯 단계를 기술하시오.

( )

08 지구온난화를 막고자 195개 국가가 참여하여 지구 평균온도 상승폭을 1.5℃ 이하로 제한하기로 한 국제협약은?

( )

09 2030년까지 달성해야 할 SDGs 과제를 모두 기술하시오.

( )

10 지속가능경영을 위한 7대 이해관계자들을 기술하시오.

( )

제1장 연습문제 정답

01. ③ 연구개발
02. ④ 자율성 부여
03. ④ 미·중 패권 경쟁
04. ③ 1992년 리우환경선언
05. ③ 질서

CHAPTER 02

ESG 역사

2.1 | 기업의 부상과 사회적 책임의 초기 개념

2.1.1 기업의 부상

환경, 사회 및 지배구조(ESG: Environment, Social, Governance)의 개념은 인간사회와 경제발전을 위한 상업활동의 진화하는 과정과 함께 비즈니스의 맥락에서 생겨났다.

1700년대 중반 영국에서 시작된 일련의 발명품은 수천 년 전에 농작물 재배에 도구가 처음 사용된 이래 인간의 삶에 가장 큰 변화를 가져왔다. 이러한 발명은 사람들의 일상생활과 사회조직 방식에 중대한 변화를 가져왔다. 소위 가내 수공업은 기계가 인간의 기술과 에너지를 보완하거나 대체하는 공장으로 대체되기 시작했다. 사람들은 기계를 작동시키기 위해 고용되었고 그들의 산출물이 아니라 그들이 일한 시간에 따라 임금을 받았다. 장인과 달리 노동자는 생산되는 제품의 특성에 영향을 미치지 않았다. 산업혁명의 가장 중요한 결과 중 하나인 공장제도는 노동자의 생산성을 높였을 뿐 아니라 일의 본질을 극적으로 변화시켰다. 공장제도는 사회구조에도 변화를 가져왔다. 산업혁명 이전까지 부와 위신, 정치권력은 귀족들의 소유였다면 1800년대 후반부터는 그러한 권력이 비교적 소수의 부유한 기업 소유주로 대체되었다. 귀족정치가 한 번도 존재하지 않았던 미국에서 새로운 권력구조는 부유한 산업가를 탄생시켰다.

한 세기 후 2차 산업혁명에서 가장 중요한 것은 1차 산업혁명의 발전을 기반으로 기업의 효율성 및 생산성은 더욱 향상되었으며 인간의 생활방식을 근본적으로 변화시키는 주요 기술이 나타나기 시작했다. 에너지 소비는 전기, 가스 및 석유에 의존하게 되었고, 내연기관은 증기엔진을 더욱 발전시키며 확장되었다. 다양한 형태의 비즈니스 확장을 지원하는 제품들을 생산하기 위해 철강 및 화학 합성에 대한 엄청난 요구가 있었다. 자동차, 비행기, 전신 및 전화와 같은 제품이 처음으로 발명 및 발견되면서 이전에는 상상할 수 없었던 산업발전을 가능하게 했다. 이후 발전은 계속해서 지속되었으며, 한계이익이 감소했다. 연결성은 광범위한 사용자 커뮤니티를 형성함으로써 가치를 창출하는 네트워크 생태계의 시작을 알렸다.

이러한 맥락에서 민간기업은 부의 창출과 수입원으로서의 큰 역할을 수행했다. 기업은 생산성 향상, 혁신 및 궁극적으로 경제성장의 근본적인 엔진이 되었으며, 그 주변에서 사람들의 생활이 많은 부분 의존하게 되었다. 기업은 더 많은 인구가 접근할 수 있는 환경을 조성하였고 보다 비용 효율적인 제조 제품을 생산하고 제공함으로써 사회의 중요한 기둥이 되고 있었다.

2.1.2 산업가와 박애주의

산업화 초기에 기업의 부의 창출과 함께 현대 자선사업도 1800년대 후반에 나타났다. 1차 산업혁명이 가져온 기계화 이후 등장한 공장노동자의 열악한 노동조건이 사회문제화되고 있을 때, 앤드류 카네기와 존 D. 록펠러와 같은 기업가들은 교육, 과학 및 기타 인도주의사업에 수억 달러를 기부하기 시작했다. NCR(National Cash Register)의 설립자인 존 패터슨(John H. Patterson)은 공장에서 직원 복지를 개선하기 위한 노력을 주도했으며 이러한 활동이 생산성을 향상시킬 것이라고 인식했다. 따라서 1870년부터 1900년까지 미국의 황금시대는 기업 확장을 통해 급속한 경제성장을 이루어 가는 시기였다. 그것은 또한 복지 자본주의가 사회복지정책을 포함하는 자본주의의 한 형태로 발전한 맥락이었다.

이익 추구에만 초점을 맞추는 것은 궁극적으로 기업 효율성을 저해하고 인적비용을 초래하고 있다는 깨달음은 기업의 책임에 대한 개념으로 이어졌다. 기업들은 노동운동, 노조화 및 작업장에 대한 과도한 규제를 방지하기 위한 전략으로 이러한 관행을 임시로 채택했다. 미국에서는 20세기의 전환기에 뚜렷한 형태의 기업 계승주의가 등장했으며, 주요 기업은 노동 파업을 방지하기 위해 근로자에게 주택 및 기타 혜택을 제공했다. 시카고에 본사를 둔 철도 차량 생산업체인 풀먼컴포니(Pullman Company)는 주택, 학교 및 쇼핑센터를 포함하여 1880년에 근로자를 위해 처음으로 계획된 산업단지를 건설했다. 그러나 이러한 프로그램을 통해 근로자의 삶이 나아지고 있었지만 다른 측면에서 기업이 근로자를 기계의 일부로 생각하고 이윤을 추구하는 관행이 지속적으로 진행됨으로써 노동자의 불만이 뒤따랐다. 따라서 기업 계승주의는 파업이나 노조화를 완전히 막지 못했다. 그럼에도 불구하고 1900년대 초에 이르러서는 기업이 사회구조의 중요한 부분으로 성장하면서 사회적 가치에 부합하는 기업표준을 개발할 필요성이 점점 더 분명해졌다.

[그림 2-1] CSR의 초기 개념에 대한 타임라인

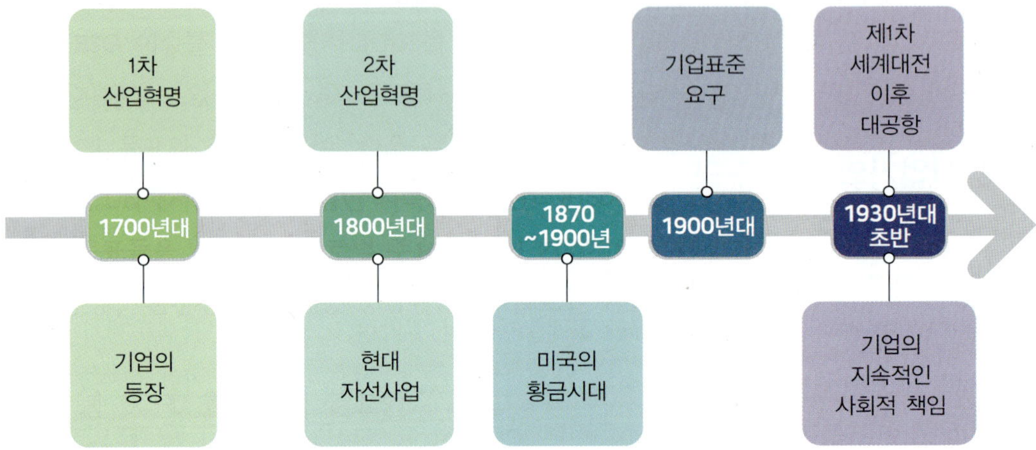

2.2 | 기업의 사회적 책임으로의 전환

2.2.1 전후기간

제1차 세계대전의 여파와 대공황으로 인한 중공업의 쇠퇴 속에서 기업들은 어려움을 겪었지만, 그럼에도 불구하고 기업의 사회적 책임(CSR: Corporate Social Responsibility)의 개념은 지속되었다. 이 기간 동안에 미국 기업들은 전쟁과 노동에 관한 문제들을 해결하기 위한 책임 있는 주체로 자리매김하게 되었다. 제2차 세계대전 전후에 경제회복과 공장 작업의 부활로 미국의 기업들은 사회적 책임을 계속 맡았고 이 관행은 결국 전 세계적으로 확산되었다.

1950년대, 제2차 세계대전 이후의 냉전시기는 미국 기업들이 자유사회의 개념을 유지하기 위해 왜 사회의 필요에 부응해야 하는지를 알리는 계기가 되었다.

1953년, '기업의 사회적 책임의 아버지'로 불리기도 하는 하워드 보웬(Howard Bowen)은 〈기업가의 사회적 책임(*Social Responsibilities of the Businessman*)〉이라는 제목의 책을 출간하였는데, 이 책에서 공식적으로 CSR이라는 용어를 사용하면서 CSR의 시대를 열었다. 이전에도 기업이 사회에서 강력한 역할을 수행하면서 기업 리더의 새로운 역할을 암시하는 여러 학술 저널, 서적 및 기타 간행물이 있었지만 보웬은 경영진이 이해관계자와 사회에 대해 보여주어야 하는 포괄적인 기본 책임과 도덕적 기준을 문서화한 최초의 학자였다.

그러나 CSR 개념이 알려지고 널리 보급되기까지 수십 년이 걸렸다. 1960년대는 민권운동을 포함한 일련의 혼란과 사회운동으로 인식되어졌고, 베트남 전쟁이 제1차 세계대전과 제2차 세계대전을 겪은 이후 미국 사회에 원하지 않는 피해를 가져오면서 1970년대의 반전시위가 뒤따랐다. 이러한 불안은 반체제시대가 전개됨에 따라 기업에게는 상당한 압력으로 다가왔고, 그로 인해 CSR의 개념이 발전했다. 기업의 책임은 사회적 권력과 비례하여 요구되었다. 즉 기업은 정치, 사회복지, 직원의 교육 및 복지 영역에 대한 공익에 중요한 역할을 하도록 강요받았다.

CSR은 1971년 경제개발위원회(CED: Committee for Economic Development)에서 기업과 사회 간의 '사회적 계약' 개념이 선언된 1970년대에 미국에서 본격적으로 자리를 잡기 시작했다. 따라서 기업은 사회의 요구에 봉사할 의무가 있다. 이것은 오늘날 종종 '운영 라이선스'라고 하는데 제품을 판매하는 것보다 사회에 더 많이 기여하라는 것이다. 이 개념은 CSR이 훨씬 더 넓은 의미로 뿌리를 내리기 시작한 전환점이었다(이는 수십 년 후에 제도화로 향하는 길을 열었다).

사회계약은 오늘날에도 여전히 관련이 있는 기업에 대해 세 가지 주요 책임을 요구하고 있다. 즉 일자리와 경제성장을 제공하고, 직원과 고객에 대한 공정성을 보장하며, 그것이 운영되는 더 넓은 지역사회와 환경의 조건을 개선하기 위해 참여하게 하는 것이다. 다음 해에는 미국 환경보호청(EPA: Environmental Protection Agency)과 같은 새로운 연방기관이 미국에서 출범했다. 이것은 많은 경제적 변화의 최전선에서 운영되는 기업이라는 인식이 커지면서 공공정책 결정과 글로벌 문제에 대한 필요한 조정을 위한 관점을 기본으로 삼았다.

2.2.2 캐롤의 사회적 책임의 피라미드

CSR에 대한 정의는 명확하고 일관된 정의가 부족했고 아직도 미흡하다. 예를 들면 2006년 한 연구에서 37가지의 서로 다른 CSR 해석을 제시하고 있다. 합의 도출을 위하여 1991년, 아치 캐롤(Archie B. Carroll)은 "기업의 사회적 책임 피라미드(Pyramid of Corporate Social Responsibility)"라는 논문에서 CSR을 네 단계의 피라미드로 도형화했다. 즉 CSR의 현대적 정의의 기초는 기업의 사회적 책임에 대한 캐롤의 피라미드에 뿌리를 두고 있다. 캐롤의 피라미드에서는 다음과 같은 네 가지 유형의 기업의 사회적 책임을 제시하고 있다.

[그림 2-2] 캐롤의 기업의 사회적 책임의 피라미드

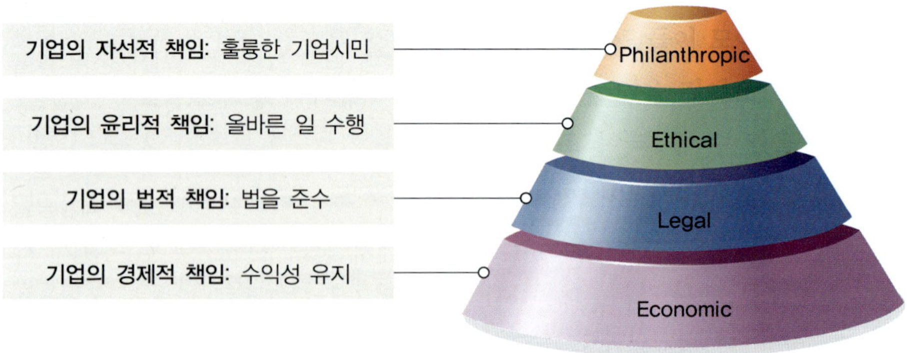

캐롤의 피라미드는 [그림 2-2]와 같이 CSR에 대한 네 부분의 정의를 나타낸다. 즉 기업이 사회적으로 책임을 지려면 특정 시점에서 사회가 제공하는 경제적, 법적, 윤리적, 자선적 기대치를 충족해야 한다.

캐롤의 피라미드는 각 CSR 차원의 중요성을 평가하는데, 캐롤에 따르면 경제적 책임은 비즈니스에서 가장 중요하다. 다음은 법적 및 윤리적 책임이다. 자선적 책임은 가장 덜 중요한 것으로 간주된다.

▪ 기업의 경제적 책임: 수익성 유지

기업은 사회에 대한 경제적 책임이 있다. 즉 기업이 지속되기 위해서는 수익성이 있어야 한다. 기업은 사회가 필요로 하거나 원하는 상품과 서비스를 만든다. 법적, 윤리적, 박애주의적 책임을 다하면서 운영을 계속하려면 회사가 재정적으로 안정되어야 한다. 이는 수익에 주의를 기울이고, 비용 효율적이며, 적절하게 투자하고, 효과적인 마케팅 캠페인을 실행하는 것을 의미한다.

■ 기업의 법적 책임: 법률 준수

법률시스템은 사회의 성문화된 운영윤리이며 그것들은 규칙으로 쓰인 기본적인 도덕 원칙이다. 법은 기초적인 도덕적 기반을 가지고 운영하고자 하는 사회에서 만들어진다. 비즈니스의 경우 이러한 기본 규칙에는 법률, 규정 및 공정한 비즈니스 관행이 포함된다. 이러한 규칙은 연방, 주 및 지방 수준의 의원이 제정한다.

최소한의 법적 요구사항을 충족하지 않는 기업은 비용이 많이 드는 소송에 직면하고 브랜드 이미지가 손상될 것이다.

■ 기업의 윤리적 책임: 옳은 일 수행

기업의 윤리적 책임은 사회가 법으로 유지하는 규범적 기대가 항상 충분하지 않기 때문에 중요하다. 때로는 법률이 지침을 제공하거나 비즈니스 행동방침을 지시하지 않는다. 이해관계자의 도덕적 권리를 보호하기 위한 윤리적 실천 원칙이 필요한 때이다.

법이 급변하는 사회를 따라잡으려면 시간이 걸린다. 법은 종종 기술에 뒤처지고 공익보다는 지배계급의 의견을 반영할 수 있다. 이것이 기업에서 윤리적 책임을 다하는 것이 중요한 이유이다.

■ 기업의 자선적 책임: 훌륭한 기업시민

기업의 자선활동은 자발적이고 재량적인 활동을 포함한다. 이러한 활동은 요구사항에 대한 사회의 기대치를 뛰어넘는다. 자선적 책임을 다하지 않는 기업은 사회에서 비윤리적이라고 낙인찍힐 것이다.

그러나 표면적으로는 순전히 이타적인 것처럼 보이는 이러한 행동은 회사의 평판을 높이는 역할을 한다. 따라서 자선활동은 반드시 고귀하거나 자기희생적인 이유로 행해지는 것은 아니다.

캐롤의 CSR 피라미드의 기초는 비즈니스의 근본적인 우선순위가 먼저 시간이 지남에 따라 지속적인 운영을 보장하는 이익으로 구성되어야 한다는 것이다. 피라미드에는 소유자, 직원, 고객, 공급업체, 경쟁업체, 지역사회 및 대중을 포함하는 CSR의 네 가지 범주 각각에 대한 이해관계자 책임 매트릭스가 수반되어야 한다.

[그림 2-3] CSR로의 전환 타임라인

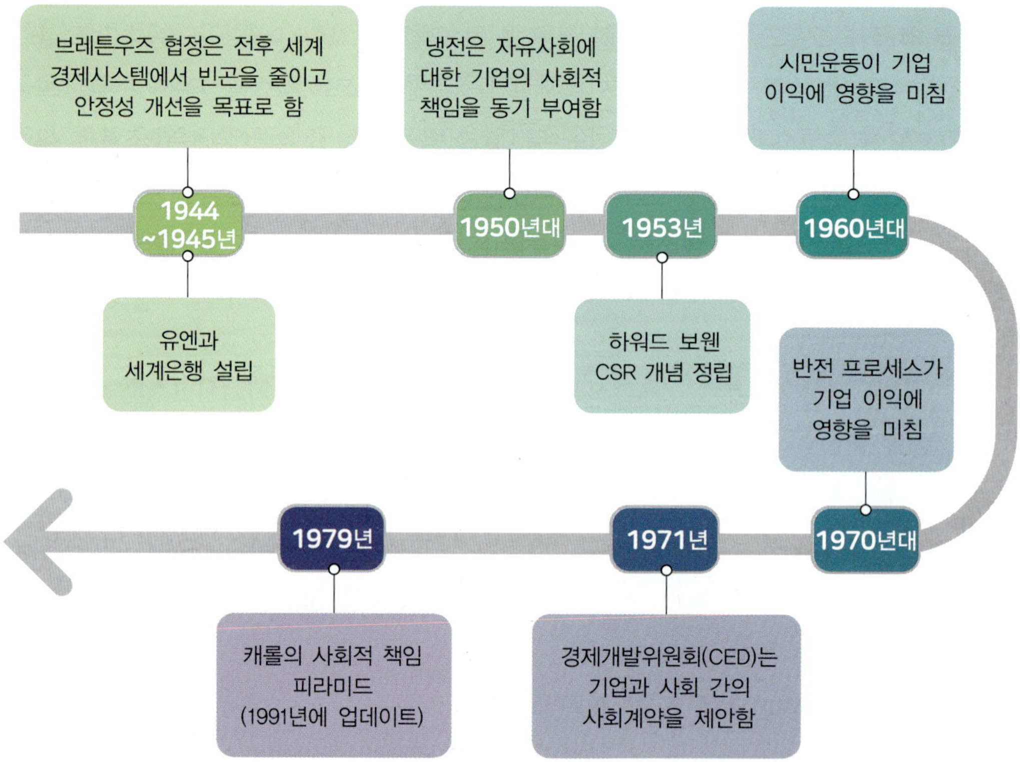

2.2.3 CSR을 더욱 발전시킨 주요 이벤트

1990년대에는 CSR 관행이 확대되고 글로벌 차원에서 인식이 높아졌다. 이것은 주로 기업의 무책임한 행동으로 비롯된 바람직하지 않은 주요 사건에 의해 촉진되었다. 따라서 기업이 운영하는 더 넓은 맥락에 대한 기업의 책임이 더 큰 초점으로 옮겨갔고, 좋은 일에서 필요한 일로 전환되었다. 환경 및 사회적 영향 모두 기업경영 의사결정에서 비롯되었다는 인식이 있었기 때문에 지배구조는 새로운 차원의 중요성을 획득했다.

(1) 환경운동에 불을 붙인 기름 유출 사건

1989년 3월 24일 엑슨 발데즈(Exxon Valdez) 기름 유출은 석유산업의 궤적을 바꿔 놓았고, 기업이 책임을 지키지 못한 엄청난 의미의 선례를 만들어 전체 기업 부문에 관심을 불러일으켰다. 유조선이 알래스카 해안 서쪽의 프린스 윌리엄 사운드(Prince William Sound)에 있는 블라이 리프(Bligh Reef)를 강타했다. 그 결과 며칠 동안 1,080만 갤런의 원유가 유출되고 적절한 직원, 검사 및 사용 가능한 장비가 부족하여 기름 유출을 방지하려는 초기 시도는 실패했고, 그 후 몇 달 동안 유막이 확산되어 결국 약 1,300마일의 해안선을 덮으면서 환경 피해 측면에서 역사상 최악의 석유 유출이 발생했다. 이 사건은 안전 및 행동(선장이 전날 밤에 술을 많이 마셨고 충돌 당시 통제에서 결석한 것으로 보고됨), 선박 기동 실패에 영향을 미친 피로 또는 과도한 작업량 그리고 임박한 충돌을 알려줄 충돌 회피 레이더가 오랫동안 고장난 것을 파악하지 못한 감독 관행이 실패한 탓이다.

재난의 직접적인 결과로, 전 세계의 조직과 시민들은 기업을 위한 자발적인 환경행동 규범인 발데즈 원칙을 만들기 위해 신속하게 움직였고, 발데즈 원칙은 1990년에 지속가능성 문제를 해결하기 위해 기업 및 투자자와 협력하기 위해 설립된 CERES(Coalition for Environmentally Responsible Economies, 환경책임경제연합) 창립의 기초를 만들었다. 새로운 NGO인 CERES는 또 다른 엑슨 발데즈 재해의 발생을 방지하기 위해 노력했고 이 그룹은 간단하지만 명확한 환경기준에 따라 회사의 환경 성과를 감사하는 데 사용할 수 있는 CERES 원칙을 제작 배포하였다.

(2) 인권 노동문제

노동 관행에 대한 세계적인 인식은 인권문제로 새로운 차원으로 옮겨졌으며 불공정 임금, 불합리한 시간 및 아동노동과 같은 열악한 노동조건에 종사하는 외국에 사업을 아웃소싱하는 회사에 대한 광범위한 항의와 보이콧으로 이어졌다. 종종 이러한 관행은 글로벌 기업이 신흥 경제지역에서 사업을 시작하면서 나타나는 흐름에서 흔히 볼 수 있는 현상이었지만 회사 본사에서는 받아들일 수 없었을 것이다.

개발도상국의 노동 관행에서 인권 침해에 대한 우려는 특히 대기업의 아웃소싱 노동 및 국제운영의 맥락에서 세계적인 관심을 높였다. 예를 들어 1990년대 초반, 나이키의 아동노동에 대한 항의가 계속 이어졌다. 결국 1996년 〈*Life*〉지에 CSR 역사상 가장 유명한 사진이 실렸다. 나이키 축구공을 꿰매고 있는 사진의 주인공은 12살 소년 Tariq였다. 이 소년이 받는 하루 일당은 단돈 60센트였다. 당시 나이키 운동화는 한 켤레당 150달러에 팔리고 있었다. 나이키는 아동노동의 반인권적 기업의 표적이 되었고 시민의 항의는 더욱 거세게 이어졌다. 나이키는 노동강령을 자체적으로 마련했으며, 전문적으로 공급망 파트너의 노동기준 준수를 관리하는 담당부서를 처음 신설하기도 했다. 그 후 나이키는 60시간을 주당 최장노동시간으로 정하고 14세 이하의 노동자를 받지 않기로 하였다. 그리고 노동조건에 대한 외

[그림 2-4] 큰 바늘로 나이키 로고가 새겨진 축구공을 만들고 있는 12살 소년 Tariq

부 감사를 받기로 결정하고 노동강령 준수 여부를 감사하기도 했다. 나이키는 비즈니스 프로세스와 문화를 변화시키는 노력을 시작했으며, 공급자 관리가 기업문화의 핵심요소로 자리 잡아 나가기 시작했다.

아프리카에서는 광업과 같은 추출산업이 건설현장을 위해 가족을 이주하도록 강요하고 지역주민들에게 건강과 복지를 위험에 빠뜨리는 학대적인 노동 관행을 강요함으로써 취약한 지역사회를 황폐화시키는 경우가 많았다. 국제앰네스티는 2020년 초 케이프타운에서 열린 대규모 글로벌 광산 투자 컨퍼런스에서 모든 광산회사, 투자자, 정부, 정치인 및 모든 이해관계자들에게 기업들이 인권을 희생시키면서 이윤을 우선시하는 대륙 전역의 산업에서 일어난 인권 침해에 맞서라고 촉구했다. 이러한 문제는 널리 알려지게 되었고, 결국 자원은 책임 있는 기업에게 할당되었다. 예를 들어 보석회사는 노동조건과 관련하여 책임 있는 공급망을 선택하여 운영하게 되었다.

나이키의 예처럼 처음에 비용절감전략으로 값싼 노동력을 활용하려고 생각했던 것이 결국 기업의 수익을 위협하는 주요 부정적 반응으로 이어졌다. 기업들은 국제사회에 제기된 부정적인 영향으로 인해 평판 및 금전적 비용 모두 면밀한 공개조사를 통해 비즈니스 관행을 재평가하도록 강요받았다. 전반적으로 NGO 등 비영리단체들은 정의롭지 않은 비즈니스 관행이 기업의 명성에 큰 영향을 미칠 수 있다는 것을 알리기 시작했다. 평판만으로도 회사 계약 체결, 기업 주가의 탄력성 및 시장으로부터의 전반적인 신뢰에 대한 믿음의 정도에 영향을 미칠 수 있다.

(3) 기후변화

설명한 대로 노동자를 존중하는 노동조건에 대한 약속은 종종 환경보호와 관련이 있다. 앞서 논의했듯이 아프리카의 광산회사들은 그들의 비즈니스 관행에서 인권 침해와 환경파괴가 문제가 되고 있다. 이에 따라 업계의 이해관계자들은 노동조건을 개선하겠다는 약속에서 탈탄소화 및 지속가능성 조치에 대한 논의를 시작했다.

기업은 자원을 활용하고 대규모 환경 영향으로 탄소배출량이 규제됨에 따라 기업의 환경적 책임이 중요해졌고, 자원을 책임감 있게 사용하고 배출량을 관리해야 할 필요성이 절실해졌다. 환경에 대한 기업책임에 대한 인식의 증가는 불가피하게 되었으며, 기업 생태계에 환경 영향을 고려하지 못한 기업들의 운신의 폭에 대한 가시적인 변화가 있었다. 환경 피해의 규모는 미래 세대를 위해 우리가 살고 있는 세계의 지속가능성을 위협하여 이익을 얻을 수 있는 자원의 가용성에 의문을 제기했다. 지난 수십 년 동안 극적인 기후변화, 지구온난화 및 그 영향으로 파키스탄의 대홍수, 유럽의 가뭄, 미국의 대규모 산불 및 허리케인 등 일련의 극단적인 기상이변 추세가 시작되어 기후위기를 타개하기 위한 조치를 취하는 것이 필수적이 되었다.

지속적인 산림 벌채와 토지 사용의 영향은 생물다양성, 공기 및 수자원시스템에 심각한 영향을 미쳤다. 환경 피해의 영향 중 많은 부분이 기후변화에 특히 민감한 해양에서 볼 수 있으며 해수면이 전례 없는 속도로 상승했다. 수년에 걸쳐 바닷물에 버려진 플라스틱 및 기타 형태의 오염은 해양생태계에 큰 타격을 주었고 결국 인간의 식량 공급원을 위협했다. 이러한 거대한 변화는 국제사회가 문제해결을 위해 함께 모이도록 자극했다. 우리가 수천 년 동안의 지구상에서 현재 가장 따뜻한 시기에 있다는 것은 부인할 수 없는 일이다.

예를 들어, 기업 및 기타 이해관계자 간의 이러한 수준의 국제협력은 1980년대에 오존층 파괴로 인해 자외선(UV) 방사선이 높아져 인간과 전체 자연생태계의 건강을 위협했던 오존층의 고갈을 되돌릴 수 있었다. 1987년 유엔환경계획(UNEP) 몬트리올의정서는 오존고갈물질(ODS: Ozone Depleting Substances)을 함유한 오염물질의 소비를 크게 줄였으며, 유럽경제지역(EEA: European Economic Area)에서는 1986년 약 343,000톤에서 2002년에는 제로에 가깝게 감소하여 오늘날까지 유지되어 오고 있다.

[그림 2-5] CSR을 발전시킨 사건의 타임라인

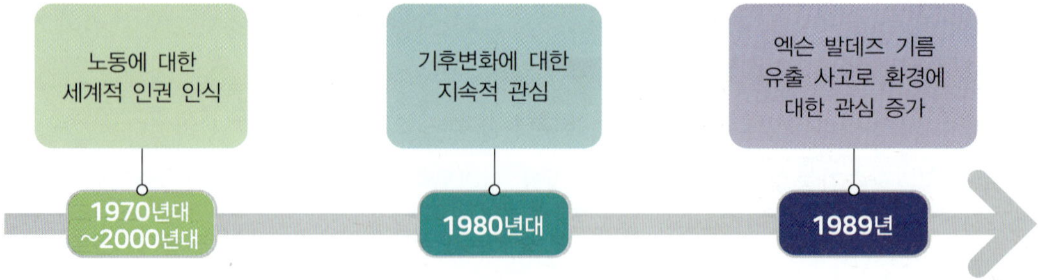

2.3 | CSR을 넘어

2.3.1 CSR 2.0으로서의 공유가치

공유가치창출(CSV: Creating Shared Value)은 포터와 크레이머(Michael Porter and Mark Kramer)가 2006년 〈*HBR*〉 기사 "Strategy & Society: The Link Between Competitive Advantage and Corporate Social Responsibility"에서 처음 소개하였으며, 나중에 2011년 〈*HBR*〉 기사 "Creating Shared Value: Redefining Capitalism and the Role of the Corporation in Society"에서 범위가 더욱 확장되었다. 포터와 크레이머는 기업이 본질적으로 그들이 운영되는 사회와 연결되어 있기 때문에 비즈니스 경쟁력과 주변 지역사회의 복지가 상호 의존적이라고 주장하고 있다. 이러한 상호 연결을 활용할 수 있는 능력은 제로섬 게임보다는 사회적, 경제적 진보가 병렬로 진행되어 자본주의를 재정의하는 새로운 세계 성장의 물결로 정의할 수 있다. 경쟁전략 전문가이자 HBS 전략 및 경쟁력 연구소의 책임자인 포터와 FSG의 공동 설립자인 크레이머는 이 문제에 대한 지식 공유를 발전시키기 위해 공유가치 이니셔티브를

[그림 2-6] CSV의 정의

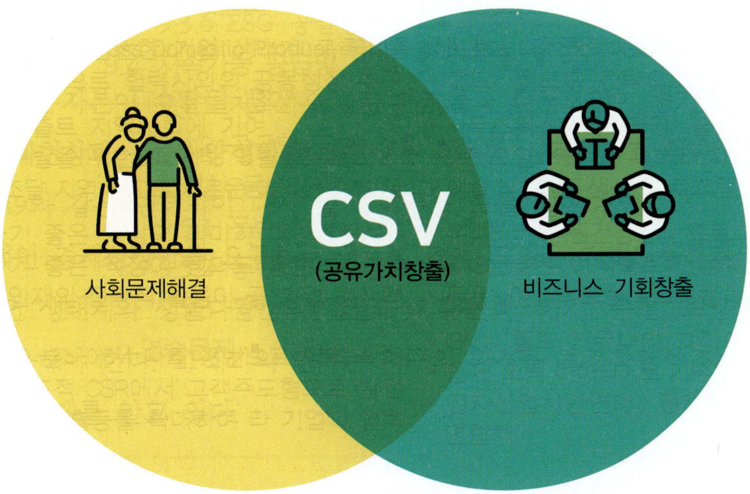

설립했다. 그들은 공유가치 개념의 변형적 잠재력에 대한 인식이 아직 초기 단계에 있으며 더 발전할 것임을 인정했다. 그러나 Google, Unilever, IBM 및 GE와 같은 유명한 회사는 이미 CSV 원칙을 비즈니스 전략에 채택했다.

포터와 크레이머는 기업이 공유가치를 육성할 수 있는 세 가지 방법을 정의하고 있다.

첫째, 제품과 시장을 재구상하여 새로운 시장에 접근하고 비용을 낮추기 위해 혁신을 통합할 수 있다.

둘째, 가치사슬 전반에 걸쳐 생산성을 재정의할 수 있어 자원 및 사회 발전과 관련하여 적극적인 청지기 역할을 수행하는 동시에 분배 개선을 위한 품질, 수량, 비용 및 신뢰성을 향상시킬 수 있다.

셋째, 기업은 궁극적으로 이익을 얻을 수 있는 방식으로 주변 환경과의 강력한 유대관계를 구축함으로써 지역 클러스터 개발을 가능하게 한다(예 신뢰할 수 있는 공급업체 개발, 도로 및 통신 인프라, 인재 접근 및 효과적인 법률 시스템 지원).

2.3.2 CSV와 CSR

오늘날 많은 대기업이 지속가능성을 위해 자금을 출자하고 CSR 관련 부서를 만들었지만, 기업의 책임 이행방식은 단순한 비용이 아닌 비즈니스 기회의 원천으로서의 효율성이 핵심이다. 포터와 크레이머는 장기적인 경제적, 사회적 이익이 연결된 사회적 경쟁 맥락과 관련하여 문제를 재구성하고 기업의 입지를 제시함으로써 단기 이익과 CSR 관행에서 나타나는 문제점을 해결했다. 정부, 사회운동가 및 언론이 무책임한 행동의 결과에 대해 기업에 책임을 묻고 있지만 점차적으로 사회적 책임이 경영 전반에 걸쳐 기업의 우선순위가 되고 있다는 것을 알고 있다. 이전의 CSR 이니셔티브처럼 핵심 비즈니스 관행과 자선행위가 아니라, 공유가치의 개념은 기업에게 수익의 핵심이 될 수 있으며, 기업이 사회에 이익이 되는 훌륭한 시장 기회를 찾는 근본적인 힘이 되어 혁신과 경쟁우위의 원천이 될 수 있다고 생각했다. 포터와 크레이머는 핵심 비즈니스 결정을 안내하는 동일한 프레임워크로 사회적 책임 기회를 분석할 수 있는 기업의 몇 가지 예를 제시하였고, 그렇게 함으로써 활용할 수 있는 특별한 시장 기회(예 Whole Foods, Toyota, Volvo)를 발견했다. 이들 회사는 ESG에 대한 내용을 사명과 비전 선언문에 포함시키고 ESG가 일상 업무의 DNA로 자리 잡게 만든 기업문화를 창출한 회사이다.

표 2-1 CSV(공유가치창출)와 CSR(기업의 사회적 책임)의 차이

CSV(공유가치창출)	CSR(기업의 사회적 책임)
새로운 사업을 통한 수익창출과 함께 사회가 당면한 여러 문제를 해결할 수 있는 CSR의 진화 개념이다.	사업과 더불어 지배구조, 환경, 사회, 인권, 노동 등을 포함하는 광범위한 개념이며, CSV는 CSR의 하위 개념이다.
CSR은 기업 성과를 공유하지만, CSV는 가치창출과정을 공유함으로써 지역사회와 상생하는 새로운 방안이다.	CSV는 기업중심적인 사고에 기반을 두는 반면, CSR은 기업뿐 아니라 다양한 이해관계자의 관심을 반영한다.
자선적 활동인 CSR은 기업 비용이지만, CSV는 기업의 지속가능한 성장을 위한 투자이다.	수익 극대화와 효율성 향상을 고려하는 CSV를 추진할 경우 부정적인 외부 문제가 발생할 가능성이 있다.
CSV를 추구하는 데 필요한 기업의 전략구조, 프로세스 혁신은 사회적 가치창출을 확대할 수 있는 기회가 된다.	CSR을 통해 다양한 이슈를 해결하면서 이해관계자의 공감을 얻는다면 CSV를 효과적으로 수행할 수 있다.

2.4 | MDGs와 SDGs의 탄생

2.4.1 유엔글로벌콤팩트

2000년대 초반까지 CSR은 박애주의, 반체제운동, 인식 제고에 기원한 것에서 먼 길을 걸어왔다. 여러 부문의 이해관계자들이 기업의 책임과 무책임한 관행의 위험을 막는 것에 동의하게 됨에 따라 CSR 문제는 전 세계적인 관심사 중 하나가 되었다. 기업은 사업 규모가 대규모화됨에 따라 그에 상응하는 책임을 맡는 것이 합리적이었다. 결국 기업이 공동의 목표를 달성하기 위한 일련의 노력은 CSR을 제도화하여 전략적 결정을 개선하고 궁극적으로 대규모 사고를 예방하는 것을 목표로 할 것이다. 국제개발기구와 긴밀히 협력하여 개발되고 전 세계 주요 주체가 승인한 글로벌 협약은 CSR 약속을 제도화하고 합법화하는 데 크게 기여했다.

유엔글로벌콤팩트(UN Global Compact)는 2000년 7월 26일 뉴욕시의 유엔 본부에서 시작되었다. 이는 열 가지 원칙에 따라 인권, 노동, 환경 및 반부패 관행에 초점을 맞추기 위해 지속가능성 원칙을 구현하겠다는 CEO의 약속에 기반한 자발적인 이니셔티브를 수립했다. 2020년 말까지 회원수는 157개국에서 12,084개 회사에 도달했다. 유엔글로벌콤팩트는 기업이 운영되는 상황과 환경의 복잡성과 솔루션을 제공하려는 문제의 복잡성이 다양한 특정 책임 계층을 가리킨다는 것을 인식하면서 기업 부문 전반의 글로벌 개발 목표의 주요 동인이 되었다.

CEO에 대한 이러한 직접적인 목표는 기업 부문과 경제개발 공간 간의 전례 없는 연결고리를 구축했으며, 이는 비즈니스 책임의 제도화로 더욱 강화될 것이다. 개발도상국의 경제 상황을 개선하는 것이 선진국들에게도 유리하게 작용할 것이며, 이에 따라 더 나은 무역관계

[그림 2-7] 유엔글로벌콤팩트의 원칙

가 다른 형태의 국제협력과 조정을 통하여 강화될 것이다. 교류를 통한 평화의 개념은 시장에서 제품을 판매하는 것을 넘어 내부 운영보다 훨씬 광범위한 영향을 미치는 국제무역의 실체로서 기업의 역할을 더욱 강조하게 될 것이다.

2004년 코피 아난 유엔 사무총장은 50개 이상의 주요 금융기관 CEO들에게 세계은행의 민간 투자기관인 국제금융공사와 스위스 정부의 지원을 받아 유엔글로벌콤팩트와 공동 이니셔티브를 통해 협력해서 책임 있는 사업 관행(promotes responsible business practices)을 자본시장 투자에 통합할 것을 촉구했다. 이듬해 〈*Who Cares Wins*〉라는 제목의 보고서는 ESG 고려사항을 포함시키는 것이 궁극적으로 더 탄력적인 시장과 더 넓은 사회와 경제를 위한 더 나은 결과를 지원하는 훌륭한 전략적 비즈니스 결정으로 이어진다는 사례를 제시했으며, 그 결과 ESG라는 용어가 공식적으로 만들어졌다. 기본 전제는 점점 더 세계화되고 연결된 세계에서 ESG 문제가 비즈니스 경영의 일부가 되었다는 것이다. 이러한 문제를 잘 대응하는 기업은 위험을 적절하게 관리할 수 있고, 새로운 시장에 접근하고, 규제조치에 대해 적절히 대처하면서 브랜드로서의 명성을 높여 주주가치를 높일 수 있다.

[그림 2-8] PRI 원칙

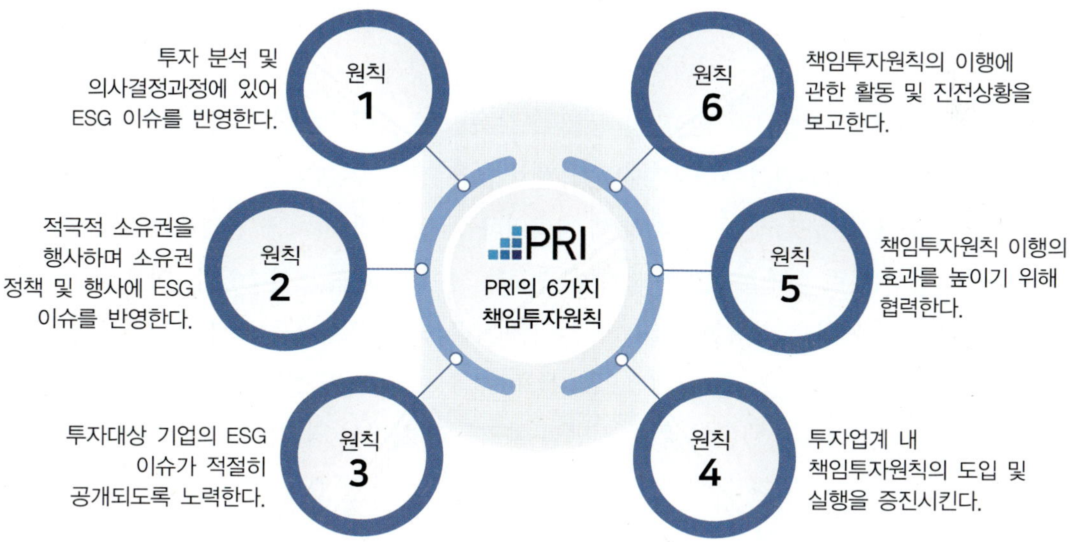

2005년, 책임투자원칙(PRI)은 [그림 2-8]에서 제시하는 여섯 가지 원칙을 고수하기 위해 UN이 지원하는 투자자 네트워크로 시작되었다. 2006년 이후 UN PRI 회원사 가입이 급증하였으며, 2021년 현재 총 가입기관의 수는 48개국의 자산운용사(Asset Manager), 자산보유자(Asset Owner), 서비스 제공기관(Service Provider)에 걸쳐 총 3,615개 이상이며, 가입자의 총 자산 규모는 100조 달러가 넘었다. 한국의 경우 국민연금을 포함하여 11개사가 가입되어 있다.

2.4.2 밀레니엄 개발목표(MDGs): 최초 합의된 글로벌 이정표

새로운 천년을 맞이하여 국제사회, 특히 국제개발기구가 주도하는 세계사회는 극심한 빈곤, 굶주림 및 질병을 줄임으로써 가장 가난한 국가들이 생활 수준을 향상시키고 환경을 보호하도록 돕는 여덟 가지 목표에 동의했다. 189개 유엔 회원국은 2015년까지 이와 같은 내용을 목료로 하는 밀레니엄 선언에 참여했다.

ESG 의사결정을 위한 명확한 청사진을 만들려는 글로벌 비즈니스 리더는 이러한 구체적인 목표에 주목하였으며, 유엔글로벌콤팩트는 이 이니셔티브에 민간기업의 참여를 촉진하도록 요청했다. 성평등, 건강, 교육 및 환경적 지속가능성을 촉진하면서 소득 빈곤, 기아, 질병, 적절한 쉼터 부족을 줄이려는 노력은 이 프레임워크를 통해 2000년대에 세계경제를 정의하는 비즈니스 관행에 통합하기 위한 정책 및 프로그램을 지원하기 위해 집중되었다.

2015년까지 MDGs의 결과는 정부 전반에 걸쳐 많은 정책 수준의 결정을 구체화했지만 전세계 모든 사람을 목표로 삼다 보니 특정 지역이나 계층 간의 차이를 반영하지 못하였으며 이해관계자 간의 협력 실패로 인한 몇 가지 격차가 남아 있음을 보여주었다. 아프리카의 많은 지역이 놀라운 변화를 경험했지만, 사하라 사막 이남의 아프리카를 포함한 다른 개발도상국들은 더딘 진전을 보였다. 전 세계적으로 목표 중 어느 것도 달성되지 않았으며 수치중심의 빈곤 감소 목표 안에는 빈곤의 주요 원인인 불평등과 차별이 담겨있지 않았다. 가난의 근본 원인이자 결과인 인권 침해에 대한 악순환의 고리를 끊지 못했을 뿐만 아니라 전혀 인식하지 못했다는 비난을 받았다.

[그림 2-9] 유엔 밀레니엄 개발목표(MDGs)

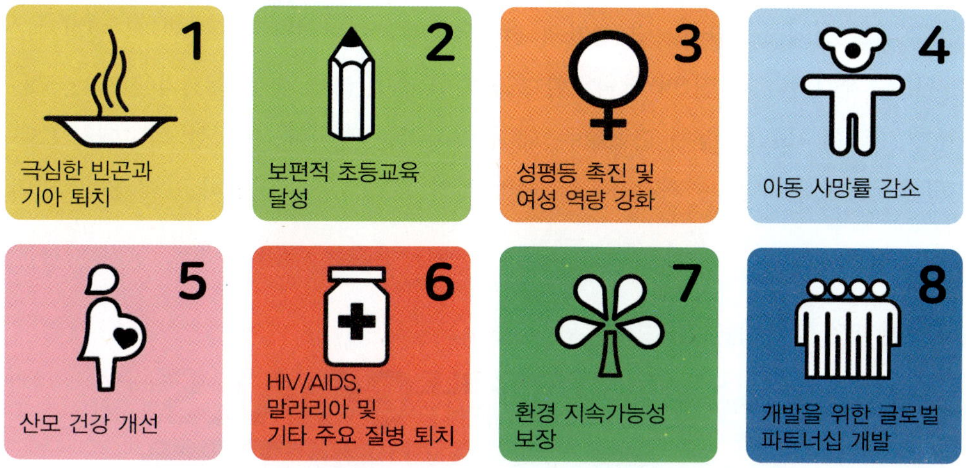

2.4.3 지속가능발전목표(SDGs): 모든 이해관계자를 참여시키기 위한 전환

MDGs에서 배운 교훈으로, 국제개발 공동체는 진전을 평가하고 지속가능한 개발에 대한 개정된 글로벌 접근방식을 구축하기 위해 다시 소집되었다. 세계은행과 주요 지역 개발은행들은 "수십억 달러에서 수조로 발전하는 것(From Billions to Trillions: Transforming Development Finance)"이라는 간행물을 발표했는데, 이는 전 세계적으로 개발목표를 진정으로 달성할 수 있는 유일한 방법은 수십억 달러가 아니라 수조 달러에 이르는 훨씬 더 큰 규모로 자원을 동원하는 것이라고 제안했다. 그러한 자본을 동원하는 유일한 방법은 경제성장을 위한 부의 창출의 주요 원천으로서 민간부문을 보다 밀접하게 참여시키는 것이다. 그리고 전문가와 관료만이 참가하여 시민사회와 주민 당사자의 목소리를 제대로 반영하지 못한 MDGs의 태생적인 한계를 극복하기 위해 시민사회를 포함한 다양한 주체의 참여를 적극적으로 보장하고자 노력했다. HLP 보고서(*High-Level Panel of Eminent Persons on the Post-2015 Development Agenda*)의 경우 고위급 패널들이 5,000개가 넘는 시민사회단체와 250여 개 기업의 CEO로부터 의견을 수렴했다.

2015년 유엔 회원국들은 만장일치로 결의안 "세상을 변화시키다: 지속가능한 발전을 위한

2030 의제"를 채택하여 지속가능발전목표를 정의했다. 2030년을 목표로 한 이 17가지 목표들은 프로젝트 설계, 모니터링 및 평가의 진행상황을 측정하기 위해 훨씬 더 명확하고 구체적인 지표를 제시했다. 훨씬 더 광범위한 초점을 맞춘 이러한 행동 촉구의 전제는 모든 이해관계자가 이러한 목표를 향해 협력하는 데 참여시키는 것이다. 이러한 의미에서 ESG는 전략적 의사결정에서 더 넓은 시각을 갖는 전반적인 기업문화를 반영하고 더 넓은 의미를 갖는다.

[그림 2-10] 유엔 지속가능발전목표(SDGs)

2.4.4 파리협정: 기후변화에 대응하기 위한 글로벌 결의안

유엔기후변화협약(UNFCCC: UN Framework Convention on Climate Change) 내의 파리협정은 기후변화의 영향을 크게 줄이기를 희망하면서 평균 지구 기온의 상승을 산업 이전 평균 수준보다 2℃(3.6°F) 이하로 제한하는 목표를 설정했다. 이를 위해서는 탄소배출량을 줄이고, 그에 따라 저탄소 기업에 투자를 유도하는 금융기관의 금융 흐름을 조정하고, 기후변화 적응을 위한 메커니즘을 수립하고, 각 국가는 지구온난화를 억제하기 위한 노력으로 기후변화 대응 조치, 계획 및 정기적인 보고를 의무화해야 한다. 파리협정은 2020년 12월 현재 UNFCCC의 196개 회원국 모두가 서명했다. 협정에 참여하지 않은 국가는 이란을 포함한 7개국뿐이다. 미국은 트럼프 행정부 당시 파리협정에서 탈퇴하였지만 2021년 미국 바이든 행정부가 들어서면서 협정에 즉시 다시 가입했다. 중국은 세계 최대 탄소배출국으로 재생에너지 투자를 위한 가장 큰 국가별 시장을 대표한다. 그러나 글로벌 수준에서 이행 속도가 느려지면서 대부분의 국가가 2030 약속을 지키지 않아 우려되고 상당한 비용이 발생할 것으로 예상된다.

[그림 2-11] MDGs와 SDGs의 탄생

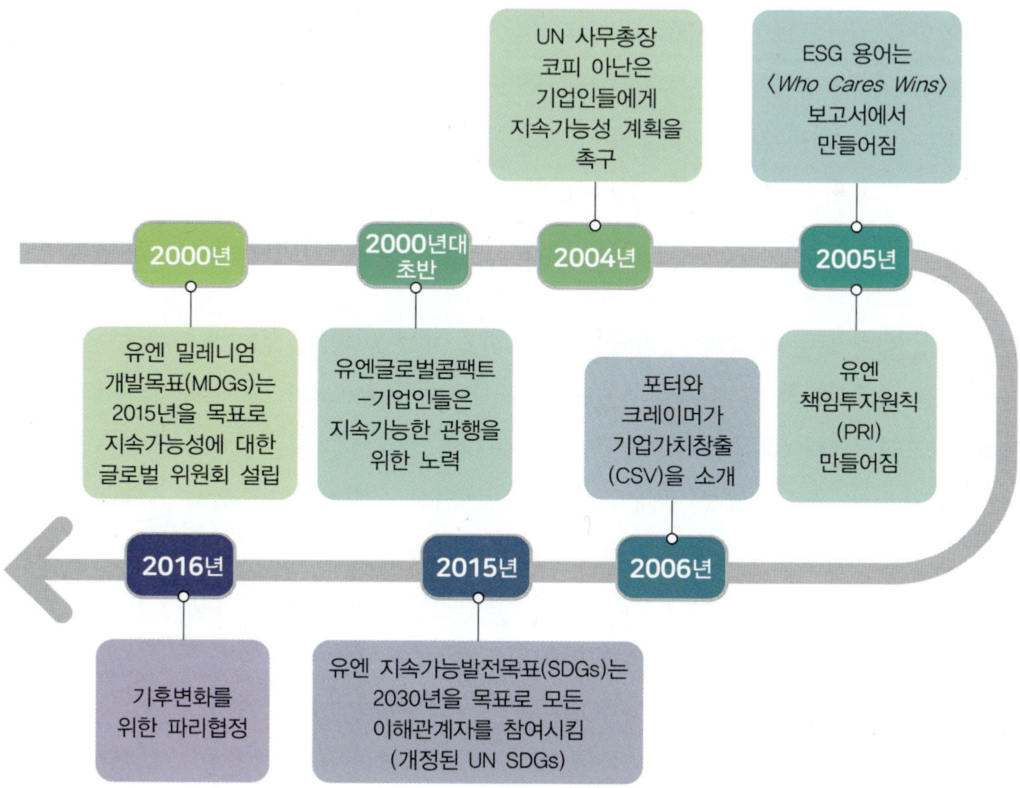

2.5 | 메트릭에 대한 탐구 및 환경, 사회, 지배구조 표준화(ESG)

2.5.1 ESG 표준의 부상

사회적 책임의 비재무적, 질적 특성으로 인해 전략적 이익을 극대화하면서 결과를 적절하게 측정하기 위해 프로세스를 표준화하고 간소화하는 방법에 대한 문제가 중요하게 대두되었다. 이는 ESG의 등장으로 메트릭을 정의하고 이를 유지하기 위한 조직의 약속을 구현하려는 기업들의 노력을 충분히 정당화할 수 있게 하였다. MDGs와 이후 SDGs가 국제적으로 합의됨에 따라, 이러한 표준의 대부분은 SDGs가 제안하는 지표에서 도출되었다. ESG 표준 설정은 ESG 보고 및 지표를 정량화하고 간소화하기 위한 다양한 접근방식에 따라 개발되었는데 이 방식은 환경 지향적, 사회적 사고 및 산업별 이니셔티브와 지속가능성에 대한 전체론적 접근방식을 갖춘 SDGs와 주요 국제표준을 바탕으로 만들어졌다.

환경 지속가능성 측면에서 ISO 14001(효과적인 환경경영시스템 프레임워크를 위한 국제표준)은 기업의 환경 측면을 체계적으로 식별, 평가, 관리 및 개선함으로써 환경 위험성을 효율적으로 관리하고 불리한 환경 영향을 최소화하기 위해 1992년 리우지구정상회의를 계기로 새로운 기업경영 패러다임으로 등장하였다. 이 표준은 모든 부문의 기업 및 조직을 위한 환경관리 시스템의 기준을 설정한다. 또한 171개국에서 300,000개 이상의 인증서가 발급되었다. 이후 표준에는 전 세계 모든 지역의 기업 및 조직이 환경 영향을 평가, 보고 및 개선할 수 있도록 도움을 주는 도구로 개발된 환경관리제도인 에코경영시스템(EMAS: Eco-Management and Audit Scheme)이 포함되었다. 온실가스(GHG: Greenhouse Gas) 프로토콜은 온실가스 배출량을 측정하고 관리하기 위한 글로벌 표준 프레임워크를 구축했다. 세계자원연구소(WRI: World Resources Institute) 및 세계지속가능발전기업협의회(WBCSD: World Business Council for Sustainable Development)와 협력하여 정부, 산업협회, NGO, 기업 및 기타 이해관계자들과 협력하고 표준과 도구에 대한 교육을 제공한다. 최근 금융안정위원회(FSB: Financial Stability Board)는 기후 관련 금융공시 태스크포스(Task Force for Climate-Related Financial Disclosures)를 출범시켰으며, 2017년에는 자본 배분을 지원하기 위해 정보공개 회사를 지원하기 위한 권장사항을 발표했다. 이러한 권장사항은 조직운영에 대한 네 가지 주제, 즉 지배구조, 전략, 위험관리, 메트릭 및 목표에 중점을 둔다.

노동기준 측면에서 OHSAS 18001(안전보건 경영시스템)은 산업보건 및 안전관리에 중점을 두고 있으며, 1999년에 도입되었다. 2018년 3월, 세계 전반에서 기업 근로자들의 보건과 안전 등에 대한 관심이 급증하며 OHSAS에서 ISO기관으로 변경이 되었다. 이렇게 ISO 45001 인증이 탄생을 하게 되었고, OHSAS 인증을 받은 조직은 2021년 3월까지 새로운 ISO 45001 인증으로 옮겨 가야 했다. 우리나라는 KOSHA 인증이 있는데 OHSAS 18001:2007을 벤치마킹하여 한국산업안전공단에서 자체적으로 수립한 국내 안전보건시스템이다. 기존의 OHSAS 18001에서 ISO 45001의 차이는 10개의 변경사항이 존재한다. 차이점이라면 OHSAS 18001은 직장 내에서 발생할 수 있는 위험요소를 방지하고 사전의 문제와 위험을 차단하여 근로자의 안전을 보장하는 인증이라는 것이다. 즉 OHSAS 18001은 위험, 기타 내부 문제관리를 주로 담당하는 인증이라면 ISO 45001은 조직과 비즈니스 환경 간 상호작용에 대해서 관리를 하는 인증이라고 볼 수 있다. 전체적인 상황에 대한 프로세스를 중요시하고, ISO 프로세스 기반에 입각하여 위험성에 대한 관리를 독점적으로 취급한다. 추가된 사항으로는 조직상황, 리더십과 근로자 참여, 지원, 성과평가, 개선이다. 기존의 OHSAS가 내부적인 문제, 관리를 중점적으로 다루었다면 ISO 45001은 전체적인 기업의 프로세스, 환경 간의 상호작용을 중요시하는 것을 볼 수 있다.

SA 8000(Social Accountability International의 사회적 책임 표준)은 1989년에 경제 최우선 협의회(CEP: Council on Economic Priorities) 산하 기관인 사회적 책임 국제기구(SAI: Social Accountability International)에 의하여 개발되었으며, 강제노동 및 아동노동, 직장 내 건강 및 안전, 집회의 자유 및 단체협상, 차별, 징계 관행, 업무시간, 상여 및 경영시스템을 비롯한 제반 문제를 다룬다. SA 8000을 채택한다는 것은 기업이 사업체 운영으로 인한 사회적 영향뿐만 아니라 직원, 파트너 및 공급자가 운영하는 조건을 고려하고 있음을 의미하며, 전 세계 모든 규모의 회사에 적용될 수 있다. SA 8000을 따르게 되면, 기업은 다음과 같은 이점을 얻게 된다.

- 공급망의 관리 및 성능을 개선한다.
- 글로벌 표준과의 적합성을 보장하고, 의무 불이행, 공개 및 소송 발생 가능성을 줄인다.
- 입증된 사회적 책임과 기업윤리에 헌신한다.

- 사업의 명성이 증가한다.
- 비즈니스의 브랜드 가치를 보호한다.
- 소비자 신뢰와 긍정적인 지각이 증가한다.
- 직원 사기가 증가한다.
- 공정하고 안전한 작업 환경을 제공한다.
- 근무 환경 및 근로조건이 개선된다.
- 부작용이 발생하지 않고 올바른 위험관리가 수행된다.
- 비즈니스 투명성이 확보된다.
- 글로벌 무대에서 경쟁사보다 우월성이 확보된다.

전체적인 ESG 표준을 개발한 최초의 독립조직은 1997년 보스턴에서 설립되어 2002년 암스테르담으로 이전한 GRI(Global Reporting Initiative)이다. GRI의 사명은 조직이 “지속가능한

[그림 2-12] 카테고리별 GRI 기준 분류

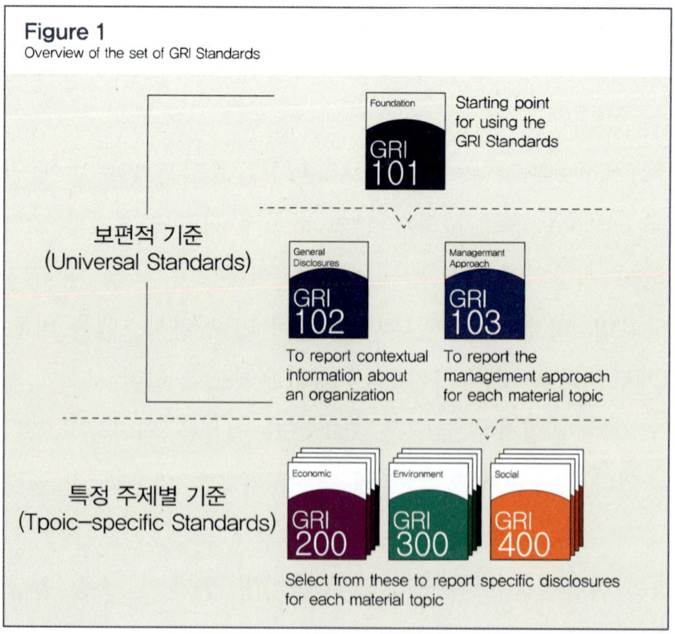

출처: GRI

개발에 이바지하는 책임과 투명성을 높이는" 것을 돕는 것이다. GRI의 접근방식은 중요한 ESG 문제를 결정하기 위해 광범위한 경제, 환경 및 사회에 대한 기업의 영향에 중점을 둔다.

우선 보편적 기준에 속하는 GRI 101은 기준에 관한 소개, 102는 기업에 대한 전반적인 정보, 103은 각 주제들에 대한 접근방식을 다룬다. GRI 200부터는 기업 경제, 300부터는 환경, 그리고 400부터는 사회 관련 기준들을 설명한다. 2021년도 기준 경제 파트는 7개(~207), 환경 파트는 9개(~309), 사회 파트는 19개(~419)로, 지속적으로 새로운 기준들이 업데이트되고 있다.

GRI 표준의 전체 세트는 조직 전체의 투명성을 높이기 위해 공개적으로 무료로 제공된다. GRI가 출범한 후, 환경책임경제연합(세리즈, CERES)와 텔러스 연구소(Tellus Institute)는 UNEP와 협력하여 1999년에 지속가능성 보고 지침의 초기 초안을 시작했다.

[그림 2-13] GRI의 발전과정

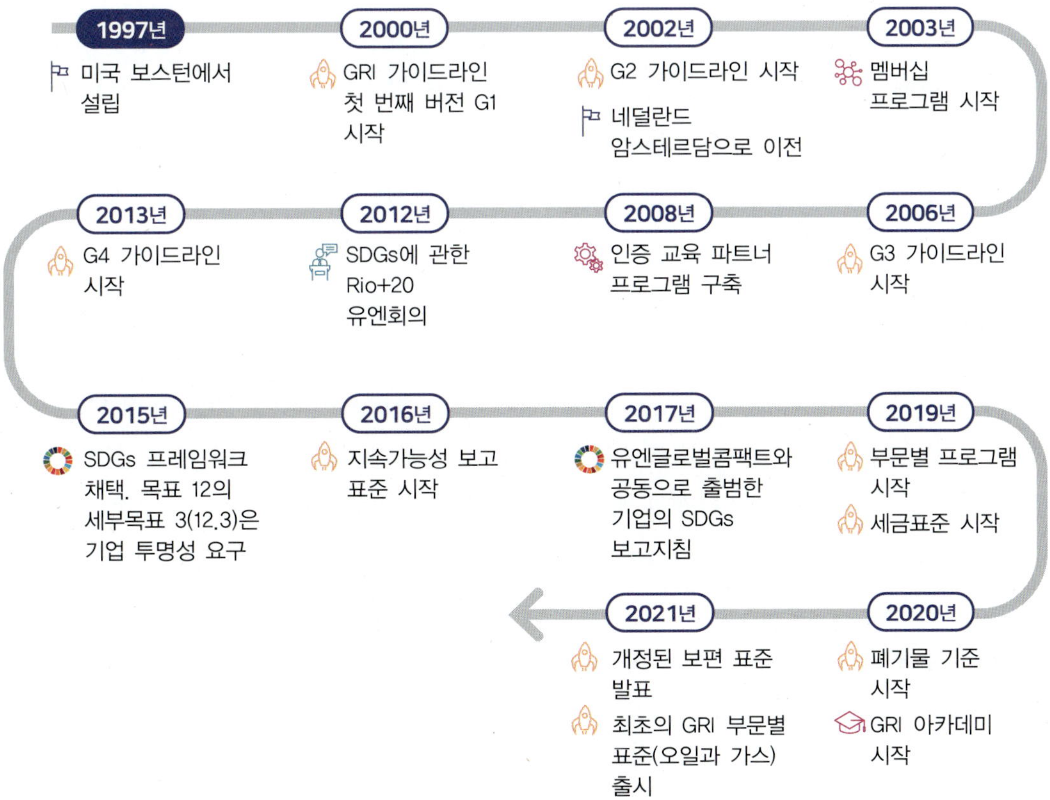

출처: https://blog.cgtae.com/?p=599

반면에 지속가능성 회계기준위원회(SASB: Sustainability Accounting Standards Board)는 GRI와 관련하여 보완적이지만 다른 접근방식을 나타낸다. GRI는 ESG가 세계에 미치는 영향에 초점을 맞추지만, SASB는 회사에 대한 ESG 영향에 중점을 둔다. 실제로 일부 회사는 두 가지 표준을 모두 활용한다고 보고하고 있다. 2011년 진 로저스(Jean Rogers) 박사는 지속가능성 정보의 재무보고의 효율성을 향상시키기 위해 캘리포니아주 샌프란시스코에 SASB를 설립했다.

SASB는 지속가능성을 "기업이 장기간에 걸쳐 가치를 창출할 수 있는 능력을 유지 또는 향상시키는 기업활동"으로 정의했다. 이런 활동을 측정하고, 관리하고, 보고하는 것이 지속가능성 회계다. 생산과정에서 발생하는 환경·사회적 영향부터 장기적 가치를 창출하기 위해 필수적인 환경·사회 자본을 관리하는 전 과정이 고려대상이다.

SASB는 크게 환경, 사회적 자본, 인적자본, 사업 모형 및 혁신, 리더십, 지배구조 등 다섯 가지 범주로 지속가능성 요소들을 나누었다.

SASB는 비즈니스 프로세스, 자산, 자원 및 기타 구성요소의 차이로 볼 수 있듯이 ESG의 이러한 측면에 따라 크게 달라지는 산업별 지속가능성 지표를 제공하기 위해 이니셔티브를 확장했다. 예를 들어 경제적 가치를 창출하기 위해 제조회사는 지식 근로자에 크게 의존하는 인적구조 조직과는 다른 방향으로 활용할 것이다. 이러한 분류시스템은 지속가능한 산업분류시스템(SICS)에 대응되는 고유한 산업별 재무지표를 제공한다. 현재 산업 범주는 소비재, 추출물 및 광물 가공, 금융, 식품 및 음료, 건강관리, 인프라, 재생 가능 자원 및 대체에너지, 자원 변환, 서비스, 기술 및 통신 등으로 구성된다. 이러한 각 산업 범주 내에는 평균 5개의 주제와 14개의 메트릭이 있으며 이는 79%가 질적 요소들로 구성되어 있다. 또한 SICS 시스템은 주제별 부문, 지속가능성 프로파일 및 산업 분류의 세 가지 요소에 따라 추가 분류를 제공한다. 전문가들은 지속가능성과 재무성과 간의 상관관계에 대한 정보를 보여주는 지속가능한 회계(FSA: Fundamentals of Sustainability Accounting) 자격 증명을 추구할 수 있다.

오늘날 이러한 표준은 주요 글로벌 조직에서 투자자에게 투명성을 제공하기 위해 활용되고 있다. 블랙록(BlackRock)의 래리 핑크(Larry Fink)와 같은 CEO는 SASB를 공개적으로 승인했으며 많은 글로벌 포춘 500은 현재 SASB 표준 및 프레임워크를 활용하고 있다. SASB는 또한 환경 및 사회문제에 대한 지표 및 영향에 대한 합의를 구축하기 위해 많은 조직과 협력하고 있다.

2.5.2 접근방식의 정렬을 향한 이니셔티브

마지막으로 ESG 메트릭에 대한 다양한 접근방식과 그 용도를 고려할 때, 표준 채택의 단편화는 ESG 구현의 객관적인 비교를 어렵게 만들 수 있다. 블룸버그 지속가능한 비즈니스 서밋(Bloomberg Sustainable Business Summits)에서 시작된 기업 보고 회의는 지속가능성 보고 프레임워크와 재무 및 비재무 보고를 보다 잘 통합하기 위한 방법론을 제시했다. 기업 보고 회의는 국제통합보고협의회(IIRC)에 의해 소집되며 탄소정보공개프로젝트(CDP), 기후정보공개표준위원회(CDSB), 재무회계기준위원회(FASB), GRI, 국제회계기준위원회(IASB), 국제표준화기구(ISO) 및 지속가능성회계기준위원회(SASB)로 구성된다. 이 회의의 목표는 기업 보고에 대한 국제적 영향력이 부인할 수 없게 된 표준 섹터와 프레임워크 개발자 간의 대화와 일관성을 개선하는 것이다. 일관된 공개가 자본시장 및 사회의 다른 이해관계자의 정보 요구를 보다 잘 충족시킬 수 있다는 것은 널리 알려져 있다.

최근 ESG 표준의 통합을 향한 중요한 움직임을 살펴보면 2020년에 SASB는 IIRC와의 합병을 2021년 중반까지 진행한다고 발표했다. 합병은 ESG 공개를 단순화하기 위한 것이다. 또한 새로 설립된 가치보고재단(The Value Reporting Foundation)은 SASB, IIRC, CDP 자선단체 및 GRI의 자원, 관계, 도구들을 결합해 보다 일관성 있는 방식으로 발전시켜 포괄적인 보고 방법론을 발전시킬 것이다. 2020년 초, SASB와 GRI는 두 가지 접근방식을 함께 적용할 수 있는 방법을 보여주는 사례 연구와 모범 사례를 공유하기 위한 공동 작업계획을 발표했다.

2.5.3 ESG로부터 이익을 얻으려는 투자자 수요

ESG에 대한 투자를 생각하고 있는 투자자들의 의중을 반영한 투자 기회의 증가와 ESG 경영이 가지고 있는 미래 상당한 수익의 잠재력으로 인해 기업들은 투자 옵션을 분석하고 비교하기 위한 포트폴리오 구축 도구 및 메트릭의 필요성이 대두되었다. 예를 들어 투자자가 신뢰할 수 있는 임팩트 투자를 실행하기 위해 2009년에 설립된 글로벌임팩트투자네트워크(GIIN: Global Impact Investment Network)는 투자자들에게 ESG 표준을 활용하겠다고 약속했다.

[그림 2-14] 주요 ESG 표준 설정 이벤트의 타임라인

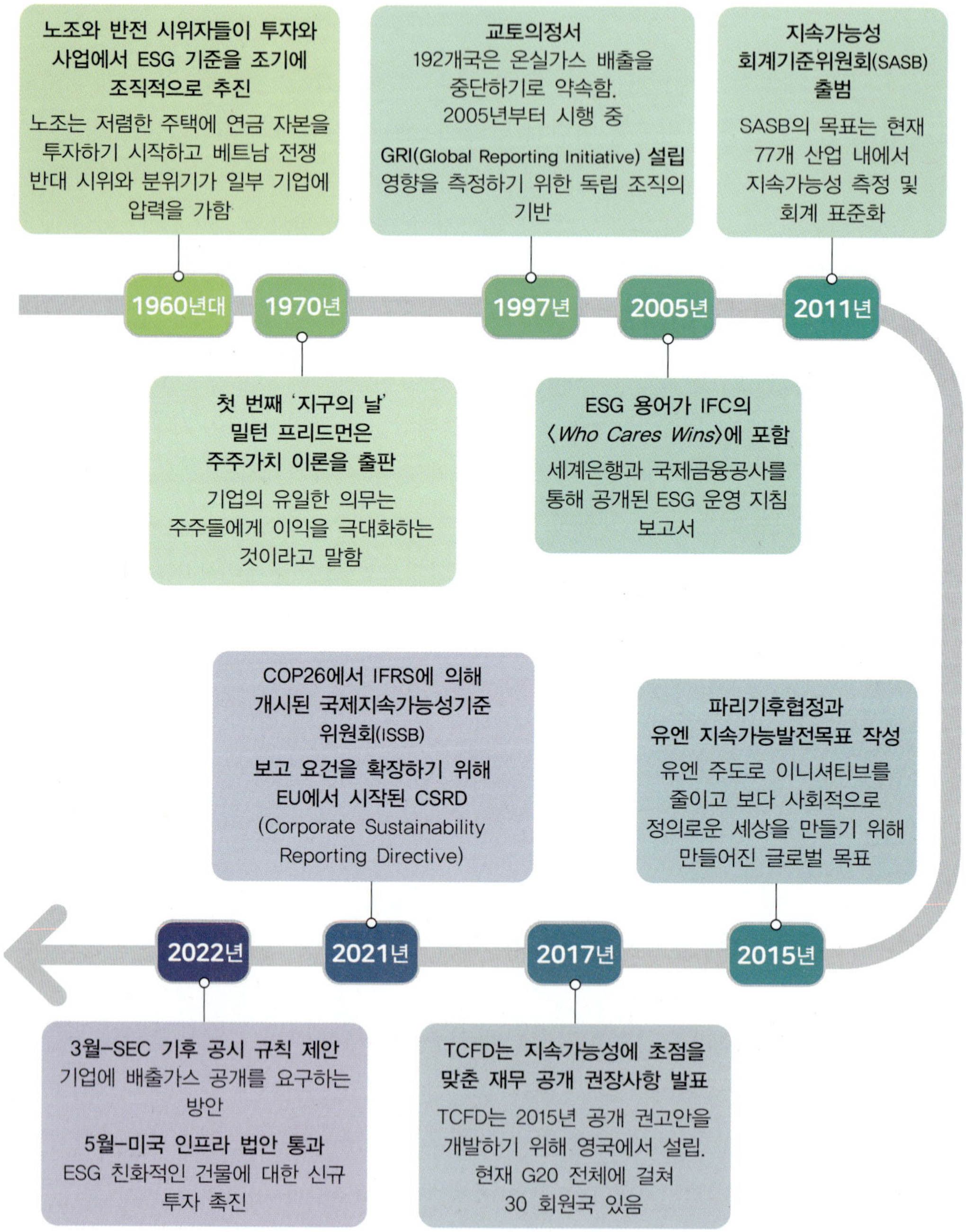

회원 자격은 전 세계 최대 금융기관, 자산관리자 및 서비스 제공업체가 포함되어 있다. GIIN은 투자자를 모집하여 지식 공유를 강화하면서 혁신적인 투자 접근방식을 활용하여 투자 결정에 사회적 · 환경적 요소를 통합함으로써 긍정적인 면을 극대화하고 부정적인 면을 최소화할 수 있는 도구를 구축한다. 목표는 가장 시급한 글로벌 요구를 해결하는 솔루션에 자금을 지원하기 위해 자본 배분을 용이하게 하는 것이다. GIIN은 투자자가 위험 및 수익과 같은 전통적인 재무지표와 함께 ESG 요소를 고려하여 사회와 환경에 대한 투자의 긍정적인 영향을 측정하고 극대화할 수 있도록 아이리스(IRIS+) 도구를 개발했다. 아이리스 표준은 크게 목표 설정, 수혜자 영향 파악, 변화의 크기 및 기여도 측정, 잠재적 리스크 파악의 다섯 가지 요소로 구성되어 있다.

유엔글로벌콤팩트의 설립자인 게오르그 켈(Georg Kell)은 투자자들 사이에서 ESG 지표개발의 필요성에 대한 요구를 인식하고 있었다. 그는 현재 상장기업의 지속가능성 성과를 측정하기 위해 환경, 사회 및 지배구조 데이터를 양적 투자전략과 통합하여 분석하는 회사인 아라베스크(Arabesque)의 이사회 의장으로 재직하고 있다. 이 회사에서 제공하고 있는 데이터는 인공지능을 사용하여 ESG 메트릭을 재무 및 모멘텀 분석과 통합하는 주식 선택에 대한 규칙 기반 접근방식을 적용하여 수익을 창출할 수 있도록 하여 아라베스크의 자산관리회사에 공급하고 있다.

또한 Moody's, Thomson Reuters, Bloomberg 및 Morningstar와 같은 주요 투자 데이터 제공업체는 투자자가 지속가능성 이익에 따라 자금 조달 결정을 내릴 수 있는 정교한 ESG 심사 도구를 개발했다. 제공하는 데이터의 기업 투명성, 보고된 데이터를 기업 문서로 추적, 회사가 다루는 법적 문제, 공급망 전반의 책임 있는 업무수행, 이사회 결정 및 임원 보상과 같은 문제는 투자자가 기업의 ESG 책임지표를 평가할 때 고려해야 할 요소 중 하나이다. 블룸버그는 기업운영 결정, HR 정책, 관행 및 거버넌스 구조와 관련하여 위험 완화의 원천 역할을 하는 전통적인 재무평가지표를 뛰어넘는 무형의 조치를 통해 재무 분석을 향상시키기 위해 십 년 이상의 역사를 가진 ESG 데이터를 도입했다. Moody's는 또한 위험관리의 고유 구성요소로서 ESG에 대한 통합 접근방식을 개발했다. 이러한 추세는 Yahoo Finance와 같은 재무 분석 플랫폼에서 기본 회사 개요에 지속가능성 영역에서 ESG 점수를 추가하도록 했다.

2.6 | 한국의 ESG 역사

앞에서 설명한 것과 같이 ESG라는 용어가 2004년 유엔글로벌콤팩트(UNGC) 보고서에서 처음 등장한 이후 2006년 유엔 책임투자원칙(UN PRI) 제정, 2011년 지속가능성 회계기준위원회(SASB)의 출범으로 구체화되었다. 2020년 1월 세계 최대 자산운용사인 미국의 블랙록이 주요 기업 CEO에게 보낸 연례 서한을 통해 ESG 경영성과를 나타내는 기업에 우선적으로 투자

[그림 2-15] 한국의 ESG의 역사

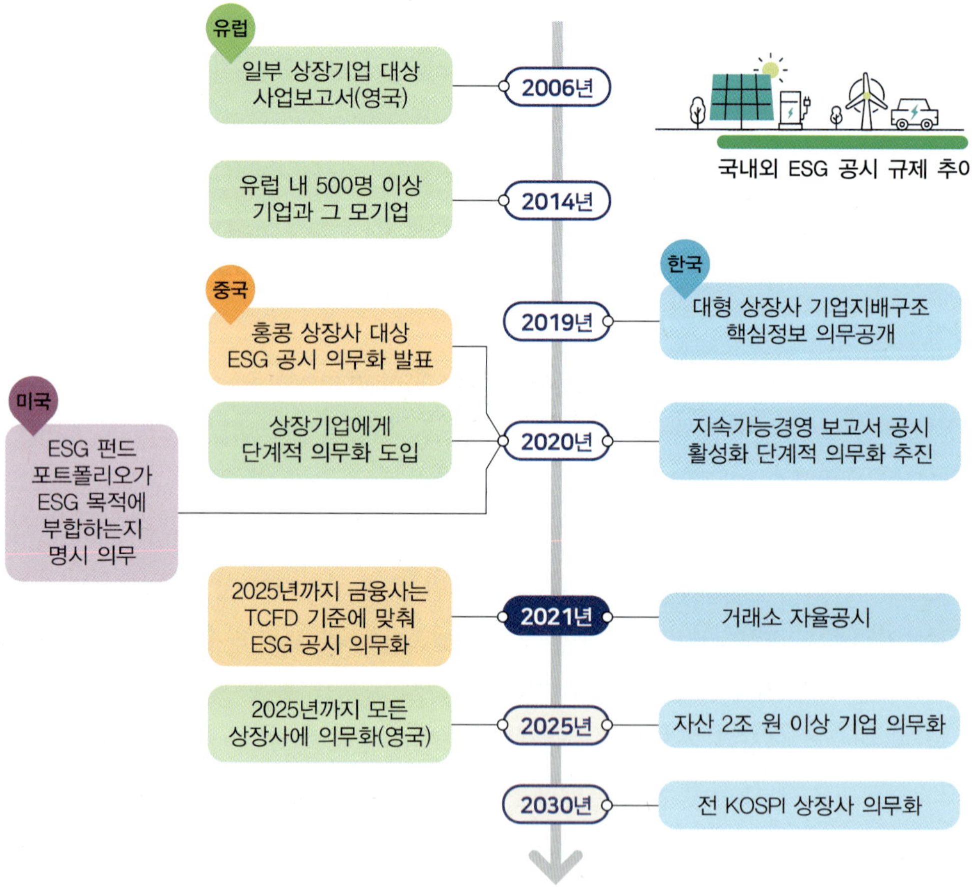

출처: 삼정 KPMG 보고서

하겠다고 선언하였는데 이것이 ESG 시대를 본격적으로 여는 기폭제가 되었다.

우리나라에서는 2021년 3월 문재인 대통령이 '상공의 날'에 참석하여 정부가 기업의 ESG 경영을 적극 지원하겠다는 것을 계기로 ESG 경영의 시작을 알렸으며, 2021년을 ESG 확산의 원년으로 삼겠다고 선언했다. 많은 국내 기업이 ESG 위원회를 설치, 친환경활동 강화를 서두르고 있다.

금융위원회가 2025년부터 자산 2조 원 이상인 유가증권시장 상장사는 친환경 · 사회적 책임활동을 포함한 '지속가능경영보고서'를 공시하고, 2030년부터는 모든 코스피 상장사로 확대 적용하여 보고서 발행을 의무화할 것이라고 발표하였다.

2020년부터 본격화된 ESG 경영은 초반 도입기를 지나 벌써 과도기를 거치고 있다. 지난 3년여간 산업계 ESG 전략은 다양한 시행착오를 거쳐 적잖은 발전을 이루었다.

그러나 이러한 관심에도 국내외 600여 개 이상의 평가지표가 존재하며, 평가기관의 평가기준과 결과 도출방식에 대한 정보는 대부분 공개하지 않고 있어 ESG 경영에 관심이 많은 기업도 어떻게 ESG 경영을 준비하고 평가에 대응해야 하는지 어려움을 호소하고 있다. 이에 정부가 국내외 주요 13개 평가기관 등의 3,000여 개 이상의 지표와 측정항목을 분석하여 61개 ESG 이행과 평가의 핵심 · 공통사항을 마련하고, 우리 기업이 활용 가능한 가이드라인을 제시하기 위해 K-ESG를 제시하였다.

연습문제

01 2차 산업혁명과 관련된 사항은?

① 기업의 부상 ② 현대적 박애주의 등장
③ CSR의 저항 ④ 미국의 대호황

02 사회계약이 기업에 대해 요구하는 세 가지 주요 책임이 아닌 것은?

① 일자리와 경제성장을 제공
② 직원과 고객에 대한 공정성을 보장
③ 지역사회와 환경의 조건을 개선하기 위해 참여
④ 주주에게 더 많은 수익을 제공

03 1990년대에 CSR 관행이 확대되고 글로벌 차원에서 인식을 높인 사건이 아닌 것은?

① 엑슨 발데즈 기름 유출 ② 기후변화
③ 이해관계자들의 수익 보전 ④ 인권 노동문제

04 환경 지속가능성 측면에서 효과적인 환경경영시스템 프레임워크를 위한 국제표준을 무엇이라 하는가?

① ISO 9001 ② ISO 14001
③ ISO 22301 ④ ISO 27001

05 GRI는 ESG가 세계에 미치는 영향에 초점을 맞춘다면, 회사에 대한 ESG 영향에 중점을 둔 기관은?

① 지속가능성 회계기준위원회(SASB) ② 환경책임경제연합(CERES)
③ 사회적 책임 국제기구(SAI) ④ 국제회계기준위원회(IASB)

06 캐롤의 사회적 책임의 피라미드를 설명하시오.

( )

07 CSR과 CSV의 차이점을 설명하시오.

( )

08 SDGs에 대해 간단히 설명하시오.

( )

09 SA 8000을 따르게 되면, 기업이 얻을 수 있는 이점을 설명하시오.

( )

10 주요 ESG 표준 설정 이벤트의 타임라인은 어떤 과정을 거쳐 발전하였는지 설명하시오.

( )

제2장 연습문제 정답

01. ② 현대적 박애주의 등장
02. ④ 주주에게 더 많은 수익을 제공
03. ③ 이해관계자들의 수익 보전
04. ② ISO 14001
05. ① 지속가능성 회계기준위원회(SASB)

CHAPTER 03

ESG 개념 및 전략

3.1 | ESG 개념

3.1.1 ESG란?

ESG는 환경(Environment), 사회(social), 지배구조(Governance)의 영문 이니셜을 조합한 단어로 기업경영의 가치중심이 이윤중심에서 기업의 지속적인 성장과 생존을 위해 이윤뿐만 아니라 환경 · 사회 · 윤리 경영의 세 가지 핵심요소를 경영전략에 반영하여 실제로 행동하는 것을 요구하고 있으며 지금까지의 행동양식과 사고방식의 전환이 필요하다는 인식이다.

(1) E(Environment, 환경)

환경(E)은 ESG의 3요소 중에서도 인류의 지속가능한 미래를 위해 가장 중요한 과제이며, 기후변화, 대기오염, 수질오염, 산림훼손, 멸종 위기종 증가에 따른 생물다양성 상실 등의 다양한 환경문제들이 현재 대두되어 있을 뿐만 아니라 갈수록 문제가 악화되고 있다.

예를 들어 온실가스를 배출하는 내연기관 자동차 사용은 기후변화, 대기오염과 연결되고 플라스틱을 이용하거나 플라스틱 상품을 생산한다면 바다의 생물이나 환경에 악영향을 끼치는 해양 플라스틱 쓰레기 문제로 연결되어 있다는 것을 알 수 있다.

이렇듯이 우리 인간은 경제성장을 최우선 순위에 두면서 환경에 대해서는 무관심하거나 애써 외면하면서 환경문제가 왜곡되고 있었음에도 불구하고 표면화된 환경문제의 해결을 미루어 왔으나 이제는 더 이상 방치할 수 없는 한계에 이르렀다.

개인과 기업이 더 이상 환경에 부담을 주게 된다면 인류의 삶은 크게 흔들리게 될 것이며, 이러한 위기의 상황에서 인식을 전환하여 누군가 해결해 줄 것이라는 안일하고 수동적인 생

구분	문제 제기	해야 할 일
E (Environment, 환경)	• 재생 가능 에너지를 사용하는가? • 온실가스 배출량을 줄이고 있는가? • 친환경 제품을 사용하는가? • 생물다양성 보존에 적극적인가?	• 재생에너지 활용 · 감시 • 기후변화 · 대기오염 대책 · 감시 • 수자원 · 폐기물 대책 · 감시 • 생물다양성의 상실 방지

각이 아니라 전 지구적 환경문제를 나 자신의 일로 생각하고 능동적으로 행동하여 지속가능한 지구 환경을 유지하여야 한다.

(2) S(Social, 사회)

ESG의 사회(S)는 일반적으로 사회 전체가 해결해야 한다고 인식되는 문제들이다. 남녀불평등, 아동노동과 인권을 무시한 과중한 노동, 워라밸, 노동자의 안전과 보건, 성희롱, 갑질 등 광범위한 사회적 문제가 포함된다.

예를 들어 세계경제포럼(WEF: World Economic Forum)인 다보스포럼에서 매년 남녀 간 불평등 정도를 나타내는 '젠더 격차지수'를 발표하는데 여기에서 한국과 일본의 경우 현저한 하위권에 랭크되어 있다. 현재 나름대로 성평등 의식이 높아지고 있다고 하지만 2022년 7월 발표된 결과에서 146개국 중 한국은 99위, 일본은 116위로 경제 규모에 비해 남녀 간 젠더 격차가 여전히 큰 것으로 나타났다.

한편 직원의 건강에 투자하여 직접적인 경제적 성과를 창출한 '유니레버'는 더 나은 미래를 추구하는(creating better future) 기업으로서 직원이 고객의 건강을 고민할 수 있는 문화를 만들고자 먼저 직원들의 건강부터 관리하는 프로그램인 '램프라이터(lamplighter)'를 운영하여 직원 각 개인에 맞추어 운동뿐 아니라 식단관리와 정신건강상담 등으로 구성한 6~12개월 단위의 개인 맞춤 프로그램을 운영하였다. 그 결과 2003년 사전 테스트를 시작으로 하여 현재 30개국 3만 5천 명 이상이 참여하여 직원들의 건강 개선뿐 아니라 전사 헬스케어에 대한 비용의 감소와 생산성 증가로 인하여 램프라이터 프로그램에 투입되는 비용 1파운드가 약 4파운드의 경제적 효과를 창출하였다(유니레버 홈페이지 참조)고 한다. 이는 사회문제의 해결뿐만 아니라 기업의 경제적 성과도 함께 달성한 지속가능경영의 성공 사례로 볼 수 있다.

구분	문제 제기	해야 할 일
S (Social, 사회)	• 노동자의 권리는 보호되는가? • 젠더 불평등은 없는가? • 공급망 내 모든 단계의 안전이 확보되었는가? • 지역사회와 상생하는가?	• 강제노동 · 아동노동 금지 • 젠더 격차의 철폐 • 공급망 관리 • 지역사회와의 상생

(3) G(Governance, 지배구조)

지배구조(G)는 통치하다, 지배하다, 관리하다의 뜻이고 Govern의 명사형으로 조직의 통치, 지배, 관리의 의미로 사용되며 ESG의 G는 기업지배구조(Governance)를 의미한다.

일반적으로 지배구조가 잘 운영되고 있는 상태를 리스크 관리가 잘되고 있다고 하고 반대의 경우는 리스크 관리가 잘되지 않고 있다고 표현하는데 기업이 윤리적 · 사회적 · 환경적으로 올바른 일을 하는 것이 최고의 리스크 관리라고 할 수 있다.

2018년 UNGC(UN Global Compact) 한국협회가 주최하고 지멘스가 후원한 '2018 페어플레이어클럽 서밋 및 반부패 서약 선포식'이 서울에서 열렸는데 시기적으로는 상당히 적절한 타이밍이였다. 당시 우리나라의 10대 그룹 중 6곳이 비리 혐의를 받고 수사 또는 조사 중이었기 때문이다.

한국 내 재계 1위의 삼성은 법 위반 혐의에 대해 사법당국의 조사 또는 재판 중인 사건이 뇌물제공과 다스 소송비 대납 그리고 총수 자택 공사비 관련한 비자금 의혹, 차명계좌 등 4건에 달하였고, 재계 2위 현대차 또한 다스 소송비 대납 혐의를 받고 있었고, 재계 5위의 롯데 총수는 뇌물 혐의로 법정구속되었다. 재계 6위 포스코의 계열사는 특별 세무조사 중이었고 재계 8위인 한화 총수는 배임죄로 집행유예 중이었으며, 재계 9위의 현대중공업은 입찰담합에 대한 혐의를 받고 있었다. 물론 해당 기업은 특수한 상황으로 이전 정치권력에 관여된 사례가 4곳에 달해 기업에게만 모든 책임을 돌릴 수는 없지만 말이다.

지배구조가 조직에서 작동하지 않으면 그 조직에서는 각종 불상사와 문제가 발생할 위험이 커지며 이를 방치할 경우 주주 이탈, 소비자 이탈이 일어나 경영에 막대한 영향을 미치게 된다. 따라서 지배구조(G) 또한 지속가능성의 중요한 경영 과제이다.

구분	문제 제기	해야 할 일
G (Governance, 지배구조)	• 법규를 준수하고 있는가? • 공정한 경쟁을 하고 있는가? • 정보 공시에 적극적인가? • 사외이사제를 실시하고 있는가?	• 적절한 납세, 리스크 관리체제 구축 • 뇌물 수수 · 부패방지 • 정보공시의 투명성 • 이사회의 독립성 · 다양성 확보

3.1.2 ESG의 정의

ESG에 대한 정의는 각 기업의 사업적 특성과 기관별 설립목적 그리고 관련된 이해관계자에 따라 조금씩 다르게 제시되고 있으나 공통적으로 제시되는 키워드는 투자자 의사결정, 재무적 가치, 중장기 수익, 사회적 책임, 지속가능성 등이며 자본시장에서의 ESG는 투자 의사결정과 장기적으로 재무적 가치에 대한 영향을 미칠 수 있는 중요한 비재무적 요인이다. 각 기관별 ESG 정의를 살펴보면 다음과 같다.

(1) 유엔 책임투자원칙(UN PRI: Principles for Responsible Investing)

- Factors into investment decisions, to better manage risk and generate sustainable, long-term returns.

  더 나은 위험관리와 지속가능성의 창출과 중장기 수익을 위해 투자 결정을 고려한다.

(2) 유엔 지속가능거래소(UN SSE: Sustainable Stock Exchanges Initiative)

- Broad set of environmental, social and governance considerations that may impact a company's ability to execute its business strategy and create value over the long term.

  광범위한 환경, 사회, 지배구조의 고려사항들은 기업들이 사업전략을 실행하고 가치를 창출하는 능력에 영향을 미칠 수 있다.

(3) 나스닥(Nasdaq)

- Broad set of environmental, social and corporate governance considerations that may impact a company's ability to execute its business strategy and create value.

  환경, 사회, 기업의 지배구조에 대한 고려사항은 사업전략을 실행하고 장기적인 가치를 창출하는 기업의 능력에 영향을 미칠 수 있다.

(4) 미국 재무분석사협회(US CFA)

- Investors are considering in the context of corporate behavior. Often these ESG issues have been considered non-financial or non-quantifiable essentially and have a medium-to long-term time frame in their effect on a company.
  투자자들은 기업행동의 맥락에서 고려하고 있다. 종종 ESG 이슈들은 본질적으로 비재무 또는 수량화되지 않은 것들이 고려되어 왔고 회사에 미치는 영향이 중장기적으로 영향을 미친다.

(5) 런던증권거래소 그룹(London Stock Exchange Group)

- 'Sustainability', 'Corporate responsibility' or 'coporate social responsibility' to refer to strategies or programmes related to ESG activities.
  지속가능성, 기업의 책임, 기업의 사회적 책임은 ESG 활동과 관련하여 전략 또는 프로그램으로 적용된다.

3.2 | ESG 부상 배경

3.2.1 ESG의 전환점

최근 우리 사회에 ESG가 화두가 되면서 새롭게 등장한 개념처럼 느껴질 수 있으나 사실 ESG는 낯선 개념이 아니라 그 시작은 CSR(기업의 사회적 책임) 논의로부터 CSV(공유가치창출)와 CSI(기업의 사회적 임팩트) 논의로 진전되었고 최근에 글로벌 차원의 ESG가 지속적으로 논의되면서 새로운 경영과 새로운 투자의 패러다임 전환이라고 볼 수 있는 강력한 ESG 글로벌 동향이 형성되었다.

2019년 말 '2020 다보스선언'은 기존의 주주중심 자본주의에서(Friedman, 1970) 새로운 이해관계자 자본주의 시대의 개막을 알렸는데 이 선언문에서 "기업은 이윤을 창출하는 경제적 주체 이상으로 주주에 대한 수익뿐 아니라 환경, 사회 및 기업의 지배구조에 대한 목표를 어떻게 달성했는지 측정되어야 한다"(WEF(세계경제포럼), 2020)라고 새로운 패러다임의 전환을 주장하였다. 또한 CSR과 CSV가 이해관계자의 관점에서 기업의 지속가능성을 다룬 것이라면 ESG는 환경문제가 부각되면서 투자자적 관점에서 기업의 지속가능성에 접근한다.

세계 최대의 자산운용사인 블랙록사의 CEO 래리 핑크가 2020년 주주에게 보낸 연례 서한에서 앞으로 기후변화와 탄소중립에 적극적으로 대응하는 기업에게만 투자할 것이며 그렇지 않은 기업에는 투자하지 않겠다고 발표하였다. 이후 투자자의 관점이 반영된 ESG에 대한 관심이 고조되었고 기업들은 이러한 사회적 책임에 더 큰 압박을 받게 되었다.

기업의 책임 있는 투자의 연대조직인 UN PRI(UN Principles for Responsible Investing) 서명기관은 2019년 대비 2021년에는 53% 늘어난 3,634개에 달해 지속적 증가세를 보여주고 있으며 서명기관 중 1천억 달러 이상의 거대 자산기관 중 3천여 개 이상이 ESG 이슈와 지속가능 전략을 추진하고 있다. 이렇게 보면 기업들에게는 시기적으로 2019년부터가 사람과 지구 환경에 대한 인식의 대전환을 가져온 시기였는데 이때부터 비즈니스 리더들은 사회적 가치 실현을 위한 새로운 비즈니스 모델을 탐구하기 시작하였다. 그래서 이들이 주도하는 기업들은 CSV(공유가치창출), 순환경제, 지속가능발전목표(SDGs), 비콥(B corp) 등이 제시하고 있는 사회적 가치 실현에 적극적으로 동참하면서 새로운 주류를 형성하고 있다.

UN은 2020년 현재, 바로 지금이 세계기업의 '새로운 행동과 임팩트'의 시대라며 다음과 같이 선언하였다.

"UN의 지속가능발전목표(SDGs)와 파리기후변화협약은 건강한 지구에서의 평화와 번영을 달성하기 위한 가장 강력한 공동의 어젠다를 제시하며 이에 기업들이 필수적인 역할을 할 것을 제안한다. 세계 최대의 지속가능성 이니셔티브인 UNGC(Global Compact)는 우선적으로 글로벌 전환의 선도적인 촉진자가 될 것을 자임한다."(UNGC 2020)

3.2.2 투자자들의 ESG 활용

ESG를 적극적으로 활용하는 주체는 기관투자자와 자산운영사이며 이들은 ESG를 적극 활용하여 리스크 관리와 리스크 조정 수익에서 경쟁력을 높이려 한다.

ESG 투자는 환경, 사회, 기업의 지배구조에 적극적으로 대응하는 기업을 중요하게 고려하고 선별하는 투자로 UN PRI를 계기로 하여 확대하기 시작한 ESG 투자는 전 세계적 영향력을 가진 기관투자자와 자산운영사의 투자표준이 되고 있다.

과거의 투자자는 경영성과가 기재된 재무제표의 매출액과 영업이익 등 과거의 재무정보를

표 3-1 WEF 요구 핵심성과지표(KPI)

항목	주제	핵심지표와 공개사항
거버넌스 원칙 (Principles of Governance)	기업의 목적	① 목적의 설정
	의사결정 조직역량	② 거버넌스 기구의 구성
	이해관계자와 대화	③ 이해관계자에게 영향을 미치는 중대성 이슈
	윤리적 행동	④ 부패방지 ⑤ 윤리적 조언과 신고자 보호
	리스크와 기호	⑥ 리스크, 기회의 비즈니스 프로세스로의 통합
지구 (Planet)	기후변화	⑦ 온실가스 배출량 ⑧ TCFD 제언 실행
	자연 상실	⑨ 토지 이용과 생태계 배려
	담수이용 가능성	⑩ 물 부족 지역의 물 사용량 및 취수량
사람 (People)	존엄과 평등	⑪ 다양성과 포용성 ⑫ 급여평등 ⑬ 임금수준 ⑭ 아동노동, 강제노동 리스크
	건강과 웰빙	⑮ 건강과 안전
	미래를 위한 기술	⑯ 교육훈련
번영 (Prosperity)	고용과 부의 창출	⑰ 고용자 수와 고용상황 ⑱ 경제적 공헌 ⑲ 금융투자에의 공헌
	보다 나은 제품과 서비스	⑳ 연구개발비(R&D) 총액
	커뮤니티와 사회의 활력	㉑ 납세 총액

출처: WEF 이해관계자 자본주의 진행상태 측정

중시해 왔으나 ESG 투자는 재무정보뿐만 아니라 비재무정보, 즉 온실가스 배출량이나 고객 만족도, 여성 관리직 비율 등을 중시하는데 ESG 평가가 우수한 기업은 장기적으로 이해관계자들(투자자, 소비자, 협력사 등)로부터 강력한 지지를 바탕으로 장기적 매출이나 이익 등이 증가하는 지속적인 기업 성장력의 원천이라고 인식되고 있다.

3.2.3 기후위기 극복 ESG 투자

글로벌 기후위기를 극복하기 위한 우선 정책 수립에 국제기관과 정부 그리고 기업이 2050 탄소 넷제로(Net-Zero) 경제 전환을 목표로 하는 처방에 대해 같은 의견으로 한 목소리를 내고 있다. 기후위기 극복을 위해 리스크와 기회를 분석하여 처방할 수 있는 다양한 프레임워크와 이니셔티브들이 제시되면서 기후위기에 대한 대처방안을 적극적으로 탐색 중에 있다.

현재 ESG 투자는 지속가능한 금융을 대표하고 있으며 OECD 회원국뿐만 아니라 이제는 개발도상국가들에서도 주류 금융으로 자리매김하는 중이다.

여러 국가의 여러 기관에서 평가·공존하는 ESG 등급제는 각국의 중앙은행과 금융당국이 기후위기에 대한 기업과 기관들의 이행과 진전 노력의 분석에 사용하는 새로운 주체로 부상하고 있다. 국내의 경우 한국거래소에서 한국ESG기준원, 한국ESG연구소, Moody's, MSCI, S&P, 지속가능발전소 등의 평가를 종합하여 기업의 ESG 등급을 공표하고 있다.

그러나 현재의 ESG 등급제는 기업의 기후 관련 정책 또는 목표의 존재 여부에 치중되어 있어 미래 지향적인 기후 매트릭스와 전환 프레임워크만으로는 한계가 있으며 기업의 기후 목표가 지속가능성 목표로의 진전을 우선시하는 정책적인 변화가 뒷받침될 필요가 있다고 OECD에서는 분석하고 있다.

3.2.4 ESG 공시의무화

국제회계기준(IFRS: International Financial Reporting Standards)은 국제표준의 지속가능성 공시 기준을 제정하기 위해 2021년 11월 국제지속가능성기준위원회(ISSB: International Sustainability

Standards Board) 설립을 공식화하였다. ISSB가 제정할 국제지속가능성 공시기준은 투자자가 기업가치 판단 시에 도움이 되는 기업의 지속가능성과 관련된 정보를 공시할 수 있도록 2022년 3월에 초안을 마련하여 세계적인 의견수렴절차를 거쳐 2022년 말에 확정안을 공개할 예정이었으나 2023년 6월 ESG 공시기준 IFRS S1(일반 요구사항), S2(기후 관련 공시) 기준을 확정하여 발표하였다. '국제 지속가능성 공시기준'은 ESG에 대한 세계적 관심과 트렌드를 포괄적으로 공시하여 반영하고자 하는 시도이다. 주요 공시 내용은 첫째는 기업의 지속가능성 관련된 재무정보를 공시함으로써 투자자의 의사결정에 유용하게 활용하고자 하며, 둘째는 기후 관련 공시로서 기업에게 노출된 기후 관련 재무정보에 대한 특정한 요구사항을 공시하는 것이다. 이에 따라 우리나라는 2025년부터는 자산총액 2조 원 이상의 유가증권시장의 상장사를 대상으로 하여 ESG 정보공시를 의무화한다고 발표하였다. 수출경쟁력을 지속적으로 유지해야만 하는 우리나라는 특히 ESG 중에서 재생에너지 관련한 사항들이 수출경쟁력에 직접적인 영향이 있을 것으로 전망된다.

3.3 | ESG의 중요성

3.3.1 재무적 중요성

기업의 ESG 경영에 대한 핵심유인은 곧 자금 유치이다. 투자자 관점에서 ESG 경영을 도입한 기업이 장기적 안정성과 지속적 수익창출로 이어진다는 것은 이미 시장에서 증명되고 있으며 심지어는 ESG 경영을 제대로 하지 못하는 기업에 투자자금을 제공했던 투자자와 투자기관이 투자자금의 회수 또는 철회를 결정하는 사례가 잇따르고 있다.

2021년 2월 네덜란드 연기금 APG는 한국전력공사에 투자했던 700억 원을 회수하는 결정을 내렸는데 이유는 한국전력의 석탄발전사업에 지속적인 투자가 문제시되었으며 그보다 앞서 2015년 노르웨이 연기금 GPFG는 인도네시아의 팜오일 농장개발사업에 대한 환경파괴 우려로 사업의 주체인 포스코 그룹에게 투자 철회를 통보하였다.

또한 ESG 자본은 규모 면에서 국내의 경우 2021년 ESG 채권 상장 잔액이 100조 원대를 돌파하였으며(한국거래소), 같은 해 SRI(사회적 책임 투자) 펀드가 순자산 5조 90억 원으로 사상 최대 규모를 달성하였다. 해외의 ESG 자본은 우리나라보다 훨씬 빠르고 거대해지고 있으며 유럽과 미국 등은 탄소중립을 선언하며 천조 원대가 넘는 ESG 펀드를 조성하였다.

이렇듯 급격한 ESG 자본의 흐름은 오랜 역사를 가진 CSR, CSV, 지속가능경영 등의 개념보다 ESG가 기업경영의 패러다임을 빠르게 전환하게 만드는 요인임을 증명하고 있다.

[그림 3-1] SRI 채권 상장 잔액 추이

(단위: 조 원)

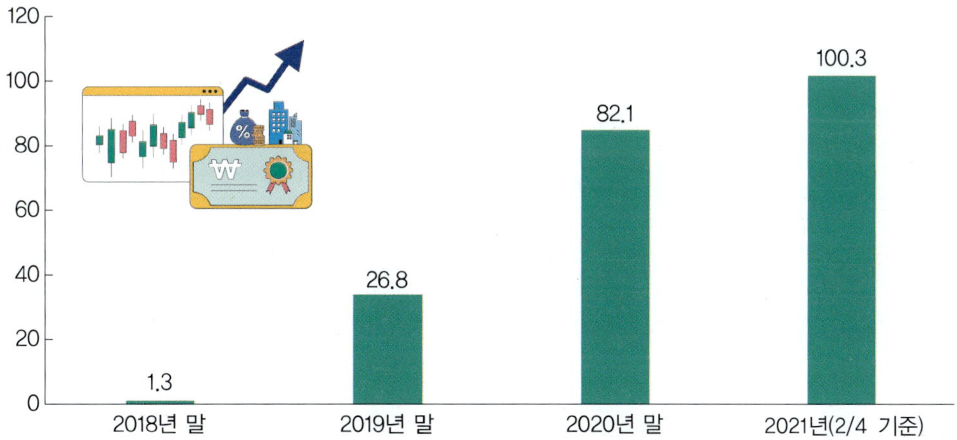

출처: 한국증권거래소

표 3-2 ESG 자본 현황

구분	미국	중국	유럽(EU)	한국
탄소중립 (발표시점)	2050년 탄소중립 (2020년 7월)	2060년 탄소중립 (2020년 9월)	2050년 탄소중립 (2019년 12월)	2050년 탄소중립 (2020년 10월)
친환경 투자	10년간 1.7조 달러 (약 1,870조 원)	30년간 100조 위안 (약 1.7경 원)	10년간 1조 유로 (약 1,300조 원)	2025년까지 73.4조 원
연평균 투자	187조 원	560조 원	130조 원	14.7조 원
ESG 펀드 규모	1,790억 달러 (약 200조 원)	1,280억 위안 (약 21조 원)	1조 유로 (약 1,300조 원)	1.3조 원

출처: 2021년 정부발표/BCG 자료

모건스탠리와 메리츠증권의 조사 결과를 보면 미국의 투자자들이 기업에 대해 ESG 경영을 요구하는 주된 이유는 운용자산 규모의 확대, 높은 성장가능성과 기관투자자의 요구 등 수익성에 대한 효과가 크게 나타나기 때문이다. 이는 ESG 경영을 도입한 기업의 수익성이 좋다는 의미로 ESG 투자에 거대자본이 움직이고 있다는 증거이기도 하다. 수익성에 대한 이

표 3-3 모건스탠리의 MSCI 지수

분류	환경				사회				지배구조	
테마 (10)	기후 변화	천연 자본	오염/ 폐기물	환경적 기회	인적 자본	제품 책임	이해관계 상충	기회 균등	지배 구조	기업 행동
핵심 이슈 (35)	탄소 배출	물 스트레스	유해물질 배출/ 폐기	청정 기술	노동 관행	제품안전 및 품질	분쟁 광물	통신망 접근	소유 및 지배	기업 윤리
	제품 탄소 발자국	원자재 조달	포장재 및 폐기물	그린 빌딩	인적자본 개발	화학물질 안전성	지역사회 관계	금융 접근성	이사회	조세 투명성
	기후변화 취약성	생물 다양성 및 토지 이용	전자 폐기물	재생 에너지	보건/ 안전	소비자 금융 보호		의료 접근성	보상	
	자금 조달의 환경 영향				공급망 노동기준	개인정보 보호		보건 및 영향 관련 기회	회계	
						책임투자				
						보건 및 인구통계 리스크				

등급분류		MSCI KOREA IMI(Investable Market Index)	
Leader	AAA	0%	1%
	AA	1%	
Average	A	8%	29%
	BBB	16%	
	BB	37%	
Laggard	B	37%	70%
	CCC	33%	

유뿐만 아니라 환경보호, 정직한 투자목적, 사회개선 등의 긍정적 효과에 대한 도입 이유가 뒤를 잇고 있다. 또한 MSCI(모건스탠리 ESG 평가지수)에 따르면 최근 7년 동안 ESG 평가등급 상위권 기업은 하위권 기업 대비 이익증가율과 수익률이 상대적으로 양호한 것으로 조사되었다. 이처럼 이미 글로벌 시장에서는 ESG 경영을 잘하는 기업이 실적도 좋다는 것이 입증되었다.

3.3.2 소비자 및 이해관계자 변화

오늘날의 소비자들은 사회적 가치 제고에 보다 많은 관심을 보이고 있으며 사회적 책임을 회피한 기업의 저렴한 제품보다 다소 가격이 높더라도 사회적 책임에 대해 적극적으로 수행하는 기업의 제품을 선호한다. 보스톤컨설팅그룹(BCG)의 조사에 따르면 유럽 소비자 72%가 친환경 포장 제품을 선호하는 것으로 조사되었으며 세계 소비자의 46%가 유명 브랜드의 제품보다 친환경 제품을 구매할 것이라고 응답했다. 또한 식품과 농업 분야의 기업은 이러한 소비자 행태가 그들의 제품혁신에 상당한 영향이 있다고 응답했으며 밀레니얼 세대의 67%는 사회적 영향력이 있는 일자리를 갖고 싶다고 응답했는데 2020년 MZ세대가 세계 노동력

[그림 3-2] ESG 경영에 대한 국민인식조사 결과

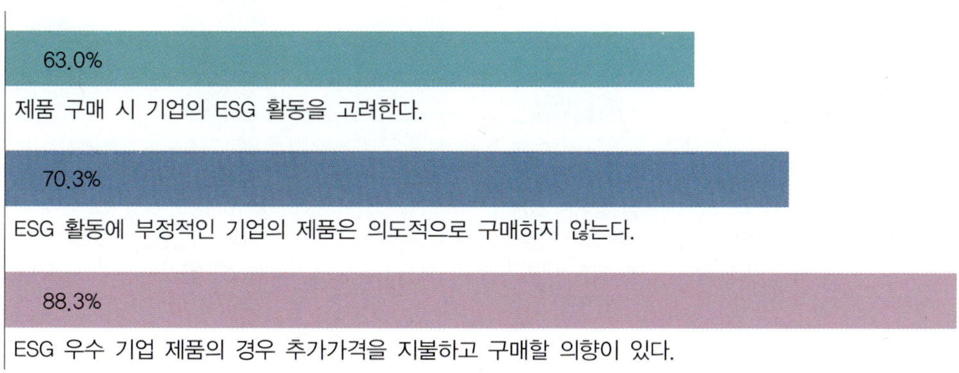

ESG 우수 기업 제품의 경우 추가가격 지불 의향: 10% 이상(6.3%), 7.5%~10%(8.0%), 5~7.5%(13.3%)

출처: 대한상공회의소(2021. 5.)

의 59%를 차지하므로 기업들이 더 이상 이들의 요구를 무시할 수 없는 상황이다. 우리나라의 경우, 2021년 대한상공회의소에서 실시한 여론조사에 따르면 63%의 소비자들이 제품 구매 시 해당 기업의 ESG 활동을 고려한다고 응답하였고, 70%의 소비자들은 ESG 활동에 부정적인 기업의 제품은 의도적으로 구매하지 않은 경험이 있다고 응답하였으며, 더욱이 88%에 이르는 소비자들은 ESG 경영 우수기업 제품의 경우 추가가격을 지불하고도 구매할 의향이 있다고 응답하였다.

또한 신한금융투자에서 우리나라 19~54세 성인남녀 2천 명을 대상으로 한 기업의 제품 불매 이유에 대한 조사에서도 응답자의 82%가 앞으로 기업에 투자하거나 소비할 때에는 ESG 경영의 실천 여부가 더욱 중요해질 것 같다고 응답하였고, 전체 응답자의 88.5%는 앞으로 ESG 경영은 기업 전반에 확대될 필요가 있다고 응답하였으며, 응답자의 63%는 앞으로 ESG 경영을 실천하지 않는 기업은 도태될 것 같다고 응답하였다.

[그림 3-3] 'ESG 경영' 도입 및 실천 관련 전반적인 인식 평가

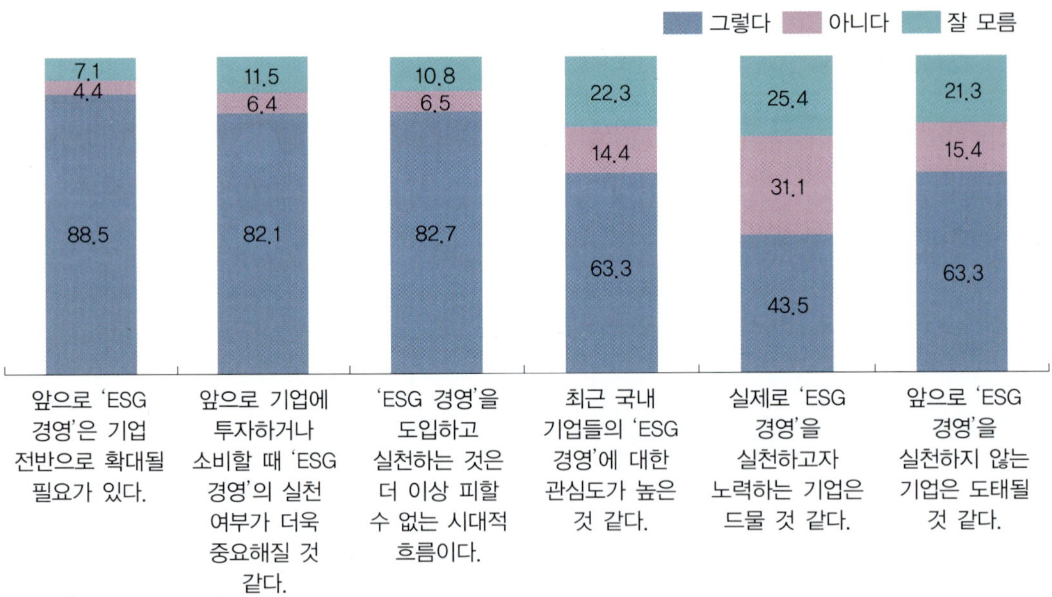

출처: 엠브레인트렌드모니터(2021. 5.)

정책 결정의 주체인 정부의 경우, 독일 정부에서는 2020년에 오는 2038년까지 석탄 전력을 점차 폐지하기로 결정하였고, EU를 비롯한 영국, 네덜란드, 스코틀랜드 정부는 플라스틱 쓰레기 감소 목표를 수립하여 추진하고 있다. 한편 중국의 소수민족인 신장 위구르족의 강제노동과 인권탄압 의혹이 일자 미국의 바이든 대통령은 모든 신장 위구르 관련 제품의 수입금지 법안에 서명하였고 신장산 면화를 사용한 유니클로의 남성용 셔츠 수입 통관을 막는 제재를 가하였다. 이에 따라 일본 정부는 2022년 2월 자국의 기업이 해외의 공급망에서 강제노동 등 인권 침해에 대한 직접조사 지침을 만들기도 하였다.

투자자 및 투자기관의 입장은 앞에서 다룬 내용으로 대체하고 NGO들과 시민활동가들의 경우, 투자자들의 역할에 초점을 맞추어 사회운동의 역량을 한층 높이고 있다. 이들의 캠페인은 보험업계로 하여금 석탄과 타르샌드(오일샌드) 프로젝트 보험을 중단하도록 압력을 행사할 뿐만 아니라 투자자들에게 타깃 정보를 제공하기도 한다.

300여 개 이상의 NGO를 기반으로 한 기후활동가들의 참여는 2020년 미국 대선에서 정치적 영향력을 발휘하였고, 2019년 마드리드에서 열린 유엔 기후변화협약 당사국 총회에는 200개 이상의 NGO 단체들이 참여하였고, 오염자(온실가스 배출기업 등) 퇴출 캠페인을 실시하는 환경단체들의 활동에 시민뿐 아니라 유럽 기후재단과 거대 투자기관들이 동참하였다.

3.3.3 ESG 관련 규제 대응

우리나라 탄소중립위원회에서는 2021년 10월에 국가 온실가스 감축목표(NDC: Nationally Determined Contributions)를 2018년 대비 26.3% 줄이는 기본 계획안에서 2030년까지 40% 줄이는 상향안을 제시하였다.

NDC란 2015년 파리기후변화협약에 따라 참가국 스스로가 결정하는 국가 온실가스 감축목표를 의미하며 2050년까지 탄소중립을 추구하는 과정에서의 중간단계로 2030년까지 얼마의 온실가스를 감축할지를 세우는 중간목표이다.

우리나라의 경우 2021년 8월 31일 2050 탄소중립 목표를 담은 「기후위기 대응을 위한 탄소중립 · 녹색성장 기본법」이라 명명된 탄소중립기본법이 국회를 통과함으로써 우리나라 기업들은 탄소중립을 지켜야만 하는 현실이 되었다. 이러한 탄소중립법으로 우리나라는 전 세계에서 14번째로 2050 탄소중립과 이행체계를 법제화한 국가가 되었다.

[그림 3-4] 탄소중립·녹색성장 기본 법안체계

구분				
총괄	**(비전)** 2050 탄소중립 + 환경 · 경제 조화			
	(전략 · 목표) 국가전략 + 중장기 온실가스 감축목표			
	(이행체계) 탄소중립 녹생성장 기본계획(국가 · 시도 · 시군구)			
분야별 시책	온실가스 감축	기후위기 적응	정의로운 전환	녹색성장
	• 기후변화 영향평가 • 탄소인지예산제도 • 배출권 · 목표관리 • 탄소중립 도시 • 지역 에너지 전환 • 녹색건축 · 교통 • 흡수원 · CCUS • 국제감축사업 • 종합정보관리	• 감시 · 예측 • 기후위기 적응대책 (국가, 지방, 공공기관) • 지역 기후위기 대응 • 물관리 • 녹색국토 • 농림수산 전환 • 적응센터	• 사회안전망 • 특별지구 • 사업 전환 • 자산손실 최소화 • 국민참여 • 협동조합 활성화 • 지원센터	• 녹색경제 • 녹색산업 • 녹색경영 • 녹색기술 • 조세제도 • 녹색금융 • 정보통신 • 순환경제
기반	탄소중립 · 녹색성장 이행 확산(지자체, 생산 · 소비, 녹색생활, 탄소중립, 지원센터 등)			
	기후 대응기금			

출처: 환경부 탄소중립이행TF(2021)

▌표 3-4 ▌해외 탄소중립 법제화 및 NDC 현황

국가	법제화 여부		
	탄소중립목표	2030 감축목표(NDC)	관련 법규제
EU	○ (2050)	○ (1990년 대비 55%)	유럽기후법
독일	○ (2045)	○ (1990년 대비 65%)	연방기후보호법
프랑스	○ (2050)	○ (1990년 대비 40%)	녹색성장을 위한 에너지 전환법
스페인	○ (2050)	○ (1990년 대비 23%)	기후변화 및 에너지 전환에 관한 법률

덴마크	○ (2050)	○ (1990년 대비 70%)	기후법
헝가리	○ (2050)	○ (1990년 대비 40%)	기후보호법
스웨덴	○ (2045)	○ (1990년 대비 63%)	기후정책프레임워크 (2017년 6월)
룩셈부르크	○ (2050)	○ (2005년 대비 55%)	국가기후법
아일랜드	○ (2050)	○ (2018년 대비 51%)	기후행동 및 저탄소개발법
일본	○ (2050)	× (기후정상회의 선언, 2013년 대비 46%)	지구온난화 대책의 추진에 관한 법률
영국	○ (2050)	× (NDC, 1990년 대비 68%)	기후변화법
캐나다	○ (2050)	× (NDC, 2005년 대비 40~45%)	넷제로 배출 책임에 관한 법률
뉴질랜드	○ (2050)	× (NDC, 2005년 대비 30%)	기후변화 대응법
미국	× (2050)	× (2005년 대비 50~52%)	기후위기 대응에 관한 행정명령(2021년 1월)
중국	× (2060)	× (탄소배출정점)	14차 5개년 계획 (2021년 3월)
러시아	× (–)	× (1990년 대비 30%)	2050 탄소중립목표: 제시하지 않음

출처: 환경부 탄소중립이행TF(2021)

이른바 탄소국경세로 불리는 탄소국경조정제도(CBAM: Carbon Border Adjustment Mechanism)는 EU에서 세계 최초로 수입품에 대해 환경부담금을 도입하여 탄소에 관세를 매기는 개념으로 EU 국가보다 탄소를 많이 배출하는 국가에서 생산되는 제품을 EU에 수출할 때 관세를 부과하여 탄소발생을 방지하는 동시에 EU 국가들의 가격 경쟁력을 확보한다는 것이 탄소국경세의 목적이다.

❚ 표 3-5 ❚ EU 탄소국경조정제도(CBAM) 주요 내용

인증서 구매	2023년부터 CBAM 적용품목 수입업자는 연간 수입량에 따른 CBAM 인증서(certificate) 구매
대상 품목	철강, 알루미늄, 시멘트, 비료, 전기(2026년 전면 확대검토)
구매수량	해당 품목 탄소배출량에 비례해 구매
구매단가	주간 EU 탄소배출권(ETS) 종가의 평균가
감면	CBAM 대상 수입품이 원산지 국가에서 배출권가격을 지불한 경우(유상할당업종) 감면 요청 가능

출처: 전국경제인연합회

예를 들면 적용대상 품목 중 수출 비중이 가장 큰 우리나라 철강산업의 경우 감면 등이 인정되지 않는다고 가정할 때 CBAM 인증서 비용은 연간 최대 3,390억 원에 이를 전망이며 2026년부터 전 업종으로 확대 시행된다면 수출품의 단가 인하 압박과 그에 따른 수출물량 감소 등 우리나라 경제에 심각한 피해가 우려되는 상황이다. IMF와 OECD에서도 CBAM을 통해 온실가스 배출을 줄이기 위한 국제적인 노력에 대해 지원방안을 연구하고 있으며 G20 재무장관들은 CBAM 도입에 대해 더욱더 긴밀한 국제적 조율이 필요하다고 언급하고 있다.

3.4 | ESG 7대 경영전략

3.4.1 탄소중립전략

2020년 12월 기준 세계은행 조사에 따르면 127개 국가에서 1,541개의 기업이 탄소중립 목표를 발표하였으며 목표 달성을 위한 주요 수단으로는 탄소가격제를 활용하는 것으로 나타났다. 중국, 영국, EU 등에서 탄소가격제가 시행되면서 2021년 기준으로 총 64개 국가에서 탄소가격제가 시행 중에 있으며 시가총액 세계 500대 기업 중 이미 50%가 내부탄소가격제(ICP: Internal Carbon Pricing)를 시행하고 있으며 세계에서 탄소가격제를 통해 창출한 매출액

규모가 약 59조 원으로 나타났다. 이렇듯 탄소중립에 대한 경영전략이 부재한다면 기업의 생존은 장담할 수 없는 상황에 이르렀다. 우리나라의 경우도 현재 탄소세 도입이 논의되고 있으며 도입이 된다면 우리나라 기업들의 세부담은 최대 36조 원 이상이 될 것으로 예상된다.

탄소가격제가 공포로 다가오는 기업들과 대조적으로 테슬라의 경우는 탄소로 많은 이익을 누리는 기업인데 테슬라의 2021년 1분기 순이익은 약 4,950억 원으로 사상 최대치를 기록하였다. 내용을 보면 탄소배출권 판매금액이 약 5,850억 원에 이르러 만일 탄소배출권 판매가 없었다면 전기차 판매만으로는 적자를 기록했을 것이다. 2분기에는 전기차 매출이 정상으로 상승하고 탄소배출권 판매는 소폭 하락하며 약 1조 원 이상의 순이익을 냈다.

이렇듯 탄소가격제가 도입되면서 탄소감축은 기업의 새로운 경쟁력이 되었다. 따라서 기업들은 다음과 같은 탄소중립 경영전략을 고려할 필요가 있다(제7장 [표 7-13] 참조).

(1) 친환경 신재생에너지의 전환

태양광, 풍력, 수력 등 자연의 힘을 이용해 전력을 생산하는 친환경 신재생에너지는 탄소중립의 목표 실현을 위해서는 꼭 필요한 방식이기는 하나 아직은 기존의 석탄이나 가스에 비해 비용이 높고 전력 공급에 있어서 안정적이지 못하다는 단점이 있어 생산량 편차에 대응하고자 에너지저장장치(ESS)를 통해 극복하고자 노력하고 있으나 아직은 충분한 대안이 되지 못하고 있다.

탄소중립 경영전략의 중요한 축인 친환경 신재생에너지로의 성공적인 전환을 위해서는 에너지 안보, 산업 경쟁력 그리고 안정적인 전력 수급 차원에서 LNG나 석탄 또는 원전 등의 기존 에너지원과도 공존할 수 있는 방향을 함께 모색해야 할 것이다.

표 3-6 친환경 신재생에너지 종류 및 장단점

신재생에너지	장점	단점
태양열에너지	무공해이고 양에 제한이 없다.	일조량에 영향을 받으며 밀도가 낮고, 간헐적이어서 투자비용과 발전단가가 높아 비경제적이다.
태양광에너지	발전기가 별도로 필요하지 않아 햇빛이 비치는 곳이라면 간단히 설치할 수 있고 소형으로도 제작할 수 있으며 소음과 진동이 적다. 수명이 길고 유지비용은 거의 없다.	에너지 밀도가 낮은 관계로 태양전지가 많이 필요하며 초기 설치비용이 비싸다.
풍력에너지	무제한으로 지속가능한 발전이다. 공해배출이 없는 청정에너지이고 설치비용이 적으며 설치기간 또한 짧다. 발전에 최소 전력이 필요치 않아 블랙아웃 상황에서도 가동 가능하고 발전단가가 낮으며 관광단지로도 활용 가능하다.	연중 상시 바람이 부는 곳을 찾기 어려우며 전력 수요가 있는 곳과의 접근성 또한 떨어질 수 있고 소음이 있다.
수력발전	한국은 유리한 지형이며 한번 건설하면 직접적 폐기물을 방출하지 않고 이산화탄소 배출량이 적다. 국내 부존 잠재량이 많고 보급효과가 크며 에너지 밀도가 높아 타 에너지원에 비해서 꾸준한 발전 공급이 가능하다.	댐의 초기 건설비용이 많이 들며 저수지 건설 시 주변 지형을 침수시켜야 해서 생태계를 파괴할 수 있다. 강수량에 좌우되어 전기 공급의 안정성 문제가 있다.
바이오에너지	공해물질이 적다. 재생성이 있어 고갈문제가 적으며 에너지 활용도가 높다.	바이오에너지 원료 확보를 위해 넓은 면적의 토지가 필요하며 이로 인해 산림이 고갈될 우려가 있다.
지열에너지	보급 잠재력이 높고 발전비용이 저렴하고 깨끗하다.	채산성이 떨어지며 환경적 제약이 있다.
해양에너지	무공해 청정에너지이며 고갈될 염려가 적다.	해양생태계를 파괴할 수 있고 에너지 밀도가 작으며 시설비가 비싸고 전력 수요지와의 거리가 멀다.
수소에너지	공해물질이 발생하지 않으며, 전기에너지로의 전환이 쉽고 에너지 밀도가 높으며 사용 또한 간편하다. 가스, 액체로서 쉽게 수송할 수 있다.	블루, 그린 수소를 이용하기까지는 아직 기술개발이 더 필요하고 비용도 비싸다.

출처: 송인덕(2018), 신재생에너지의 장단점

(2) 에너지 절약을 통한 탄소중립

- 건물 내 에너지 절감
- 일회용 제품 사용 자제
- 에너지 빌딩 의무화 및 인센티브 강화
- 탄소감축 캠페인(온실가스 1인 1톤 줄이기, 플로깅(조깅+쓰레기 줍기), 업사이클링 캠페인

(3) 탄소상쇄

정부와 기업, 개인이 배출한 온실가스를 다른 곳에서 줄이는 것으로 탄소배출권을 구매하거나 신재생에너지에 투자하는 일, 나무를 심는 일 등이 탄소상쇄(Carbon Offset)에 해당된다.

(4) CCUS(Carbon Capture Utilization Storage)

탄소(Carbon)의 포집(Capture)·활용(Utilization)·저장(Storage) 기술로서 산업공정에서 배출되는 이산화탄소를 흡수해 저장하고 이를 고부가가치의 소재나 제품으로 전환하는 기술을 CCUS라 한다.

CCUS 기술은 포집, 화학 전환, 생물 전환, 광물탄산화로 구분된다. 포집은 여러 물질의 혼합 배출가스에서 이산화탄소만을 빼내는 고난도 기술로 미국, 중국, EU 등에서 실증연구를 추진 중이며 화학 전환 기술은 이산화탄소를 원재료로 하여 다양한 석유화학제품을 생산하는 기술로 일본 아사히카세이의 에틸렌 카보네이트 그리고 EU 코베스트로의 폴리우레탄이 상용화에 성공하였다. 광물탄산화는 이산화탄소를 탄산염 형태로 소재화하는 기술로 미국, 캐나다에서 상용화 직전이고 우리나라도 기초 연구를 진행 중이다.

3.4.2 순환경제전략

현재, 전 세계 온실가스 배출의 55%는 에너지 사용에서 발생하며 나머지 45%는 산업, 수송, 건설 등의 제품을 생산하고 유통하는 과정에서 발생하기 때문에 친환경 신재생에너지 전환만으로는 탄소중립을 실현하기 어렵다. 순환경제는 기존의 자원 채취 → 생산 → 폐기라는

선형경제 패러다임에서 탈피하여 재활용 없이 폐기되었던 제품과 원재료 등을 새로운 자원으로 파악하여 폐기물 배출이 없는 자원순환형의 폐쇄형 경제를 의미한다. 순환경제는 1989년 영국의 피어스(P. W. Pearce)와 터너(R. K. Turner)에 의해 발전된 개념이며 2015년 파리기후변화협약, 2017년 세계경제포럼 등에서 새로운 경제 프레임워크로 대두되고 있다. ESG 경영을 수행해야 하는 기업 입장에서 이러한 순환경제는 제품의 제조와 사용, 폐기에 따르는 탄소배출을 줄임으로써 신재생에너지 전환과 함께 탄소중립 달성에 매우 유용한 대안일 뿐만 아니라 개별 기업의 경쟁력 제고로 이어져 자원의 재사용 및 고용의 창출, 비즈니스 기회의 확대 등을 통해 상당한 경제력 기회를 창출할 수 있다. 순환경제를 경영전략으로 활용하기 위해서는 재생원료의 우선적 사용과 제품 사용의 극대화 그리고 폐기물 회수의 포괄적 3원칙에서 순환경제를 위한 10대 전략을 수행할 필요가 있다.

표 3-7 순환경제 10대 경영전략

전략	내용
지속가능한 디자인	제품의 디자인 단계에서부터 효율적인 분해 및 재사용 수리 또는 재활용이 가능하도록 설계
자원 효율성	생산공정에서의 폐기물 최소화와 효율적인 자원의 이용
서비스로서의 제품	사용된 제품의 재사용으로 제품의 수명주기 향상
공유, 가상화	자동차, 주택, 가전 등을 공유하고 책, 음악, 영상 등의 콘텐츠는 디지털화하여 수명연장
용도 극대화와 유지보수	제품의 성능 및 효율성을 향상시키고 수명연장을 위한 유지보수
재사용, 재분배	중고품의 재판매로 라이프사이클 연장
리모델링	기존의 제품을 새로운 제품이나 부품으로 리매뉴팩처링
업계 간 공생 및 재활용	생산 시 발생하는 폐기물을 다른 기업 제품의 원재료로 활용
소비과정에서의 재활용	사용이 끝난 물건을 재활용
순환형 조달	자원 및 재료를 특별한 공정을 거쳐 재생 가능한 원료로 재탄생시킴

(1) 플라스틱

- EU–플라스틱세 도입(2021. 1. 1.~)
- 한국–플라스틱컵 보증금제(2022. 6.~)

플라스틱 사용량의 감소는 탄소중립 실현에 크게 기여한다. 국내 기업들 또한 폐플라스틱 재생 기술개발로 순환경제를 선도하고 있는데 롯데케미칼의 경우, 폐플라스틱 원료를 제품화하는 프로젝트를 시작했고 두산중공업에서는 폐플라스틱을 활용하여 수소를 생산하는 기술을 개발하고 있으며 석유화학업종의 기업들이 폐플라스틱을 재활용하는 기술개발에 적극 나서고 있다.

(2) 자사 역량에 맞는 순환경제 비즈니스 모델 찾기

순환경제의 성공적인 전략 도입에 대해 바센호브(Luk N. Van Wassenhove) 교수와 아탈레이 아타수(Atalay Atasu) 교수가 발표한 〈하버드 비즈니스 리뷰〉의 순환경제 비즈니스 모델 전략을 제시하면 다음과 같다.

■ 제품 보유권 유지(RPO: Return Product Ownership)

제조업체의 제품을 고객에 임대하는 방식으로 고객이 제품을 다 사용하면 제조업체가 제품을 회수한다. RPO는 내재가치가 다양한 복합제품의 기업에게 적합한 전략으로 좋은 예가 복사기 제조 및 임대업체인 제록스이다.

또한 RPO는 상대적으로 값비싸고 드물게 사용하는 제품에 효용이 좋다. 명품 옷과 가방 등의 대여가 여기에 해당한다.

■ 제품수명 연장(PLE: Product Life Extension)

이 전략은 제품의 수명이 더 오래 연장되도록 디자인하는 데 중점을 맞추는 전략으로 중고 상품시장에서 활용될 때 의미가 있다. 제품수명이 길다는 것은 구매가 적게 발생한다는 의미도 있으나 파타고니아(Patagonia), 밀레(Miele)의 경우처럼 그들 제품의 내구성은 핵심 경쟁 차별요인으로 높은 가격에 대한 강력한 사유가 되며 또한 PLE 전략을 통해 충성도 높은 고객을 확보하는 데에도 기여할 수 있다.

■ 재활용 디자인(DFR: Design For Recycling)

이 전략은 제품과 제조 프로세스를 재디자인해서 새로운 제품에 사용되는 소재의 회수성을 극대화하는 전략으로 이 전략의 실행을 위해서는 소재 회수 기술력이 뛰어난 기업과의 협력이 필요하다. 예를 들면 아디다스와 팔리포더오션스(Parley for the Oceans)의 경우처럼 팔리포더오션스는 폐플라스틱을 이용해 직물용 실을 만들고 아디다스는 이 실로 옷과 신발을 만든다. 이러한 파트너십으로 두 회사는 상당한 양의 폐플라스틱을 줄일 수 있었다.

이 세 가지의 기본 전략은 독립적으로 추진하는 것보다 조합을 통해 기업의 가치를 극대화할 수 있다. 순환경제전략은 제품에서 경제적인 가치를 회수할 수 있을 때 비로소 지속가능한 것으로서 제품의 재사용을 통해서 또는 제작공정상의 소재 및 에너지의 가치를 연장하거나 또 다른 용도로 재활용됨으로써 가치를 확보할 수도 있다.

3.4.3 수자원 관리전략

2015년의 파리협정 이후 각국과 기업들은 친환경정책의 최우선 순위는 탄소중립 실현이었으나 최근 노르웨이은행 투자운영회(NBIM: Norges Bank Investment Management)를 비롯하여 블랙록 등의 글로벌 투자자들은 투자기업에 대해 물 관련 이슈를 ESG의 주요 어젠다로 선정하여 지속적으로 요구하면서 수자원이 다음 ESG의 이슈가 되고 있다. 물은 인간을 포함한 지구의 모든 생태계 유지에 필수불가결한 자원이다. 수자원은 지구환경에 있어 지속가능성의 핵심이며 코로나19 팬데믹 상황에서도 가장 효과적인 예방법은 깨끗한 물로 자주 손을 씻는 것이었다. 19세기 프랑스 파리에서 콜레라 전염병 발생을 위한 해결책이 하수도 개발이었는데 더러운 폐수를 하수도로 분리 배출하여 오염을 막았고 비로소 전염병에서 벗어날 수 있었다. 그러므로 깨끗한 물은 인류를 지속가능하게 해준 귀중한 환경 자원이다.

UN이 제정한 ESG 투자원칙인 PRI와 SDGs에서 지구와 사회의 지속가능 측면에서 물은 매우 중요한 주제로 다루고 있다. 또한 2019년에 UN은 〈유엔세계물개발보고서(*The United Nations world water development report 2019*)〉를 통해 현재 세계 곳곳에서는 물 부족으로 많은 사람들이 고통받고 있으며 미래에는 수자원이 국가 간 분쟁으로 대두될 것이라고 강조하였다. UN은 물과 관련해 ① 기후변화, ② 재해, ③ 생태계, ④ 재정지원, ⑤ 성, ⑥ 손 씻기,

손 청결, ⑦ 인권, ⑧ 수질 및 폐수, ⑨ 물 부족, ⑩ 공유 하천, ⑪ 도시화, ⑫ 물과 위생 및 청결, ⑬ 물과 식품 및 에너지로 구분하여 다루고 있다.

표 3-8 중동, 아프리카 지역의 주요 수자원 분쟁

에티오피아 vs 이집트	나일강 상류의 에티오피아가 7월부터 르네상스댐(GERD)에 물을 채우자 나일강 하류의 이집트가 수자원 부족, 경제 타격 등을 우려해 반발
이스라엘 vs 팔레스타인	서안지구를 점령한 이스라엘이 관개 농업에 치중해 요르단강 수량 감소. 팔레스타인에 일평균 물 사용 할당량 제시
터기 vs 이라크, 시리아	터키가 티그리스, 유프라테스강 상류에 댐과 수력발전소를 속속 건설하자 농업용수 및 식수 부족에 직면한 이라크와 시리아 등이 반발

출처: 세계은행, 세계자원협회

(1) 수자원 비즈니스

물은 지표면의 70%를 차지하지만 인간이 마실 수 있는 물은 이 중에서 채 1%도 안 된다. 더 큰 문제는 계속되는 기후위기와 수질오염 등으로 이 또한 줄어들고 있다는 사실이며 UN의 세계기상기구(WMO)의 예측에서는 2050년에는 인류의 절반가량인 50억 명이 물 부족현상을 겪을 것이라고 경고했다. 이런 상황에서 물을 재활용하고 분리하는 수자원 비즈니스가 새로운 시장으로 부상하고 있으며 ESG의 환경 분야 산업 규모 측면으로 보면 첫 번째가 폐기물 분야(22.7%)이고 두 번째가 물 관련 분야(20.9%)이다.

표 3-9 수자원 비즈니스에 대한 기관별 정의

기관	내용
환경부	수자원을 공급(상수도) 및 배출하는(하수도) 것을 운영하는 사업과 이와 연관된 제조, 건설, 연구, 컨설팅 사업 등의 일체를 의미함
한국수자원공사	농업용수를 제외한 생활용수 및 공업용수를 생산, 공급하는 사업 그리고 하수 및 폐수의 이송처리산업 서비스, 그리고 이들과 연관된 산업
일본 수자원 정책연구소	상수도, 공업용수, 농업용수 등의 물 공급, 조수(造水, 해수 담수화 등), 하수처리, 재생수와 유역, 수역 환경보전 등을 포함하며 조사, 계획, 수처리막 등의 소재(素材) 공급, 플랜트 건설과 엔지니어링, 시설 유지관리, 운영, 분석 업무 등의 분야를 포함

출처: 한국수자원공사(K-water) 홈페이지

영국의 수자원 연구기관 글로벌워터인텔리전스(GWI)는 세계 물산업 시장 규모를 2020년 기준으로 약 960조 원으로 추정하고 2024년까지 연평균 3.4% 성장할 것으로 전망하였다. 물 부족과 오염 등으로 인한 지속 불가능한 수자원으로 인한 외부 요인이 투자기업의 손익에 영향을 미치고, 이는 글로벌 투자운용사들의 장기성과에 영향을 미칠 수 있다. 반면에 수자원의 효율화에 대한 제품이나 기술에 대한 수요는 지속적으로 증가하고 있어 물관리 솔루션을 가진 기업에게는 새로운 기회로 다가올 수 있다.

3.4.4 근로환경 개선전략

2015년 이후의 고용노동부 산업재해 현황 자료를 중소벤처기업위원회가 분석한 바에 따르면 국내의 산업재해자 수는 2018년 이후 매년 10만 명 이상의 산업재해자가 발생하고 있으며 이 중 사망자 수는 2020년 기준으로 2,062명이다. 2021년 상반기에만 해도 1천 명에 이르는 산재 사망자가 발생했다. 산업재해로 인한 경제적 손실 추정액은 2018년 25조 원, 2019년 29조 원, 2020년 30조 원으로 최근까지 지속적으로 증가하고 있으며 산업재해만 제대로 관리한다면 수많은 인명 피해와 막대한 경제적 손실을 줄일 수 있을 것이다. 이와 더불어 2014년 세월호 참사, 가습기 살균제 사고 등이 이슈화되면서 대형 재난 사고에 대해 책임자 처벌 등의 강력한 처벌의 필요성이 국민적 공감대로 형성되었고 2020년 이천 물류센터 화재사고로 38명의 근로자가 사망하는 끔찍한 사고로 2020년 9월에는 중대재해기업 처벌법 제정에 대한 국민청원이 10만 명을 돌파하였다. 이와 더불어 민주당 의원 45명이 발의하여 2021년에 '중대 재해에 대한 기업 및 정부 책임자 처벌에 관한 특별법'이 발의되어 공포되었다.

이렇듯 경영책임자 처벌이 강화된 「중대재해처벌법」 시행으로 특히나 어려움에 처한 곳이 중소기업과 자영업자들이다. 일부 기업들은 이 같은 중대재해처벌법에 대비하여 이른바 무늬만 대표인 바지사장(명목상의 대표)이라도 앉혀서 위기를 타개해 보겠다는 곳도 생겨나고 있으며 자영업자의 경우 국내 40만 명에 육박하는 배달기사들에게도 중대재해처벌법이 적용되기 때문에 발등에 불이 떨어진 것은 마찬가지이다. 중대재해처벌법을 시행하여 산업재해를

표 3-10 중대재해처벌법과 산업안전보건법의 비교

<table>
<tr><th colspan="2">구분</th><th>중대재해처벌법</th><th>산업안전보건법</th></tr>
<tr><td colspan="2">처벌대상 중대재해</td><td>중대산업재해 및 중대시민재해</td><td>중대산업재해</td></tr>
<tr><td colspan="2">보호대상</td><td>종사자 및 이용자</td><td>근로자</td></tr>
<tr><td colspan="2">형사처벌대상</td><td>개인사업자(사업주) 또는
경영책임자 등 법인</td><td>행위자
(회사의 규모 및 조직에 따라
다르지만 대표이사, 공장장 등
안전보건관리(총괄) 책임자가
행위자로서 형사책임을 부담)</td></tr>
<tr><td colspan="2">제3자로부터의
노무제공 유형</td><td>도급, 위탁, 용역</td><td>도급</td></tr>
<tr><td rowspan="2">형사처벌대상</td><td>사망 시</td><td>1년 이상 징역 또는 10억 원 이하
벌금(병과 가능)
법인: 50억 원 이하 벌금</td><td>7년 이하 징역 또는 1억 원 이하
벌금
법인: 1억 원 이하 벌금</td></tr>
<tr><td>그 외</td><td>(사망 외의 중대재해 발생 시)
7년 이하 징역 또는 1억 원 이하 벌금
법인: 10억 원 이하 벌금</td><td>(안전·보건조치 미준수 시)
5년 이하 징역 또는 5천만 원 이하 벌금
법인: 관련 규정의 벌금</td></tr>
<tr><td colspan="2">징벌적 손해배상</td><td>(고의, 중과실) 손해액의 5배 이하</td><td>×</td></tr>
</table>

출처: 언론 종합

방지하고 근로자의 안전을 지키겠다는 취지는 공감하지만 처벌만을 강조하는 것은 예방효과에 대한 의문이 있다.

한국의 중대재해처벌법의 모델격인 영국의 과실치사법의 경우 시행 직후인 2009년 근로자 10만 명당 산업재해 사망자 수가 0.5명으로 2006년의 0.7명보다 다소 감소했으나 2011년부터는 오히려 증가하는 양상을 보이고 있으며 재해기업에 처벌을 강화한 호주나 캐나다는 결과적으로 실질적 효과는 크지 않은 것으로 나타났다. 처벌만이 능사가 아닌 것이다.

그러나 안전하고 건강한 일터가 바로 기업의 경쟁력을 높이는 요소임은 두말할 필요가 없다. 산업현장에서는 안전한 일터를 만드는 데 집중하고 또한 사무직 일터의 건강한 조직문화 형성이 중요하다. 안전하고 건강한 일터를 구축하는 방법에는 여러 가지가 있을 수 있다. 최근에는 AI, 자율주행로봇, 드론 등 디지털 기술을 도입한 '스마트 현장'의 구축을 통해 안전하고 건강한 일터를 조성하고자 노력하고 있다.

3.4.5 조직 다양성 구축전략

우리나라와 달리 여러 인종이 모여 있는 서구권 국가들에서는 평등, 차별 금지, 다양성 등에 대한 이슈를 중요하게 생각하는데, 이를 사회 내 다양성, 형평성, 포용성(DEI: Diversity, Equity and Inclusion)이라고 한다. ESG 경영에서는 '조직 다양성'이라 하며 인종, 성별, 학력, 국적, 문화, 종교, 세대 등의 차이를 존중하는 조직문화를 추구하는데, 한국의 경우는 다양성이라고 하면 대부분 성차별 의미의 젠더 다양성을 의미한다.

보스턴컨설팅그룹은 미국, 영국, 프랑스, 독일, 일본 등 16개국 1만 6천 명을 대상으로 〈포용적 조직문화, 근로자의 건강 및 행복지수 증진〉 보고서를 통해 기업의 포용성 정도가 행복과 복지에 직접적인 영향을 미치며 다양성, 평등, 포용적 문화를 갖춘 기업은 헌신적이고 자신감이 있으며 높은 성과를 낸다고 분석했다. 포용적인 문화의 기업에서 일하고 있다는 응답자의 80%는 "직무에 만족한다"라고 답했는데 포용성을 느끼지 못한다는 응답자보다 3배나 높은 수치이다. 조직 내에 다양성이 부족하면 편향된 사고에 빠질 위험이 있으며 긴장도와 역동성이 부족해지기 쉽다.

이렇듯 다양성이 인정받지 못하고 다수의 행동양식을 따른다면 구성원들의 역량이 제대로 발휘될 수 없다. 모든 구성원들이 각자 본래의 모습을 인정받을 때 자신의 역량을 최대한 발휘할 수 있는 것이다. 시장이 글로벌화되면서 기업은 성별, 민족, 인종을 뛰어넘는 다양한 직원들로 이루어진 조직에서 개개인의 정체성을 존중하고 포용적인 문화를 구축한다면 직원들은 심리적 안정감과 상호 신뢰, 존중의 환경이 조성될 수 있으며 창의력과 혁신적 아이디어도 자연스럽게 창출된다.

이에 대부분의 글로벌 기업은 다양성 보고서에 여성과 남성 비율, 인종과 국가 출신 비율, 장애인 평등지수 등을 발표하며 지표별 목표와 현재의 상황을 공개하고 있으나 한국은 ESG 보고서 내에 여성직원의 비율과 여성관리자 비율 정도만 공개하며 인종, 국적, 장애 등과 관련된 지표는 아직 다루지 않고 있다.

3.4.6 투명한 지배구조 혁신전략

지배구조(G: Governance)는 ESG의 환경(E) 또는 사회(S)에 비해 언론에 잘 드러나지 않으나 언론에 드러날 경우는 기업의 파산이나 분식회계, 정경유착 등 경영상의 중대한 문제가 있을 때일 경우가 많다. ESG 전문가들은 ESG 중에서 가장 중요한 것은 지배구조(G)라고 이야기 한다. 세계경제포럼(WEF)에서는 지배구조, 지구, 사람, 번영의 네 개 축 중에서 지배구조가 가장 중요하다고 강조하고 사회와 환경문제를 해결하는 데 있어 리더, 이사회, 이해관계자 등의 의지가 없다면 제대로 추진될 수 없다고 강조한다. 또한 스탠더드앤푸어(S&P)는 지배구조란 "주권자의 정책 결정에서부터 이사회, 관리자, 주주 및 이해관계자를 포함한 다양한 기업 참여자들의 권리와 책임 분배에 이르기까지의 의사결정체계이다"라고 정의하고 있다.

우리나라의 경우 '기업지배구조보고서' 공시는 2017년 3월부터 코스피 상장법인은 자율공시로 도입되었고 2022년부터는 자산 1조 원 이상 법인이 공시의무대상이고 2026년부터는 모든 코스피 상장법인을 대상으로 거래소 공시가 의무화할 예정이다. '기업지배구조보고서'는 한국거래소가 기업지배구조와 관련된 항목들로 구성된 10가지 핵심원칙의 채택 여부를 공시하는 보고서이다.

투자자 입장에서 본다면 기업의 독립적, 전문적, 다양성을 갖춘 이사회는 매우 중요한데, 이사회가 내부거래 또는 법적, 윤리적 이슈에 대한 반대 의견을 제시하려면 독립성이 보장되어야 하며 이사회 운영의 투명성, 다양성과 견제와 감시 기능이 강화된다면 기업경영에서 불법, 비윤리, 부패, 불공정 등의 리스크가 줄어들 수밖에 없을 것이다. 이렇듯 지배구조가 ESG 경영에서 무엇보다 중요하다는 인식이 확산되고 있지만, 우리나라에서는 아직 개선해야 할 부분이 많은데 한국기업지배구조원(현, 한국ESG기준원)의 조사에 따르면 지배구조 부분에서 S등급은 아직 없으며 A+ 등급이 9개사이고 최하위 등급인 D등급 기업이 24개사나 된다고 한다. 지배구조는 ESG 등급평가에서도 가장 중요한 비중을 차지할 뿐만 아니라 기업의 지배구조는 지속가능성의 원천이자 척도로써 기업가치를 새롭게 창출하고 기업발전과 주가 상승 선순환을 위한 중요한 전략요소이다.

표 3-11 지배구조 10가지 핵심원칙

분류	핵심원칙	공시내용(예시)
① 주주의 권리	주주는 권리행사에 필요한 충분한 정보를 시의 적절하게 제공받고, 적절한 절차에 의해 자신의 권리를 행사할 수 있어야 한다.	• 주주총회 분산 노력 • 전자투표제 도입 여부
② 주주의 공평한 대우	주주는 보유주식의 종류 및 수에 따라 공평한 의결권을 부여받아야 하고, 주주에게 기업정보를 공평하게 제공하는 시스템을 갖추는 노력을 해야 한다.	• 주식발행 현황 • IR 개최 현황
③ 이사회 기능	이사회는 기업과 주주이익을 위하여 기업의 경영목표와 전략을 결정하고, 경영진을 효과적으로 감독하여야 한다.	• 이사회 심의 · 의결사항 • 최고경영자 승계에 관한 정책 및 내부통제정책의 운영 현황
④ 이사회 구성 및 이사 선임	이사회는 효율적으로 의사를 결정하고 경영진을감독할 수 있도록 구성하여야 하며, 이사는 다양한 주주의견을 폭넓게 반영할 수 있는 투명한 절차를 통하여 선임되어야 한다.	• 이사회 의장과 대표이사의 분리 • 이사의 전문성
⑤ 사외 이사의 책임	사외이사는 독립적으로 중요한 기업경영정책 의사결정에 참여하고 이사회의 구성원으로서 경영진을 감독 · 지원할 수 있어야 한다.	사외이사와 회사와의 이해관계 여부
⑥ 이사회 운영	이사회는 기업과 주주의 이익을 위한 최선의 경영의사를 결정할 수 있도록 효율적이고 합리적으로 운영되어야 한다.	• 이사회 개최 빈도 • 이사회 운영규정 공개
⑦ 이사회 내 위원회	이사회는 효율적인 운영을 위하여 그 내부에 특정 기능과 역할을 수행하는 위원회를 설치하여야 한다.	이사회 내 위원회 설치 및 구성(감사위원회 등)
⑧ 사외이사 평가 및 보상	사외이사의 적극적인 직무수행을 유도하기 위하여 이들의 활동 내용은 공정하게 평가되어야 하고, 그 결과에 따라 보수지급 및 재선임 여부가 결정되어야 한다.	사외이사에 대한 평가 및 보수정책
⑨ 내부감사 기구	감사위원회, 감사 등 내부감사기구는 경영진 및 지배주주로부터 독립적인 입장에서 성실하게 감사업무를 수행하여야 하며, 내부감사기구의 주요 활동 내역은 공시되어야 한다.	• 감사위원회 개최 빈도 • 내부감사부서 설치 여부
⑩ 외부 감사인	기업의 회계정보가 주주 등 그 이용자들로부터 신뢰를 받을 수 있도록 외부감사인은 감사대상기업과 그 경영진 및 지배주주 등으로부터 독립적인 입장에서 공정하게 감사업무를 수행하여야 한다.	• 외부감사인 선임절차 • 외부감사인 독립성(경영자문 여부 등)

출처: 금융위원회(2018), 기업지배구조 핵심원칙별 가이드라인

▌표 3-12▐ 지배구조 ESG 등급평가기준

① 이사회 구성(사외이사 비율)
② 사내, 사외이사 이사회 출석률
③ 이사회 산하 위원회 구성의 다양성과 구체성
④ 대표이사, 이사회 의장 분리 여부
⑤ 사외이사후보추천위원회(사추위)의 구성
⑥ 사추위장, 사내이사 분리 여부
⑦ 사외이사 직무수행 지원조직 및 사외이사 교육 실시 현황
⑧ 사내이사, 사외이사 간 독립성 보장 여부 및 사외이사 전문성
⑨ 주주총회 관련 기업 관행 개선 여부
⑩ 계열사 간 내부거래 비율
⑪ 주주환원정책(배당성향)

출처: 더벨

3.4.7 ESG DX(Digital Transformation)전략

ESG 활동 평가에서 ESG 경영에 이르는 모든 ESG 관련 활동들에 IT 기술의 도입을 통해 모든 ESG 정보들을 IT로 해결하는 혁신적인 디지털 전환(Digital Transformation)을 ESG DX로 정의한다. ESG 활동은 대부분 정성적인데 ESG의 비재무적 요소들을 디지털화한 후 데이터로 변환하여 분석하고 가시화해야만 투자자 및 관련 이해관계자들이 기업의 ESG 성과를 파악하고 이해할 수 있다. 디지털화와 디지털 트랜스포메이션은 같은 의미로 쓰이기도 하지만 디지털 트랜스포메이션은 일반적으로 디지털화를 포함하며 새로운 가치창출과정들을 포함하는 활동을 의미하며 디지털 트랜스포메이션의 개념 또한 디지털 기술을 생활에 침투시켜 생활을 더욱 풍요롭게 만드는 것이다. 즉 인공지능, 사물인터넷, 빅데이터 등의 혁신적인 IT 기술을 활용하여 디지털화된 데이터로 새로운 가치를 창출하는 과정을 의미한다. ESG 평가에서는 측정을 통해 노출된 데이터의 활용이 가치창출 측면에서 매우 중요하다.

ESG 경영에 IT를 도입하여 새로운 가치를 창출한 사례를 살펴보면 다음과 같다.

(1) EU의 트윈 트랜스포메이션(Twin Transformation)

EEU는 '그린 디지털 트랜스포메이션'을 선언하며 IT를 활용한 ESG 경영혁신에 속도를 내고 있다. 최근 등장한 트윈 트랜스포메이션은 ESG와 디지털 트랜스포메이션이 따로 움직이는 것이 아니라 동시에 추진되고, 기업이 디지털 혁신과 지속가능성이라는 과제를 함께 해결할 수 있는 혁신적인 경영전략이다. 2021년 3월 EU는 기후변화, 천연자원 고갈, 대기오염 등의 환경문제 대응을 위해 EGDC(European Green Digital Coalition) 연합을 출범시켰다.

EGDC에서는 EU 회원국 간의 운송, 에너지, 통신 네트워크를 연결하는 유럽 연결 프로젝트 추진에 약 45조 원의 장기 예산안(2021~2027)을 잠정 합의하였다. 이 예산을 활용하여 유럽 내 디지털 운송을 통해 2050년까지 탄소배출량 90%를 절감할 계획이며 에너지 시장을 통합하고 에너지 협력을 통하여 기후변화에 대응할 계획이다.

(2) AI를 활용한 탄소 줄이기

AI(인공지능)는 주변 환경에서 엄청난 양의 데이터를 수집할 뿐 아니라 인간이 미처 알지 못하는 연결고리를 직관적으로 찾아내 스스로 적절한 조치를 추천하는 능력을 가지고 있다. 탄소중립 실현을 위해서 배출가스의 모니터링과 예측 그리고 감축의 세 가지 영역에서 AI를 활용할 수 있을 것이다.

표 3-13 탄소중립을 위한 AI 활용방안

구분	내용
배출가스 모니터링	• AI 기반의 데이터 엔지니어링을 이용해 탄소발자국 전반의 배출가스 자동 추적 • 운영, 출장 및 IT 장비 등의 활동, 원자재 및 부품 공급업체, 운송업체, 상품의 다운스트림 이용자들을 포함하는 가치사슬의 모든 부문에서 데이터 수집 가능, 인공위성과 같은 새로운 소스의 데이터 활용도 가능 • AI는 누락 데이터의 근사치를 생성하고 결과의 확실성 수준을 추정
배출가스 예측	• 현재의 감축 노력, 새로운 탄소감축방법, 미래의 수요와 연관시켜 기업의 탄소발자국 전반에 대한 미래 배출가스 예측 • 예측 결과 토대로 정확하게 감축목표 수립, 조정, 달성 가능
배출가스 감축	• AI를 통한 최적화는 가치사슬의 모든 측면에서 세부적인 통찰력을 제공함으로써 생산, 운송, 기타 분야에서의 효율성을 개선 • 이를 통한 탄소배출가스 감축으로 비용을 절감

출처: BCG, Reduce carbon and costs with the power of AI

(3) AI 가상발전소

분산된 전력자원을 클라우드 기반의 단일 플랫폼에서 통합하여 이를 AI가 연계관리하는데 각 지역에서 소규모 생산이 가능한 재생에너지 관리에 매우 적합하다.

[그림 3-5] 가상발전소 개념도

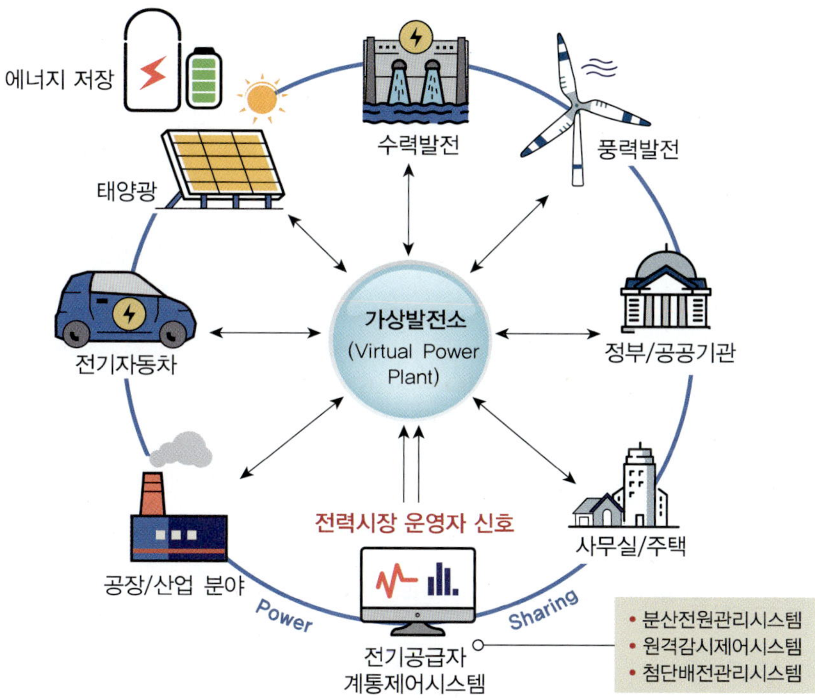

출처: KERI

(4) AI로 중대재해처벌법 대비

「중대재해처벌법」 시행으로 근로자 안전 확보에 많은 노력을 기울일 수밖에 없는 환경에서 특히 현장 범위가 넓어 관리 사각지대에서 발생하는 안전사고에 실시간으로 대응하고자 IT를 활용하여 사각지대 해소, 재해 예측 AI, 자율주행 다목적 로봇에 의한 안전 순찰 강화 등의 노력을 경주 중이다.

연습문제

01 다음 중 ESG 정의에서 공통적으로 제시되는 키워드가 아닌 것은?

① 지속가능성 ② 중장기 수익
③ 투자자 의사결정 ④ 최대 이윤 확보

02 기존의 주주중심 자본주의에서 이해관계자 자본주의 시대의 개막을 알린 것은 무엇인가?

① 리우환경선언 ② 파리기후변화협약
③ 다보스선언 ④ 교토의정서

03 우리나라 기업 중 자산 2조 원 이상의 유가증권시장 상장사에 대한 ESG 정보공시 의무화는 언제부터 시행되는가?

① 2023년 ② 2030년 ③ 2025년 ④ 2027년

04 UN PRI의 ESG 정의를 기술하시오.

( )

05 2050년 탄소중립을 위한 기업들의 경영전략을 기술하시오.

( )

06 친환경 신재생에너지의 종류를 다섯 가지 이상 서술하시오.

( )

07 순환경제의 장점을 기술하시오.

( )

08 ESG의 환경(E)에 대한 네 가지 문제 제기를 기술하시오.

( )

09 ESG의 사회(S)에 대한 네 가지 문제 제기를 기술하시오.

( )

10 ESG의 지배구조(G)에 대한 네 가지 문제 제기를 기술하시오.

( )

제3장 연습문제 정답

01. ④ 최대 이윤 확보

02. ③ 다보스선언

03. ③ 2025년

CHAPTER 04

ESG 시대의 CSR, CSV, CSI의 발전

4.1 | ESG 시대의 CSR, CSV, CSI

4.1.1 CSR과 ESG

1970년대 들어 세계는 노동권, 소비자보호와 환경보호를 주장하는 사회운동이 급성장하면서 각국 정부는 이를 공식적 정책으로 도입, 발전시키면서 기업에 대한 사회적 책임(CSR)이 급증하기 시작하였다. 1973년 데이비스(K. Davis)는 CSR을 "기업의 경제적, 기술적, 법적 요건이라는 좁은 의미를 초월하고 이슈들에 대한 기업의 고려와 대응"이라고 정의하였고, 1971년 존슨(H. L. Johnson)은 "사회적 책임이 있는 기업은 주주들에게 보다 많은 수익을 주는 노력 이상으로 임직원, 공급자, 판매자, 지역사회뿐만 아니라 국가 전체의 이해를 고려해야 한다"라고 주장하였다.

1979년 캐롤(A. B. Carroll)은 CSR의 종합적인 개념틀을 제시하였는데 기업의 책임과 사회적 이슈 그리고 기업의 실천이라는 3차원 모델에 기초하여 기업의 4대 책임을 경제적 책임과 법적 책임, 윤리적 책임, 자선적 책임의 순으로 제시한 바 있다.

이렇듯 전통적인 CSR과 현재의 ESG는 근본적으로 차이가 있는데 CSR은 기업 주도이고 ESG는 투자자 주도의 차이이다. CSR은 정부규제나 사회운동의 압력 등에 대한 기업의 반응적 활동이 배경이라면 현재의 ESG는 기업에 대한 직접 투자자들의 압력에 기인한다. CSR하에서의 기업은 CSR을 비용으로 인식하여 기업의 최소한의 리스크 완화 수준에서만 관심이 있을 뿐이어서 ESG의 패러다임과는 분명한 차이가 존재한다.

일부 기업들에서는 ESG를 CSR의 새로운 연장으로 오해하며 이름만 ESG로 바꾸어 기존의 CSR 활동을 모두 ESG로 전환하는 등 ESG 경영을 하고 있는 것처럼 위장하는 ESG 워싱(ESG Washing)이 있다는 지적도 있다.

4.1.2 CSV/CSI와 ESG

그동안은 기업의 비즈니스 활동이 사람이나 지구환경에 미치는 부정적인 임팩트로 '사회문제의 뿌리'라는 부정적 시각에서 최근에는 이러한 부정적 사회문제해결과 함께 긍정적 사회변화의 임팩트를 창출한다는 긍정적 시선으로 바뀌어 가고 있다.

일부 혁신적인 기업들은 CSR(Corporate Social Responsibility) 차원을 넘어 기업과 사회가 서로 공유된 가치창출인 CSV(Creating Shared Value)를 선도하고 나아가 기업과 사회가 사회적 임팩트를 창출하는 CSI(Corporate Social Impact)를 선도하고 있다.

기업의 사회적, 환경적 임팩트가 기업의 장기적인 지속가능한 성장에 기여한다는 시각에서 선도적인 기업 대표들의 강력한 리더십 덕분에 CSV와 CSI는 이제 지속가능성 추진전략의 핵심이 되고 있다.

1984년 피터 드러커 교수가 공유가치에 대한 개념을 제시하고 이어 마이클 포터와 마크 크레이머가 피터 드러커의 아이디어를 확장시켜 CSV 이론을 제시하였다.

2008년 글로벌 금융위기로 자본주의 회의론이 확산하는 가운데 이들은 "공유가치창출(CSV)" 논문을 통해 "CSV 원칙은 사회의 욕구뿐만 아니라 당면한 도전들을 해결하면서 사회적 가치를 창출하는 방식으로 경제적 가치도 창출한다"라고 강조하며 "성공적인 기업들은 건강한 사회를 필요로 하고 건강한 사회 또한 성공적 기업들을 필요로 한다. 이러한 기업과 사회의 상호 의존성은 기업 내의 의사결정과 사회정책 모두에서 공유된 가치의 원칙을 따라야 한다는 것을 의미한다"라고 강조하였다. 또한 그들은 CSV가 CSR보다 우선되어야 하는데 그 이유는 CSV는 기업 특유의 자산과 전문역량을 동원하여 사회적 가치를 창출하면서 동시에 경제적 가치 또한 창출하기 때문이라 주장한다.

CSR 접근법은 이제 기업의 자선활동(Philanthropy)에서 사회적 투자(Social Investment)로 이동하고 있으며 수익뿐만 아니라 사회적 임팩트를 동시에 추구하는 새로운 ESG 시대의 도래를 의미한다. 이것을 기업의 사회적 임팩트(CSI) 전략이라 하는데, CSI 전략이란 "기업의 전략적 수익뿐 아니라 사회적, 환경적 효익을 창출하고 지속가능한 가치창출 모델을 개발하여 활용하는 광범위한 투자전략 및 접근"을 의미한다.

CSI는 방어적 리스크 완화식 접근에서 가치창출 접근방식으로의 전환을 의미하며 CSI 전략은 기업과 사회적 경제 사이의 협력 또는 파트너십으로 활성화할 수 있다. 또한 기업임팩트벤처링(CIV: Corporate Impact Venturing)으로 선도적 기업들은 사회적, 환경적, 재정적 수익을 추구하는 임팩트가 있는 외부의 소셜벤처와 사회적 기업에 대한 임팩트 투자 개념인 CIV를 제시하였다.

기업의 사회적 임팩트를 지원하기 위해 투자하는 투자자들을 CSI(Corporate Social Investor)라고 한다. 여기서의 CSI 개념은 전통적인 기업기금 조성과 자선적 재단을 초월하는 기업재단, 기업 임팩트 기금, 사회적 기업을 의미하는데 CSI는 새로운 기관은 아니지만 비즈니스 영역에서 개혁의 촉매자로 새롭게 부상하고 있다. CSI는 기업과 사회적 임팩트를 생산하는 사회적 기업 등을 동시에 지원하는 특별한 위상을 갖는다는 특징이 있다. 먼저 기업과의 관계에서는 기업이 가진 자산과 전문성 그리고 네트워크 등의 자원을 활용하여 투자처가 되는 사회적 기업 등을 적극 지원함으로써 이들이 사회적 임팩트 규모를 최대화하도록 지원하며 CSI 기업이 ESG 경영으로 사회적 임팩트를 생산하여 혁신을 추구하도록 촉진하는 역할과 CSI 기업의 실천과 역량에 맞춘 상호 이해와 공조를 구축하는 역할도 동시에 한다.

4.2 | 기업시민정신으로서의 CSR, CSV, CSI의 진화

4.2.1 기업시민정신

ESG 경영의 실천에는 기업시민정신(Corporate Citizenship)에 대한 논의가 지속적으로 요구되며, 사회적 임팩트 투자를 더욱 활성화하기 위한 전략에서 등장하게 된 기업시민정신에 대한 이해는 ESG 경영을 이해하는 기초가 될 수 있다.

2002년 세계경제포럼에서는 기업시민정신이란 “기업의 핵심적인 비즈니스 활동을 통한 사회적 투자와 사회공헌 프로그램, 그리고 공공정책에 대한 관여 형태의 사회공헌이다”라고 정의하였으며, 자덱(S. Zadek)은 기업시민정신을 실천하는 모범기업을 시민기업이라고 지칭하며 “시민기업이란 기업 내부의 가치와 역량을 효과적으로 개발하여 기업의 핵심 비즈니스에 사회적, 환경적 목표를 설정하는 학습과 행동의 기회를 충분히 이용하는 기업"이라고 정의하였다. 이렇듯 기업시민정신이 강조되는 배경은 다음과 같다.

- 기업의 평판 유지와 잠정적 재정 손실을 막기 위한 방어적 동기
- 사회공헌활동이 기업에 재정적 도움이 될 것이란 비즈니스적 동기
- 기업의 장기적 성취력을 높이는 전략적 통합요소가 될 것이란 전략적 비즈니스 동기
- 역경적 환경에 대한 대처로 위기관리, 혁신의 학습에 기여하기 위한 시대적 동기

4.2.2 글로벌 기업시민정신

21세기 글로벌 거버넌스(Global Governance) 시대의 도래와 더불어 글로벌 기업시민정신(Global Corporate Citizenship)에 대한 압력과 요청 또한 높아졌는데 다국적기업의 경제적 역량은 갈수록 막강해지고 있어 이들에 대한 글로벌 거버넌스 논의가 필수적이 된 것이다. 다국적기업의 막강한 경제력은 글로벌 환경보호 영역에서도 지속가능한 개발의 주요 집행자가 될 수 있다는 긍정적 시각이 싹트기 시작하였다.

실제로 다국적기업들은 21세기 초까지 다자무역협정, 쌍무무역협정과 국내 자유화 등으로 글로벌 권리를 지속적으로 확장하였다. 다국적기업들의 글로벌 권리가 늘어난 만큼 글로벌 책임에 대한 압력이 가중되는 것은 어찌 보면 당연한 순리였다. 2000년 유엔개발계획(UNDP)은 다국적기업들은 막강한 권리를 향유하면서 민주적으로 책임성을 가지고 있지 않고 행동이 투명하지도 않으며, 또한 그들의 활동이 사회개발과 환경친화적 개발에 유익하다는 보장도 없다고 지적하였다. 코피 아난(Kofi Annan) 전 유엔사무총장도 다국적기업들의 권리가 국제협약과 국가정책에 의해 크게 확대되었지만 이러한 권리들에 수반되어야 할 막중한 책임이 글로벌 기업시민정신의 실천이라고 강조한 바 있다.

이렇듯 현시대 기업의 지속가능성 실천은 정부의 허가나 규제보다는 많은 정보를 가진 이해관계자들, 즉 사회로부터의 허가를 받지 않으면 안 되는 상황에 이르러 사업운영권의 개념이 변화될 만큼 기업의 사회에 대한 책임이 강력한 상황으로 변하고 있을 뿐만 아니라 시민사회 또한 그동안의 기업에 대한 공개적인 망신주기 등의 전략에서 이제는 대화와 공조를

위한 파트너로 변모해 가고 있다는 것이 2015년 유엔글로벌콤팩트(UNGC)의 평가이다.

시민사회가 기업을 바라보는 시각에 있어서도 기업을 재정 지원의 원천으로 보는 기존의 시각에서 기업은 사회의 긍정적인 변화를 이끄는 지식과 기술 그리고 네트워크를 가진 조직이라는 새로운 시각이 형성되고 있다. 각종 정책 대화, 국제표준과 모범사례 개발 등에서 다양한 파트너십이 발전되고 있으며 금융위기 이후의 기업의 핵심과 투명성 제고에 있어서 시민사회의 엄격한 모니터링은 지속되고 있다.

4.2.3 CSR: 기업의 사회적 책임

1953년 보웬(H. R. Bowen)은 최초로 CSR(Corporate Social Responsibility) 개념을 소개하였는데 "CSR은 사회의 목표와 가치 측면에서 바람직한 정책을 추진하며 바람직한 의사결정 또는 일련의 행동을 취하는 것은 기업가의 책무이다"라고 정의하였으며 기업가들은 기업의 재정적인 성과만 집착하기보다는 보다 넓은 사회적 영역에서 자신들의 행동에 대한 결과에 책임을 져야 한다고 주장하였다. 이후 1960년에 이르러 프레더릭(W. C. Frederick)은 "CSR은 사회의 인적, 경제적 자원에 대한 기업의 기여이며 동시에 이 자원들이 광범위한 사회적 목적에 활용되도록 지켜보는 기업의 의지이다"라고 정의하며 1950년대 CSR 발전에 영향을 미친 세 가지 사상으로 다음을 제시하였다.

• 공공신탁자로서의 기업관리자
• 기업 자원에 대한 이해관계자의 요청
• 기업 자선의 수용

전술하였듯이 1970대에 들어 노동권과 소비자보호 그리고 환경보호를 주장하는 사회운동의 급성장 영향으로 기업에 대한 사회적 책임 요구 역시 급증하였는데 1973년 데이비스(K. Davis)는 CSR은 기업의 경제적, 기술적, 법적 요건이라는 좁은 의미를 추월하는 이슈들에 대한 기업의 고려와 대응으로 정의하였으며, 1971년 존슨(H. L. Johnson)은 CSR은 기업이 주주들에게 수익을 주려는 노력 이상으로 임직원, 공급자, 판매자, 관계자의 프레임워크에 기초해야 한다는 이해관계자이론(Stakeholder Theory)을 제시하였다. 1979년 캐롤(A. B. Carroll)은 CSR의 4대 모델로 다음을 순서대로 제시하였다.

- 경제적 책임
- 법적 책임
- 윤리적 책임
- 자선적 책임

이후 1985년 워틱과 코크란(S. Wartick and P. Cochran)은 CSR의 3P(Principles, Policies, Processes) 모델을 제시하였다. 그들은 CSR이 일련의 결과가 아니라 공식적인 원칙들과 정책들에 의해서 규제를 받는 일련의 과정이라고 설명하였는데 이러한 3P 모델은 다음과 같다.

- 원칙(Principles)은 캐롤의 4대 책임 모델에 해당한다.
- 정책(Policies)은 기업의 실천을 비롯한 기업의 사회적 이슈 관리를 가이드하는 정책을 말한다.
- 과정(Processes)은 변화하는 사회의 도전들에 대응하면서 다양한 사회적 이슈들에 대응하여 행동을 취하는 기업의 실천과정을 반영하는 것이다.

21세기에 들어와서 CSR의 관심은 CSR 이니셔티브의 집행과 CSR 영향 또는 성과에 초점이 맞춰졌다. 이와 관련하여 2000년 OECD는 '다국적기업 가이드라인'에서 경영, 노동, 환경에서의 윤리적 행동을 제안하였고, 2007년 ILO는 CSR을 기업경영의 사회에 대한 영향으로 재정의하며 CSR 원칙이 기업 내부의 과정들과 이해관계자들과의 상호작용에 통합되는 개념을 제시하였으며, 2011년 유럽위원회는 CSR은 기업의 사회, 임팩트에 대한 책임이라 정의하였다. 2012년 세계지속가능발전기업협의회(WBCSD)는 CSR 리포팅을 기업의 연간 보고서에 통합할 것을 제안하였다.

기업은 특정 사회의 다양한 이해관계자들과 더불어 경영되기 때문에 이들의 요청과 이해에 호응할 필요가 있는데 주요 이해관계자는 정부 및 관련 공공기관, 임직원, 고객, 공급사(협력사), 주주 및 투자자, 지역사회 및 NGO 및 관련 시민단체 등이다. 이러한 관계자들은 자신들의 이익에 영향을 미치는 이슈들뿐만 아니라 환경오염, 아동노동 등의 불특정 다수에게 영향을 미치는 이슈들에 대해서도 옹호할 수 있다.

4.2.4 CSV: 공유가치창출

1984년 피터 드러커 교수는 공유가치창출, 즉 CSV(Creating Shared Value)에 대한 최초 언급에서 "기업은 사회적 책임에 대하여 사회문제를 경제적인 기회와 혜택으로 바꾸는 한편 한 발 더 나아가 생산적 역량으로, 인간적 역량으로, 적절한 일자리를 통하여 부(富)를 전환시키는 것"이라고 주장하였다. 이후 하버드대학의 마이클 포터 교수와 마크 크레이머 교수는 피터 드러커 교수의 아이디어를 확장시켜 CSV 이론을 제시하였다. 또한 그들은 2008년 "공유가치창출" 논문을 통하여 기업과 사회의 건강한 상호 의존성에 대해 주장하며, 기업과 사회의 의존성은 기업의 의사결정과 사회의 정책 결정 모두 공유된 가치의 원칙을 따라야 한다고 강조하였다.

포터와 크레이머는 기업들의 전략적 CSV 추진의 3단계 접근법을 다음과 같이 제시하였다.

- 기업과 사회가 만나는 교차점 파악
- 해결해야 하는 사회적 이슈 선택
- 사회와 기업 모두에게 뚜렷한 혜택을 창출할 수 있는 소규모의 창의적 사업 개시

2008년 글로벌 금융위기로 자본주의에 대한 회의론이 확산되는 시대적 상황에서 이러한 CSV(공유가치창출)는 강한 설득력을 가질 수밖에 없었다.

포터와 크레이머 두 교수는 "공유된 가치는 사회적 책임, 자선, 지속가능성이 아니라 경제적 성공을 달성하기 위한 새로운 방법을 만들어 내는 것이므로 기업경영의 중심에 있는 것이다"라고 강조하며 "CSV가 기업의 지역사회 투자 가이드 측면에서 CSR보다 우선되어야 하는데 그 이유는 CSV는 기업 특유의 자산과 그들의 전문역량을 활용하여 사회적 가치와 경제적 가치를 창출하기 때문이다"라고 주장했다.

(1) 포용적 비즈니스(BOP 비즈니스)

세계 인구의 70%가 하루 8달러 이하로 생계를 유지하는 소득 피라미드의 최하위에 있는 최하소득층, 즉 BOP(Bottom Of Pyramid)를 구성하고 있으며 BOP 시장의 연간 성장률은 8% 정도이다. 2009년 세계경제포럼(WEF)에 의하면 BOP 시장 인구의 약 70%(약 25억 명 추산)는 기초적인 농업활동을 통해 소득을 유지하고 있다고 한다. 이러한 연소득 3천 달러 미만의 BOP 시장이 전 세계 인구의 70%이고 BOP 시장의 경제적 성공 가능성을 처음 제안하면서 "진정으로 국제사회가 빈곤계층을 지원해 주는 것은 원조 대신에 그들 자신이 시장에서 경제의 주체가 되게 해주는 것"이라고 주장하였다. 2005년 세계지속가능발전기업협의회(WBCSD)에서 BOP 시장을 대상으로 하는 포용적 비즈니스(Inclusive Business) 개념을 제시하였으며, 2013년에 이르러 WBCSD에서 "포용적 비즈니스는 저소득 지역사회에 상품, 서비스, 생계품을 상업적으로 성장 가능한 방식으로 접근을 확대하는 비즈니스 솔루션이다"라고 정의하였다.

포용적 비즈니스는 저소득 지역사회에서 공급자, 유통자, 판매자, 서비스 제공자 등으로 구성되어 기업의 가치사슬에 포함되도록 지원하여 고용창출과 소득증대의 기회를 갖도록 하고 참여기업들은 그들의 기본욕구 충족을 위한 생산품과 서비스를 적정가격으로 공급함으로써 비즈니스 가치를 창출하게 하는 것이다.

이러한 포용적 비즈니스 또는 BOP 비즈니스 전략은 기존 비즈니스 인식의 획기적인 변화를 보여주고 있는데 저소득층인 그들을 원조대상이 아닌 소비자 또는 비즈니스 파트너로 보고 BOP 소비자 집단의 욕구와 수단을 충족시키기 위한 기업의 혁신적 제품과 비즈니스 모델을 그들 시장에 적용하여 기업의 비즈니스 목표 달성과 BOP 지역사회 개발목표를 동시에 달성하는 CSV 전략이라 할 수 있다. BOP 비즈니스에서의 CSV 전략으로는 BOP 내에서의 구매 BOP 내의 유통 가치사슬을 넘어선 기업의 지역개발이 있다. BOP 비즈니스 기업들은 가치사슬 영역을 넘어 BOP 소비자와 생산자, 유통상들과의 관계를 유지하며 지역사회의 교육이나 보건 또는 창업에 대한 지원 등으로 CSV 활동을 확장한다. 기업들의 이 같은 노력은 BOP 사회의 삶의 질 개선에 직접 기여할 뿐 아니라 지역경제의 활성화와 다양성에도 기여할 수 있으며 이러한 활동들을 통해 해당 기업들은 기업의 평판과 정치적 리스크 등을 최소화하며 기업의 비즈니스 목표 또한 달성할 수 있는 것이다. 이상과 같이 기업의 가치와 지역의 가치가 잘 조화될 수 있을 때, 지역사회개발과 기업의 장기적 투자 실행이 이루어질 수 있다. 일부 선도적인 기업들은 비즈니스 자산에 자선적 자산을 더하여 지역사회개발에 투자하는데 투자 유형을 보면 현금 투자와 제품의 기부나 교육, 봉사 등의 비현금 투자 그리고 지역 내의 유통업자와 공급업자, 협력사 등과의 비즈니스 관계, 지역사회 사람들에 대한 고용 및 훈련 프로그램, 인프라 제공 등 지역사회와 경제개발에의 기여뿐만 아니라 공공정책 이슈에 대한 기여 등이 있다. 또한 일부 선도적 기업들은 해당 국가나 지역의 NGO들과 파트너십을 발휘하여 지역개발의 파트너로서 지역사회개발을 주도한다. 기업의 역할은 역량 구축활동과 더불어 지역사회의 경제적, 사회적 이슈 해결을 위한 기여로써 CSV 활동을 추진한다.

결국 포용적 비즈니스 모델은 빈곤층을 수요 측면에서는 소비자로, 공급 측면에서는 직원, 생산자, 유통, 판매자로 통합하는 모델이다.

유니레버의 사례에서 보면 대부분의 많은 기업들이 생산, 소비, 유통을 특정 분야에서의 역량 가치사슬에 한정한 것과는 달리 유니레버는 생산, 소비, 유통 등 식량 가치사슬 전반에서 종합적 접근전략을 추진하였다. 유니레버와 현지 파트너 기업들은 소농민들을 가치사슬에 포함시키는 전략을 추진하여 소농민과 중소기업들만의 혜택이 아니라 소비자들에게까지 가격 인하 혜택을 주는 소위 윈윈(Win-Win) 전략을 추진하였다. 가치사슬 전체에 관련되는 이러한 프로젝트의 핵심은 소농민의 생산을 기업이 개입하여 시장 수요와 연계시킴으로써 지속가능한 경제적 성장 기회를 제공하고 해당 가치사슬 내에 있는 사람들을 빈곤에서 구제하는 강력한 잠재력을 보여준 데 있다.

4.2.5 CSI: 기업의 사회적 임팩트 전략

CSI(Corporate Social Impact), 즉 기업의 사회적 임팩트는 투자전략에 초점을 맞추고 있으며 포용적(BOP) 비즈니스, CSV와는 구분되지만 이 둘 모두를 포함하는 새로운 임팩트 개념으로 CSI 시각에서 기업은 사회적 임팩트의 창출자로서 기업은 경제적 발전을 이끄는 주도자인 동시에 기업의 역량, 지식, 기술, 네트워크 등의 고유역량과 자산을 사회적 이슈 해결에 투입하여 그 결과로서 사회적 임팩트를 창출한다. 선도적인 일부 대기업들은 금융적 임팩트와 사회적 임팩트를 동시에 창출하는 역할을 수행하기도 하는데 이를 기업임팩트벤처링(CIV: Corporate Impact Venturing)이라 하며 사회적, 환경적, 경제적 수익을 추구하는 임팩트가 있는 외부의 벤처에 대한 투자로 CIV는 임팩트 투자를 통한 벤처활동에 참여하는 기업의 활동을 의미한다고 볼 수 있다. 또 다른 유형의 기업들은 기업 내부의 벤처에 투자하거나 사회적 투자를 하는 자신의 계열사에 사회적 가치창출에 대한 아웃소싱을 하기도 하는데 국내 기업인 SK의 대표적인 사례로 사회적 기업들을 지원하는 사회적 기업인 SK 행복나래 사례를 참고해 볼만하다.

참고 | 사회적 기업을 지원하는 사회적 기업, SK '행복나래'

SK그룹의 계열사 행복나래는 사회적 기업을 돕는 사회적 기업이다. 볼펜, A4용지 같은 소모성 자재(MRO)를 구매 대행하는 회사로 영리기업에서 2011년 사회적 기업으로 전환한 것이다. 그룹의 사회공헌 차원에서 최태원 회장이 주도적인 역할을 하였다. 2013년 사회적 기업 인증을 받아 매출은 대부분 SK그룹을 상대로 한 MRO 공급에 의존하는데, 다른 기업들과의 거래로 올리는 매출도 늘고 있다. 행복나래가 판로개척 지원 차원에서 구매하는 사회적 기업 제품 판매의 순이익은 전액 사회적 기업에 대한 직접적인 지원과 사회적 기업 활성화에 투입하는 사회공헌을 한다. 사회적 기업 제품을 팔아 올린 매출은 이익의 50%를 해당 사회적 기업에 돌려주며 상생한다. 행복나래가 이익을 많이 낼수록 사회적 기업 생태계가 좋아지는 선순환을 만드는 것이다.

행복나래가 사회적 기업을 지원하는 일은 판로개척 지원, 사회적 기업 간 네트워크 구축 지원, 상품 개발 및 개선 등이다. 제너럴바이오가 설립을 추진 중인 사회적 기업 품질센터를 지원해 여기에서 다시 다른 사회적 기업들의 R&D를 돕는 지렛대 역할을 하기도 하는 것이다. 일례로 친환경 세제 전문기업 다래월드도 제너럴바이오 덕에 친환경 천연 울샴프를 개발했다. 사회적 기업 간 네트워킹 효과이다. 행복나래 측은 이를 '사회적 기업 간의 융복합'으로 풀이했다. 이런 융복합을 통해 사회적 가치를 크게 창출하면 사회적 기업으로서 행복나래의 지속가능성도 증진된다는 것이다.

출처: 한국사회적 기업진흥원

외국의 경우는 쉘재단(Shell Foundation)이 대표적인데 쉘재단은 아시아와 아프리카에서 선도적인 사회적 기업을 선정하여 지원하는데 주로 저소득층에게 에너지의 사용과 이동성을 개선하여 빈곤 해소의 임팩트를 창출하는 프로그램을 운영하고 있다. 쉘재단은 집행에 대한 성과 모니터링과 핵심성과지표(KPI)에 대한 추적을 매년 두 차례 실시하는데 협력사 차원의 데이터를 지표화하여 생계 개선 및 일자리 지원, CO_2 감축과 더불어 금융 레버리지에 대한 임팩트를 측정하고 있는데 매년 네 가지 분야의 지표 개선이 뚜렷한 증가세를 유지하고 있다.

이렇게 보면 CSR, CSV, 포용적(BOP) 비즈니스, CSI에 대한 개념들에 대해 대기업 CEO가 적극적 실행에 나서고 있는 것 같지만 실제 행동에 있어서는 기업들의 핵심 비즈니스 중에 극소수에 머물러 있으며 여전히 탐색 단계에 머물러 있는 것이 현실이다. 그러나 파리기후변화협약 이후 세계는 탄소발자국에 대한 인식이 높아졌고, 세계의 많은 기업들이 자신들의 기업활동으로 발생하는 환경적 문제에 대하여 리포팅 수준을 넘어서 에너지 사용의 감소와 리사이클링과 소비자 및 소비자단체의 압력 등으로 실제 비용절감의 성과를 거두고 있으며, 이와 같은 녹색혁신은 기술 주도적인 것으로 조직에서는 마케팅 전문가뿐만 아니라 관리에서부터 공급사슬 관련 부서와 엔지니어링 부서 또한 관여하고 있다.

환경보호와 경제적 수익과 같은 대립되는 목표를 잘 조화시켜 성공한 사례들이 있다. 1970년대로 거슬러 올라가면 일본의 기업들은 좋은 품질의 제품을 출시하면서 동시에 대립되는 가치인 저가격으로 출시하는 등 대립되는 두 가지의 가치를 조화시켜 그간의 전통적 상식을 바꾸었으며 1980년대에 이르러서는 다양성과 비용 효율성이라는 대립되는 가치에 대한 목표가 조화를 이루어내기도 했다. 일본의 자동차산업에서는 대량 맞춤형의 개념이 수용되었고 이케아 등의 기업들도 소비자 선택의 맞춤형 주문생산이 반드시 높은 가격을 의미하지는 않는다는 것을 확인시켜 주었다. 이렇듯이 지속가능경영 패러다임에서도 일부 기업의 비즈니스 수익과 사회기여에 대한 가치가 대립적이지 않고 조화를 이루고 있으며, 이 분야에서의 선도적 기업들은 비즈니스 수익도 올리면서 긍정적인 사회적 임팩트를 창출하는 방법들을 터득하면서 찾아내고 있다.

앞으로 기업들의 비즈니스 모델 혁신과 공유가치창출의 도전이나 BOP 비즈니스에서 사회 취약계층에 대한 제품, 서비스 진행 등 기업은 경제적 수익뿐만 아니라 사회적, 환경적 편익을 목표로 하는 CSI 전략을 어느 정도에서 수용할지 앞으로의 전개가 자못 궁금하다.

표 4-1 CSR, CSV, CSI 이론의 발전: 관련 학자들

	개념	내용	저자(연도)
1950~ 1960~ 1970년대	기업(인)의 사회적 책임	사회의 목표와 가치 측면에서 바람직한 정책 추진, 의사결정 또는 행동을 취하는 기업인의 의무	Bowen(1953)
		사회적 책임이 있는 기업의 의사결정의 정당화 기준은 장기적으로 기업에 수익을 보장해 기업의 사회적 책임으로 환원	Davis(1960)
		사회의 경제적, 인적 자원의 사회적 목적에 활용되도록 기여하는 기업의 노력과 의지	Frederick(1960)
	이해관계자 접근	주주를 위한 수익보장을 넘어 임직원, 공급자, 판매자, 지역사회, 국가의 이해를 고려하는 책임 있는 기업	Johnson(1971)
	CSR 3차원 모델	기업의 책임(경제적, 법적, 윤리적, 자선적), 기업의 사회적 이슈(노동기준, 인권, 환경보호, 반부패), 기업의 대응(반응, 수동, 수용, 호응)	Carroll(1979)
1980~ 1990년대	원칙, 정책, 과정의 3차원 모델	기업 책임의 원칙, 사회적 이슈 관리의 정책, 혁신적 시스템으로의 행동과정의 통합	Wartick and Cochran(1985)
	제도적 장치와 기업행동의 확장	기업의 4대 책임(경제, 법, 윤리, 자선)을 3대 제도(법, 조직, 개인)에 연계, 기업의 책임있는 행동을 감시, 이해관계자 관리, 실행관리로 확장	Wood(1991)
2000~ 2010년대	3대 영역 접근	CSR 3대 영역을 경제적, 법적, 윤리적 책임으로 구분	Schwartz and Carroll(2003)
	새로운 개념	사회, 환경, 윤리적 권리와 인권과 소비자 관심을 이해관계자와의 긴밀한 협의를 통해 기업의 운영과 핵심전략으로 통합	European Commission(2011)
	CSV(Creating Shared Value) 공유가치창출	사회의 욕구뿐 아니라 문제들을 해결하며 사회적 가치도 창출하면서 동시에 경제적 가치를 창출	Porter and Kramer (2006, 2011)
	CSI(Coporate Social Impact) 기업사회임팩트	기업은 경제적 발전을 이끄는 강력한 주도자이자 동시에 기업의 역량, 지식, 기술, 네트워크 및 자산을 사회적 이슈 해결에 적용시켜 사회적 임팩트를 창출	European Venture Philanthropy Association(2015)
	CIV(Corporate Impact Venturing) 기업임팩트벤처링	사회적, 환경적, 재정적 수익을 추구하는 임팩트가 있는 외부의 벤처에 대한 임팩트 투자를 하는 기업의 역할	

출처: UN ESCAP(2013)

(1) CSI 전략의 필요성

■ 혁신과 성장의 원천인 CSI

현재의 글로벌 기업들은 기존 시장에서의 극심한 경쟁으로 성장의 기회가 제한되어 고전하고 있으며 BOP 비즈니스에서 새로운 기회를 창출하고자 새로운 고객층을 대상으로 한 새로운 제품, 서비스의 개발과 비즈니스 모델 개발에 열중하고 있다. 기업들은 CSI 전략을 활용하여 현지 시장에 안착하고자 하며 선도적인 기업들인 도요타, 팀버랜드, 스타벅스 등은 서로 다른 업종에서 경쟁하고 있지만 동일한 CSI 전략에 의존하며 지속가능성 전략이 수익추구적 성장 플랫폼이 될 수 있다는 확신적 시각을 가지고 활동한다. 라파즈의 경우, 아프리카의 말라위에서 지역 재료를 이용해 값싸게 생산할 수 있는 흙벽돌을 신제품으로 출시하면서 말라위에서의 성공을 발판으로 주변국으로 확대하여 8개국에서 사업화 혁신을 진행하고 있다. 이와 같이 대기업들은 자신의 전통적인 비즈니스 모델을 성공적으로 이용하여 구조, 자원, 프로세스를 활용한 획기적인 혁신을 실현할 수 있다.

■ 전문 인재 유치의 CSI

혁신적인 전문 인재들은 사회 기반과 환경적 영향을 무시하는 기업들의 영입 제의를 거부하면서 반대의 기업, 즉 사회문제해결에 대해 적극적이면서 비즈니스도 잘하는 기업들에는 긍정적인 매력을 갖고 참여하고자 하며 그곳에서 그들의 자발적 헌신성을 발휘하고자 한다. CSI 전략의 핵심은 이러한 인재들의 유치에서부터 시작된다고 해도 무방할 것이다.

노바티스(Novartis)의 경우, 이러한 전문 인재들에게 BOP 현장에 적용할 소셜벤처 아이디어를 탐구하는 특별한 기회를 제공하기 위해 통합 프로그램을 개발하여 매년 포용적 비즈니스(BOP 비즈니스) 아이디어가 현장에서 수집되어 본사에서 검토, 실행되고 있다.

■ 사회적 혁신과 생태계 구축의 CSI

사회적 혁신과 사회혁신 친화적인 생태계 구축은 장기적으로 기업들에게 전략적 비즈니스 수익창출을 위해 보다 유리한 조건들을 창출할 수 있기 때문에 중요한 CSI 전략이 될 수 있다. 이와 같은 전략은 단순 생산이 아닌 결과 지향 전략으로 이의 결과로는 삶의 질 개선과

BOP 특정 계층의 구매력 개선 그리고 노동조건 개선과 환경 개선 등이 있다. BOP 시장으로의 진입에 대한 성패는 광범위한 시장과 생태계 구축에 성패가 달려있다는 것에 기업들은 동의한다. 이러한 광범위한 생태계의 구축을 위해서는 현지의 파트너들과 협력적 네트워크를 구축하는 전략이 필요한데 정부, 기관과 비영리단체 등이 중요한 파트너가 되며 원조기관이나 국제기관 등도 사회적 혁신과 생태계 구축에서 정보를 공유하는 파트너이다.

■ 기업 브랜드 가치 개선의 CSI

이상의 논의에 기초하여 보면 CSI 전략과 CSI 관련 기업의 프로그램들은 기업 브랜드에 잠재적 피해를 주는 하방위험, 즉 가격하락 또는 손실위험을 감소시키는 역할을 한다. 유니레버 같은 CSI 선도기업은 자신의 브랜드 가치를 높이는 경쟁적인 차별화에 성공한 사례이다.

| 표 4-2 | Cemex의 사회적 임팩트 전략

단계	전략 내용
〈1단계〉 이해관계자 파악 및 관리	• 지역사회 이해관계자와의 대화를 통해 지역경제개발 현안문제와 솔루션을 논의한다. • 내부와 외부의 장기적인 소통을 위해 '사회임팩트위원회'를 개설해 주민, 전문가 등 이해관계자 관여의 디자인, 실행, 평가방안을 마련한다.
〈2단계〉 임팩트 파악 및 관리	• 기업의 오염, 교통, 생물다양성 상실 등의 부정적 임팩트 해결방안을 탐구한다. • 관리과정에서 문제해결방안을 모색하고 임직원의 역량을 구축한다.
〈3단계〉 리스크 파악과 관리	• 재무적 리스크를 비롯한 사회적, 환경적 발자국 등의 리스크를 파악한다. • 이해관계자와 정기적인 대화를 거쳐 솔루션의 투명한 운영 등 적극적인 행동에 옮긴다.
〈4단계〉 공동설계와 지역사회 관여 계획(CEP)	• 이해관계자들과 비즈니스 우선순위와 지역사회 욕구를 연계한 CEP를 공동설계한다. • CEP는 4개 분야의 지역사회투자 분야에 걸쳐 투자하는 계획이다. ① 교육과 고용 가능성 역량개발 ② 지속가능하고 회복적인 인프라와 유동성 ③ 사회적, 환경적 혁신과 기업가정신 ④ 환경보호, 보건, 안전의 문화
〈5단계〉 평가와 측정	CEP를 통한 SDGs 성과를 측정하고 평가한다. 지속가능성 2030 목표별 진전도를 측정한다.

출처: Cemex

CSI 전략으로 브랜드 가치를 개선하는 것은 상당한 장기적 노력이 필요할 뿐만 아니라 자칫하면 진정성을 의심받을 수 있으므로 각별히 주의하여야 한다.

■ 공급사슬 효율성 개선의 CSI

세계 최대 낙농회사인 다농의 경우 아프리카 등에서 지역의 낙농인들의 네트워크를 조직하여 가치사슬 전체의 발전을 지원하는 CSI 전략을 활발히 추진하고 있다. 아프리카 등에서의 사업 추진 결과는 매우 긍정적 결과를 얻고 있으며 지역 낙농인의 생계에서는 지역에서의 원유의 양과 질 모두에서 안정된 공급망을 확보함으로써 비즈니스에서의 안정된 하부구조에 기여한다. 이렇듯 공급사슬 효율성 개선전략으로써의 CSI 전략은 기업의 핵심 비즈니스에서 운영비와 자본 지출을 절감할 뿐만 아니라 낙농민과 지역의 모든 이해관계자의 욕구들을 파악하여 조화시킴으로써 긍정적인 사회적 임팩트를 창출하면서 가치사슬의 효율성 개선에도 기여한다.

[그림 4-1] 기업시민정신 발전 단계: 기초 → 관여 → 혁신 → 통합 → 전환 모델

	기초 모델	관여 모델	혁신 모델	통합 모델	전환 모델
시민정신	일자리, 수익, 세금	자선, 환경보전	이해관계자 관리	지속가능성, TBL	게임방식 전환
전략적 의도	법적 순응	영업허가권	사업 사례별	가치 제안	시장창출, 사회개혁
리더십	립서비스	지지자	책임자	챔피언	환상자
구조	주변적 담당자 주도	일부 기능 소유	다기능 조정	조직 간 제휴	주류 비즈니스
이슈 관리	방어적	반응적 정책	호응적 프로그램	적극적 시스템	명확한 이슈 관리
이해관계자 관계	일방적	쌍방적	파트너십 상호 영향	연대	다조직
투명성	부분적	공적 관계	공적 리포팅	전문기관 인증	완전 공개

전략적 CSR (혁신 모델 ~ 전환 모델)
포용적 비즈니스 (혁신 모델 ~ 전환 모델)
CSV (통합 모델 ~ 전환 모델)
CSI (통합 모델 ~ 전환 모델)

4.3 | 한국기업의 ESG 경영

최근 한국의 기업들은 팬데믹과 기후위기 그리고 경제위기가 지속되는 삼중의 위기상황에서 글로벌 규제 또한 강화되어 글로벌 투자자 역시 ESG 공시와 경영에의 압력을 행사하고 있고 국내상황에서는 소비자와 시민사회의 사회적, 환경적 책임에 대한 압력이 거세지고 있다. 정부와 관계기관의 법과 제도적 규제 측면에서 보더라도 기업들은 전대미문의 혁신에 나설 수밖에 없으며 혁신의 방향은 ESG 경영과 탄소중립을 향해 가야 하는 시대 상황을 맞고 있다.

그러나 이러한 국제적, 국내적 압력에 대응하여 ESG 경영전략을 갖추고 추진하는 기업은 많지 않고 현재 대다수의 기업들은 이러한 시대상황을 지켜보고 있으나 시간이 흐를수록 국내의 압력은 높아지고 있는 상황이다.

글로벌 투자자들의 압력은 ESG 공시와 신용도 평가로 강화되며 기업들이 회피할 틈을 주지 않고 있다. 실제로 ESG 경영을 하지 않는 기업들에 대해 투자 철회 또는 투자 회피를 하는 경우가 점차 늘고 있고, 많은 투자자들이 ESG 펀드에 참여하며 지속가능한 투자가 더욱 확대되고 있는 상황이다. 또한 기업의 이해관계자들에 대해서도 선도적인 기업들은 ESG 이슈에 대한 성과 개선을 위한 노력을 직접적인 행동으로 나설 때 비로소 경쟁에서 유리한 위치에 설 것이며 투자자들 또한 투자 수익을 기대할 수 있는 것이다.

파리기후변화협약을 계기로 선도적 글로벌 기업들은 기후행동에 동참하고 국내 기업들 또한 RE100 등의 목표 달성을 위해 참여를 늘리고 실적도 높이는 등의 변화에 직면해 있다.

한국 기업들이 최근 ESG 압력을 수용하기까지는 그동안 CSR에서 CSV로 발전적으로 적응해 온 역사가 있으며, 최근 등장한 CSI 전략은 그동안의 수동적인 리스크 완화적 접근에서 능동적인 CSV 또는 포용적(BOP) 비즈니스와 같은 가치창출로의 전환을 이끌고 있다

CSI 기업은 범지구적 빈곤 퇴치와 기후변화 대응 등 지속가능발전목표(SDGs)를 달성하기 위한 솔루션, 제품, 서비스를 생산하는 임팩트 있는 기업을 말한다.

국내 기업들도 CSI 변화 이론에 따라 기업의 가치창출활동으로 전통적 비즈니스를 넘어 지구와 사람을 살리는 임팩트를 창출해야 할 시점에 이르렀다고 볼 수 있다.

그동안의 기업은 경제적 발전의 주체였으며 미래에는 기업의 촉진된 자산과 역량, 지식과 네트워크를 잘 조화시켜 사회적 임팩트를 창출해야 한다. 또한 기업들은 CSI 전략을 통해 사회적 혁신과 사회혁신 친화적인 생태계 구축뿐만 아니라 기업 브랜드 가치 개선과 전체 공급사슬 개선효과의 성과를 누릴 수 있다.

연습문제

01 다음 문장의 ( ) 안에 들어갈 단어로 적합한 것은?

> "전통적인 CSR과 현재의 ESG는 근본적 차이가 있는데 CSR은 (   ) 주도이고 ESG는 (   ) 주도의 차이다."

① 기업-투자자 ② 투자자-기업 ③ 개인-기업 ④ 기업-개인

02 다음 중 기업시민정신이 강조되는 배경으로서 적합하지 않은 것은?

① 사회공헌활동이 기업에 재정적 도움이 될 것이란 비즈니스적 동기
② 기업이 평판 유지와 잠정적 재정 손실을 막기 위한 방어적 동기
③ 역경적 환경에 대한 대처로 위기관리, 혁신의 학습에 기여하기 위한 시대적 동기
④ 기업시민정신이 최대의 이윤 추구만을 위한 수단적 동기

03 다음 중 CSV 이론을 제시한 학자가 아닌 사람은?

① 피터 드러커 ② 마이클 포터 ③ 마크 크레이머 ④ 톰 피터스

04 1971년 존슨(H. L. Johnson)의 CSR(기업의 사회적 책임)의 정의에 대해 서술하시오.

(   )

05 2002년 세계경제포럼에서 제시한 기업시민정신의 정의를 기술하시오.

(   )

06 1979년 캐롤(A. B. Carroll)이 제시한 CSR의 4대 모델을 순서별로 기술하시오.

(   )

07 저소득 지역사회에 상품, 서비스, 생계품을 상업적으로 성장 가능한 방식으로 접근을 확대하는 비즈니스 솔루션을 무엇이라 하는가?

(   )

08 CSV(Creating Shared Value)에 대한 정의를 기술하시오.

( )

09 CSI(Corporate Social Impact)에 대한 정의를 기술하시오.

( )

10 CIV(Corporate Impact Venturing)에 대한 정의를 기술하시오.

( )

제4장 연습문제 정답

01. ① 기업-투자자
02. ④ 기업시민정신이 최대의 이윤 추구만을 위한 수단적 동기
03. ④ 톰 피터스

05

선형경제와 순환경제

5.1 | 개요

10억 년의 지구 역사에서 모든 살아있는 유기체는 열역학적 자율성과 환경과 에너지 및 물질의 상호 교환을 기반으로 하는 자연적인 평형 주기에 의해 기능했다. 에너지는 생성되거나 파괴되지 않지만 변형된다. 에너지는 항상 일정하다. 자연은 오랜 기간 동안 분해가 불가능하거나 감당할 수 없는 상당한 양의 폐기물을 생성하지 않는다. 오직 인간만이 폐기물을 생성한다. 사실, 인간은 생태계 균형을 파괴하고 날마다 처리하기 힘든 많은 양의 도시형 생활폐기물과 산업폐기물을 배출하고 있다. 폐기물의 대부분은 전자제품 외에도 땅과 바다를 침범하는 음식물 및 재활용 불가능한 플라스틱이다. 따라서 순환경제의 원리에 따라 각 제품의 절약, 재활용, 재사용의 소위 3R(Reduce, Reuse, Recycle)은 우리가 버리는 폐기물의 양을 줄이고 비용과 토지를 절약하는 데 도움이 된다. 이는 산업적 생산방식뿐만 아니라 소비자가 음식과 상품을 사용하는 것과 같은 생활방식의 변화라는 새로운 방식을 의미한다.

이 장은 환경 폐기물과 위험한 오염을 방출하는 제품을 생산하고 사용하는 선형경제(Linear Economy)의 문제점에 대해 설명한다. 반대로 폐기물을 새로운 제조상품을 생산하거나 이전에 사용된 것을 업데이트하는 데 유용한 방식으로 사용하고 있는 순환경제에 대한 정의와 필요성을 알아본다. 일부 국제기구에 따르면 이 새로운 접근방식은 빈곤층을 줄이고 그들에게 기본적인 권리와 자유를 부여함으로써 보다 지속가능한 글로벌 개발을 가능하게 할 뿐만 아니라 일반적인 웰빙을 강화하고 지속가능한 도시 및 도시 주변개발을 촉진하며 미래 세대를 위해 천연 원자재, 환경 및 지구 생물다양성을 보존할 것이라고 설명하고 있다.

5.2 | 선형경제

5.2.1 선형경제의 정의

1900년에서 2000년 사이에 세계 GDP는 20배 성장한 것으로 추정된다. 1880년 2차 산업혁명이 도래한 이후, 특히 제2차 세계대전이 끝난 후 인류는 물질적 부(富)의 전례 없는 꾸준한 성장을 경험했다. 20세기 전반에 걸쳐 세계경제는 세계 여러 지역의 급속한 산업화, 새롭고 효율적인 생산기술의 도입, 더욱 낮아진 인건비, 규모의 증대, 시장의 점진적인 세계화를 이루었다. 이 특별한 경제 확장기는 결국 모든 산업에 걸쳐 상품과 서비스의 대량생산으로 절정에 이르렀고, 광범위한 물질적 번영과 그 어느 때보다 높은 1인당 소득을 가져왔다.

현재 생활수준의 근간을 이루고 있는 산업 모델은 [그림 5-1]과 같이 취득-생산-폐기 패러다임을 기반으로 하는 선형 생산시스템이다. 원료를 추출하고 그 다음 제조공장에서 처리되어 사용 가능한 제품이 된다. 그 다음 제품이 사용되고 마지막으로 매립지에서 폐기물로 소각되거나 폐기된다.

[그림 5-1] 선형 생산시스템

이 단계는 각각 자연생태계에 막대한 피해를 준다. 전 세계적으로 사용되는 자원의 양과 관련된 산업공정으로 인해 생태계는 심하게 오염(공기 및 물)되거나 주요 물질(토양)성분이 소멸되거나 돌이킬 수 없게 변형된다. 오늘날 우리는 1880년보다 약 95% 더 많은 원재료를 추출하고 소비하며 그 양은 계속 증가하고 있다. 1980년에 기록된 총 350억 톤의 전 세계 재료 추출 속도는 30년 만에 거의 두 배가 되어 현재 650억 톤/년이 되었다. 게다가 대부분의 자산은 구입 후 불과 몇 달 만에 폐기되어 연간 13억 톤을 초과하는 폐기물 생성 수준이 발생하고 2025년까지 20억 톤 이상에 이를 것으로 예상되고 있다(The World Bank, 2012b). 선형 경제 모델이 효과적인 재생활동을 설명하지 않는다는 점을 고려할 때 상황은 더욱 문제가 된다.

인간 발달과 환경 악화 사이의 양의 상관관계는 명백하다. 선형 모델이 티핑 포인트(Tipping Point)에 도달했다는 증거가 점점 더 커지고 있는 상황에서 경제적 번영과 자연생태계 손실 사이의 연결고리를 끊는 노력이 필요하다. 지난 16년 동안 세계경제포럼(WEF, 2022)은 사회와 인류가 직면한 주요 위험을 요약한 〈글로벌 위험 보고서〉를 매년 발간해 왔다([그림 5-2] 참조). 이러한 위험은 다섯 개의 광범위한 범주(경제, 환경, 지정학적, 사회적 및 기술)로 그룹화되고 발생 가능성과 영향에 따라 순위가 매겨지는데, 5년 뒤까지의 위험을 살펴보면 제일 상위에 있는 것이 날씨를 포함한 환경 관련 위협임을 알 수 있다.

오늘날 이산화탄소의 대기 농도는 이미 설정된 안전한계(350ppm CO_2 대비 390ppm CO_2)를 넘어섰고 계속 증가하고 있다. 그 때문에 기후변화에 관한 정부 간 협의체(IPCC: Intergovernment Panel on Climate Change)의 최신 보고서에 따르면 육지와 해양을 합한 지구 평균기온은 이미 산업화 이전 수준보다 1.09℃ 상승했으며 해수면 상승 속도도 약 2.85배 증가하는 등 최근 추세가 매우 심각함을 보여준다(IPCC, 2021). 이 결과로 기온이 계속 상승함에 따라 폭염, 폭우, 가뭄, 사이클론, 높은 해수면과 같은 여러 극한 기상 및 기후현상이 필연적으로 더 자주 발생하고 강도가 더 커질 것이다. 복잡하고 정교한 공급망에 크게 의존하는 패션, 스포츠웨어, 장난감 및 자동차와 같은 제조산업이 자연재해 발생의 위험 증가로 인해 비즈니스 연속성 불확실성에 가장 많이 노출될 것으로 예상된다.

[그림 5-2] 미래 세계에 다가올 치명적인 위험

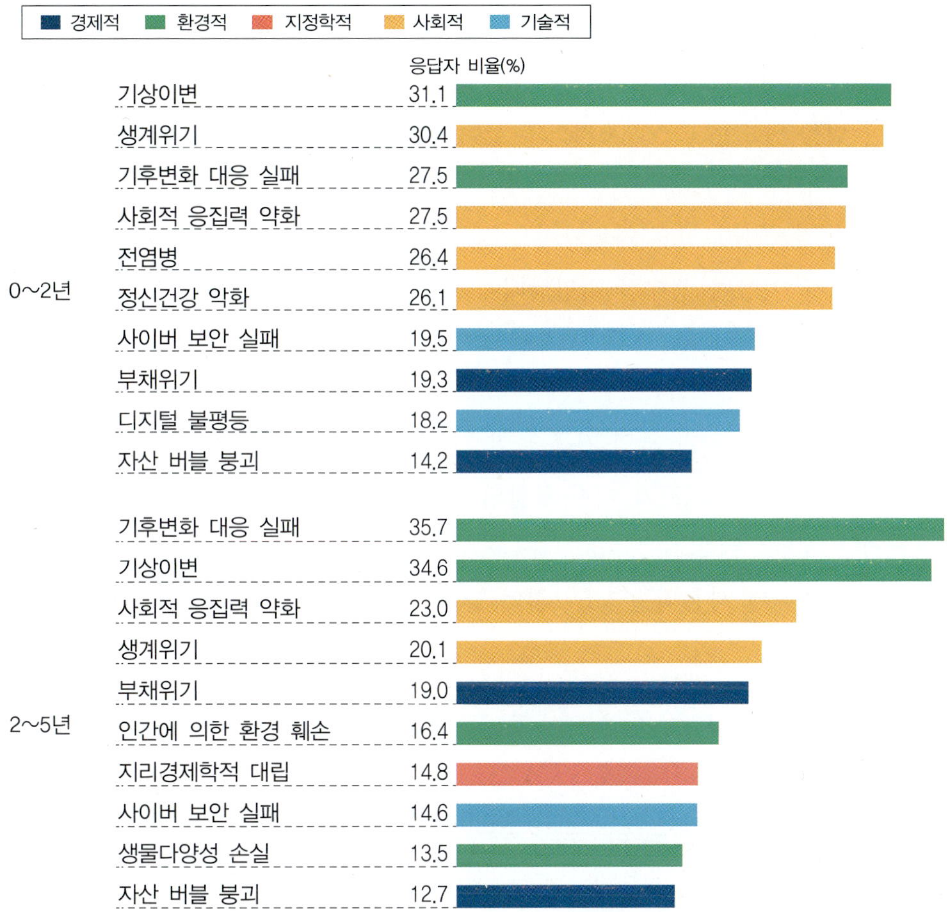

출처: The Global Risks Report(2022)

5.2.2 선형경제의 몇 가지 사실과 수치

- 인간이 소비하기 위해 생산된 식품의 약 1/3이 썩거나 폐기된다.
- 1970년대 이후 인류는 생태적 과잉상태에 빠져 있어 연간 자원 수요가 지구의 생태 용량을 초과했다. 오늘날 인류는 우리가 사용하는 자원을 제공하고 쓰레기를 흡수하기 위해 지구 1.6개에 해당하는 양을 사용한다(글로벌 풋프린트 네트워크).

- 청바지를 만드는 것은 자동차를 80마일 이상 운전하는 것과 같은 양의 온실가스를 배출한다.
- 생분해되지 않는 직물로 만든 버려진 옷은 최대 200년 동안 매립지에 방치될 수 있다.
- 면 셔츠 한 벌을 만드는 데 2,700리터의 물이 필요하며, 이는 보통 사람이 2년 반 동안 마실 수 있는 양이다.
- 2007~2009년 경제침체 이후 자원가격은 세계경제 생산량보다 더 빠르게 반등했다.
- 세계인구의 80% 이상이 생태적 결핍상태에 있는 국가에 살고 있다.
- 매년 경제에 유입되는 1,000억 톤의 자원 중 60% 이상이 온실가스 배출 또는 폐기물로 발생한다.
- 미국에서는 매년 1억 6천만 톤의 건물 관련 건설 및 철거 폐기물이 발생한다. 재활용 가능한 강철, 목재 및 콘크리트가 대량 포함되어 있음에도 불구하고 그 잔해의 1/3 미만이 재사용되거나 재활용된다.
- 소비재산업에서 매년 사용되는 3조 2천억 달러 상당의 재료 중 약 80%가 회수되지 않는다.
- 매년 전 세계적으로 생산되는 3억 미터톤의 플라스틱 중 12%만이 재사용되거나 재활용된다.

5.2.3 선형경제의 한계

산업과 기술의 발전은 세계무역과 결합하여 막대한 경제성장을 가져왔고 인류의 복지를 촉진했다. 그러나 선형 모델의 기본 가정은 현재의 글로벌 맥락에서 더 이상 사실이 아니며 몇 가지 주요 추세가 지속가능성을 위협하고 있어 대체 경제 모델이 필요하다. 주요 수치는 [그림 5-3]에 나와 있다.

2050년까지 지구상의 인구는 약 95억 명에 이를 것이다. 이러한 글로벌 수요에 대응하기 위해 경제성장과 천연자원 소비 비율을 줄일 수 있는 방법이 발견되지 않는 한 경제는 현재 사용하는 자원의 약 3배가 필요할 것이다.

결과적으로 이러한 추세는 CO_2 발자국과 폐기물 배출을 증가시킬 것이며, 선진국의 배출량은 현재 개발도상국보다 3배 이상 높아질 것이다. 현재 경제에서 글로벌 소비는 스스로를 유지하기 위해 1.5개의 지구가 필요하며, 이는 중산층이 늘어남에 따라 증가할 것이다. 더 나아가 기후변화, 생물다양성 손실 등 선진국의 현 생활수준과 관련된 부정적 환경적 외부효과가 뚜렷하게 체감되고 있다. 많은 국가에서 지난 20년 동안 큰 환경 개선을 이루었지만 환경 및 사회적 압력은 인구 증가, 세계화된 시장 및 증가하는 자원 소비로 인해 더욱 증가할 것이다.

[그림 5-3] 주요 글로벌 동향

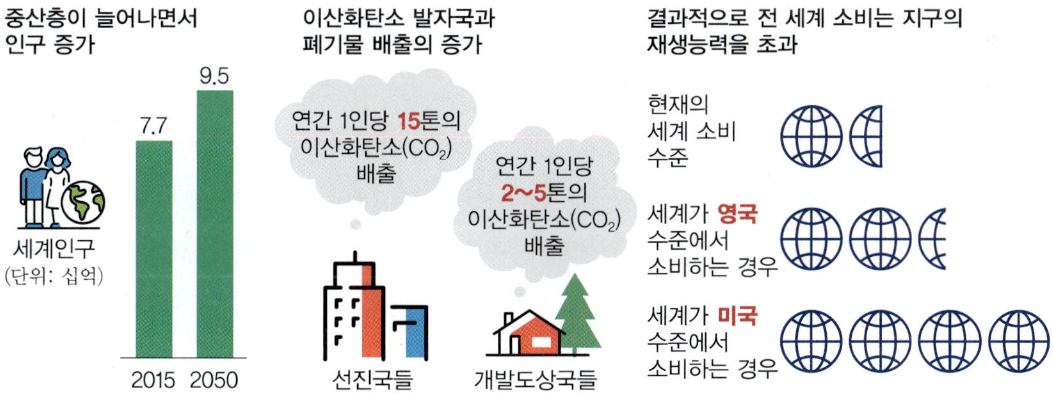

환경문제 다음으로 많은 자원이 부족해지고 있다는 공감대가 커지고 있다. 더욱이 점점 더 많은 기업들이 자원시장의 가격 상승 및 예측하기 어려운 상황과 다른 한편으로는 특정 부문에 대한 높은 경쟁과 정체된 수요 사이에서 압박감을 느끼고 있다. 즉 선형경제 모델은 세기가 바뀌면서 등장한 거시적 추세(예 원자재의 희소성 및 가격 변동성, 중산층의 부상, 보다 엄격한 규제 환경 프레임워크)에 사실상 적합하지 않다. 최근 등장한 지속가능한 개발에 대한 가장 유망한 접근방식 중 하나인 순환경제(CE)가 이를 해결할 수 있는 대책으로 떠오르는 이유이다.

5.2.4 선형경제의 단점

선형경제는 천연자원의 지속적인 공급을 가정하는 비즈니스 관행에서 비롯된다. 이것은 취득-생산-폐기(Take-Make-Dispose) 사고방식을 초래했다. 이러한 사고방식은 자원 추출, 상품 및 서비스 생산, 소비 후 폐기물 처리에 기반한다. 그러나 이러한 접근방식은 환경 및 경제적 단점으로 인해 점점 더 압박을 받고 있다.

(1) 생태학적 단점

선형경제의 생태학적 단점은 상품 생산이 우리 생태계의 생산성을 희생한다는 것이다. 이러한 생태계에 대한 과도한 압력은 물, 공기 및 토양 정화와 같은 필수 생태계 서비스 제공을 위태롭게 한다.

'취득-생산-폐기'하는 방식의 세 단계 모두 생태계 서비스에 다양한 방식으로 영향을 미친다. 원자재 수집은 높은 에너지 및 물 소비, 독성물질 배출 및 숲과 호수와 같은 자연 자본의 붕괴로 이어진다. 제품 제조과정에는 종종 다량의 에너지 및 물 소비와 이산화탄소(CO_2) 배출이 수반된다. 결국 이러한 제품이 폐기되면 자연지역의 공간을 차지하고 독성물질도 종종 배출된다.

많은 플라스틱은 짧은 시간 동안만 사용되기 때문에 제품수명주기가 빠르고 '취득-생산-폐기'의 단계별 계획을 빠르게 진행할 수 있다. 그 결과 매년 전 세계적으로 4억 톤 이상의 새로운 플라스틱이 생산된다. 이 중 500만 톤이 바다에 버려진다. 이 플라스틱의 대부분은 원래 육지에 버려지지만 강과 운하를 통해 바다로 흘러 나간다. 또 다른 범주는 마이크로비즈(미세플라스틱)이다. 이것은 샴푸 및 스크럽과 같은 케어 제품에 사용되는 작은 플라스틱 알갱이이다. 결국 플라스틱은 분해와 조각화에 의해 더 작은 입자로 나누어지고 이 과정에서 독성물질이 방출될 수 있다. 또한 모든 종류의 동물들이 플라스틱 쓰레기와 마이크로비즈를 음식으로 착각하여 먹을 수 있고 이런 식으로 물고기나 해조류가 섭취한 마이크로비즈는 먹이사슬을 통해 우리 인간의 건강도 해칠 수 있다. 이와 같이 'Take-Make-Dispose'의 3단계 구조에서 플라스틱 배출은 바다와 바다를 위한 생태계 서비스로서의 물고기 공급에 해를 끼친다(Plastic Soup Foundation, 2019).

(2) 경제적 단점

선형경제로 인해 생태계 서비스 제공에 대한 피해 외에도 이 경제 모델은 재료 공급을 위태롭게 한다. 이러한 불확실성은 변동하는 원자재 가격, 희소한 재료, 다양한 재료에 대한 지정학적 의존도 및 수요 증가로 인해 발생하지만 이러한 문제는 순환경제에서 해결된다.

■ 원자재 가격 변동

2006년 이후 원자재 가격의 수준과 변동폭이 크게 증가하였다. 이것은 채굴자와 원자재 구매자에게 문제를 일으킬 뿐만 아니라 시장에서 더 큰 위험을 초래한다. 이는 결국 재료 추출 및 가공에 대한 투자를 위축시켜 원자재 가격이 시간이 지남에 따라 계속 상승하도록 할 수 있다. 또한 이러한 가격 변동으로 인해 기업은 가격 예측을 할 수 없기 때문에 물질 의존도가 낮은 기업보다 경쟁력이 떨어진다.

■ 희소한 광물 사용

현재 선형경제시스템의 또 다른 단점은 희소한 재료가 많이 사용된다는 것이다. 많은 산업에서 인체에 유해한 인듐 및 크롬과 같은 생산공정에 중요한 재료를 집중적으로 사용한다. 이러한 재료는 매우 제한된 범위에서만 사용할 수 있다. 특히 금속산업, 컴퓨터 및 전자산업, 전기 장비산업, 자동차산업은 이러한 원자재를 사용한다.

■ 상호 의존성

무역 증가의 결과로 제품의 지정학적 상호 연결성이 점점 더 강해졌다. 예를 들어, 물이 부족하지만 석유가 잉여인 국가는 곡물을 사기 위해 석유를 거래한다. 결과적으로 이러한 원료는 서로 연결되어 있다. 또한 많은 상품의 생산과정은 물과 연료에 의존한다. 이러한 상호 의존의 결과로 한 가지 원자재의 희소성은 더 많은 상품의 가격과 가용성에 광범위한 영향을 미칠 것이다.

■ **원료 수요 증가**

어차피 사용할 수 있는 원자재 공급이 제한적일 뿐만 아니라 원자재 수요도 크게 증가할 것으로 예상된다. 인구 증가와 복지 증가로 인해 물질 소비에 대한 수요가 높은 중산층 소비자는 2030년까지 30억 명가량 증가할 것이다. 이것은 서구 세계에서 재료 소비가 증가하는 원동력 중 하나이다. 긍정적인 피드백 과정이 있기 때문에 제품수명은 여전히 감소하고 있다. 소비자는 새로운 제품을 더 빨리 원하기 때문에 '오래된' 제품을 더 짧게 사용한다. 이것은 다시 제품의 수명주기에서 더 적은 품질이 필요하다는 것을 의미하며, 이는 다시 소비자가 더 빨리 새로운 제품을 원하게 만든다.

5.3 | 순환경제

5.3.1 순환경제의 소개

순환경제(CE: Circular Economy)는 물질적 순환 흐름을 핵심으로 하는 경제 형태로, 생태학적 법칙을 이용하여 인간의 사회경제활동을 안내하는 경제 형태이다. 이를 생태경제라고 하는데, '저채굴, 고활용, 저배출'을 달성하기 위해 물질자원, 에너지원, 폐기물을 종합적으로 활용하여 인간의 활동이 환경에 최소한의 영향을 일으키는 경제 모델을 달성하는 것을 의미한다.

그러나 생태경제에서 인간의 사회경제적 시스템은 일반적으로 지구 표면 생태계의 유기적 구성요소로 간주되며, 인간의 사회경제적 발전은 생태적 우선순위 규칙을 따라야 하며, 외부 환경에 대한 영향은 생태적 규칙 내에서 통제되어야 한다. 그리고 인간과 환경 사이의 조화로운 발전이 요구된다. 기존 재활용이 물질적 재활용을 강조하는 반면, 현재 더욱 심각한 자원 부족과 환경 악화를 해결하기 위해 등장한 것이 순환경제 형태다. 이것은 인간이 생태경제로 나아가기 위해 필요한 단계이며, 또한 현재의 환경조건하에서 시행되는 생태경제의 초기 단계이기도 하다.

최근 CE는 실무자와 학자들의 관심의 초점이 되고 있다. 특히 유럽과 아시아 등의 정치적 의제에서 CE에 대한 인식이 높아지고 있다. CE는 새로운 비즈니스 기회를 창출하고 재료비용을 절감하며 미래 공급의 보안을 개선하는 동시에 지속가능한 미래를 향해 이동함으로써 경제발전을 향한 움직임에서 중요한 역할을 할 것으로 기대된다. CE는 일반적으로 자원을 순환적으로 활용하여 환경보호 및 경제성장을 위한 솔루션으로 간주된다.

5.3.2 순환경제의 역사

뿌리 깊은 역사적, 철학적 기원을 가진 순환성의 개념은 한 사람이나 장소에 기인할 수 없다. 순환경제(CE)라는 아이디어는 영국의 환경 경제학자들에 의해 처음 소개되었다. 그들은 환경을 재활용 성향이 없는 폐기물 저장소로 묘사했다. 1976년에 스타헬과 레디-멀비(Stahel and Ready-Mulvey)는 CE를 '폐쇄 루프 경제'라고 언급했다.

CE라는 용어는 1980년대 서양 문헌에서 유래한 것으로 천연자원의 중요성 인식에 대한 폐쇄 루프 시스템 개념을 설명하기 위해 사용되었다. 이 용어는 독일과 스웨덴의 산업생태학적 패러다임이 제시된 이후 1990년대 후반에 두드러지게 나타났다. CE는 산업생태학적 관점에서 활동자원 생산성과 효율성으로 보았다. 순환경제는 완전히 재활용될 수 있는 방식으로 설계된 제품의 다차원적 개념의 뿌리이다. CE는 1990년대 초에 상당한 주목을 받았으며 현재는 제품 디자인과 사회적, 경제적, 환경적 지속가능성을 위한 주류 전략으로 간주되고 있다.

20세기 전반에 걸쳐 CE의 개념은 한정적이었고 환경관리를 통합하는 방법으로 건전한 경제와 환경이 공존하는 데 중점을 두었다.

20세기 후반 독일 화학자 마이클 브라운가르트(Michael Braungart)와 미국 건축가 윌리엄 맥도너(William McDonough, 종종 '순환경제의 아버지'라고 함)는 저서 〈*Cradle to Cradle: Remaking the Way We Make Things*〉로 대중화된 'Cradle to Cradle' 개념을 통해 생태계에 해를 끼치는 대신 재생하도록 설계된 제품을 만들자는 운동을 주장하였다.

5.3.3 순환경제의 기본원리

순환경제의 구현은 절약(Reduce), 재사용(Reuse), 재활용(Recycle)의 세 가지 기본원칙에 기초한다. '절약'은 관련 기업이 제품의 생산, 운송, 사용 등 다양한 과정에서 자재나 에너지 소비를 줄여 낭비를 방지하도록 규정하고 있다. 여기에는 제한적인 천연자원 채굴, '적은 물질과 생산량' 자원 효율적 활용, 낮은 폐기물 배출 등이 포함된다. 예를 들어, 사치와 낭비를 피하기 위해 단순한 소비를 주장한다. 여름에는 극도로 낮은 온도로, 겨울에는 극도로 높은 온도로 냉온방하기 위해 에어컨이나 히터를 매일 사용하는 것은 에너지 소비과정에서 절약의 반례(Counter-example of Reduction)이다. '재사용'은 우유 유통회사에 의해 재사용을 위해 세척된 깨끗한 빈 우유병과 같이 회수, 유지보수, 부품 및 수리를 통한 사용 수명 연장 또는 제품의 일부 또는 전부의 리퍼브 및 재제조를 통한 재사용과 같은 오래된 물건의 반복적인 사용을 요구한다. 마지막으로 '재활용' 원칙은 물질 재생을 위한 2차 자원으로 재사용할 수 없는 제품이나 부분에 대해 특별히 수행되는 폐기물 회수를 의미하며, 이는 물질 자원의 재사용을 달성한다. 예를 들어, 폐배터리는 회수된 후 2차 납 생산에 투입된다.

세 가지 기본원칙 외에도 4R(절약, 재사용, 재활용, 복구), 5R(재제조 및 용도변경 포함), 7R 또는 [그림 5-4]처럼 9R로 확대하는 경향도 나타나고 있다. 7R은 다음과 같다.

- **재제조**: 환경 개념의 아이디어는 제품을 설계할 때 고려해야 할 또 다른 요소로 환경 영향을 고려한다.
- **절약**: 소비를 줄이고 자원을 최적화한다.
- **재사용**: 제품을 두 번째로 사용한다.
- **수리**: 제품의 유효 수명을 연장한다.
- **개조**: 유용할 수 있는 다른 용도로 제품을 재사용한다.
- **복구**: 순환경제는 사물 공유를 선호한다.
- **재활용**: 폐기물에 두 번째 생명을 불어넣는다.

[그림 5-4] 선형경제 대 9R 순환경제

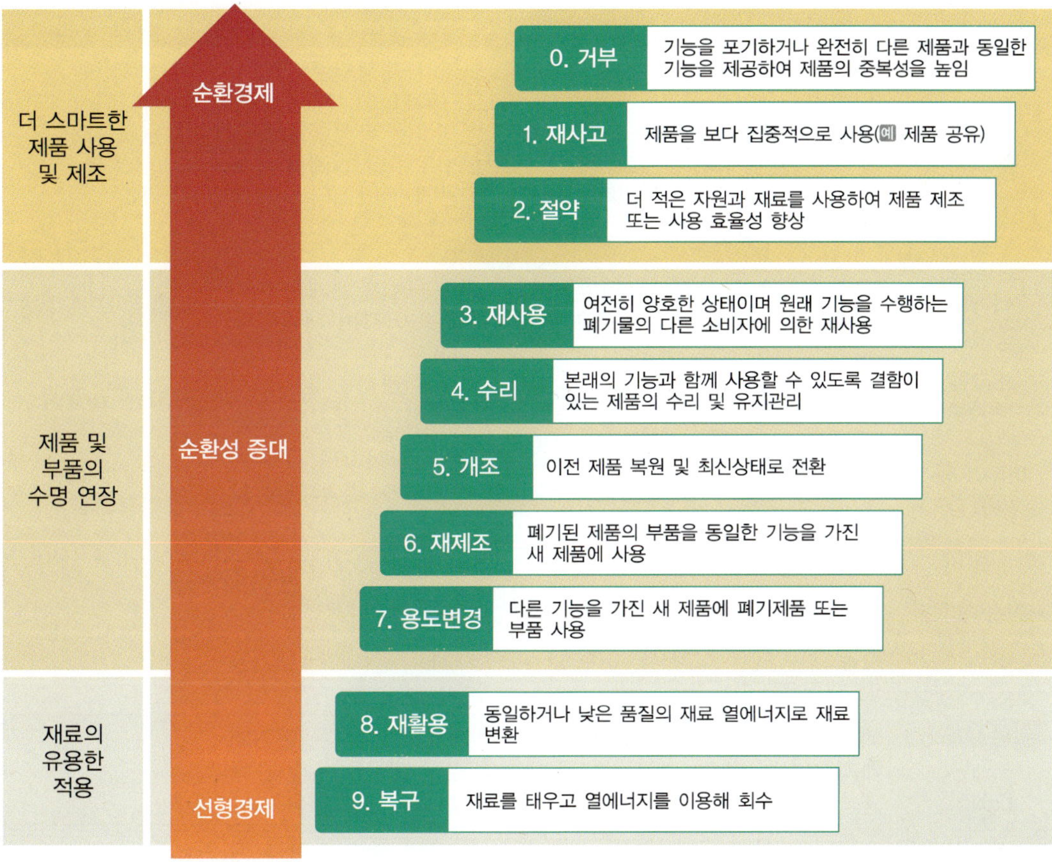

출처: UN

5.3.4 순환경제의 정의

CE의 개념은 산업생태학에서 비롯되었으며 제품 흐름의 폐쇄 루프를 가지고 있다. 즉 선형에서 폐쇄 루프형 산업 생산 및 소비시스템으로 관리하고 설계하는 방법으로 산업생태계를 재구성하는 것을 목표로 하는 자연생태계의 하위 분야이다. 산업생태학은 사회적, 환경적, 경제적 지속가능성의 모든 측면에서 지속가능한 혜택을 제공하기 위해 생태계와 인간시스템 간의 조화로운 관계를 형성한다. CE의 초점은 자원의 개선을 달성하기 위한 환경 효율

▌표 5-1▌ 순환경제의 대표적인 정의

저자	주요 정의	핵심 관점
맥아더 (2013)	순환경제는 의도와 설계에 의해 회복되거나 재생되는 산업시스템이다. '수명 종료' 개념을 복원으로 대체하고, 재생 가능 에너지 사용으로 전환하고, 재사용을 방해하는 독성 화학물질의 사용을 제거하고, 재료, 제품, 시스템의 우수한 설계를 통해 폐기물 제거를 목표로 한다. 그리고 그 안에서 비즈니스 모델을 창출한다.	자원의 재생 및 회복
토마스와 비라트 (2013)	3R의 원칙(절약, 재사용, 재활용) 또는 지속가능한 설계는 이러한 순환 또는 폐쇄 루프 경제 아이디어로 이어지는 개념이다.	폐쇄 루프에 집중
스타헬 (2016)	루프(또는 순환) 경제는 요람에서 요람으로 접근하는 방식으로 재화와 분자를 다시 새로운 용도로 가져오는 것이다.	자원 효율성
머레이 등 (2017)	순환경제는 생태계 기능과 인간의 복지를 극대화하기 위해 계획, 자원 조달, 조달, 생산 및 재처리를 프로세스 및 산출물 모두에서 설계하고 관리하는 경제 모델이다.	생태계 기능 극대화
가이스도퍼 등 (2017)	자원 투입과 폐기물, 배출, 에너지 누출이 물질과 에너지 루프를 늦추고, 닫고, 좁힘으로써 최소화되는 재생시스템으로서의 순환경제로 이는 다음을 통해 달성할 수 있다. 오래 지속되는 설계, 유지관리, 수리, 재사용, 재제조, 재가공 및 재활용이다.	재생시스템
블롬스마와 브레넌 (2017)	폐기물 및 자원 순환의 개념을 촉진하여 널리 퍼진 선형경제에서의 취득–생산–폐기 관행에 대한 대안을 제공하는 것을 목표로 하는 폐기물 및 자원관리에 대한 새로운 구조이다.	취득–생산–폐기 관행
징크와 가이어 (2017)	순환경제–산업시스템에서 제품, 부품 및 재료를 보존하고 최대 효용을 추출하기 위한 재료의 반복 사용이다.	재료 반복 사용
제노비스 등 (2017)	순환경제는 생태계와 경제성장 사이에 실행 가능한 관계가 있는 방식으로 제품을 변형한다는 아이디어를 강조함으로써 환경적 지속가능성의 최전선을 밀어붙인다.	자원의 복원 및 부가가치
코호넨 등 (2018)	순환경제는 선형적인 자연–사회–자연 재료 및 에너지 처리량 흐름에서 생산되는 서비스를 극대화하는 사회적 생산–소비시스템으로 구성된 경제이다. 순환경제는 처리량 흐름을 자연이 허용하는 수준으로 제한하고 자연 재생산율을 존중함으로써 경제주기에서 생태계 주기를 활용한다.	생산된 서비스를 극대화
수아레즈 에이로아 등 (2019)	순환경제는 시스템을 폐쇄하고 크기를 줄이며 자원의 가치를 가능한 한 오랫동안 유지함으로써 자원의 추출 속도와 폐기물 및 배출 속도를 지구 한계에 적합한 값으로 유지하는 것을 목표로 하는 재생 생산–소비시스템이다. 주로 디자인과 교육에 의존하고 모든 규모에서 구현될 수 있는 시스템이다.	재생 생산–소비체계

성과 자원 생산성에 있다.

순환이라는 단어는 ① 생태학적 순환과 ② 제품의 재활용 개념이라는 두 가지 순환의 생산과 소비 측면에서 순환과 경제의 개념과 관련이 있다 순환경제의 아이디어는 앞에서 설명한 것같이 3R(절약, 재사용, 재활용) 및 4R(절약, 재사용, 재활용, 복구) 등으로 표현되었다. 일반적으로 CE는 "생태계 기능과 인간의 복지를 극대화하기 위해 계획, 자원 조달, 조달, 생산 및 재처리가 프로세스 및 출력 모두에서 설계되고 관리되는 경제 모델"로 정의될 수 있다.

그러나 [표 5-1]과 같이 어떤 관점에서 접근하느냐에 따라 다양하게 CE가 정의될 수 있다.

5.3.5 선형경제와 순환경제의 차이

선형경제와 순환경제의 차이점은 무엇인가? 선형경제에서 가치의 유일한 원천은 제품이며 이윤은 제품의 최종 시장가격과 생산비용의 차이에 의해 결정된다. 따라서 이익을 늘리기 위해 회사는 가능한 한 많이 판매하려고 노력하여 모든 생산 및 분배비용을 줄인다. 혁신은 고객이 새 제품을 구매하도록 자극하는 데에만 사용된다. 휴대전화와 같은 수명이 짧은 가전제품, 운동복, 의류와 같은 패션용품, 세탁기, 자동차와 같은 명품의 대량 생산과 소비주의적 라이프스타일을 기반으로 한다. 선형경제가 과거에 번창한 이유는 전 세계 제조업체에게는 높은 이윤을 제공하고 선진국 소비자에게는 저렴한 가격을 제공하기 때문이다.

그러나 이 저비용 고수익 모델은 선형경제가 시스템에 내장된 막대한 폐기물, 오염 및 탄소배출비용을 책정하지 않기 때문에 가능하다. 사실, 산업계는 낭비, 오염 및 방출에 대해 인센티브를 받는다. 이러한 행동에 대한 전체 환경적 또는 사회적 비용을 지불해야 하는 경우는 거의 없기 때문이다.

반대로 배출이나 폐기물과 같은 사회적 및 환경적 피해에 대해 가격을 책정하고 보다 순환적이고 지속가능한 접근방식에 대한 보상을 제공한다면 건강한 생태계, 안전한 작업조건, 고품질 환경제품 및 서비스와 같은 여러 가지 개선사항이 있을 것이다. 그렇게 함으로써 경제적, 환경적 자원을 보호하고 결과적으로 사회적 이익을 얻는다.

[그림 5-5] 선형경제 대 순환경제의 차이

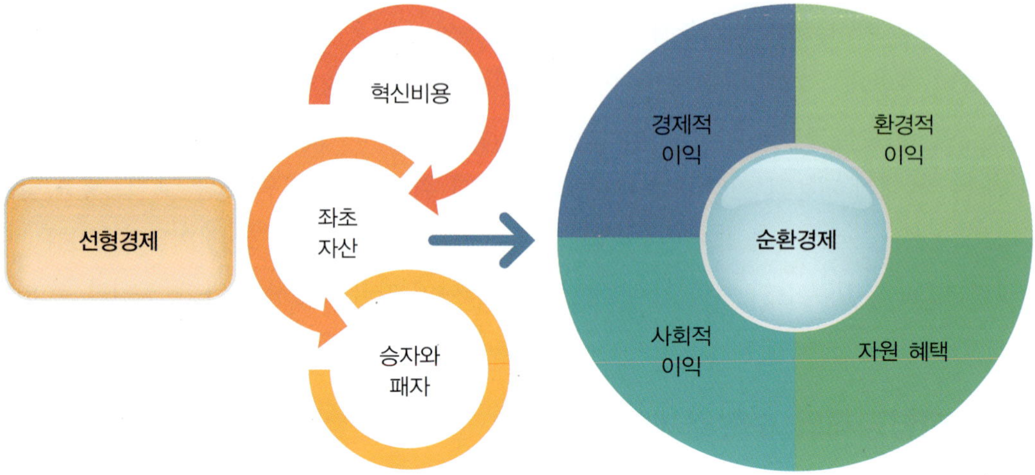

출처: EU

당연히 최종제품을 수리, 재사용, 재구성 및 재생하려면 사용 후 순환성을 보장하는 올바른 에코 디자인 프로젝트가 필요하다. 이 목적에서 글로벌 커뮤니티는 사회적 요구에 부응하기 위해 단체적으로나 개별적으로 실제 선형경제를 순환경제로 전환해야 한다. 순환 녹색경제는 실제로 더 나은 식품 사용, 사람들의 이동성, 에너지 소비 및 주택과 같은 생산-소비 시스템의 근본적인 변화를 요구한다. 이러한 전환을 위해서는 주요 기관 관행, 기술, 정책, 라이프스타일 및 사고의 변화가 필요하다. 이를 위해 여러 나라들은 생산자와 소비자에게 자원 효율성을 촉진하고 순환경제에 의한 라이프스타일 시스템을 변화시키기 위한 적절한 메시지를 제공하여 '지구 내에서 잘 살기'라는 2050년 비전을 달성하기 위해 노력하고 있다.

결과적으로 순환경제는 실제 폐기물 · 오염에 긍정적인 영향을 미치고 온실가스(GHG) 배출량을 줄이며 토지 재활용의 균형을 맞추고 도시개발 및 인프라를 개선할 뿐만 아니라 장소 기반 관리, 물 소비 및 녹색에너지를 개선할 것이다. 그러나 식물은 인간의 생활에 없어서는 안 될 귀중한 산소를 대기 중으로 방출하는 위험한 이산화탄소를 매일 소비하기 때문에 숲과 녹색 도시의 중요한 역할을 잊어서는 안 된다. 그러므로 재조림과 도시를 더 푸르게 만드는 것은 순환경제의 또 다른 중요한 목표이다. 지속가능한 개발과 더 나은 사회-생태시스템은 사실상 현재 세대의 필요를 충족시키면서, 미래 세대의 필요를 충족할 수 있는 능력을 손상시키지 않도록 하여야 한다.

불행하게도 대기오염 수준과 농업 및 폐수에서 배출되는 질소·인과 같은 영양염류의 양은 너무 많아 생태계의 산성화 및 부영양화를 유발하여 지구의 생물다양성 손실과 함께 지구 기후가 계속 변화하고 있다. 현재 환경과 생물다양성에 대한 대기오염의 가장 중요한 영향은 사실 공기 중 질소가 생태계에 침착되어 발생하는 부영양화와 경작지 및 목초지에서의 잘못된 화학비료 사용이다. 그러나 순환경제가 채택한 새로운 규칙에 따르면 유럽에서 질소산화물 배출량은 2000년에서 2016년 사이에 약 42% 감소했다. 한편 코로나19 팬데믹과 러시아-우크라이나 전쟁으로 인한 전 세계적 위기로 인해 더욱 확대된 식량 생산 위기와 안보의 문제는 전 세계적으로 경제성장 둔화의 원인이 되고 있다. 결과적으로 사회적 불평등과 빈곤이 눈에 띄게 증가하고 있으며, 환경적 원인에서 비롯된 질병으로 인한 사망의 비중이 크게 늘고 있다. 따라서 순환경제를 통해 자원 효율성을 높이고 생태계 복원력을 강화하는 것은 한정된 자원의 세계에서 사회경제적 발전을 지속하는 데 필수적인 것으로 간주된다.

선형경제와 순환경제는 근본적으로 다르다. 그 차이점을 요약하면 다음과 같다.

표 5-2 선형경제와 순환경제의 차이점

선형경제	순환경제
• 생산 과잉 • 수명주기 감소 • 폐기물의 축적 • 세계 전연자원의 고길 및 남용	• 재활용 및 재사용 • 재생 가능 에너지를 사용하고 오염을 줄임 • 제품의 수명주기를 확대

5.3.6 순환경제의 시각화

나비 다이어그램으로 알려진 순환경제시스템 다이어그램은 순환경제에서 물질의 지속적인 흐름을 보여준다. [그림 5-6]과 같이 기술적 주기와 생물학적 주기의 두 가지 주요 주기가 있다. 기술주기에서 제품과 재료는 재사용, 수리, 재제조 및 재활용과 같은 프로세스를 통해 순환상태를 유지한다. 생물학적 순환에서 생분해성 물질의 영양분은 지구로 반환되어 자연을 재생한다.

[그림 5-6] 기술적 주기와 생물학적 주기

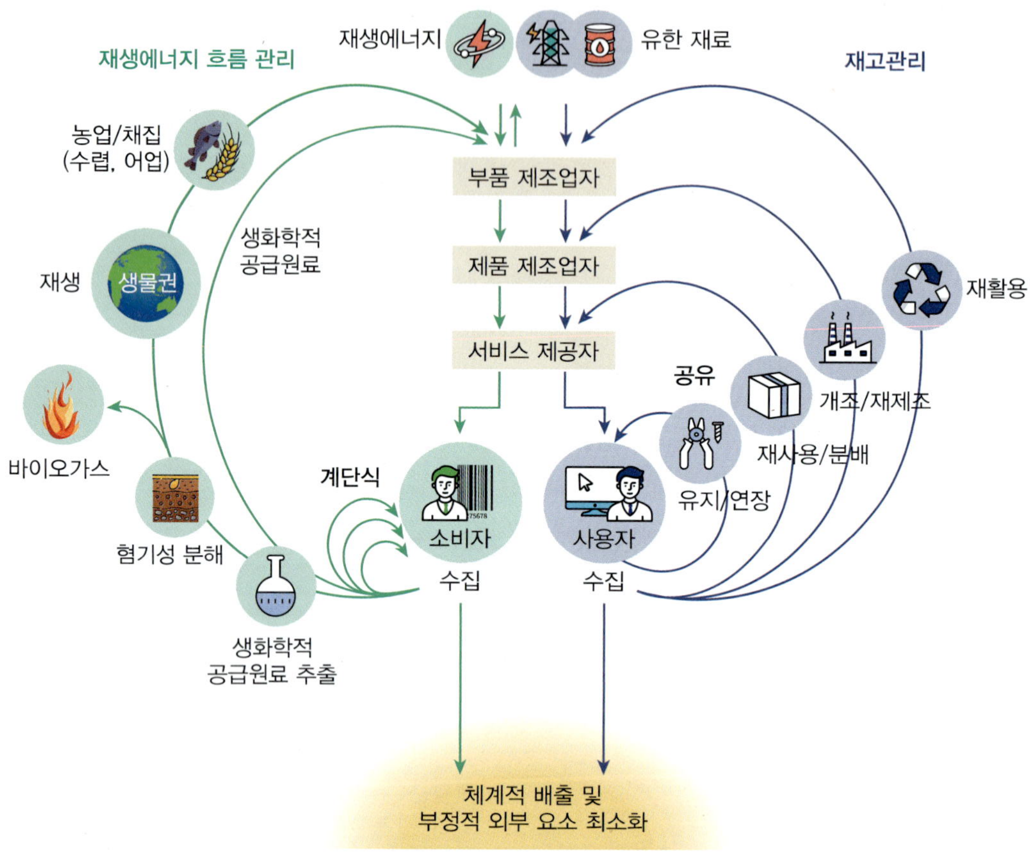

출처: Ellen MacArthur Foundation

순환경제는 기술주기와 생물학적 주기 간의 중요한 차이점을 포함하는데, 기술주기에는 한정된 자원의 관리가 포함된다. 자원은 여러 경제주기에서 추출 · 사용되고 이것은 재료와 자원의 재사용, 수리 및 재생산을 통해 달성된다. 반면 생물학적 순환은 재생 가능한 자원의 관리와 관련이 있다. 생물학적 기반 자원은 자연시스템으로 복원되도록 설계되었으며 이후 재생 가능한 자원을 제공하기 위해 재생되는데, 순환경제에서 소비는 생물학적 순환에서만 발생한다.

5.3.7 순환경제의 경제적 이점

순환성은 경제에 몇 가지 이점을 제공한다. 소비자는 소득 증가로 인해 효율적이고 고품질의 새로운 제품 및 지속가능한 서비스 제공 소유, 비용 감소, 건강 개선 등의 효과를 얻을 수 있으며, 사회는 경제성장 촉진(GDP로 정의), 새로운 일자리 창출, 혁신 고취 등을 얻을 수 있다. 기업은 비용절감 및 새로운 수익원 창출, 재료비 절감, 재료가격 및 공급 변동성의 안정화, 물류, 리마케팅, 재생 및 재제조 분야에서 새로운 서비스에 대한 수요 창출, 장기적인 고객 상호작용 및 충성도 확보를 통해 수익을 창출할 수 있다. 환경적인 측면에서는 이산화탄소 배출량 반감 및 온실가스 배출 저감 1차 재료 사용량의 절감, 토지와 토양의 자산가치 제고 등의 효과가 나타날 것이다. 다음에서는 좀 더 구체적인 이점에 대해 살펴보도록 하자.

(1) 자원절약

순환경제로의 전환으로 기업들은 재료비를 절감하고 수익을 창출할 수 있는 완전히 새로운 시장을 개척하고 있다. 많은 분야에서 원자재는 고비용 품목이다. 새로운 원자재의 추출과 선형경제에서의 공급에 대한 불확실성으로 인해 원자재의 가격이 상승하고 있다. 따라서 순환성은 비용절감, 원자재 공급 보안 강화, 긴밀한 공급사슬 협력 및 강력한 공급망을 통해 새로운 수익 기회를 제공할 수 있다.

(2) 경제성장

순환경제의 중요한 원칙은 경제성장을 원자재 소비와 분리하는 것이다. 결과적으로 경제성장은 원자재 부족으로 인해 방해받지 않는다. 순환경제로의 이동이 경제성장을 촉진할 것으로 추정된다. 유엔환경계획(UNEP)은 2050년에 세계경제가 보다 효과적인 자원 사용으로 연간 2조 달러의 이익을 얻을 것이라고 계산했다. 순환경제에서 이러한 이득은 확실히 달성될 것이다. 이는 한편으로는 새로운 순환활동으로 인한 회전율 증가를 통해, 다른 한편으로는 동일한 수의 재료와 생산수단에서 더 많은 기능을 창출함으로써 가능하다. 이러한 순환

제품의 개발, 생산 및 유지관리에는 전문 인력이 필요하고 이러한 작업이 증가할 것이다. 반면에 원료 추출 및 가공에 대한 수요가 줄어들어 전문화되지 않은 일자리가 줄어들 것이다. 이것은 고용과 GNP(국민총생산)에 '좋은 노동'의 가치를 증가시킬 것이다.

(3) 고용의 성장

위에서 설명한 것처럼 순환경제에서는 노동이 원자재보다 더 중요하다. 그 결과 고용이 증가하고 이러한 작업은 노동 집약적인 재활용 및 고품질 수리를 위해 확장될 것이다. 현지 제품 회수를 통한 물류 부문 일자리 창출, 서비스 경제 및 새로운 비즈니스 모델을 통한 새로운 기업이 만들어질 것이다.

새로운 일자리와 서비스는 엘렌 맥아더 재단(Ellen MacArthur Foundation, 2015a)에 따르면 다음과 같이 제시되고 있다.

- 사용 후 제품을 시장에 재도입하기 위해 수집, 운송, 수리 및 재배포하는 역물류회사
- 더 긴 제품수명과 더 높은 활용도를 촉진하는 마케터 및 판매 플랫폼
- 재사용 및 수리를 용이하게 하는 재제조 및 제품 수리 전문가

(4) 혁신 자극

순환경제는 새로운 사고방식을 기반으로 혁신적인 솔루션에 도전한다. 이는 선형 가치사슬이 아닌 순환에 대해 생각하고 전체 시스템에 대한 최적화를 위해 노력하는 것을 의미한다. 그 결과 새로운 통찰력, 설계자, 생산자 및 재활용업체 간의 학제간 협력이 이루어지고 따라서 지속가능한 혁신도 이루어진다.

(5) 변화하는 수요

순환경제의 경제적 이점에서 마지막으로 중요한 요소는 수요 측면의 변화와 더 나은 이해이다. 기업이 고객을 대하는 방법과 고객이 평생 동안 수행하는 역할은 궁극적으로 원자재 사용 감소, 폐기물 생성 감소 및 생산 변화로 이어진다.

(6) 온실가스 감소

순환경제의 원칙에 따라 온실가스 배출량은 전 세계적으로 자동으로 감소한다. 기후변화와 재료 사용은 밀접하게 연결되어 있다. 비영리 연구단체인 '서클 이코노미'에서 발표한 자료에 따르면 전 세계 온실가스 배출량(토지 사용 및 임업 제외)의 62%는 사회의 필요를 충족시키기 위한 상품의 추출, 가공 및 생산에서 발생한다. 38%만이 제품과 서비스의 공급과 사용에서 배출된다(Circle Economy, 2019). 예를 들어, 순환경제가 현실화된다면 선진국이 더 이상 개발도상국으로부터 1차 원자재를 수입하지 않기 때문에 전 세계적으로 측정된 배출량 감소는 훨씬 더 커질 것이며, 이로 인해 해당 국가의 온실가스 배출량도 감소할 것이다.

(7) 중요한 토양, 공기 및 수역

경제에 순환성을 적용하면 토양, 공기 및 수역과 같은 중요한 생태계가 생성된다. 이러한 생태계는 청소, 비옥한 농지와 같은 제품, 수분 및 깨끗한 식수와 같은 서비스를 제공한다. 선형경제에서 이러한 서비스는 제품의 지속적인 낭비로 인해 궁극적으로 고갈되거나 독소 발생으로 과도한 부담이 된다. 이러한 제품을 적절한 기간을 두어 정화하여 사용하여 서비스에 독성물질의 부담을 주지 않으면 토양, 공기 및 수역이 탄력 있고 생산적으로 유지된다. 이에 대한 좋은 예는 물 정화, 영양물질 재활용 및 수분과 같은 생태계 서비스에 크게 의존하는 농업시스템이다.

(8) 자연보호구역의 보전

원자재 추출 및 폐기물 투기는 자연보호구역에 부정적인 영향을 미친다. 이러한 자연지역은 생태계 서비스, 자연 및 문화유산의 보존에 중요하다. 현재 많은 정부와 조직은 원자재 및 폐기물의 추출 및 투기로부터 자연을 보호하는 데 관여하고 있다. 자연을 체계적으로 보전하기 위해서는 이러한 추출과 투기를 전면적으로 멈춰야 한다. 이는 순환경제 내에서 달성된다.

(9) 안정적인 원자재 공급

순환경제는 회사가 더 적은 수의 새로운 원자재와 더 많은 재활용 원자재를 사용하고 이러한 원자재의 가치가 전체 수명주기 동안 최대화되도록 보장한다. 결과적으로 기업가는 인건비보다 상대적으로 낮은 재료비를 부담하게 되며, 이는 재료비와 가용성이 비즈니스 모델의 안정성에 미치는 영향이 적다는 것을 의미한다. 안정성이 높을수록 회사는 더 유리하고 목표가 높은 장기 투자를 할 수 있다. 전 세계적으로 수하물 및 소포 운송시스템을 설치하는 회사인 반델란드(Vanderlande)가 좋은 예이다. 반델란드는 빠르게 분해하고 재조립할 수 있는 컨베이어 벨트를 개발했다. 이러한 방식으로 회사는 재료비 지출을 줄였다.

(10) 최적화된 고객관계

순환경제는 새로운 비즈니스 모델과 고객 유지 기회를 제공한다. 제품 배송에서 서비스, 리스 모델 및 임대로 전환하는 것은 제품수명을 더 오래 유지할 수 있기 때문에 고객과 공급업체 간에 장기적인 관계를 형성한다. 공급업체가 인도된 제품에 대한 책임을 지는 경우, 임시 서비스, 유지보수, 수리 및 원활한 의사소통은 고객만족뿐만 아니라 고객충성도를 가져올 수 있으며, 이는 고객이 계약 만료 후 제품을 다시 구매하도록 보장한다.

5.3.8 순환경제의 단점

(1) 상호 의존적인 비즈니스의 가치 침식

일반적으로 방대한 인구에게 순환경제정책을 가르치는 것은 쉽지 않다. 또한 이것은 완제품을 만드는 여러 프로세스 간에 엄청난 상호 의존성을 만든다. 따라서 하나의 투입물을 사용할 수 없으면 다른 완제품 생성에 영향을 줄 수 있다. 결과적으로 상호 의존적인 비즈니스의 가치 침식을 초래한다.

(2) 단순 작업자의 실업

일부 산업은 순환경제로의 전환과정에서 손해를 볼 가능성이 있다. 계획된 노후화가 내장된 값싼 상품을 생산하는 모든 기업이 어려움을 겪을 수 있기 때문이다. 이 선형적이고 폐기물이 많은 경제(저소득 국가에 많음)와 연결된 수백만 개의 일자리가 있으므로 순환경제로의 전환은 하룻밤 사이에 이루어질 수 없다. 좋은 예는 급작스러운 소비 변화에 매우 취약한 '패스트 패션'(저렴한 기성복)을 생산하는 공장에서 일하는 사람들과 같이 단순 반복적인 일을 수행하는 사람들이다.

5.3.9 순환경제의 장애물

순환경제는 아직 개발되지 않은 가치를 포착할 수 있는 놀라운 잠재력을 가지고 있다. 순환개발에는 정책입안자, 업계 리더, 이해관계자, 연구원, 소비자 등 간의 급진적인 변화, 파괴적인 혁신 및 전례 없는 상호 협력이 필요하다. 이러한 모든 요소가 일치하려면 중요한

[그림 5-7] 순환경제 장벽의 범주

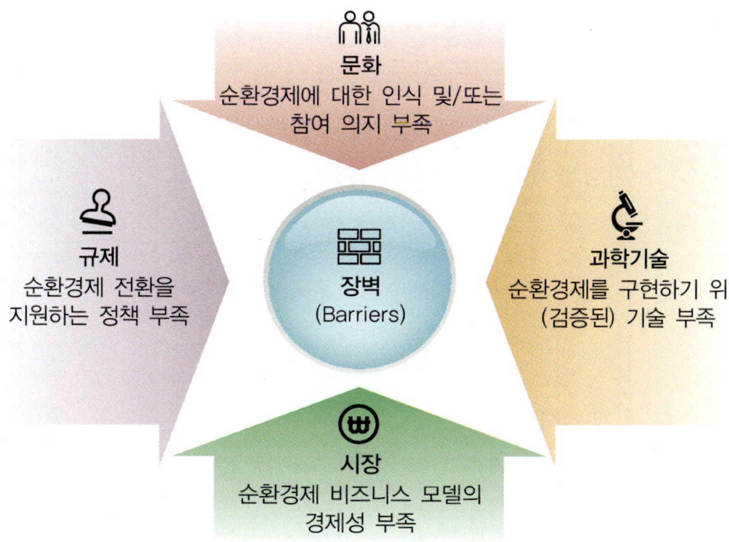

출처: https://circulareconomy.europa.eu/platform/sites/default/files/171106_white_paper

장애물을 극복해야 한다. 물론 순환경제에 대한 일부 장벽은 시간이 지남에 따라 저절로 해결될 수 있는 반면, 다른 장벽은 특정한 새로운 프레임워크와 정부 개입이 필요할 것이다. 이러한 복잡성에도 불구하고 순환경제로의 전환은 이미 전 세계적으로 진행되고 있다.

위트레흐트대학교(Utrecht University)의 코페르니쿠스재단(Copernicus Institute of Sustainable Development) 및 딜로이트(Deloitte)가 실시한 최근 설문조사에 따르면 순환경제에 대한 네 가지 광범위한 범주(문화, 과학기술, 시장, 규제)의 상호 관련된 장벽이 밝혀졌다. 이 중 기업의 내부 문화, 가치사슬 내 협업 의지, 소비자 관심 등 문화적 장벽이 전환을 가로막는 주요 걸림돌로 떠올랐다.

■ 현행법과 규정의 장벽

순환경제에 대한 다른 장벽은 중소기업 인력의 기술 부족, 현재 재활용 제한(일부 재료는 무한정 재활용할 수 없음), 연구개발, 자산 투자, 새로운 비즈니스 모델을 촉진하기 위한 보조금 지급 등이다.

2017년 대규모의 성숙한 산업기업에 초점을 맞춘 리첸과 샌드스트롬(S. Ritzén & G. Sandström)의 연구에서는 장벽을 다음과 같은 분류로 나누었다.

표 5-3 성숙한 산업기업에 초점을 맞춘 장벽의 분류

구분	내용
규제	순환경제 전환을 지원하는 정책 부족
문화	순환경제에 대한 인식 및/또는 참여 의지 부족
시장	순환경제 비즈니스 모델의 경제성 부족
기술	순환경제 구현을 위한 (검증된) 기술 부족

5.4 | 순환경제의 활용

5.4.1 순환경제와 ESG

순환경제기업, 사상가, 정책입안자들은 점점 더 투자자들에게 장기적인 성장을 제공하는 동시에 기후변화 및 기타 글로벌 과제를 해결하는 방법을 인식하고 있다.

많은 세계 최대 기업들이 순환경제원칙을 채택하고 있으며 항상 새로운 '순환형' 혁신가들이 등장하고 있다. 거의 모든 산업 부문에 걸쳐 순환경제활동은 새로운 수익을 창출하고 비용을 절감하며 혁신을 촉진하는 방법으로 성장하고 있다. 이러한 경향은 규제 환경의 변화와 변화하는 고객 선호도에 의해 강화된다.

동시에 금융 부문은 '지속가능한' 투자전략에 대한 수요 증가에 대응하고 있다. 기후변화, 생물다양성 손실, 폐기물 및 오염과 같은 ESG(환경, 사회, 지배구조) 문제는 이제 자산관리자, 은행 및 기타 금융 서비스 회사의 핵심주제이다.

지난 2년 동안 순환경제와 관련된 부채 및 지분상품의 생성이 급격히 증가했다. 예를 들어 2021년 6월 말까지 순환경제에 초점을 맞춘 13개의 공개 주식 펀드가 있었고 총 80억 달러의 자산을 관리하고 있으며 2019년부터 순환경제활동에 자금을 지원하기 위해 35개 이상의 회사채 및 국채가 발행되었다.

순환경제가 기후변화 및 기타 ESG 문제를 해결하기 위한 솔루션의 중요한 부분이 되는 것 외에도 투자자 및 금융기관의 투자 포트폴리오 위험을 제거하는 전략으로 사용될 수 있고 더 나은 위험 조정 운영방법으로 사용될 수 있다는 새로운 증거가 발견되었다.

세계적인 투자회사인 블랙록은 2019년 10월 순환경제 공개 주식 펀드를 출시했다. 이 펀드는 이미 순환경제로의 전환에 기여하거나 혜택을 받고 있는 상장기업에 대한 투자를 촉진하는 것을 목표로 한다. 예를 들어 2024년까지 운동화에 100% 재활용 폴리에스터를 사용하겠다고 약속한 아디다스와 재활용산업에 무인공병회수기 'Reverse Vending Machine'을 제공하는 톰라(TOMRA)가 있다.

블랙록은 이 펀드를 통해 다른 투자자들과 기업들에게 순환경제로의 전환이 일어나고 있다는 강력한 신호를 보냈고, 순환경제에 대한 투자는 보다 탄력적이고 재생적인 사회에 기여할 뿐만 아니라 더 나은 금융 수익을 창출할 수 있는 기회를 제공하고, 투자자들은 이러한 상황에 반응하고 있다. 블랙록의 순환경제 펀드는 2019년 10월 2천만 달러의 시드 펀딩에서 첫해에 거의 10억 달러를 모금했다. 2021년 7월 블랙록의 순환경제 펀드는 관리 중인 자산이 20억 달러 이상으로 성장했다.

5.4.2 4차 산업 기술의 순환경제 적용

(1) 폐기물 자원화

세계는 매년 엄청난 양의 폐기물을 발생시키며, 그중 대부분은 결국 매립된다. 순환경제는 제품이나 자원을 사용한 후 제품주기에 다시 넣어 가치를 유지한다. 기계적 재활용 외에도 가장 큰 순환경제 트렌드 중 하나는 이 폐기물을 소각, 가스화, 혐기성 분해 및 열분해를 통해 에너지로 업사이클링하는 것이다. 이를 통해 폐기물관리회사는 폐기물을 효과적으로 제거하고 발전소에 청정에너지의 추가 흐름을 제공할 수 있다. 예를 들어 패션산업은 이제 새로운 의류, 신발, 액세서리 등을 생산하기 위해 섬유 폐기물을 업사이클링하고 있다. 이것은 원자재 비용을 줄이고 회사를 더 지속가능하게 만든다.

(2) 재사용

제품 재사용은 폐기물과 새로운 원자재 사용을 줄이면서 수명주기를 연장하므로 최고의 순환경제 트렌드 중 하나이다. 그러나 재사용 가능한 제품에 대한 정보가 부족한 경우가 많다. 이를 해결하기 위해 다양한 형태의 공유 플랫폼이 등장하고 있다. 예를 들어 자산 공유 플랫폼을 통해 기업은 대부분 사용하지 않는 자재나 기계를 빌려 수익을 올릴 수 있다. 마찬가지로 음식 공유 애플리케이션은 팔리지 않은 음식으로 인한 손실을 방지하면서 음식물 쓰레기를 줄인다. 재료를 재사용하는 것 외에도 일회용 포장에서 재사용 가능한 포장으로 전환하고 있다.

(3) 스마트 폐기물관리

전통적인 폐기물관리시스템에서 지방자치단체와 폐기물관리회사는 종종 폐기물을 수집하는 데 많은 돈과 노력을 소비하게 된다. 수거시스템은 일반적으로 쓰레기통의 쓰레기 용량을 고려하지 않고 정해진 일정에 따라 작동한다. 그 결과 쓰레기 수거차는 아직 가득 차지 않은 쓰레기 수거통이나 쓰레기가 넘쳐나는 쓰레기 수거통을 방문하게 된다. 이에 기업들은 쓰레기 수거의 비효율성을 줄이기 위해 IoT 기반 스마트 폐기물관리 솔루션을 개발하고 있다. 이러한 솔루션은 센서, IoT 플랫폼 및 모바일 애플리케이션을 활용한다. 예를 들어 스마트 쓰레기통은 폐기물관리자에게 실시간으로 현재상태 정보를 전송한다. 이를 통해 수거 프로세스가 간소화되고 거의 비어 있는 쓰레기통을 비효율적으로 방문하지 않아도 되므로 시간, 연료 및 노동력이 절약된다.

(4) 인공지능(AI)

쓰레기를 분리 또는 분류하는 것은 올바른 원료가 재활용되도록 보내기 위한 효과적인 과정으로 쓰레기 수거만큼 중요하다. 불행하게도 이 과정은 대부분의 폐기물관리시설에서 모든 재활용품이 같은 상자에 들어가는 단일 분류시스템을 따르기 때문에 여전히 병목현상이 발생한다. 그러나 재활용이 가능한 플라스틱 및 판지와 같은 재활용품은 다르게 분리해야 한다. AI 기반 센서는 서로 다른 재료로 만든 항목을 구별하고 동일한 재료로 만든 항목 간의 차이를 구별한다. 또한 항목의 화학적 오염을 감지한다. 이것이 폐기물관리에 AI를 사용하는 것이 새로운 순환경제 트렌드 중 하나인 이유이다. 또한 AI 기반 기계는 컴퓨터 비전과 딥러닝 알고리즘을 사용하여 인간보다 훨씬 빠르게 재활용품을 분류한다.

(5) 바이오 기반 소재

재생 불가능한 자원으로 만든 제품은 환경오염의 주범이고 수명주기가 매우 짧다. 따라서 기업들은 재생 가능한 자원에서 얻은 새로운 바이오 기반 소재를 생산하고, 이는 중요한 순환경제 트렌드가 되고 있다. 바이오 기반 재료는 일반적으로 퇴비화가 가능하고 재활용하기 쉬워 기업과 소비자가 탄소발자국을 줄일 수 있다. 기업은 포장, 건설, 의료 및 자동차 부문에서 응용 프로그램을 찾는다. 포장산업의 경우 퇴비 포장 및 식용 수저와 같은 지속가능한 포장 솔루션을 개발하고 있다. 또한 화석 기반 플라스틱의 사용을 줄이기 위해 바이오 플라스틱과 나무 조각, 톱밥, 재활용 음식물 쓰레기, 곰팡이와 같은 바이오매스 자원에서 파생된 기타 재료로 전환하고 있다.

(6) 재제조

재활용과 재제조 모두 고체 및 유해 폐기물을 줄이지만 재활용은 제품을 분해하는 데 더 많은 에너지를 사용한다. 또한 제품을 분해하여 새로운 제품을 만드는 데 사용되는 원자재로 변환하는 것을 의미한다. 그러나 재제조는 제품을 재사용, 수리, 일부 새 부품을 사용하여 원래 상태로 다시 만들어 새 것처럼 만드는 것이다. 적층제조공정인 레이저 금속 증착(LMD: Laser Metal Deposition)과 같은 고급 기술은 구성요소를 복원할 뿐만 아니라 성능 향상을 위한 추가 기능을 추가한다. 이를 통해 주문자상표부착(OEM: Original Equipment Manufacturer) 생산은 탄소발자국을 줄이는 동시에 자본 지출을 줄일 수 있다.

(7) 블록체인

블록체인은 순환경제에서 투명성과 추적 가능성을 제공하고 순환행동을 장려하는 두 가지 중요한 기능을 가능하게 함으로써 최고의 새로운 트렌드로서의 위치를 확보한다. 스타트업은 블록체인의 불변성을 사용하여 제품의 출처를 확인하고 지속가능성 주장을 충족하는지 확인한다. 예를 들어 세계경제포럼(WEF)의 광업 및 금속 블록체인 이니셔티브(MMBI: Mining and Metals Blockchain Initiative) 탄소 추적(COT: Carbon Tracing) 플랫폼은 고유한 개념 증명으로 공급망 전체에서 탄소배출량을 추적한다. 이를 통해 광산회사는 ESG(환경, 사회, 지배구조) 요구사항을 충족할 수 있다. 또한 보람 있는 순환 소비 및 폐기는 지구를 보호하기 위한 명백하지만 추상적인 필요성을 넘어 사람들에게 동기를 부여한다.

(8) 수리

제품을 재사용하면 수명이 연장되지만 제품이 재사용에 적합하지 않은 경우가 많다. 수리 솔루션은 이를 해결하여 제품수명을 연장한다. 또한 폐기물과 새로운 원자재 사용을 줄인다.

예를 들어 전 세계적으로 수 톤의 전자폐기물을 생각해 보자. 수리 솔루션은 많은 부분의 제품주기를 되돌릴 수 있는 잠재력을 가지고 있다. 이것이 바로 수리 솔루션이 중요한 순환경제 트렌드이며 기업들이 탄소배출량을 줄이고 원자재 비용을 절감하기 위해 수리 솔루션을 채택하고 있는 이유이다. 또한 특정 예비 부품을 사용할 수 없고 새 장비의 높은 비용으로 인해 고가의 산업용 기계를 직접 교체할 수 없는 경우가 많다. 수리 솔루션은 회사에 훨씬 저렴한 대안을 제공하는 동시에 순환성에 기여한다.

연습문제

01 순환경제의 장벽 범주에 포함되지 않는 것은?

① 규제 ② 문화
③ 기술 ④ 자원

02 순환경제의 단점이 아닌 것은?

① 고급 작업자의 실업
② 상호 의존적인 비즈니스의 가치 침식
③ 순환경제정책 교육의 어려움
④ 노후화가 내장된 값싼 상품을 생산하는 기업의 순환경제 전환의 어려움

03 순환경제가 성장하면 가장 유리한 직장으로 볼 수 없는 것은?

① 재사용 및 수리를 용이하게 하는 재제조
② 제품 회수를 위한 물류회사
③ 더 긴 제품수명과 더 높은 활용도를 촉진하는 마케터
④ 원자재를 노동보다 더 중요하게 생각되는 회사

04 제품과 재료는 재사용, 수리, 재제조 및 재활용과 같은 프로세스를 통해 순환상태를 유지하는 것을 무엇이라 하는가?

① 생물학적 주기 ② 기술적 주기
③ 생산주기 ④ 제품주기

05 순환경제의 세 가지 기본원리에 포함되지 않는 것은?

① 재사용 ② 재활용
③ 절약 ④ 재설계

06 4차 산업 기술의 순환경제 적용 사례 세 가지 이상을 제시하시오.

( )

07 순환경제의 장점 다섯 가지 이상을 설명하시오.

( )

08 선형경제와 순환경제의 차이점을 설명하시오.

( )

09 선형경제란 무엇이고 어떠한 단점이 있는지 설명하시오.

( )

10 순환경제란 무엇이고 어떠한 장점이 있는지 설명하시오.

( )

제5장 연습문제 정답

01. ④ 자원
02. ① 고급 작업자의 실업
03. ④ 원자재를 노동보다 더 중요하게 생각되는 회사
04. ② 기술적 주기
05. ④ 재설계

PART

02

지속가능 기업을 위한 ESG 경영
ESG Management for Sustainable Enterprises

ESG 핵심요소

지속가능 기업을 위한 ESG 경영

환경

CHAPTER 06

재생 가능 에너지 (RE100)

6.1 | 개요

20대 대통령 선거를 앞두고 첫 4자 TV토론에서 더불어민주당 이재명 후보가 국민의힘 윤석열 후보에게 RE100에 대해서는 어떻게 대응할 생각인지를 물어보면서 사회적으로 RE100이 이슈가 되었다. RE100은 '재생에너지(Renewable Energy) 100%'의 약자로 기업활동에 필요한 전력의 100%를 태양광과 풍력 등 재생에너지를 이용해 생산된 전기로 사용하겠다는 자발적인 글로벌 캠페인으로 참여기업이 2050년까지 사용전력량의 100%를 풍력·태양광 등 재생에너지 전력으로 조달하겠다는 자발적 약속이다. RE100의 목적은 기업활동에 필수적으로 필요한 전기를 온실가스를 배출하지 않는 재생에너지로 생산된 전기로 사용하겠다는 것이다.

국제에너지기구(IEA: International Energy Agency)의 조사 결과에 따르면 에너지 수요는 2030년까지 급격히 증가할 것으로 예상된다. 계속해서 증가하는 에너지 수요를 충족시키기 위해서는 재생 가능 에너지원을 기존 에너지원의 보완재로 대규모로 사용해야 한다. 그러나 태양열, 풍력, 수력, 해양, 지열 및 바이오연료와 같은 재생 가능한 형태의 에너지는 완전히 환경친화적이지 않다. 생물다양성, 토양, 수중 환경, 해양생물, 대기질, 심지어 인간의 건강에도 영향을 미치기 때문이다. 그러나 기존의 에너지원과 비교할 때 환경에 미치는 부정적인 영향은 매우 미미하며 대부분의 경우 이러한 에너지원은 탄소중립이며 경우에 따라 탄소음성으로 판명되었다. 이 장에서는 재생 가능 에너지 자원의 중요성, 기술적 관행, 긍정적 및 부정적 영향을 요약한다.

6.2 | 재생에너지란?

에너지는 모든 국가의 사회경제적 발전을 위한 기본 투입물 중 하나이다. 국제에너지기구(IEA)는 1990년 이후 전 세계적으로 에너지 수요가 40% 증가했다고 예측했고 이 수요는 2030

년까지 53%로 증가할 것으로 예상된다. 2022년 전 세계 전력 사용량 중 풍력과 태양에너지 비율이 12%로 사상 최고였으며, 태양열과 태양광발전이 1년 사이에 24% 증가를 보였다. 풍력 사용 역시 전년 대비 17%가 늘었다. 최근 자료에 따르면 재생에너지가 만든 전력이 전체 세계전력의 39%를 차지하는 것으로 나타났다.

아직도 거의 20억 명의 사람들이 여전히 전기를 사용할 수 없기 때문에 에너지 접근은 전 세계적으로 평등하지 않다. 세계의 산업화된 국가로서 인구와 에너지 소비 사이에는 큰 불균형이 존재한다. 예를 들어, 미국은 세계인구의 5%가 살고 있지만 세계 총에너지의 20%를 소비한다.

최근 러시아와 우크라이나 전쟁, 사우디아라비아를 중심으로 한 산유국들의 석유 패권주의 등으로 인해 파생되는 문제들을 볼 때 미래에 에너지 가용성과 비용 측면에서 불확실성은 점차 커질 것이며, 미래의 에너지 부족은 국내외적으로 중대한 문제가 될 것이다. 일반적으로 심각한 에너지 문제가 발생하면 환경문제보다 경제적 요인이 대개 우선적으로 고려된다. 세계경제가 연료가격에 크게 의존하고 있음에도 불구하고 연료의 부족과 고갈은 심각한 문제가 되고 있다. 에너지 부족 외에도 전 세계적으로 전기를 생산하기 위한 화석연료의 선호는 온실가스(GHG) 배출을 통해 기후변화를 야기하고 있다.

미국 환경보호청(EPA: Environmental Protection Agency)는 미국에서만 2015년 전체 온실가스 배출량의 29%인 화석연료의 연소를 통해 전기의 67%가 생산된다고 발표하였다. 화석연료를 발전원으로 사용한다는 것은 질소산화물(NOx) 및 메탄(CH_4)의 추가 발생으로 이어진다. 대기 중 이산화탄소 농도는 지난 30년 이후 30%로 증가했으며 이로 인해 지난 100년 이후 평균 지구 표면 온도가 0.6℃ 상승했다. 2000년 영국 왕립환경오염위원회는 기후변화의 부정적이고 심각한 영향을 줄이기 위해 대류권 상부의 이산화탄소 농도를 부피기준으로 550ppm으로 줄여야 한다고 권고하고 있으며 이 550ppm은 'GHG 배출량(1999년 수준에서) 60% 감축'을 의미한다.

이러한 전력 생산의 중대한 문제로 인해 1990년대 전 세계적으로 에너지 선호도가 화석연료에서 재생에너지로 전환되었다. 태양열, 풍력 및 지열에너지의 사용은 화석연료의 사용보다 더 중요해졌다. 'REN21: Renewables 2023 Global Status Report'에 제시된 사실에서 알 수 있듯이 세계는 재생에너지 형태로 빠르게 전환하고 있다. 재생 가능한 에너지원은 '자연적인 과정에 의해 보충되어 무한정 사용될 수 있는 에너지원'이다.

[그림 6-1]은 재생에너지의 지역 용량 비율을 보여준다. 그중에서도 아시아는 전 세계 총 재생 가능 용량의 35%로 가장 큰 비중을 차지한다.

원자력, 지열, 수력, 태양열 등과 같은 에너지원은 석유, 가스, 석탄 등과 같은 기존 에너지원에 대한 대안을 제공하므로 대체에너지원이라고 한다. 대체에너지원은 재생 가능할 뿐

[그림 6-1] 재생 가능 에너지의 지역 용량

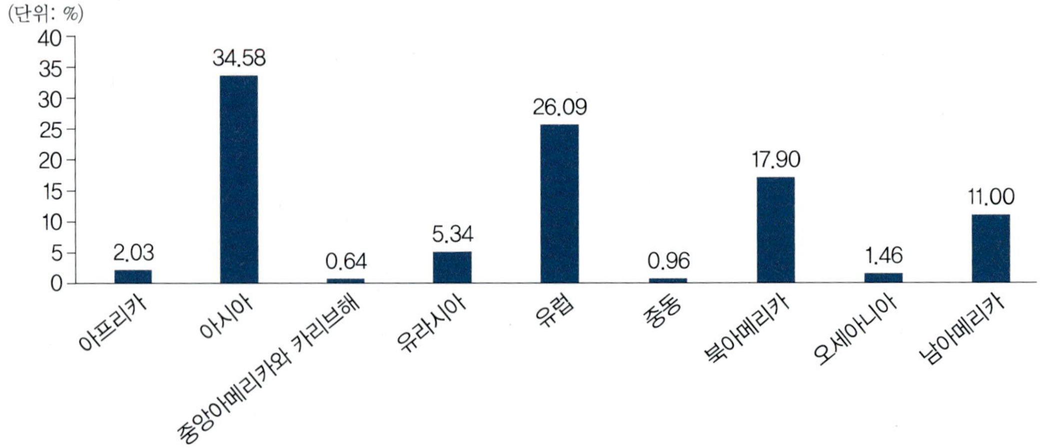

[그림 6-2] 에너지 발전원의 용량 변화(2010~2027년)

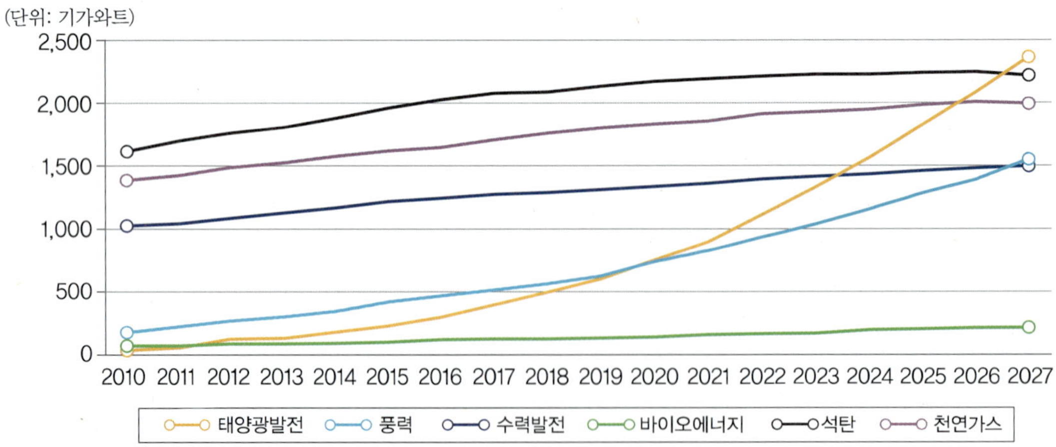

출처: IEA(2022), World Energy Outlook 2022

만 아니라 기존의 발전수단보다 환경에 덜 해를 끼치는 에너지원이다. 풍력, 태양열 등은 많이 사용하더라도 고갈되지 않기 때문에 대표적인 재생 가능한 에너지원이다. [그림 6-2]는 지난 10년 동안 태양열 및 풍력발전의 추세가 증가하고 있음을 보여준다.

일반적으로 재생 가능 에너지 자원은 자생적이고 오염이 없으며 사실상 고갈되지 않는다고 알고 있으나 일부 연구에서는 재생 가능 에너지가 생산하는 폐기물을 통해 오염된 공기와 물의 배출, 토지 이용의 변화, 지구온난화를 심화시키는 요소들이 배출되고 소음을 발생시키는 등 어느 정도 환경에 해를 끼치며 독성이 있을 수 있다고 밝히고 있다.

따라서 이러한 지속가능한 전력 대체, 즉 재생 가능한 형태의 에너지가 모두 환경친화적인 것은 아니며, 지역의 경관과 생물다양성에 큰 변화를 일으키고 설치비용이 많이 든다. 이러한 지속가능한 에너지원은 공기, 물, 토양 및 소음 오염도 유발하지만 재생 불가능한 에너지원과 비교하면 그 영향은 미미하다.

6.3 | 수력발전

6.3.1 수력발전이란?

수력발전은 [그림 6-3]에서와 같이 움직이는 물에너지를 사용하여 전기를 생성한다. 여기에는 강의 흐름, 파도에너지 및 조력에너지가 포함된다. 사람들이 수천 년 동안 물의 에너지 잠재력에 대해 알고 있었던 것처럼 전기를 생산하는 것은 새로운 기술이 아니며 사실 오래된 도구이다. 수력은 저수지 범람, 시간에 따른 물 흐름의 변화, 하천 지류 변화로 인한 환경, 생태계 및 사회적 측면에 대한 상호작용의 영향 등과 같이 공간적 혹은 시간적으로 영향을 미친다.

수력은 지형 기후 등 자연적 조건과 조화를 이루는데 우리나라의 경우 연평균 강수량이 1,245mm, 전 국토의 70%가량이 산악지대이기 때문에 수력발전을 하기에 좋은 조건을 갖추고 있으며, 타 에너지원에 비해 지속적으로 발전 공급이 가능한 반영구 에너지 자원으로 에너지 안보 측면에서 우수하다. 게다가 수력은 단순히 물의 낙차를 이용해 전기를 생산하기 때문에 발전과정에서 폐기물 방출이 없고 이산화탄소의 배출량도 극히 적은 청정에너지이고 자원 고갈의 염려가 없어 타 에너지원에 비해 지속적으로 발전 공급이 가능하다는 장점을 가지고 있다.

[그림 6-3] 수력발전소의 개략도

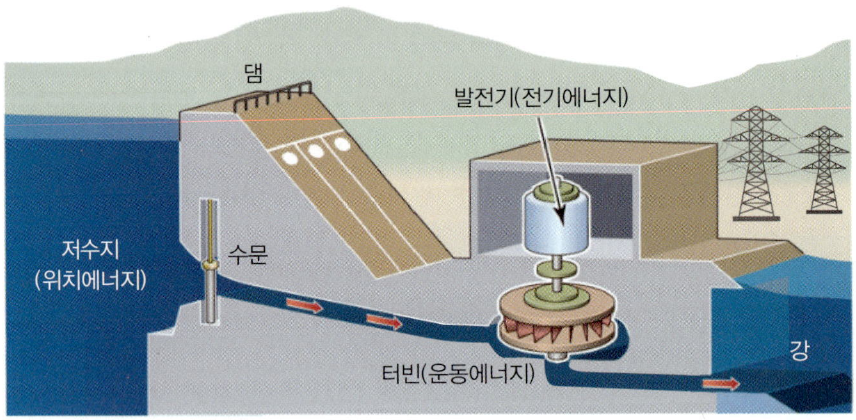

출처: 천재교육

[그림 6-4] 수력에너지 용량의 지역적 분포

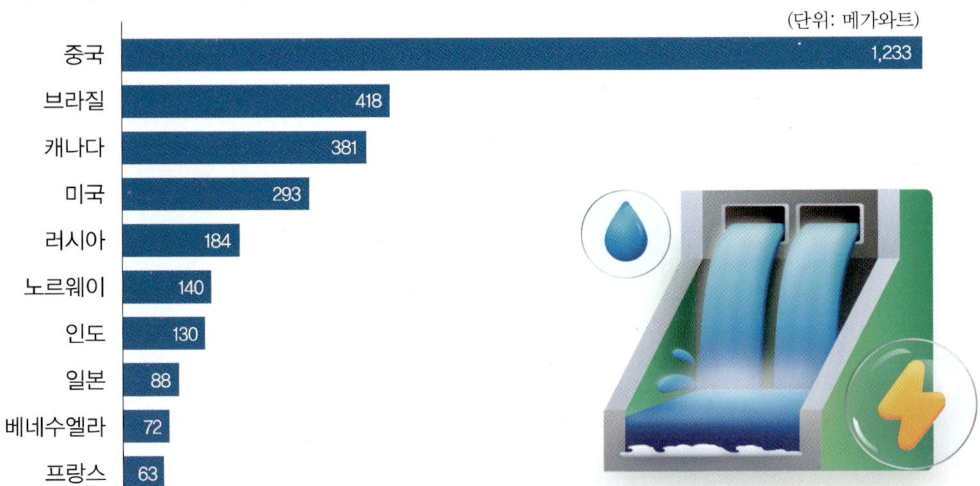

출처: https://catalk.kr/information/global-hydropower-generation.html

낙숫물과 흐르는 물의 에너지는 수력을 공급하기 위해 사용될 수 있으며, 사용되는 낙숫물 또는 흐르는 물의 중력에서 파생된 재생에너지의 형태이다. 즉 수력전기는 수력발전에 의해 발생하는 전기를 가리키는 용어로, 떨어지거나 흐르는 물의 중력을 이용하여 전기를 생산하는 것을 의미한다.

[그림 6-4]에서 보듯이 중국은 수력발전에 있어 전 세계에서 압도적으로 선두를 달리고 있으며 그다음으로 브라질, 캐나다, 미국, 러시아가 뒤따르고 있다. 이 중 2위를 차지한 브라질은 국가 전력 공급의 4분의 3 이상이 수력에 의존하고 있으며 2017년 브라질의 수력에너지 소비량은 전세계 총소비량의 9.1%를 차지했다. 우리나라는 다른 나라에 비해 유량의 계절적 변화가 크고 낙차가 큰 지형이 적어 다른 나라와 비교했을 대 수력발전에 불리한 편이다. 불리한 자연조건을 극복하기 위해 다양한 수력발전 양식을 도입하여 발전하고 있다.

6.3.2 수력발전의 영향

(1) 긍정적 영향

기존의 화력발전소 기반 전기 생산을 수력발전으로 대체하는 것은 현저한 환경적 이점이 있다. 또한 발전원가는 자본비가 대부분으로 연료비 등과 같은 운영비용의 가격변동이 거의 없으며 다른 전원에 비해 발전 생산원가가 싸고 안정적이기 때문에 운영비 절감의 효과를 얻을 수 있다.

수력발전은 상대적으로 높은 초기 투자가 필요하지만 [표 6-1]에 나와 있는 것처럼 수명이 길다. 또한 운영 인건비도 킬로와트시(kWh)당 0.01달러 미만으로 낮다. 수력발전은 구축되면 거의 즉시 발전을 시작하거나 중지할 수 있기 때문에 다른 재생 가능 에너지 자원 중에서 특별한 에너지 서비스로 주목받고 있다.

수력발전은 재생 가능한 에너지이다. 즉 화석연료처럼 시간이 지나면 고갈되지 않는다. 물 그 자체가 무제한은 아니지만 자연이 끊임없이 우리에게 비를 가져다주는 것은 사실이다. 이런 식으로 우리는 그것을 회복하고 에너지원으로 계속 사용할 수 있다.

또한 수력발전은 화석연료를 태우는 화력발전소처럼 공기를 오염시키지 않기 때문에 깨끗

| 표 6-1 | 수력발전 장비의 수명

장비	새 부품의 일반적인 수명(년)	장비	새 부품의 일반적인 수명(년)
차단 밸브	60	케이블	50
터빈 고정 부품	50	발전기 보호 계전기	20
터빈 거버너	30	전압 조절기	20
발전기	40	계통병입	20
보조변압기	40	단위 제어시스템	20
배터리 시스템	20	플랜트 제어시스템	20
배터리 충전기	25	비상용 디젤	50

출처: Giesecke and Mosonyi(2005)에서 수정

한 에너지원이며, 석유나 석탄처럼 국제 연료시장에 의존하지 않고 국내 자원을 활용하여 자체 에너지를 생산할 수 있다. 수력발전은 즉시 전력을 생산할 수 있기 때문에 정전이 발생하더라도 그리드에 필수 백업 전력을 제공할 수 있어 유연하다.

수력발전은 에너지를 공급해 줌으로써 우리에게 이익을 줄 뿐만 아니라 홍수, 관개, 물 공급, 도로 생성, 관광 또는 조경과 같은 다른 것과도 결합하여 생활을 풍요롭게 한다.

(2) 부정적 영향

수력발전은 환경친화적일 뿐만 아니라 물이 무료이기 때문에 가격 경쟁력도 있다. 무공해 자원으로 간주되지만 부정적인 영향 또한 존재하므로 환경에 악영향을 미칠 수 있다. 예를 들어 강우량이 적은 시기에는 수력발전을 통한 전기 공급의 연속성이 중단될 수 있다. 저수지에 정체되어 있는 물로 인해 가장 눈에 띄게 나타나는 현상은 물 증발량(저장된 물의 표면적이 넓을수록 태양에 의한 수분 증발이 빨라짐)과 주변의 공기 습도 증가이다. 반건조지역과 건조지역에서 이러한 과정은 물의 염도를 급격하게 증가시킬 수 있다. 저수지는 질병 매개체의 온상이 될 수 있고, 더 많은 양의 퇴적물과 영양염류 등으로 조류(algae)와 다른 수중 잡초를 과도하게 성장시킬 수 있다.

댐은 기존 서식지를 파괴하고 야생동물에 미치는 영향은 직접적이고 간접적일 수 있다.

댐은 상류 또는 하류에서 물고기의 이동을 직접적으로 제한한다. 물고기는 배출구 또는 우회로를 통과할 때 터빈과 같은 장비들과의 물리적 접촉, 압력 변화 또는 소용돌이에 의해 부상을 당한다. 직접적인 충격 외에도 수중에 용해된 산소가 낮기 때문에 감소된 산소량과 높아진 수온은 어류에게 해를 끼친다.

흐르는 물은 댐을 건설하는 과정에서 호수로 변해 물의 흐름이 줄어든다. 저수지 물도 일반 강물처럼 흐르지 않고 온도도 정상적이지 않다. 저수지의 물은 겨울에는 더 따뜻하고 여름에는 더 시원하게 되어 그 결과 퇴적물이 쌓이고 탄소, 영양소, 독성 화합물이 저수지 바닥에 침전된다.

저수지의 온실가스 배출량은 불확실하지만 전 세계적으로 관심대상이다. 온실가스(GHG)는 저수지의 ① 공사, ② 운영 및 유지 보수, ③ 해체의 세 단계에서 배출될 수 있다. 건설 시 온실가스는 건설 자재(콘크리트, 철강 등) 및 디젤 기반 장비의 운송에 의해 발생한다.

온실가스인 이산화탄소(CO_2)는 저수지의 퇴적물에서 유산소 및 무산소상태에서 생성되며 메탄(CH_4)은 퇴적물에서 산소가 없는 조건에서도 생성된다. 어떤 경우에는 아산화질소(N_2O)도 발견된다. 그러나 댐 건설 전에 삼림 벌채가 이루어지지 않은 지역은 기존 발전소에서 배출되는 가스보다 더 많은 가스를 배출하고 있다는 것도 주목된다. 또한 열악한 건설 자재는 강하류 정착지와 기반시설에 치명적인 영향을 미칠 수 있다는 점도 지적된다. 이러한 부정적인 영향은 새로운 지속가능성 지침, 이해관계자 협의에 기반한 혁신적인 계획 및 과학적 노하우를 통해 완화될 수 있다.

수력발전소는 넓은 면적의 토지가 필요하다. 건설되는 장소는 에너지를 적절하게 획득할 수 있는 자연적인 특성을 가져야 한다. 수력발전소의 건설비용은 일반적으로 많은 투자비용이 필요하며 다른 플랜트나 다른 유형의 재생 가능 에너지에 비해 플랜트 건설에 오랜 시간이 걸린다. 강우 패턴과 인구의 수요에 따라 에너지 생성이 항상 일정하지 않은 것도 문제점 중 하나이다.

6.4 | 해양에너지

바다는 지구 표면의 71%를 덮고 있으며 지구 물의 97%를 포함하고 있다. 해양은 다양한 형태, 즉 파도, 조수 범위, 조류, 해류, 해양 열에너지 및 염도, 온도차 등 다양한 형태로 막대한 에너지 잠재력을 가지고 있다. 세계의 바다는 거대한 재생 가능 에너지 매장지 역할을 하지만 해양에너지는 설치와 운영하는 동안 환경을 해칠 수 있는 가능성도 있다.

1966년 가동된 세계 최초의 대규모 조력발전소는 프랑스 랑스 조력발전소이며, 한국의 경우 2011년 8월 문을 연 시화호 조력발전소로 발전 용량 254메가와트(MW)의 터빈 10개로 구성되어 있다. 해양파는 태양에너지의 간접적인 형태로 간주되며, 다음에 나오는 [그림 6-6]

표 6-2 에너지 이용방식에 따른 구분

구분	입지조건	
조력발전	• 평균조차: 3m 이상 • 해저의 지반이 강고	• 폐쇄된 만의 형태 • 에너지 수요처와 근거리
파력발전	• 자원량이 풍부한 연안 • 수심 300m 미만의 해상	• 육지에서 거리 30km 미만 • 항해, 항만 기능에 방해되지 않을 것
조류발전	• 조류의 흐름이 2m/s 이상인 곳 • 조류 흐름의 특징이 분명한 곳	
온도차발전	• 연중 표 · 심층수와 온도차가 17℃ 이상인 기간이 많을 것 • 어업 및 선박 항행에 방해되지 않을 것	

출처: https://knrec.energy.or.kr/energy/ocean_summary.aspx

[그림 6-5] 해양에너지 원리 및 구조

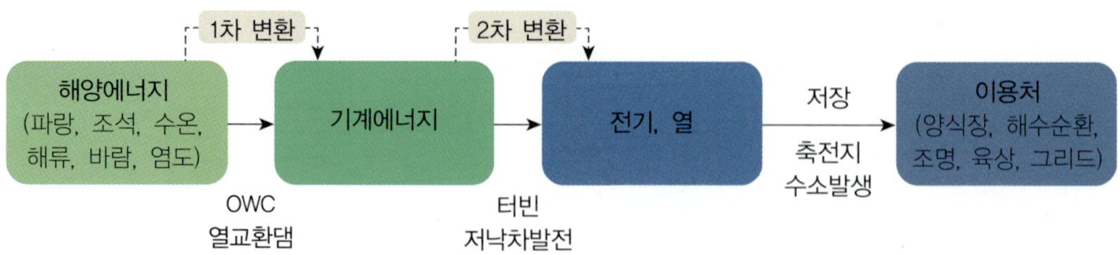

출처: https://knrec.energy.or.kr/energy/ocean_summary.aspx

과 같이 터빈을 돌려 전기를 생성한다.

해양에너지는 일반적으로 보통 조력과 파력발전, 조류발전, 해수온도차발전 등 네 가지로 구분하고 있다. 조력발전은 밀물과 썰물로 인해 움직이는 해수면의 상승하강운동을 이용하여 전기를 생산하는 발전기술을 의미하고, 파력발전은 파도의 움직임을 이용하여 터빈 등의 원동기 구동력으로 발전하는 기술을 말하며, 조류발전은 해수의 흐름력을 이용한다. 마지막으로 해수온도차발전은 해양 표면층 온수(예 25~30℃)와 심해층(500~100M) 냉수(예 5~7℃)의 온도차를 이용하여 열에너지를 기계적 에너지로 변환시켜 발전하는 기술을 의미한다. 네 가지 발전의 입지조건을 살펴보면 [표 6-2]와 같이 표현할 수 있다.

해양에너지 원리 및 구조는 [그림 6-5]와 같이 나타낼 수 있다.

6.4.1 온도차에너지

해수의 열의 증감은 해양 열에너지 변환(OTEC: Ocean Thermal Energy Conversion)시스템에서 전기를 생성하는 데 사용된다. 해양 표층수와 심해수 사이의 온도 차이를 이용하여 에너지를 생산하는 공정 또는 기술이다. 태양에너지는 바다의 지표수를 가열한다. 열대지방에서는 표층수가 심층수보다 훨씬 더 따뜻할 수 있다. 이 온도 차이는 전기를 생산하고 바닷물을 담수화하는 데 사용될 수 있다. OTEC(해양 열에너지 변환) 시스템은 온도 차이(최소 섭씨 20° 또는 화씨 36°)를 사용하여 터빈에 동력을 공급하여 전기를 생산한다. 따뜻한 표층수는 작동 유체가 들어 있는 증발기를 통해 펌핑되고 기화된 유체는 터빈 발전기를 구동한다. 증발된 유체는 더 깊은 바다에서 펌핑된 차가운 바닷물로 냉각된 응축기에서 다시 액체로 바뀐다. 해수를 작동 유체로 사용하는 OTEC 시스템은 담수를 생산하기 위해 응축수를 사용할 수 있다. 이러한 유형의 해양에너지는 많은 긍정적인 환경 영향과 몇 가지 부정적인 환경 영향을 미친다.

[그림 6-6] 해양 열에너지 변환(OTEC)시스템

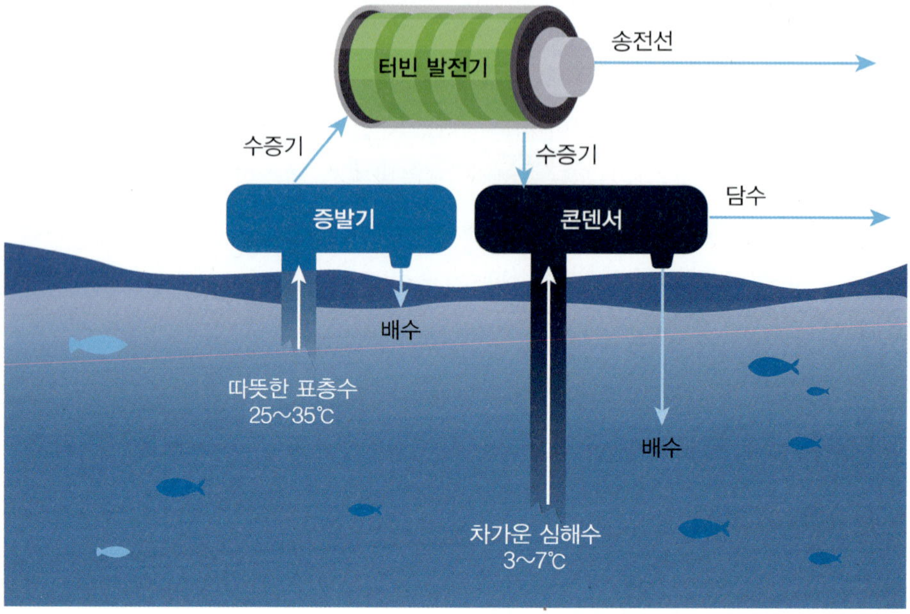

(1) 긍정적 영향

긍정적인 영향은 해양 양식장에 차가운 물을 가자미, 바닷가재, 고단백 조류 등을 양식하는 데 사용할 수 있다. 또한 이 차가운 물은 예를 들어 하와이의 딸기 재배와 같은 열대지방에서 온대 작물을 재배하는 데 성공적으로 사용되고 있다. 이 차가운 물을 이용하면 큰 건물의 산업용 냉방을 할 수 있다.

(2) 부정적 영향

OTEC 프로세스는 온수 자체를 작동 매체로 사용한다. 물은 표면 수온에서 진공에 가까운 상태에서 증발한다. 팽창하는 수증기는 발전기에 부착된 터빈을 구동하고 전기를 생산한다.

그러나 OTEC 플랜트가 대규모로 구현될 경우 환경에 부정적인 영향을 미친다. 암모니아와 염소와 같은 독성 요소는 식물 플랑크톤으로부터 해양생태계에 유입되며, 오랜 시간에 걸쳐 따뜻한 표층수와 차가운 심해수를 지속적으로 사용하면서 표면의 냉각과 해양온난화를 초래할 수 있다. 이러한 해양 열구조의 불균형은 해양생물에 영향을 미쳐 산호의 백화현상이 나타나고 이는 산호초와 물고기의 죽음을 초래하여 해양생태계의 파괴로 이어질 수 있다.

해양생물 외에도 열대 바다는 차갑고 영양이 풍부한 물이 계속해서 양식, 공조시스템 등에 사용되기 때문에 저영양 생태계의 숙주가 될 수 있다. OTEC 플랜트는 깊은 차가운 물속에 격리된 탄소의 일부가 표면으로 올라갈 때 대기 중에 배출되도록 한다. 이러한 탄소배출은 화석연료 연소를 통해 발생하는 전력과 비교할 때 매우 적다.

사용 가능한 총에너지는 파력과 같은 다른 해양에너지 옵션보다 1~2배 더 높다. 그러나 온도 차이의 작은 경우 열효율이 낮기 때문에 에너지 추출이 비교적 어렵고 비용이 많이 든다. OTEC를 활용할 기회는 열대 적도에 가까워질수록 좋아지지만 이 기술은 상업적 적용과는 상당히 거리가 멀고 전 세계적으로 이에 대한 연구가 비교적 적다는 점이 여전히 숙제로 남아 있다.

최고의 OTEC 위치는 표면 온도가 높고 하와이와 같이 차가운 심해가 있는 위치이다. 인접한 심해가 없으면(대륙붕으로 인해 많은 위치에 상당한 제약이 있음) 긴 파이프라인 또는 터빈을 비롯한 장치의 대형화 등으로 해상 OTEC 시스템의 자본비용은 상당한 경제적 문제가 될 수 있다.

OTEC 시스템을 설치하려면 필요한 배관을 위한 상당한 구성요소와 설치를 위한 해상 작업이 필요한데 특화된 저압 발전장비는 현 단계에서 그러한 장비를 제조하는 회사가 없다. 대부분의 육상 작업(시스템이 육지에 있다고 가정)은 배관, 전기 작업 등과 관련하여 기존 화력발전소에서 요구되는 작업과 유사하다. 이에 따라 OTEC 시스템은 구현비용이 높고 에너지 변환 효율이 낮다.

6.4.2 파력에너지

바다와 호수의 탁 트인 물 표면에 바람이 불면 파도가 형성된다. 파도는 엄청난 에너지를 담고 있다. 미국 해안에서 파도의 이론적인 연간 에너지 잠재력은 2조 6,400억 킬로와트시로 추정되며, 이는 2021년 미국의 전체 유틸리티 규모 전력 생산량의 약 64%에 해당한다. 파력

[그림 6-7] 파력에너지 원리

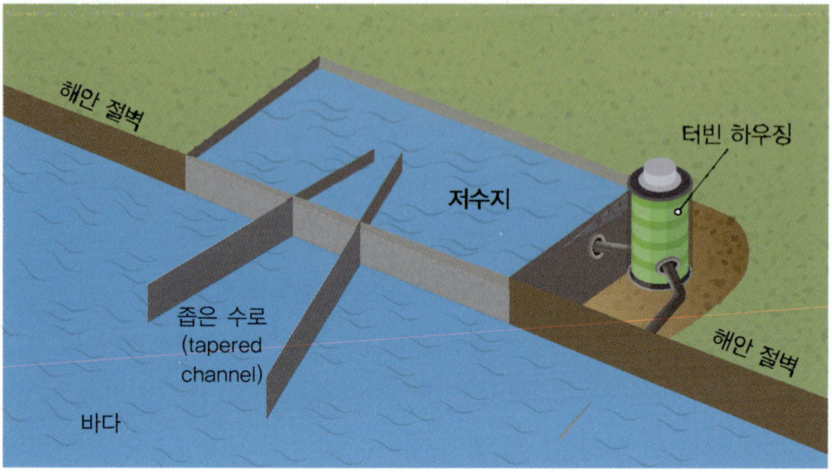

출처: National Energy Education Development Project(NEED)에서 인용

에너지는 풍속에 의존하기 때문에 일반적으로 높은 파동에너지 잠재력을 가진 가장 유망한 육지는 '북위 40°와 60° 사이, 해양의 동쪽 경계'에 존재한다. 미국과 유럽의 서해안, 일본의 해안 등은 파력에너지를 활용할 수 있는 잠재적 부지가 될 수 있다.

파동에너지를 활용하는 한 가지 방법은 파동을 구부리거나 좁은 수로(tapered channel)로 집중시켜 파동의 크기와 전력을 늘리고 전기를 생성하는 터빈을 회전시키는 것이다. 파도의 움직임, 즉 파동에너지는 수력발전 댐이 작동하는 방식과 유사하게 물이 더 낮은 고도에서 터빈을 통해 집수지 또는 저수지로 물 흐름을 바꿀 수 있다.

파동에너지를 포착하고 전기로 변환하는 다양한 방법과 기술이 개발 중이며 이러한 방법에는 수면 위 또는 바로 아래에 장치를 배치하거나 해저에 고정하는 것이 있다.

(1) 긍정적 영향

파력에너지는 세계가 화석연료에 대한 의존도를 최소화하는 데 큰 잠재력을 가지고 있다. 발전설비 시스템을 건설함으로써 해양생물에게 인공 암초 역할을 하는 구조물을 제공하고, 이는 해양생물이 살아가는 데 도움이 된다는 견해가 있다.

(2) 부정적 영향

환경영향평가는 파력에너지가 바다의 형태와 움직임, 즉 파도와 조수, 동식물군에 영향을 미칠 수 있다고 한다. 근해 파력발전소는 충돌, 서식지 변화, 수중 소음 및 전자기효과(EMF)로 인한 장벽효과로 물고기에게 치명적일 수 있다. 대형 파력발전소는 해양생물에 부정적인 영향을 미치고 해양대기의 상호작용도 방해한다. 해양 포유류는 파력발전소 건설로 인해 물리적 포획, 서식지 변화, 충돌 교란 등에 취약해진다. 파력발전소는 파력이 강한 연안, 항해와 항만에 방해되지 않는 곳 등의 요건을 충족해야 한다.

이 목표를 달성하면 해양생물에게 해로운 바다 상층부의 물의 일반적인 혼합보다 느리게 하는 결과를 초래한다. 해저의 생물들은 표면 물의 부적절한 혼합으로 인해 식량 공급이 감소하기 때문에 고통을 겪을 가능성이 높다. 몇몇 어종의 치어들은 산란지에서 먹이를 찾는 곳으로 이동하기 위해 해류에 의존하는데 파동에너지 장치로 인해 조류의 흐름이 변하면 이동 경로가 변경되어 물고기 번식에 부정적인 영향을 미친다.

6.4.3 조력에너지

조력발전과 조류발전에서 생산되는 에너지를 조석에너지라고 한다. 조력발전이 수면의 높이 차이를 이용하여 에너지를 발생시키는 거라면 조류발전은 항상 일정하게 흐르는 바닷물의 속도를 이용하여 에너지를 얻는 것을 말한다. 둘 다 모두 조석현상을 활용하여 에너지를 얻는 방식이라는 공통점을 가지고 있어 여기서는 조력에너지에 대해서만 설명하기로 한다.

조력에너지는 지속가능한 미래 에너지원이라고 할 수 있다. 이것은 태양과 지구의 물에 대한 달의 중력에 의존하고 지구-달 시스템의 결과인 원심력에 의존하는 재생에너지원이다. 1966년 세계 최초 조력발전소인 프랑스 랑스 조력발전소가 성공적으로 설치된 후 조수 잠재력이 큰 다른 곳에 조력발전소가 건설되고 있다. 해양에너지를 활용하는 가장 효율적인 노력은 조력발전의 형태였다.

모든 해안의 조력에너지는 프랑스 북부 해안, 미국 북동부 등 특정 해안 지형을 필요로 하기 때문에 효율적인 상업용 전력 생산에 사용할 수 없다. 조수에너지를 활용하기 위해 댐이 건설된다. 강어귀나 만을 가로질러 저수지를 만드는데, 가장 좋은 예 중 하나는 한국의 시화호 조력발전소로 254메가와트(MW)의 발전 용량을 보유하고 있으며, 운영 중인 가장 오래되고 두 번째로 큰 프랑스의 랑스 조력발전소는 240MW의 발전 용량을 갖추고 있다. 그 다음으로 큰 캐나다 노바스코샤의 아나폴리스 로열 조력발전소는 20MW의 발전 용량을 갖추고 있다. 중국, 러시아, 한국은 모두 소규모 조력 발전소를 보유하고 있다.

조력에너지 시스템의 한 유형은 둑이라고 불리는 댐과 유사한 구조를 사용한다. 댐은 [그림 6-8]과 같이 조수 유역을 형성하는 만 또는 석호의 유입구를 가로질러 설치된다. 댐의 수문은 조수 유역이 들어오는 만조에 채워지고 나가는 썰물에 전기 터빈 시스템을 통해 비워지도록 수위와 유속을 제어한다. 양방향 조력발전시스템은 들어오는 조수와 나가는 조수 모두에서 전기를 생성한다.

조력의 규칙성과 예측 가능성, 막대한 에너지는 다른 해양에너지 시스템보다 조력을 더 매력적으로 만든다. 해상 풍력에너지를 활용하는 것도 강력한 재생 가능 에너지원으로 부상하고 있다. 육지와 비교할 때 바다 위의 풍속은 20% 더 높을 수 있다. 전 세계적으로 총조력에너지 잠재력은 연간 약 500~1000TWh(테라와트시)이다.

[그림 6-8] 조력에너지 원리

(1) 긍정적 영향

영양분 분산, 오염물질의 이동, 퇴적물 운송과 같은 중요한 환경적 과정은 모두 조수에 의해 야기되는 파도 및 잔류 흐름 속도의 변화의 결과이다. 조력 터빈과 조력 펜스는 환경에 도움이 될 수 있다. 조력발전은 물고기의 이동을 방해하지 않으며 수로의 흐름을 방해하거나 하구 입구를 막지 않는다. 하구는 훌륭한 휴양지 역할도 하기 때문에 댐을 건설하면 지역 관광 명소가 될 수 있다.

조력은 무료이며 연료를 사용하지 않아 온실가스 또는 기타 오염물질을 생성하지 않는다. 또한 유지하는 데 비용이 많이 들지 않고 안정적으로 전기를 생산할 수 있다. 수력발전이나 화력발전처럼 해양 터빈은 건설비용이 너무 비싸지 않으며 환경에 영향을 미치지 않는다.

(2) 부정적 영향

댐 건설은 그 지역의 자연생태계를 변화시킬 수밖에 없으며, 따라서 식생과 야생생물에 영향을 미친다. 첫 번째로 새와 다른 해양생물의 서식지가 급격하게 변화하는 이유는 만이 주기적으로 채워지고 비워지기 때문이다. 이는 댐의 수문이 밀물과 썰물에 따라 열리고 닫히는 현상으로 나타난다. 두 번째로 댐은 물고기가 상류 및 하류로 이동하는 통로를 막을 수 있다. 하구를 따라 댐을 건설하면 담수와 바닷물이 만나 영양염류가 풍부한 해양생물의 서식처가 되지만 심각한 환경문제를 일으킬 수 있다. 인공 구조물의 건설로 많은 종류의 물고기와 무척추동물들이 번식지로 회유할 수 없게 된다.

조력에너지는 조력 댐, 조력 펜스 또는 조력 터빈(tidal barrages, tidal fences, or tidal turbines)을 통해 이루어진다. 이 세 가지 중에서 조력 댐은 수질과 해양생물에 해로운 영향을 미치기 때문에 해양 환경에 가장 해롭다.

조력발전소는 많은 해양생물의 생태계 역할을 하는 하구 입구에 있다. 그 구조는 해수 흐름을 변경하고 유속을 느리게 하며 바닥 물 특성을 변화시키고 염도를 감소시킨다. 조력 펜스와 조력 터빈은 환경에 덜 해로운 영향을 미치지만 조력 펜스는 수로를 막아 물고기 이동을 방해하고 조력 터빈은 물고기를 죽일 수 있다. 그러나 터빈을 더 낮은 속도로 조정하면 해양생물에 대한 피해를 어느 정도 제어할 수 있다. 조력발전소는 또한 어장에 피해를 주고 철새와 해저종을 죽일 수 있다. 포유류는 이러한 발전소들에서 나오는 진동으로 인해 피해를 입는다.

6.5 | 태양에너지

6.5.1 태양에너지란?

태양은 지구를 따뜻하게 하고 생명체를 가능하게 하는 지구상의 모든 에너지의 원천이다. 햇빛은 지구상의 모든 사람이 1년 동안 소비하는 만큼의 에너지를 90분 만에 제공한다. 당연히 과학자들은 그 에너지를 직접 포착하는 것을 오랫동안 꿈꿔왔다.

1905년, 알버트 아인슈타인은 빛이 입자 형태의 에너지 패킷인 광자로 구성되어 있다는 가설을 사용하여 광전효과를 설명하는 첫 번째 논문을 발표했다. 광전효과에 따르면 빛은 에너지를 가지고 있고, 광자가 특정 물질에 닿으면 전기에너지로 변환될 수 있다.

태양에너지의 최초의 실용적인 적용은 1958년 미국에 의해 발사된 뱅가드 1호 위성이다. 태양전지판이 기존 배터리보다 예상보다 긴 7년 동안 계속 작동했기 때문에, 그것은 행운의 출발이었다. 나사는 계속해서 위성과 우주선 모두에 태양전지판을 사용했다. 태양전지판의 사용이 우주 임무에서 활발하게 사용되었던 반면, 산업현장이나 일상생활에서 활용하기에 너무 비싼 것으로 여겨졌다.

태양에너지는 느리지만 확실하게 우주 기반 애플리케이션에서 북극, 시추장치 및 외딴 섬에 이르기까지 확산되었다. 1970년대 후반의 에너지 위기는 기업들이 더 낮은 비용으로 더 나은 성능의 태양열 제품을 개발하도록 장려했다. 하지만 태양광 부문의 성장은 더뎠다. 20세기 말까지 전 세계적으로 설치된 태양광시스템의 총발전량은 1기가와트에 불과했는데, 이는 석탄 또는 천연가스 화력발전소 하나만으로 생산할 수 있는 전력에 해당한다.

아인슈타인이 광전효과에 관한 논문을 발표한 지 거의 한 세기가 지났음에도 태양으로부터 전기를 생산하는 것은 소수의 틈새 응용 분야에 국한되었다. 이것의 단순한 이유는 비용 때문이었다.

빛에서 전기를 생산하는 데 필요한 원료는 풍부하고 공급비용은 저렴하다. 하지만 안타깝게도 제조공정은 복잡하고 비용이 많이 든다. 태양광발전(PV: Photo Voltaic)시스템은 각각 많은 태양전지를 포함하는 태양전지 패널 또는 모듈로 구성된다. 빛으로부터 전기를 생성하는 태양에너지는 태양전지가 반도체 물질을 사용하여 빛을 전기로 변환할 때 발생한다. 대부분의 태양전지에서 사용되는 반도체 물질은 지구상에서 가장 풍부한 물질 중 하나인 실리콘이며, 컴퓨터 칩에 사용되는 것과 같은 물질이다.

빛이 실리콘 반도체에 의해 흡수될 때, 빛 광자의 에너지는 전자를 이동시키고, 전자는 전선 도체를 따라 태양전지를 통해 전류로 흐른다. PV 시스템은 실리콘 이외의 반도체 재료를 사용하여 구축할 수도 있다(한 가지 예로 텔루르화카드뮴). 그러나 PV 패널의 90%는 실리콘을 사용한다.

[그림 6-9] 태양에너지 원리

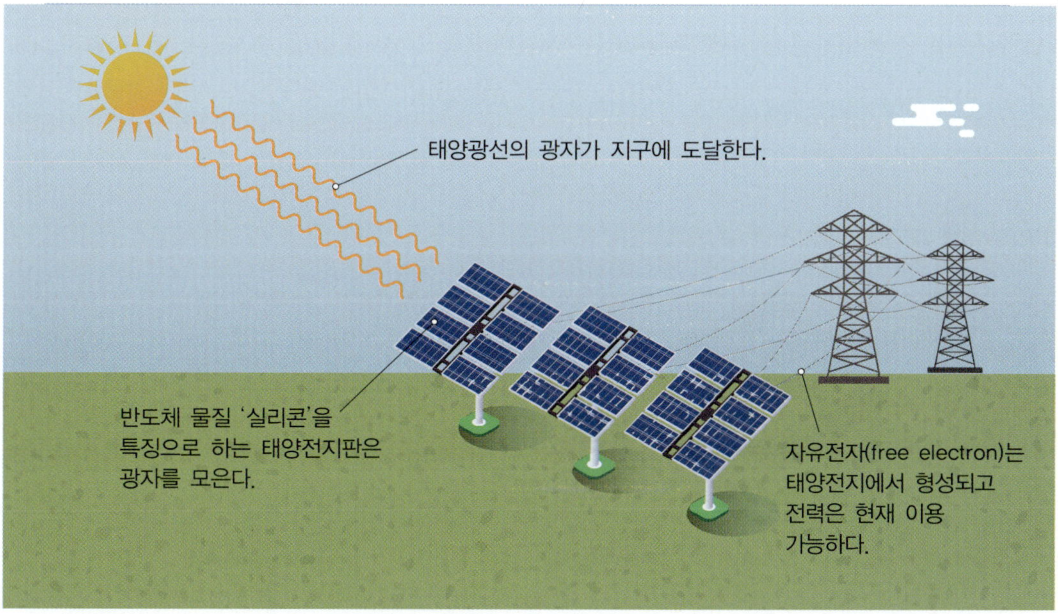

출처: https://ko.dsnsolar.com/info/principle-of-solar-panel-power-generation-36997009.html

태양전지에 도달하는 모든 햇빛이 전기로 변환되는 것은 아니다. 변환 효율은 에너지 변환장치의 출력과 입력의 비율이다. 태양열 PV 패널의 최대 변환 효율은 이론적으로 29%이며, 실제로 달성된 최대 변환 효율은 26.3%이다. 대부분의 상용 PV 패널은 변환 효율이 20% 미만이다. 이것은 변환 효율이 높을수록 더 많은 전기를 생산하지만 제조비용이 더 비싸기 때문에 태양에너지에 의해 생산되는 전기비용에 중요한 영향을 미친다.

태양광 PV 패널 제조비용은 와트당 달러로 측정된다. 예를 들어, 900달러의 제조비용으로 300와트의 전기를 생산할 수 있는 패널은 와트당 비용이 3달러이다. 그러나 와트당 비용은 에너지에 있어 가장 중요한 경제적 척도가 아니다. 풍력과 마찬가지로 균등화 발전원가(LCOE: Levelized Cost Of Electricity)가 정말 중요하다. 태양에너지의 LCOE를 계산하기 위해서는 PV 시스템을 설치하기 위한 자본비용, 시스템 수명 동안의 운영비용, 예상 전력 출력 및 프로젝트 자금 조달을 위한 자본비용을 결정해야 한다.

자본비용에는 패널비용과 패널을 고정하기 위한 장착 랙, 직류(DC)에서 생성된 전기를 교류(AC)로 변환하기 위한 인버터, 전기 케이블 및 모니터를 포함하는 BoS(Balance of Systems)가 포함된다. 자본비용은 정부보조금 또는 인센티브를 통해 절감될 수 있다. 태양광시스템 비용의 50% 이상은 BoS 비용과 설치 노동력이 차지하고 나머지 50%는 PV 패널이 차지한다.

[그림 6-10] 태양광발전시스템 구성

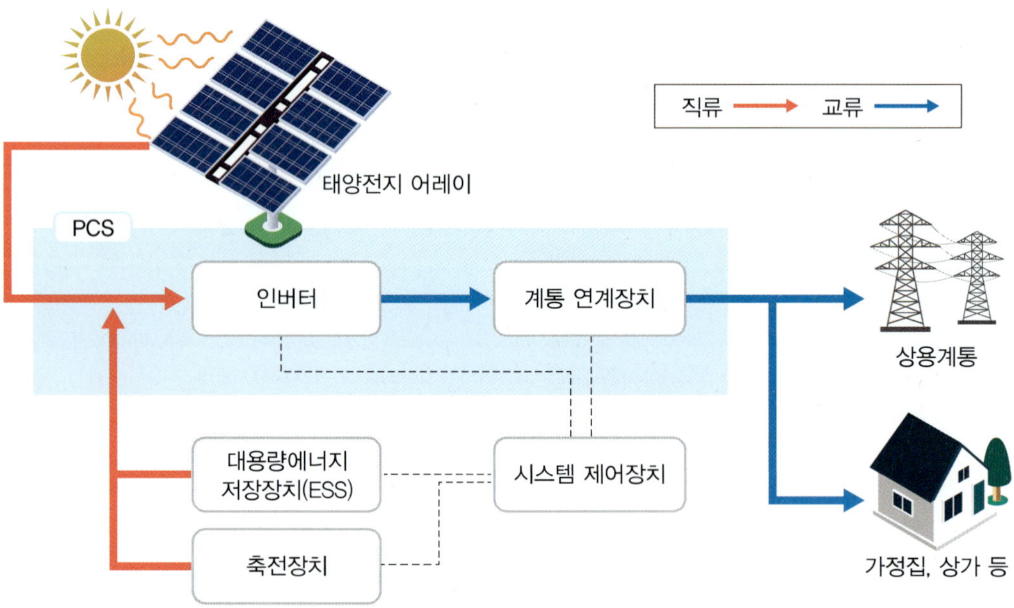

출처: 현대 솔라에너지 홈페이지

PV 시스템은 가동 부품이 없고 30년 이상 지속되기 때문에 운영비용이 매우 낮다. 주요 운영비용은 태양전지판이 위치한 옥상 또는 토지를 사용하는 부동산비용이다. 주택이나 다른 건물에 장착된 PV 시스템은 종종 비용이 들지 않지만, 밭에 설치된 대형 태양광 프로젝트는 토지를 농사나 다른 용도로 동시에 사용할 수 없기 때문에 상당한 임대료가 필요하다.

태양열산업 초기에, 태양전지판을 주로 NASA가 우주선에 사용했을 때, 와트당 비용은 100달러가 넘었다. 2000년까지 이 수치는 5달러로 감소하여 비용이 크게 절감되었다. 이마저도 틈새 애플리케이션을 제외하고는 태양열 전기가 LCOE의 다른 발전원과 경쟁할 만큼 충분히 낮지 않았다. 하지만 PV 패널의 가격이 하락할 때마다 틈새 응용 프로그램의 수가 증가하고 패널의 생산이 확대되었고 PV 패널 제조가 증가함에 따라 비용은 더욱 감소하여 선순환이 이루어졌다. 2017년까지 태양광 PV 패널 생산비용은 와트당 0.29달러로 급락했는데, 이는 17년 전에 비해 94%의 비용절감을 나타낸다. 패널 가격의 폭락은 태양열 PV를 사용하여 생산된 전기에 대한 LCOE의 현저한 감소를 초래하여 태양에너지가 화석연료를 포함한 다른 전기 발전원들과 경쟁하게 만들었다.

태양광 패널 제조업체인 SunPower Corporation의 설립자인 리처드 스완슨(Richard Swanson)은 누적 생산량이 두 배로 증가할 때마다 태양광 PV 패널 생산비용이 약 20% 감소한다는 것을 관찰했다. 이 관찰은 스완슨의 법칙으로 알려졌다.

스완슨의 법칙은 태양에너지의 LCOE에 중요한 영향을 미친다. 태양광산업이 성장함에 따라 태양광 패널의 가격이 하락했고, 태양광 패널이 태양광 프로젝트 자본비용의 약 절반을 차지하기 때문에 전체 LCOE도 하락했다. 하지만 PV 패널의 비용 감소는 이야기의 일부일 뿐이다. 먼저 태양에너지의 LCOE를 이해하려면 다양한 유형의 태양에너지 프로젝트에 대한 이해가 필요하다.

태양전지판에서 나오는 전기는 일반적으로 분산발전방식을 통해 공급되는데, 태양전지판은 단일 패널에서 최대 수천 개의 연결된 패널에 이르기까지 거의 모든 위치와 규모에 배치될 수 있기 때문이다. 태양전지판은 휴대용 계산기에서 집, 건물 전체, 심지어 도시에 이르기까지 모든 것에 전력을 공급하는 데 사용될 수 있다. 중앙집중식 발전기에서는 큰 발전소가 전력망을 통해 많은 사용자에게 전달되는 전력을 생산한다. 분산발전은 중앙집중식 발전보다 설계의 유연성이 훨씬 뛰어나 여러 가지 다른 범주의 태양광 프로젝트를 허용한다.

많은 국가의 주택 소유자, 기업 및 전력회사는 태양광 PV 패널에서 생성된 전기가 이산화탄소(CO_2) 배출량 감소, 작동 중 독성·오염물질 배출 또는 폐기물이 없다는 것 이외에도 다른 모든 형태의 전기발전과 비용 경쟁력이 있다는 것을 알게 되었으며, 이는 태양광발전으로의 전환에 대한 논리를 설득력 있게 만든다.

6.5.2 태양광발전소의 영향

(1) 긍정적 영향

태양에너지기술은 전통적인 화석연료의 에너지 생성과 비교하여 확실한 환경적 이점을 가지고 있다. 주요 이점은 앞서 언급했듯이 이산화탄소 배출량 감소, 작동 중 독성·오염물질 배출 또는 폐기물이 없다는 것이다. 기타 장점으로는 황폐한 토지의 매립, 분산발전에 의한 전력망의 필요한 송전선로 감소 및 수자원의 품질 향상이 있다.

태양광시스템은 환경오염을 줄일 수 있는 잠재력을 가지고 있다. 태양열 온수난방 및 공간난방은 화석연료 기반 보일러에 비해 환경에 유해한 배출물을 발생하지 않고 물을 가열한다는 이점을 가지고 있다. 가정용 온수난방시스템이 전기 또는 디젤 백업 방식으로 작동하는 경우, 기존 시스템에 비해 약 80%를 절약할 수 있다. 따라서 태양에너지를 사용하면 온실가스를 상당히 절약할 수 있다.

태양광발전을 활용하면 모듈이나 인버터 등을 활용하여 태양광을 직접 전기로 바꿀 수 있어 발전소나 발전기와 같은 대형 구조물을 건설할 필요가 없다. 이에 따라 다른 재생에너지에 비해 환경오염이 적다.

태양에너지 기술의 주요 경제적 이점으로는 국가 에너지 자립도의 증가, 에너지 공급의 다양화 및 보안, 개발도상국의 농촌 전력화 등에 긍정적인 영향을 미친다.

(2) 부정적 영향

태양에너지는 재생 가능한 자원이며 기후변화의 악영향에 대응할 것으로 예상되지만 구름과 제한된 일조량으로 인해 간헐적이며 그림자와 위도효과로 인해 뚜렷한 지역적 변동성이 있다. 이 문제를 해결하기 위해 일조량이 클 때 저비용으로 에너지를 축적하는 기술연구가 진행되고 있다.

태양에너지기술의 다른 부정적인 영향은 일반적으로 미미하며 적절한 완화조치를 통해 최소화할 수 있다. 잠재적인 환경 영향은 일반적으로 프로젝트의 규모와 특성에 따라 현장별로 다르다. 부정적인 영향에는 건설 및 설치 단계에서의 소음 및 시각적 영향, 온실가스 배출, 수질 및 토양오염, 에너지 소비 및 노동 사고가 있을 수 있다. 또한 중요한 고고학 유적지나 민감한 생태계에 미치는 환경적 영향, 특히 중앙 태양열기술의 경우에 주목해야 한다.

태양열을 이용한 냉각시스템에서 기화된 냉각제의 우발적인 누출로 인해 화재 및 폭발이 일어날 수 있어, 이로 인해 공중보건 및 안전에 악영향을 미칠 수 있다. 또한 건물의 미관 측면에서 옥상이나 정남형 등으로 설치가 한정적이어서 시각적인 영향이 있지만, 환경친화적인 설계를 위한 표준과 규정을 채택하고 건물의 특성을 살린 우수한 설치 관행과 태양열 시스템의 개선된 통합을 통해 부정적인 영향을 최소화할 수 있다.

태양열기술은 전통적인 발전수단보다 훨씬 선호되지만 동시에 야생동물과 토지 사용에 대한 영향도 고려해야 한다. 식물과 동물의 생명에 미치는 영향은 대규모 태양열발전소 건설을 허가하는 데 있어 주요 장애물이다. 또한 증기 플랜트 냉각을 위한 수자원에 대한 영향과 시스템에서 사용되는 화학물질의 열 방출 또는 우발적 방출로 인한 수질오염이 발생할 수 있지만 적절한 제약과 개선된 기술은 위험을 제거할 수 있다.

태양광 전문가들은 실현 가능한 부지를 선정하지만, 초기 적합성 평가방법에 포함되지 않은 생물다양성 보존가치를 놓고 갈등을 빚는 경우가 많다. 지상에 장착된 PV 시스템을 설치하기 위한 개간지를 포함한 생물다양성에 대한 영향과 같이 일부 환경 영향을 완화할 수 있다.

가능성은 거의 없지만 언급해야 할 또 다른 부정적인 영향은 화학 폐기물의 위험이다. 정상적인 작동 중에 PV 시스템은 오염물질이나 방사성물질을 방출하지 않는다. 그러나 소량의 독성물질이 포함된 구리 인듐 갈륨 셀레나이드(CIGS) 및 텔루르화카드뮴(CdTe) 모듈에서는 화재로 인해 소량의 이러한 화학물질이 대기 중으로 방출될 수 있는 잠재적인 위험이 있다.

6.6 | 지열에너지

6.6.1 지열에너지란?

대부분의 지열자원은 화산활동지역에 분포하는데, 이 가운데에서 온천, 간헐천, 끓는 진흙탕, 분기공(화산가스와 뜨거운 지하수의 분출구멍) 등은 쉽게 개발할 수 있는 지열자원이다. 고대 로마인들은 온천을 온수욕과 가정 난방에 이용했으며, 지금도 아이슬란드, 터키, 일본과 같이 세계의 지열대에 위치한 나라에서는 비슷한 방법으로 지열을 이용하고 있다. 지열에너지의 가장 큰 잠재력은 전기발전에 이용하는 것인데, 1904년 이탈리아의 라데렐로에서는 최초로 지열을 이용해 전기를 생산했다. 20세기 후반에는 이탈리아, 뉴질랜드, 일본, 아이슬란드, 멕시코, 미국, 구소련 등지에 지열발전소가 건설되어 발전에 들어갔으며, 그 밖의 다른 여러 나라에서도 건설 중에 있다.

지열자원 중 가장 유용한 것은 온도 범위가 80~180℃이며 지표 아래의 층이나 저장고에 있는 열수와 증기이다. 180℃ 이상 되는 열수와 증기는 가장 쉽게 발전용으로 개발되는데 현재 가동 중인 지열발전소에서 효과적으로 이용되고 있다. 이들 발전소에서는 열수를 증기로 바꾸어 터빈을 돌리고, 여기서 생긴 기계적 에너지는 발전기에 의해 전기에너지로 전환한다. 지표 아래의 뜨겁고 건조한 지층들도 물을 층 내로 주입시켜 뜨겁게 만든 다음 증기로 전환시키는 문제만 완전히 해결된다면 지열에너지의 자원으로 광범위하게 이용될 수 있다. 지열에너지는 공해가 없고 석유가격이 상승함에 따라 지열자원 개발에 관심이 점차 높아지고 있다. 일부 학자에 따르면 지각의 처음 10km에는 지구에너지의 500배에 해당하는 지구열의 1%가 포함되어 있다고 한다.

지열은 지구상의 모든 석유 및 천연가스 매장지에서 생산할 수 있다. 미국은 세계에서 지열발전 생산을 주도하고 있다. 지열발전을 활용하는 다른 주요 국가는 중국, 스웨덴, 노르웨이, 독일, 일본 등이다. 지열에너지는 화석연료 소비와는 대조적으로 환경친화적인 것으로 간주된다.

표 6-3 세계 각국의 지열발전능력

국가	발전능력(MW)							지열발전 비중(%)
	2007	2010	2013	2015	2018	2019	2021	
미국	2,687	3,086	3,389	3,450	3,591	3,676	3,722	0.3
인도네시아	992	1,197	1,333	1,340	1,948	2,133	2,276	3.7
필리핀	1,969.7	1,904	1,894	1,870	1,868	1,918	1,918	27.0
튀르키에	38	82	163	397	1,200	1,526	1,710	0.3
뉴질랜드	471.6	628	895	1005	1,005	1,005	1,037	14.5
멕시코	953	958	980	1,017	951	962.7	962.7	3.0
이탈리아	810.5	843	901	916	944	944	944	1.5
케냐	128.8	167	215	594	676	861	861	38
아이슬란드	421.2	575	664	665	755	755	755	30.0
일본	535.2	536	537	519	542	601	603	0.1
코스타리카	162.5	166	208	207				14.0
엘살바도르	204.4	204	204	204				25.0
니카라과	79	82	97	82				9.9
러시아	79	79	82	82				
과테말라	53	52	42	52				
파푸아뉴기니	56	56	56	50				
포르투갈	23	29	28	29				
중국	27.8	24	27	27				
독일	8.4	6.6	13	27				
프랑스	14.7	16	15	16				
에티오피아	7.3	7.3	8	7.3				
오스트리아	1.1	1.4	1	1.2				
호주	0.2	1.1	1	1.1	0.0	0.3		
태국	0.3	0.3	0.3	0.3				
합계	9,731.9	10,709.7	11,765	12,635.9	14,369	15,406		

출처: https://en.wikipedia.org/wiki/Geothermal_power

[그림 6-11] 지열에너지의 원리

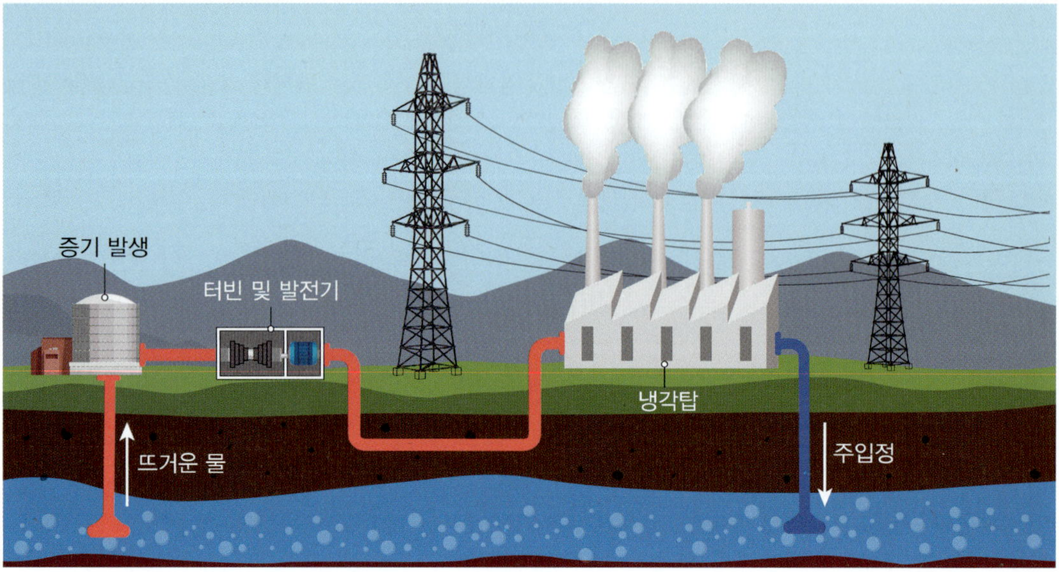

지구 내부의 열은 중심에 더 가깝고 표면 근처에서 발산된다. 지열 평균 경사도는 30℃/km 깊이이다. 지구 내부의 열이 표면에 도달하려면 운반체가 필요하다. 이 열은 빗물과 같은 운반체를 통해 전도와 대류의 두 가지 과정을 통해 지하에 도달한다. 이 물은 뜨거운 암석에 도달하고 온도가 300℃ 이상인 대수층을 형성한다. 지열지대에는 이러한 대수층이 특징이다.

얕은 땅, 저밀도 지열에너지는 전기를 생산하는 데 사용되지 않고 건물 난방, 수영장의 물, 농작물 생산을 위한 온실의 토양 온도 유지에 사용된다. 지난 2015년 기준 전 세계 지열발전 설비 용량은 약 12.8기가와트로 추정되고 있다. 또한 국제에너지기구(IEA)는 2050년 전 세계 지열발전량이 연간 1,400테라와트시로 치솟아 전 세계 발전량의 3.5%를 차지할 것이라고 예측한 바 있다. 세계 각국 중에서는 전체 지열발전의 90%가 미국에서 생산되고 있으며 인도네시아, 필리핀, 튀르키예, 뉴질랜드, 멕시코, 이탈리아, 케냐, 아이슬란드, 일본 등이 그 뒤를 잇고 있다. 추산에 따르면 지열에너지는 2050년까지 전 세계 전력의 3%와 전 세계 난방 수요의 약 5%를 충족시킬 잠재력이 있다.

6.6.2 지열에너지의 영향

(1) 긍정적 영향

미국 환경보호청(EPA)에 따르면 지열 히트 펌프(GHP)는 난방시스템으로서의 효율성과 이산화탄소 발생량이 가장 적은 것으로 알려져 있어 청정에너지라고 부른다. 지열에너지기술이 점점 발달함에 따라 발전소를 짓는 면적이 다른 발전소에 비하여 가장 작으며, 그로 인해 전기 생산비용 또한 매우 저렴하다. 반면 초기 건설 투자비용이 막대하게 드는 문제도 있지만 발전소를 짓기만 한다면 저렴한 전기 생산비용으로 몇 년 후에는 다른 발전소에 비하여 비용적으로 더 절약할 수 있다.

또한 대기오염물질 방출이 아주 작고, 발전소 건설을 위한 토지를 가장 작게 사용하면서 장비의 유지비 이외에 다른 비용은 들지 않아 구동비용이 저렴하다. 지열에너지의 이점 중 일부는 물 펌핑이나 담수 우물의 굴착을 통해 식수에 더 쉽게 접근할 수 있고, 가동률이 높으며 잉여열을 지역에너지로 이용하는 것이 가능하다는 것이다.

지열에너지는 지구의 중심부에 가까워질수록 쉽게 얻을 수 있으며, 지구가 존재하는 한 무한히 사용할 수 있다. 따라서 재생 가능하며 지구의 냉각 속도는 매우 느려(맨틀의 경우 30억 년간 300~350℃) 반영구적인 에너지라고 할 수 있다.

지열에너지는 땅속에서 끝없이 생성되어 추출만 한다면 무한히 사용할 수 있기 때문에 여름철 에어컨이나 겨울철 히터의 과다 사용으로 인한 전력부족 등의 문제가 일어나지 않는다. 반면 태양열발전소나 풍력발전소 등은 날씨에 많은 영향을 받기 때문에 전기를 지속적으로 생산하기 어렵다.

(2) 부정적 영향

지열지대는 지진활동이 활발한 지역에 위치하기 때문에 건설 부지를 찾기 위해서는 시간이 오래 걸릴 수도 있고, 적합한 곳은 도심과 멀리 떨어져 있을 수 있어, 운반비용이 상승할 수 있다. 지열발전소를 설치하면 땅의 구조가 바뀔 수 있기 때문에, 지열은 작은 규모의 지진에 대한 빈도를 증가시킬 수 있고 지열에너지 저장소에서 지열 유체(기체나 액체)를 추출하기 때문에 지표면이 침하될 수 있다. 그렇기 때문에 지진을 일으키지 않기 위해 기술적으로 많은 논의가 이루어지고 있다.

지열지대의 특성에 따라 지열에너지를 추출하면 이산화탄소, 황화수소, 암모니아, 규산염, 광물, 휘발성 물질, 탄산염, 금속 황화물 및 황산염가스가 배출된다. 게다가 국지적인 구름 형성과 날씨는 들판에서 방출되는 증기 때문에 어느 정도 영향을 받는다. 지열발전소는 풍경을 바꿀 수 있고 그 지역의 수질에 영향을 미칠 수 있다. 염화물, 용해된 화학물질, 붕소, 알루미늄, 비소 등과 같은 금속을 포함하는 유해한 유출물은 지역 수질을 악화시킨다. 지열지대에서 염분 농도가 과도하게 높아져 환경에 직접적인 악영향을 미치는 사례가 있다.

물의 온도 상승은 전형적으로 용해된 산소의 감소로 이어지며, 이것은 해양생물에게 위협이 될 수 있고 원하지 않는 식물 성장으로 이어질 수 있다. 예를 들면 뉴질랜드 와이라케이 지열발전소 근처에 와이카토 강이 있는데 열 오염이 유기체가 적절한 생활조건을 찾아 이동하게 만들고 해당 지역의 생물다양성을 변화시켰다.

지열에너지는 환경적으로 가장 위험한 황화수소가스를 배출하는 것으로 악명이 높다. 이 광물화된 지열수는 토양의 부식과 스케일링을 유발할 수 있다. 지열에너지는 또한 질소, 황화수소, 이산화탄소, 암모니아, 라돈, 수은, 붕소를 방출한다. 그것은 열 방출과 화학물질의 영향과 같은 환경에 해로운 영향을 미치기 때문에 자연친화적이지 않다. 이러한 영향은 그 지역의 생태계에도 부정적인 영향을 미친다.

또한 지열에너지 생산은 소음 공해, 자연 서식지 파괴, 수질오염으로 이어진다. 지열발전소는 건축, 시추, 플랜트 운영 등의 과정에서 소음 공해의 원인이 된다. 지열발전소의 시추로 최대 120데시벨(dB)의 소음이 발생한다. 지하수 생태계는 온도변화가 거의 없이 안정적인 것으로 알려져 있다. 지열에너지는 지하수 생태계의 온도변화로 이어질 수 있다. 이 온도변화는 지하수의 화학적 구성, 생물 유기체의 신진대사, 생물지구화학적 순환, 생태계의 기능을 변화시킬 수 있다.

대부분의 연구 결과에 따르면 땅속 깊숙한 곳의 지하수는 계속적으로 채취할 경우 그 양이 한정적이라 결국에는 고갈될 수 있다. 지하수를 채우는 것보다 채취하는 것이 더 많은 경우라면 더 가속화될 수 있다. 그렇기 때문에 지하수 외 다양한 지열에너지를 얻기 위해서는 지속가능한 지하수 자원을 확보하고 여러 군데의 시추를 통해 공급원을 다변화해야 한다.

6.7 | 바이오매스

6.7.1 바이오매스란?

자연환경의 오염 증가와 기존 화석연료의 고갈은 친환경적이고 재생 가능하며 지속가능한 대체에너지원을 찾는 동기가 되었다. 이에 따라 산업 폐기물, 특히 인류의 증가하는 요구를 충족시키는 바이오연료 및 에너지로 전환될 수 있는 바이오매스 물질 폐기물에 특별한 관심을 기울이고 있다. 에너지 용도로 바이오매스를 사용하면 환경에 덜 해를 끼치고 재료비용이 저렴하고 현지에서 대량으로 구할 수 있다.

바이오매스(biomass)란 우리 주변에서 흔히 찾아볼 수 있는 다양한 나무, 꽃, 풀, 가지, 잎,

[그림 6-12] 주요 바이오매스 공급원

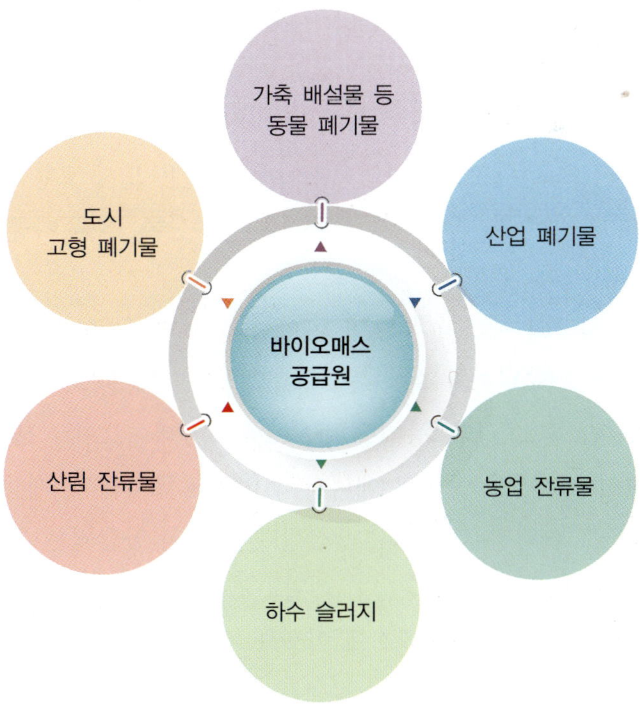

뿌리, 열매 등 광합성으로 생성되는 모든 식물자원을 말한다. 최근에는 축산분뇨, 톱밥, 볏짚부터 음식물쓰레기 및 하수 슬러지에 이르기까지 산업활동에서 발생하는 유기성 폐자원을 모두 바이오매스 자원이라고 말한다.

바이오매스 물질은 연소 또는 열 변환과정에서 대기 중으로 배출되는 이산화탄소(CO_2) 농도를 증가시키지 않는다는 사실 때문에 재생에너지 자원에 속한다. 바이오매스는 무엇보다도 광합성과정을 통해 자라는 식물에서 얻은 유기물질이다. 식물은 폐쇄(순환) 사이클의 일부로서 다른 식물의 분해과정의 결과로 대기 중으로 방출된 CO_2를 흡수한다. 태양 복사에너지 흡수, 탄소동화 및 유기물질 합성은 지구 생명유지에 매우 중요하다. 덕분에 이 에너지를 이용하는 육상 및 수중생물의 생존이 가능하다. 따라서 에너지 목적으로 바이오매스를 사용하면 CO_2가 대기로 배출되고 이는 식물이 바이오매스를 재생산하는 데 사용된다. 바이오매스 형태의 식물은 미생물에 의해 분해되거나 연소되어 열 소각로에서 재로 변하고 가마에서 동시 소각되어 화학에너지를 기계 또는 전기에너지로 변환할 수 있다. 바이오매스가 자연적인 바이오 퇴비화과정을 거치면 메탄 또는 CO_2 형태로 탄소를 되돌려준다. 바이오매스에너지 순환의 일반적인 폐쇄(순환) 사이클은 [그림 6-13]에 나와 있다.

바이오매스로부터 얻은 에너지는 바이오연료라고 할 수 있다. 바이오연료는 장작, 유기 폐기물 및 액체 연료로 전환되도록 특별히 재배되는 작물이다. 바이오매스는 고체, 액체 또는 기체일 수 있다. 일반적으로 사용되는 바이오매스에너지원은 도시 고형 폐기물(MSW: Municipal Solid Waste), 목재 및 그 폐기물, 작물 및 그 폐기물과 부산물, 식품 가공 폐기물, 동물 폐기물, 수생식물 및 조류(algae) 등이다.

2009년에는 개발도상국의 에너지 수요의 거의 35%가 바이오연료로 충당된다고 밝혔고, 대부분의 선진국에서는 2050년까지 순에너지 수요의 50% 이상을 바이오매스 폐기물을 사용하여 충족할 것으로 예상하고 있다. 농업용 바이오매스는 바이오연료 생산에 중요한 셀룰로오스 원료가 풍부하여 폐기물을 줄이고 에너지 수요를 충족시킨다. 재생 가능한 형태의 에너지인 생체전기는 하수 슬러지, 작물에서 생산된다. 이러한 공급원은 유기물 함량이 풍부하기 때문에 큰 에너지 잠재력을 가지고 있다. 매립과 소각은 생체전기를 생산하는 데 가장 일반적으로 사용되는 방법이다. 바이오매스를 이용한 에너지 생산은 온실가스 배출량 감소로 이어진다.

[그림 6-13] 바이오연료 생산공정

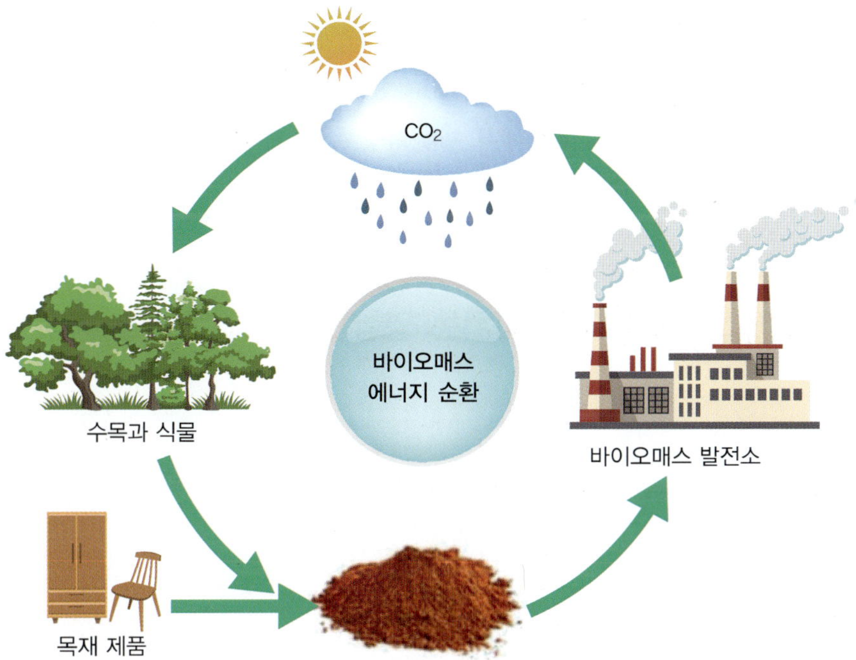

에너지 관점에서 보면 바이오매스는 식물과 동물 자원의 폐기물인 동시에 이들의 에너지 잠재력으로 구성된다. 에너지 목적으로 사용하면 풍부한 자원, 지역 가용성 및 낮은 비용으로 인해 전통적인 화석연료에 대한 의존도가 감소한다. 많은 저개발 국가에서 많은 양의 장작이 요리 및 기타 가정용 난방 목적뿐만 아니라 농업 및 동물 폐기물 처리에 사용된다. 이러한 바이오매스 자원의 대규모 사용은 대기오염의 원인이 될 수 있다. 농업 및 음식물 쓰레기는 돼지, 소, 닭, 오리 등과 같은 농장의 동물의 먹이로 사용되고 동물들이 배출하는 폐기물이나 방귀와 같은 현상은 대기오염의 원인이 되기도 한다.

엄청난 양의 바이오매스가 자연의 다양한 육상 및 수생지역에서 이용 가능하지만 인간의 산업활동에서 발생하는 폐기물로도 이용 가능하다. 세계 바이오에너지협회(WBA: World Bioenergy Association)에 따르면 전 세계 수생 및 육상 바이오매스 자원의 총량은 각각 약 40억 톤과 1조 8천억 톤이라고 한다. 세계의 총바이오매스는 약 33,000엑사줄(EJ)의 생산 가능한 잠재력이 있는 것으로 추정되며, 이는 세계의 연간 에너지 소비량보다 80배 이상 많은 에너지이다. 화석연료(석탄, 석유 및 천연가스)는 여전히 지배적인 글로벌 에너지원이며 총 1차 에너지 공급의 약 81%를 차지한다. 태양광, 풍력, 수력, 바이오매스, 지열 등 재생에너지기술은 2019년 1차 에너지 공급에서 14.1%의 점유율을 차지했다. 또한 2019년에는 전 세계적으로 655테라와트시(TWh)의 전기가 바이오매스에서 생산되었고, 고체 바이오매스가 68%, 도시 및 산업 폐기물이 17%를 차지했다.

6.7.2 바이오매스가 에너지에 미치는 영향

(1) 긍정적 영향

바이오매스는 청정연료의 한 형태이다. 에너지 작물의 바이오매스로부터 재생 가능 에너지를 이용하기 위해서는 연소가 일어나야 하고, 그 결과 이산화탄소가 대기로 배출된다는 것은 단점으로 볼 수 있다. 그러나 에너지 작물에서는 식물이 자라면서 이산화탄소를 포집하여 연소로 인한 배출을 상쇄한다. 즉 바이오매스에너지를 사용하면 방출되는 이산화탄소의 양이 광합성 중에 소비되는 이산화탄소의 양과 같아지기 때문에 이산화탄소 배출량의 증가 또는 손실이 발생하지 않는다. 이 재생 가능 에너지 수단은 전 세계적으로 널리 사용 가능하다. 이 에너지 수단의 주요 매력은 폐기물과 부산물을 연료로 사용할 수 있다는 것이다. 바이오매스를 사용하면 휘발유와 석탄을 태우는 것과 비교하여 바이오연료를 태우면 덜 유해하고 오염이 적기 때문에 이산화탄소 배출량을 줄이고 오존층에 미치는 영향이 적다. 바이오에너지는 탄소중립적이며 때때로 안전하게 탄소 흡수원으로 간주될 수 있다. 또한 바이오에너지는 태양과 생명주기에서 나오므로 식물과 동물의 활동이 지속적으로 바이오매스를 생산하기 때문에 실질적으로 무진장하다.

바이오매스는 폐기물을 사용하여 에너지를 생산할 수 있으며 폐기물 처리와 관련된 문제를 줄일 수 있다. 결국, 유기 및 무기 잔류물이 모두 제거되어 다른 용도로 활용될 수 있다. 또한 에너지 작물이 버려졌거나 원래의 활동에 더 이상 사용되지 않는 작물을 대체하여 토양 침식 및 황폐화를 방지함으로써 농업 부문에 새로운 기회를 제시할 수도 있다. 예를 들어 소거름을 용광로에서 태워 가정용 전기를 생산할 수 있다. 이 대체에너지를 이용해 식용 작물 재배에 적합하지 않은 지역은 특정 견과류와 같은 특정 나무를 재배하는 데 활용할 수 있고 토양 비옥도, 생물다양성을 증가시키고 수분 유지를 강화시켜 비생산적인 것으로 간주되었던 토지를 복원하는 데 도움이 될 수 있다.

대체연료로 바이오에너지를 사용하는 것에는 이점이 있다. 그것은 에너지 딜레마와 싸우는 개발도상국들에게 도움을 줄 수 있다. 바이오에너지는 액체와 가스연료, 그리고 열과 전기의 형태로 에너지를 제공한다. 바이오매스에너지의 또 다른 용도는 호주와 독일에서 고효율 열병합발전(CHP: Combined Heat & Power)에서 실험적으로 사용되고 있다. 이는 동일한 투입연료로부터 열과 전기를 동시에 생산하는 방식의 신기술이다. 설탕, 전분, 리그노셀룰로오스 및 에탄올/가솔린 혼합물의 부산물로 생산되는 에탄올이 대체 수송연료로 사용되고 있다. 이 점에서 독일과 프랑스가 좋은 예이다.

바이오디젤은 운송연료로도 성공적으로 사용되고 있으며, 기존의 운송연료에 대한 의존도를 줄이고 있다. 세계적으로 자동차가 전 세계 탄소의 70%와 이산화탄소의 19%를 배출하고 있기 때문에, 대체 운송연료로 바이오연료를 사용하면 온실가스(GHG) 배출량을 줄이는 데 도움이 된다.

(2) 부정적 영향

바이오매스의 높은 수분 함량은 열분해 또는 가스화와 같은 열 변환공정에 적합하지 않다. 그 이유는 효율이 크게 떨어지기 때문이다. 또한 에너지 전환의 결과로 얻은 바이오연료는 수분을 포함할 수 있으며, 이는 연소과정에서 바람직하지 않다. 따라서 발열량을 높이기 위해서는 사전 건조가 필요한데 불행하게도 건조공정은 추가적으로 높은 비용과 에너지가 투입된다. 높은 수분 함량은 생물학적 분해, 균류, 곰팡이, 박테리아 및 기타 미생물의 발생과 유기물질의 손실에 영향을 미친다. 높은 수분 함량의 단점은 압착공정에서 재료를 치밀화함으로써 해결할 수 있다.

또 다른 단점은 대부분 낮은 바이오매스의 용적 밀도이며 나무 및 풀과 같은 바이오매스의 경우 일반적으로 각각 160~220kg/m^3 및 80~150kg/m^3 범위이다. 그 결과 많은 양의 바이오매스를 활용하는 데 어려움이 있고 저장 및 운송비용이 높아진다. 기계 압착에 의한 치밀화는 벌크 밀도를 증가시키는 데 사용된다. 이러한 공정 덕분에 유형, 수분, 특성, 고밀도화기술 등에 따라 바이오매스 재료의 밀도를 높일 수 있으며 보관, 운송 및 취급비용을 크게 줄일 수 있다.

바이오매스 물질 구성의 다양성은 바이오연료 및 기타 제품 생산으로 전환하는 기술이 공정의 효율성을 극대화하도록 적절하게 설계되어야 한다는 것을 의미한다. 바이오매스의 효과적인 사용 가능성은 바이오매스의 물리화학적 특성, 초기 준비방법 또는 생산공정조건의 최적화에 따라 달라진다. 구성의 다양성은 초기 준비에 영향을 미치고 후속 단계에서는 바이오매스의 용해에 영향을 미친다. 바이오매스가 다양한 제품으로 가공되기 위해서는 먼저 저분자량 물질로 분해되어야 하며 그 다음에 바이오매스에서 포도당을 얻으려면 때때로 고온조건이나 고농도의 산이 필요하다. 고온에서는 열분해 및 기타 공정 중에 부산물(타르)이 형성된다. 농축산 폐기물을 사용하면 더 많은 에너지 소비가 발생하고 설비 부식에 영향을 미치며 화학적 중화가 필요하고 부산물이 형성된다. 가수분해공정은 시간이 많이 걸리고 비용이 많이 든다.

전기와 열에 대한 수요는 일년 내내 일정하지만 다양한 유형의 바이오매스 재료의 가용성은 계절에 따라 다르다. 다년생 에너지 식물(예 케나프, 억새, 억새 등)은 더 오랜 기간 동안 사용할 수 있고 매년 다시 심을 필요가 없으며 성장에 전문적이고 높은 유지관리 및 투자비용이 필요하지 않다. 한편 식용 작물(예 사탕무, 사탕수수, 옥수수 등)은 계절적이며 유리한 기후조건, 비료 또는 기타 유형의 관리가 필요하다. 장점은 펄프, 껍질, 왕겨, 밀, 호밀, 옥수수 짚 등과 같은 농업용 바이오매스 잔해가 경작을 위해 추가 토지가 필요하지 않기 때문에 저렴한 폐기물이라는 점이다. 또 다른 귀중한 에너지원은 산림 바이오매스 폐기물이다. 하지만 이것은 수확 및 운송에 추가로 높은 비용을 발생시킨다. 위에서 언급한 바이오매스 재료 사용에 대한 장벽은 바이오매스에너지 부문의 성공과 발전에 부정적인 영향을 미친다. 이러한 모든 장애물을 줄이기 위해서는 표준화시스템을 포함한 새로운 솔루션을 찾아야 한다.

바이오매스에너지는 지구온난화의 원인이 되는 대기오염을 초래한다. 바이오매스 연소기간 동안 에어로졸 방출 속도가 높아 가시성이 떨어진다. 가열 또는 냉각 목적으로 바이오매스를 태우면 질소산화물(NOx), 탄소질 연기 및 미립자 물질이 생성된다.

개발도상국에서는 바이오에너지 작물을 재배하는 것에 중점을 두고 있으며, 이는 결국 식량가격의 변동으로 이어진다. 통계에 따르면 전 세계 24억 명의 사람들이 요리를 위해 바이오매스에 의존한다고 한다. 만약 바이오에너지 작물이 농경지에서 재배된다면, 이는 식량 작물을 위한 공간이 줄어들고 가격이 상승한다는 것을 의미한다.

세계인구는 바이오매스에 의존하고 있으며, 재생산되는 것보다 더 빨리 목재를 태워 소비한다. 이러한 산림 목재의 벌목은 홍수와 토양 침식 파괴 등과 같은 일련의 환경문제를 초래한다. 옥수수, 밀 등의 줄기와 같은 작물 잔여물은 에너지 생성을 위해 사용되지만, 만약 땅에 남아 있다면 토양 보호와 토양 영양 회복에 도움이 될 수 있다. 농작물 잔여물을 지속적으로 제거함으로써 토양은 영양 보충을 빼앗길 수 있다. 밭에서 바이오매스를 제거하면 침식으로 인한 토지의 손실과 유실, 토양 비옥도 감소로 이어진다. 마찬가지로 숲에서 바이오매스를 대규모로 벌초하면 숲이 귀중한 토양을 잃을 수 있다.

바이오매스를 이용하여 에너지를 생산하는 것도 토양 침식을 증가시킬 수 있다. 에탄올과 같은 에너지 작물을 생산하기 위해 주변 토지는 대부분 개간되어 관련 작물 재배에 사용된다. 이 변두리 땅은 토양 침식에 민감하다. 또한 이러한 토양 침식은 물 유출을 심화시켜 지하수가 다시 채워지는 것을 막는다.

바이오연료 생산에 초점을 맞춘 단일 작물 농업은 식생의 변화를 줄여 서식지 감소에 크게 영향을 미친다. 일부 개발도상국의 바이오매스에 대한 의존은 사막화로 이어져 생물다양성의 손실을 초래할 수 있다. 대규모 바이오매스 작물 생산은 바이오매스 작물을 심기 위해 자연 식물들을 제거해야 하기 때문에 다양한 종의 자연 서식지를 위협할 수 있다.

적절한 환기 없이 가정 차원에서 고체 폐기물이 연소되면 심각한 건강문제로 이어진다. 아이들은 바이오매스 연소로 인한 미세먼지를 통해 호흡기 질환을 앓고 있는 것으로 알려졌다. 일산화탄소는 임신 중 산모와 태아에게 문제가 되고 있다. 바이오매스와 석탄 연소에 대한 높은 노출률은 암을 유발할 수 있다. 유황, 미량 금속, 질소산화물은 모두 인간의 건강에 위험한 영향을 미친다. 농업 및 산림 바이오매스를 생산하는 동안 관련 전문가의 부상 및 질병 비율은 석탄 및 석유 채굴과 관련된 비율보다 몇 배 더 높다.

6.8 | 풍력에너지

6.8.1 풍력에너지란?

풍력에너지는 청정에너지원으로 간주된다. 풍력 터빈은 바람의 운동에너지를 기계적 운동을 거쳐 전기에너지로 변환하는 장치로, [그림 6-14]와 같이 블레이드, 증속기, 발전기, 나셀, 타워 등의 부품으로 구성되어 있다. 풍력 터빈 시스템은 주로 풍속, 풍향, 난기류 강도 및 주변 지형의 형태에 따라 달라지고, 작동 수명은 20~25년이다.

바람에너지는 고대부터 나일강을 통한 화물운송이나 페르시아의 곡물 제분 및 중국의 양수 그리고 20세기 초 유럽과 북미 등의 발전을 위한 주요 에너지원 중 하나로 사용되었다. 풍력발전지역으로 잘 알려진 일부 지역이 [그림 6-15]에 나와 있다.

[그림 6-14] 풍력 터빈의 구조 및 구성

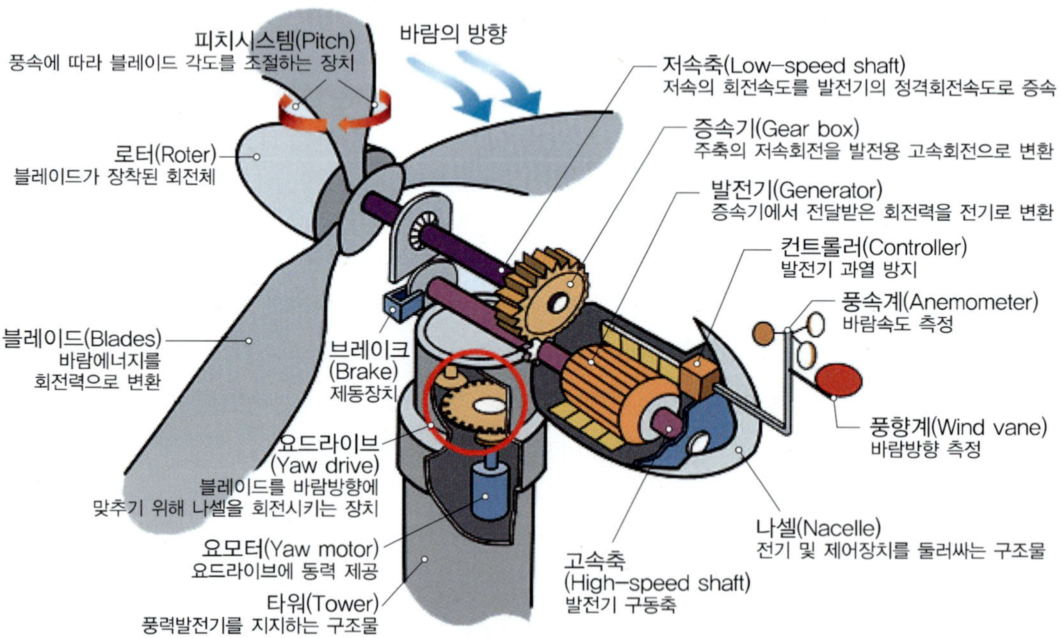

출처: 한국풍력산업협회

[그림 6-15] 2021년 국가별 신규 해상풍력 설치 용량 비중

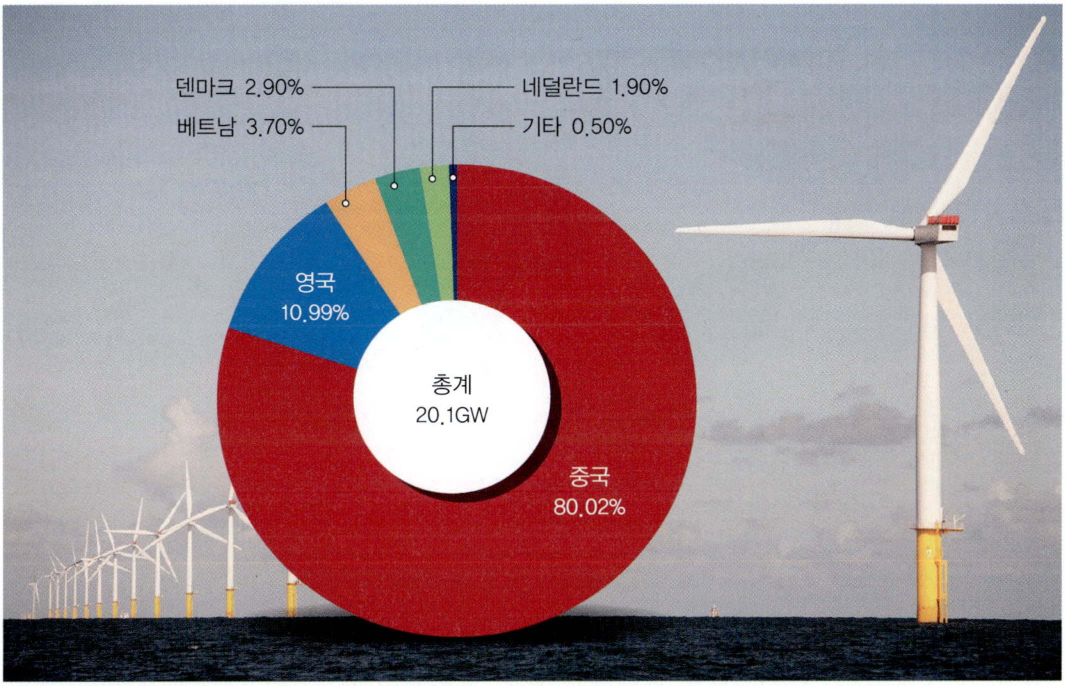

출처: 세계풍력에너지협회(GWEC)

풍력에너지발전의 역사에서 석유와 석탄이 당시 유럽과 미국에서 경제성장의 매우 효과적인 동인으로 입증되었기 때문에 풍력에너지는 꾸준히 감소했다. 그러나 1970년대의 오일 파동은 풍력산업의 재탄생을 촉진했다. 1990년대 후반에 미국과 유럽에서 최초의 현대식 그리드 연결 풍력 터빈이 설치된 후 빠른 속도로 가속화되었다. 과거에는 지속가능한 전력 생산에 대한 관심이 더 높았기 때문에 유럽에서 풍력에너지의 성장이 더 두드러졌다. 하지만 2006년 이후 아시아는 풍력에 대한 활기를 되찾았고 현재는 유럽을 능가하는 설비 용량(MW)을 보유하고 있다. 풍력에너지의 추세는 아시아에서 다시 시작되었으며 현재 아시아에서 80% 이상의 해상풍력발전으로 전력을 생산하고 있는 중국이 주도하고 있다.

2020년까지 글로벌 풍력발전은 육상풍력 중심으로 성장해 왔으며 향후 세계 각국의 투자 확대에 따라 급속한 성장세가 지속될 전망이다. 2020년 글로벌 누적 풍력발전 용량은 778기가와트로 이 중 육상풍력 비중은 95.5%(743기가와트), 해상풍력은 4.5%(35기가와트)를 차지하고

[그림 6-16] 글로벌 풍력발전 용량

(단위: 평방미터당 와트(W/m^2))

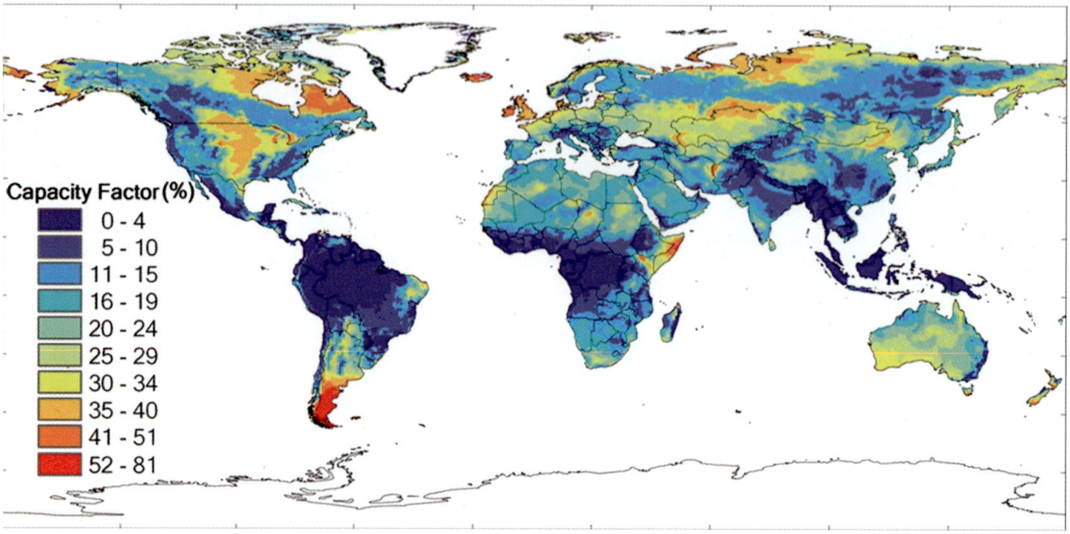

출처: 미국국립과학원회보(https://www.pnas.org/content/106/27/10933)

있으며, 2025년까지 글로벌 누적 풍력발전 설비 용량은 1,247기가와트로서 2020년 대비 60.3% 증가할 것으로 예상(연평균 8.4% 증가)되고 있다.

향후 풍력발전에 대한 투자는 규모 면에서는 여전히 육상풍력이 우위를 보일 것이나 신규 투자 증가율은 해상풍력이 앞설 것으로 예상되며 2021~2025년 육상풍력 신규 발전 용량 규모는 매년 73~88기가와트 수준이나 해상풍력의 신규 발전 용량은 8~24기가와트로 육상풍력 대비 10.5%~27.1% 수준이 될 전망이다.

6.8.2 풍력발전소의 영향

(1) 긍정적 영향

풍력에너지는 온실가스 배출에 대한 영향이 미미하기 때문에 무한하고 잘 알려진 환경친화적인 자원이다. 그것은 지속가능한 자원으로 작용하고 육상이나 바다에 설치될 수 있다.

▌표 6-4▐ 풍력발전 분류 및 장단점

구분	육상풍력	해상풍력	
		고정식	부유식
장점	• 짧은 공사기간 • 낮은 설치비 및 운영비 • 관리 용이	• 설치용이 • 낮은 운영관리비 • 대단지 조성	• 먼 바다 및 심해 설치 • 낮은 환경/지질 조성비용 • 대단지 조성 가능
단점	• 소음, 설비운반, 환경훼손, 입지제한으로 대단지 조성 곤란 • 다양한 민원 발생	• 바다, 연안생태계 훼손 • 어업권 등 민원 발생 • 높은 설치비용	• 심해에 설치 어려움 • 높은 운영관리비 • 높은 그리드비용 • 경제성 확보 어려움

출처: 한국석유공사(2021), "에너지계의 게임 체인저 부유식 해상풍력"

오지에서도 설치 및 전송이 가능하고 접근도 가능하다. 이러한 시스템에 의해 생산된 전기는 수십억 배럴의 석유를 절약하고 수백만 톤의 탄소와 다른 배출물을 피할 수 있다. 또한 풍력에너지는 물을 확보할 필요가 없다. 예를 들어 전통적인 발전수단은 많은 물이 필요하다. 화력발전소에서 사용하는 물의 양은 발전을 위해 메가와트시당 20,000갤런에서 60,000갤런까지 다양하다. 그러나 풍력에너지는 담수를 보존하는 좋은 방법이며 풍력 터빈은 일단 작동하기 시작하면 물이 필요 없다. 또한 바람의 환경친화적인 특성으로 인해 전체 발전과정에서 이산화탄소 배출량이 크게 감소된다. [표 6-4]는 육상과 해상 풍력발전의 장점과 단점을 설명하고 있다.

(2) 부정적 영향

비록 풍력은 깨끗한 에너지원이고 많은 환경적 이점을 가지고 있지만, 동시에 환경적 비용은 무시할 수 없다. 로터(rotor: 회전날개)에 의해 발생하는 주요 환경 교란은 음향 잡음이 방출되고, 경관의 시각적 질에 영향을 미치며, 조류의 삶에 영향을 주고, 그림자 깜박임 등과 같은 현상이 나타날 뿐만 아니라 라디오, TV 및 레이더 신호 수신에 영향을 미치는 전자기 간섭현상이 나타난다.

풍력 터빈의 첫 번째 단점은 소음 공해이다. 풍력 터빈에 의해 발생하는 소음은 크게 ① 기계적 소음과 ② 공기역학적 소음의 두 가지 범주로 나눌 수 있다. 기계적 소음은 기어 박스, 전기발전기 및 베어링과 같은 움직이는 구성요소에 의해 발생한다. 정상적인 마모, 불량한 구성요소 설계 또는 예방적 유지보수의 부족이 모두 기계적 소음을 유발하는 요인일 수 있다. 반면에 공기역학적인 유형의 소음은 터빈의 날개를 통과하는 공기의 흐름에 의해 발생한다. 이러한 소음은 로터의 속도에 따라 증가하는 경향이 있으며, 일부 조건에서는 최소 2.5킬로미터의 거리에서도 들을 수 있다.

소음 공해의 수준은 다른 기상조건에서 풍력 터빈에 의해 많은 영향을 받는 것은 명백하다. 예를 들어 강한 바람이 풍력 터빈에서 주택 쪽으로 불어 내려올 때, 특히 밤시간에 발생하는 소리는 평균보다 더 크다. 이로 인해 주변 주거지에서 소음 공해현상이 발생한다. 풍력발전소의 소음 한계는 35데시벨이다. 따라서 소음 수준이 35데시벨에서 45데시벨 이상일 때 짜증을 느끼는 응답자의 비율이 높았다.

그러나 현재 기계식 및 공기역학적 터빈 유형의 소음 방출은 공기음향 설계에 의해 제어되며, 이는 바람을 우회시켜 현대 풍력 터빈의 초음속 수준을 크게 낮춘다.

직접적인 충돌에 의한 조류의 폐사와 간접적인 영향, 즉 서식지 교란 및 이동도 최근 몇 년 동안 여러 연구자들에 의해 보고되었다. 새의 폐사 또는 치명적인 부상은 로터와의 충돌뿐만 아니라 풍력 터빈의 다른 구조적 구성요소와의 충돌로 발생할 수 있다. 박쥐, 황금독수리, 백조, 붉은 꼬리매, 아메리카 딱정벌레, 그리고 랩터(raptor, 맹금류)는 전 세계의 풍력 터빈의 영향을 받는 주목할 만한 종들이다. 또한 미국에서는 연평균 234,000마리의 조류가 풍력 터빈과의 충돌로 인해 폐사한 것으로 추정되고 있다. 풍력 터빈에서 방출되는 빛이나 악천후(안개, 비, 강풍 또는 어두운 밤 등)는 저비행 조류에 영향을 미치고 죽음에 이르게 할 수 있다. 모든 종류의 터빈 중에서 격자 터빈으로 인한 조류 폐사율이 가장 높은 것으로 나타나고 있다. 풍력 터빈에 의해 발생하는 소음이 새들을 겁주어 쫓아낼 수도 있다고 보고되었다. 그러나 화석연료가 야생동물에 미치는 악영향과 비교하면 풍력 터빈으로 인한 조류 폐사율은 미미하다. 이러한 작은 영향은 조류 레이더 기술(터빈에서 4마일까지 새를 감지할 수 있음), 고급 타워 설계 및 최소 빛 사용(터빈이 철새에게 덜 매력적으로 보이도록 함)과 같은 개선으로 인해 감소시킬 수 있다.

맑은 하늘에서는 풍력 터빈의 시각적 영향 영역(ZVI: Zone of Visual Influence)은 30킬로미터까지에 이른다. 시각적 영향과 관련된 문제는 풍력 터빈 색상 또는 대비, 크기 및 주변 주택과의 거리와 같은 풍력에너지시스템 및 기술 자체에 따라 달라진다. 시각적 영향 중에서 그림자 깜박임이 가장 먼저 관찰되는데, 이는 하루 중 특정 시간과 일년 중 특정 시간에 이동하는 터빈 블레이드의 그림자가 집에 비출 때 사람들을 불편하게 할 수 있다. 어떤 사람들은 풍력 터빈을 자연 환경의 아름다움을 손상시키는 기계로 볼 수도 있다. 하지만 이 문제는 지리정보시스템(GIS: Geographic Information System)을 통해 극복할 수 있고, 터빈 블레이드의 그림자가 집에 드리우는 각도에 있을 때 하루 중 몇 분 동안 터빈을 끌 수 있다.

연습문제

01 세계에서 가장 많이 풍력을 사용하는 나라는?

① 중국 ② 베트남 ③ 독일 ④ 영국

02 산업활동에서 발생하는 유기성 폐자원을 무엇이라 하는가?

① 오염물질 ② 바이오연료 ③ 바이오매스 ④ 산업폐기물

03 지열에너지를 설명한 것 중 잘못 설명한 것은?

① 지열에너지를 생산하기 위해서는 초기 건설 투자비용이 막대하게 든다.
② 지구가 존재하는 한 무한히 사용할 수 있다.
③ 면적이 다른 발전소(수력이나 조력발전소 등)에 비하여 크다.
④ 전기 생산비용이 저렴하다.

04 태양광발전소의 장점으로 볼 수 없는 것은?

① CO_2 배출량 감소, 작동 중 공기 배출 또는 폐기물이 없다.
② 태양에너지를 사용하면 온실가스를 상당히 절약할 수 있다.
③ 30년 이상 지속되기 때문에 운영비용이 매우 낮다.
④ 야생동물과 토지 사용에 큰 영향을 미치지 않는다.

05 기업활동에 필요한 전력의 100%를 태양광과 풍력 등 재생에너지를 이용해 생산된 전기로 사용하겠다는 자발적인 글로벌 캠페인을 무엇이라 하는가?

① ISO 14001 ② RE100 ③ ESG ④ SDG

06 수력발전의 긍정적 영향 세 가지 이상을 기술하시오.

( )

07 재생에너지의 중요성과 필요성에 대해 간단히 설명하시오.

( )

08 해양에너지의 온도차에너지, 파력에너지, 조력에너지의 공통점과 차이점을 설명하시오.

( )

09 태양에너지의 원리가 무엇인지 간단히 설명하시오.

( )

10 풍력에너지의 장점과 단점에 대해 기술하시오.

( )

제6장 연습문제 정답

01. ① 중국
02. ③ 바이오매스
03. ③ 면적이 다른 발전소(수력이나 조력발전소 등)에 비하여 크다.
04. ④ 야생동물과 토지 사용에 큰 영향을 미치지 않는다.
05. ② RE100

CHAPTER 07

탄소중립과 기후변화

7.1 | 탄소중립의 개념 및 정의

7.1.1 탄소중립의 개념

세계 곳곳에서 이상기후에 따른 재난과 피해가 발생한다. 이제 기후위기가 더 이상 먼 미래의 일이 아니다. 지금도 일어나고 있는 현재진행형의 문제이다. 지구 평균온도는 산업화 이전 대비 1℃ 이상 상승하였으며, 1℃ 이상 진행된 지구온난화에 의해 전 세계는 폭염, 가뭄, 폭설, 한파, 태풍 등 이상기후현상의 강도와 빈도가 심해져 기후위기는 점차 심화되고 있다. 이에 따른 인명 및 사회·경제적 피해는 무시할 수 없는 수준에 이르게 되었다. 이러한 기후위기에 대응하기 위하여 국제사회에서는 1992년 브라질 리우데자네이루에서 유엔기후변화협약(UNFCCC: United Nations Framework Convention on Climate Change)이 채택된 이후, 산업화 이전과 비교하여 지구 평균기온 상승을 어느 수준에서 억제해야 하는지에 대한 논의가 대두되었다. 이제 국제사회에서 '탄소중립(Carbon Neutral)'은 광범위한 공감대와 합의를 기초로 국제규범이 되었다.

[그림 7-1] 탄소중립 개념도

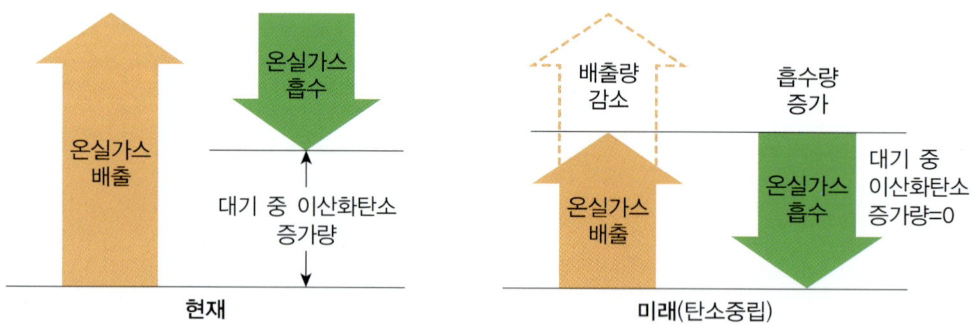

출처: 2050 탄소중립녹색성장위원회

7.1.2 탄소중립의 정의

탄소중립(Carbon Neutral)이란 탄소를 배출한 만큼 흡수하는 대책을 세워 실질 배출량을 '0'로 만드는 것을 말한다. 인간의 활동에 의한 온실가스 배출량을 최대한 줄이고, 남은 온실가스는 산림 등을 이용하여 흡수하거나 이산화탄소 포집, 저장 및 활용기술(CCUS: Carbon Capture Utilization and Storage)로 제거하여 탄소의 배출량과 탄소의 흡수량을 같게 만들어 탄소 순배출량이 0이 되도록 하는 것이며, '넷제로(Net-Zero)'라고도 한다.

탄소중립은 사람들에 의한 화석연료 사용 및 산림벌채 등으로 인한 인위적인 배출량과 해양 및 생물권에 의한 자연적인 흡수량 등이 같아져 대기 중의 이산화탄소 농도 증가율이 제로(0)가 되는 것을 의미한다. 인위적인 배출량이 자연 흡수량보다 많거나 자연 흡수량이 인위적인 배출량보다 적을 때 대기 중 이산화탄소 농도가 증가하게 되는 것이다.

탄소중립을 달성하기 위해서는 차량 및 공장의 화석연료 연소 등과 같은 인위적 배출량을 가능한 제로에 가깝게 최대한 줄여야 한다. 나머지 이산화탄소는 숲 복원 등의 흡수원을 확대하여 흡수량을 증가시키거나 탄소 제거기술, 즉 네거티브 배출기술(NET: Negative Emissions Technique)을 활용해 제거하여야 한다.

18세기 산업화 이후부터 현재까지 배출된 이산화탄소의 누적 배출량과 지구 평균온도 간에는 강한 상관관계를 보이고 있다. 이러한 관계는 산업화가 시작된 시점부터 지금까지 유지되고 있다. 이를 근거로 이산화탄소 누적 배출량과 지구 평균온도 사이의 선형성을 이용해 2100년 지구 평균온도가 특정 온도에 도달하게 하는 이산화탄소의 총 누적 배출량을 계산할 수 있다. 그 값에서 현재까지의 이산화탄소 누적 배출량을 뺀 값을 '탄소예산(Carbon Budget)'이라고 한다. 다시 말해 탄소예산은 지구 평균온도를 산업혁명 이전과 비교하여 지구 평균온도를 유지하기 위해 허용할 수 있는 탄소배출량의 상한선을 의미한다.

2021년 글래스고 기후합의(Glasgow Climate Pact)에서 지구 평균온도 상승폭을 산업화 이전 대비 1.5℃ 이내로 제한하기로 채택하였다. 이를 위해 잔여 탄소예산에 맞추기 위해 2100년까지 어떠한 추세로 탄소배출을 하여야 하는지가 결정되는 과정에서 이산화탄소 순배출량이 0(Net-Zero)이 되어야 하는 시기, 즉 탄소중립에 도달해야 하는 시기를 2050년으로 결정한 것이다. 이러한 탄소중립은 기후위기에 대응하여 안전하고 지속가능한 사회를 만들기 위한

2050년까지의 온실가스 감축목표이자 의지를 담고 있다.

7.2 | 탄소중립 추진 역사

1990년대 중반부터 2℃ 억제 목표에 대한 공감대가 형성된 후, 2009년 코펜하겐 합의에 포함되었으며, 2010년 칸쿤 합의에서 공식적으로 채택되었다. 1997년 교토의정서(Kyoto Protocol)와 같이 기후변화를 억제하기 위한 국제적인 협력이 있었으나, 그 이후 탄소배출량은 약 70%가량 증가하였으며, 기후위기는 더욱 심각한 수준이 되었다. 2015년 12월 파리협정(Paris Agreement)에서는 전 세계 195개국이 만장일치로 지구 평균 지표 기온 상승을 산업혁명 이전(1850~1900년 평균) 대비 2℃보다 훨씬 아래(well below)로 유지하고, 나아가 1.5℃ 아래로 억제하기 위해 노력해야 한다는 목표를 설정하였다.

[그림 7-2] 연도별 탄소중립 추진과정

제26차 당사국총회(COP: Conference of Parties)는 2021년 10월 31일부터 11월 14일까지 영국의 글래스고에서 열렸다. COP26에서 채택한 글래스고 기후합의의 내용을 살펴보면, 2015년 COP21에서 채택했던 파리협정의 목표보다 한 걸음 더 나아가 산업화 이전과 비교하여 온도 상승 억제 목표를 1.5℃ 이내로 설정하는 국제사회의 합의를 재확인하였다. 이를 위하여 2050년 탄소중립 목표를 달성할 수 있도록 2030년 국가 온실가스 감축목표(NDC: Nationally Determined Contribution)를 상향 조정하여 강화하기로 합의하였다.

2050년 탄소중립 달성을 위한 국제사회의 기후변화 대응에 대한 역사를 살펴보자.

7.2.1 유엔기후변화협약

기후변화에 관한 국제연합 기본협약으로는 유엔기후변화협약(UNFCCC)이 있다. 1992년 5월 9일에 채택되었고, 1994년 3월 21일 발효되었다. 가입국은 197개 국으로 협약 발표 이후, 1995년부터 매년 1회 당사국총회(COP)를 개최하고 있다. 우리나라는 1992년 6월 13일 가입하였다. UNFCCC의 목표는 인간이 기후체계에 위험한 영향이 미치지 않는 수준에서 대기 중 온실가스를 안정화(stabilization)하는 것이라고 명시하고 있다.

[그림 7-3] 주요 기후변화 대응과정

1992년 유엔기후변화협약	1997년 교토의정서	2015년 파리협정	2021년 글래스고 기후합의
• 가입국 197개국 • 각국의 능력에 맞게 온실가스 안정화	• 가입국 197개국 • 선진국(37개국)의 온실가스 의무 감축목표 부여	• 모든 국가가 온실가스 배출 감축에 참여 • 지구 평균온도 상승을 2℃ 이하로 유지 • 5년 주기로 이행 점검	• 지구 온도 상승을 1.5℃ 이내로 제한 • 2030년까지 석탄발전 단계적 감축 • 화석연료 보조금 단계적 감축

7.2.2 교토의정서

기후변화협약의 구체적 이행을 위해 선진국의 의무적인 온실가스 감축목표치를 규정하는 의정서로, 제3차 당사국총회(COP3)에서 1997년 12월 11일 채택되었다. 당사국은 192개국이며 우리나라는 1998년 9월 25일 가입하였다. 까다로운 조건으로 2005년에서야 발효되었다. 교토의정서에는 선진국들인 부속서 I 국가들에게만 2008~2012년까지 5년 동안 온실가스 평균 배출량을 1990년 배출량의 5.2% 감축하도록 의무적인 감축목표를 부여했다.

교토의정서의 주요 내용은 아래와 같다.

- **온실가스 물질 정의**(Annex A): 이산화탄소(CO_2), 메탄(CH_4), 아산화질소(N_2O), 수소불화탄소(HFCs), 과불화탄소(PFCs), 육불화황(SF_6), 삼불화질소(NF_3, 제2차 공약기간에 추가함)
- **감축의무규정**: 유엔기후변화협약 부속서 I 국가에 대한 감축목표를 구체화하고, 제1차 공약기간(2008~2012년) 동안 선진국 전체의 온실가스 배출량을 1990년 대비 평균 5.2% 감축하되 국가별로 차등화(EU 8% 감축, 미국 7% 감축, 일본 6% 감축, 러시아 0% 등)
- **시장메커니즘 도입**: 부속서 I 국가 간 온실가스 감축량을 이전할 수 있는 공동이행제도(JI: Joint Implementation), 배출권거래제(ETS: Emission Trading Scheme), 비부속서 I 국가에서 감축한 양을 부속서 I 국가로 이전할 수 있는 청정개발제도(CDM: Clean Development Mechanism) 도입

표 7-1 교토의정서 시장 메커니즘

구분	조항	주요 내용
공동이행제도 (JI)	제6조	부속서 I 국가(A국)가 다른 부속서 I 국가(B국)에 투자하여 온실가스 배출을 감축하면 그 가운데 일부를 A국의 감축으로 인정
청정개발제도 (CDM)	제12조	부속서 I 국가(A국)가 비부속서 I 국가(C국)에 투자하여 온실가스 배출을 감소하면 그 가운데 일부를 A국의 감축으로 인정
배출권거래제 (ETS)	제17조	온실가스 감축의무가 있는 국가들에 배출 할당량을 부여한 후, 해당 국가들이 서로 배출권을 거래할 수 있도록 허용

출처: 배성미(2021)

7.2.3 파리협정

2015년 12월 파리에서 열린 제21차 당사국총회(COP21)에서는 선진국과 함께 개발도상국도 온실가스 배출 감축목표에 참여하기로 한 파리협정(Paris Agreement)이 채택되었다. 파리협정의 특징은 인류 역사 최초로 지구 온도 상승 목표에 합의한 점이다. 지구의 평균온도 상승을 산업화 이전과 비교하여 2℃ 훨씬 아래(well below 2℃)로 억제하고 더 나아가 1.5℃를 초과하지 않도록 하는 합의가 이루어졌다. 이를 위해 선진국과 개발도상국 모두를 포함하여 자발적으로 온실가스 배출 감축목표를 설정하여 달성하기로 합의했다.

파리협정은 신기후체제에서 적용할 내용이 총 29개 조항으로 이루어져 있다. 목표와 의무 등의 주요 내용을 담고 있는 조항은 아래의 표와 같다.

▌표 7-2 ▌ 파리협정 주요 조항별 내용

조항	주요 내용
2조(목표)	산업화 이전 대비 온도 상승을 2℃ 이하로 유지하고 더 나아가 1.5℃까지 억제하기 위하여 노력
3조(총칙)	진전원칙으로 각 분야에 대한 NDC(국가 온실가스 감축목표) 제출
4조(감축)	세계적으로 조속하게 배출정점 달성, 5년마다 NDC 제출 의무 · 이행은 국내에 맡김
5조(REDD+)	산림을 포함하여 온실가스 흡수원과 저장고 보전
6조(국제탄소시장)	당사국들이 자발적으로 연계하여 온실가스 배출 감축량을 국제적으로 거래하는 것을 허용
7조(적용)	기후복원력을 높이고 기후변화에 대한 취약성을 감소시키기 위하여 적응능력을 배양
8조(손실과 피해)	기후변화로 발생한 손실과 피해문제의 중요성 인지
9조(재원)	선진국은 선도적으로 개발도상국을 위한 재원을 조성 · 제공하고 다른 국가들은 자발적으로 참여
10조(기술)	감축과 적응을 위하여 기술을 개발하고 개발한 기술을 이전하는 행위의 중요성 강조
11조(역량배양)	개발도상국의 역량을 배양하기 위하여 노력
13조(투명성)	감축 · 적응 행동 및 지원에 대하여 투명성 강화
14조(글로벌 이행점검)	5년 단위로 세계적으로 이행을 점검
15조(이행준수 메커니즘)	당사국이 파리협정을 이행하고 준수하도록 하기 위한 위원회를 설립하고 운영

출처: 환경부(2016)

파리협정은 당사국 모두에게 온실가스 감축목표(NDC)를 자발적으로 정하고 투명성을 바탕으로 각 당사국이 이를 이행하도록 규정하고 있다. 파리협정 당사국이 제출한 NDC가 2℃ 목표에 적절한지 검증을 위해 5년마다 글로벌 '이행점검(Global Stocktake)'체계를 구축하고, 그 결과를 고려하여 모든 당사국은 5년마다 기존보다 진전된 새로운 NDC를 제출하여야 한다.

파리협정은 2008~2012년까지 선진국 위주의 제한적으로 시행되었던 교토의정서를 전면적으로 확대하는 것이었다. 각 국가들이 자발적으로 감축목표를 설정하고, UN이 이를 5년 주기로 평가하는 상향식(bottom up) 방식이다.

표 7-3 교토의정서와 파리협정 비교

구분	교토의정서	파리협정
감축목표 (Target)	2012년까지 1990년 배출량 대비 5.2% 감축목표	• 지구 온도 상승 폭을 산업화 이전 대비 2℃ 이하로 2100년까지 유지 • 5년 주기로 국가별 감축목표 이행 현황 평가
규제 범위 (Coverage)	선진국 위주(EU, 일본 등)로 전체 배출량 15%	선진국 일부에서 개도국으로 확대(195개 국 참여)하여 전체 배출량 90%
배출권 확보방법 (Practice)	UN 주관 단일 메커니즘 활용 (CDM, JI)	UN 주도 메커니즘과 양자 협력방식 도입
배출권 승인기준 (Approval)	감축량 측정 가능성 위주	환경, 지속가능성 기준 강화

출처: IMI(2022)

7.2.4 글래스고 기후합의

제26차 당사국총회(COP26)는 2020년이 아니라 2021년에 열렸다. 매년 열렸던 당사국총회는 코로나19 대유행 탓으로 한해 연기되었다. 그리고 코로나19 대유행을 통해 기후위기가 질병위기(감염병 확산)와 연관이 있다는 사실이 새롭게 인식되었다. 코로나19로 인한 경제 극복 과정에서 유럽연합이 발표한 그린 뉴딜(Green New Deal)이 세계적인 화두가 되었다. 과거와 달리 온실가스 배출을 감축하는 녹색성장전략에 대해서 세계적인 관심이 확대되기 시작하였다.

2021년에 영국 글래스고에서 개최된 COP26에서는 글래스고 기후합의를 결정문으로 채택하였다. 지구 온도 상승 목표를 2℃로 하지 않고 1.5℃로 그 목표를 제한하고 기후행동을 강화해 나가기로 전면 합의하였다. COP26이 열리기 직전인 2020년 10월 말까지 193개 당사국 가운데 166개국이 2030 NDC를 제출하였다. UNFCCC 사무국에서 분석한 내용의 결과는 2030년까지 NDC를 모두 달성한다고 하더라도 2030년 배출량이 2019년 배출량 대비 5.9% 상승할 것이라는 내용을 담고 있다. 이렇듯 배출량 감축 노력이 없을 경우는 2019년 대비 13.7% 상승할 것으로 예상하는 데 비해 7.8% 감축하는 효과가 있지만, IPCC의 권고에는 미치지 못한다. 당사국들은 1.5℃ 목표 달성을 위하여 2030년 NDC를 수정 상향하여 제출하기로 하였다. 글래스고 기후합의 가운데 주목할 만한 것은 COP 합의문 최초로 "저감장치 없는 석탄발전(unabatedcoal)과 비효율적인 화석연료 보조금의 단계적 감축(phase down)"을 합의 문구로 포함하였다는 점이다.

7.2.5 샤름엘셰이크 이행계획

2022년 11월 이집트 샤름엘셰이크에서 열린 제27차 유엔기후변화협약 당사국총회(COP27)에서 '샤름엘셰이크 이행계획(Sharm El-Sheikh Implementation Plan)'을 채택하였다. 이번 총회에서는 198개 당사국이 모여 기후변화에 따른 '손실과 피해' 대응을 위한 재원 마련에 관한 문제가 UNFCCC 채택 이후 30년 만에 처음으로 채택되었다. 또한 기후변화에 가장 취약한 국가들을 위한 기금(Fund)을 설립하기로 합의한 것이 특징이다. 또한 지구 온도 1.5℃ 상승 억제를 위한 기후변화의 노력과 제26차 당사국총회(COP26)보다 진정한 참여와 행동을 촉구했다.

7.3 | 기후변화

7.3.1 기후변화의 개념 및 정의

최근 유럽, 북미, 아시아 등 전 세계적으로 이상고온현상 및 폭우 발생 등으로 인해 수많은 인명 및 재산 피해가 속출하고 있다. 2021년 6월, 유럽의 독일, 벨기에 등지에서 1,000년 만의 기록적인 폭우로 사상자가 200명 이상 발생하였고, 이어 7월 영국에서는 사상 첫 폭염 주의보가 발령하였다.

북미에서는 열돔현상으로 캐나다, 미국 등에서 폭염이 지속되고(2021년 7월, 미국 데스밸리 국립공원 최고 기온 56.7℃, 캐나다 밴쿠버 지역 최고 기온 48.6℃ 기록 등), 미국 서부지역에서는 산불이 확산되는 등 기후변화가 심각한 수준이다. 한편 아시아에서도 중국 허난성의 폭우로 지하철 승객 수십 명이 사망하고, 일본 시즈오카현에서 폭우로 인한 산사태 발생으로 30여 명이 사망하고 실종하는 피해가 발생하였다.

우리나라에서도 기록적인 폭염과 폭우, 한파 등으로 사회적, 경제적 피해가 심각해지고 있다. 최근 10년간(2009~2018년) 기상재해로 194명의 인명피해 및 약 20만 명의 이재민이 발생하였고, 그로 인해 재산 피해와 복구에 따른 경제적 손실은 약 12조 원에 이른다.

이렇듯 기후변화 대응은 더 이상 장기적 과제가 아니라 인간의 생존과 직결되는 시급한 현안이므로 구체적이고 신속한 행동이 필요한 상황이라 할 수 있다.

기후변화(Climate Change)란 자연적인 기후의 변동 범위를 벗어나 더 이상 평균적인 상태로 돌아오지 않는 기후계의 변화를 말한다. 기후변화는 기후의 상태변화가 기후 특성의 평균적인 변동성의 변화를 통해 확인되며, 그 변화가 수십 년 이상으로 지속되는 것을 말한다.

최근 10년(2006~2015년) 동안 관측된 지구 평균기온은 1850~1900년보다 0.87℃ 증가했다. 이는 10년에 0.2℃씩 증가하고 있다. 우리나라의 경우는 1912~2019년까지 평균기온이 10년마다 0.2℃ 비율로 상승하였다. 강수량은 약 10년마다 16.7mm 비율로 증가하고 있다. 또한 석탄, 석유 등 화석연료의 연소, 삼림 훼손, 농업활동 증가 등으로 대기 중 온실가스 농도가 높아지면서 온실효과가 증가하여 지표면의 평균온도가 상승하는 지구온난화현상이 심각해지고 있다.

7.3.2 기후변화의 원인

기후변화현상은 지구상의 생명체의 존재에 심각한 위협이 되고 있다. 그러나 기후변화는 지구의 역사에서 새로운 현상이 아니다. 이전의 모든 기후변화는 자연적 원인에 의해 주도되었으며, 지구의 환경은 시간이 지남에 따라 점차 정상적으로 복원되었다. 그러나 현재의 기후변화는 인위적 요인에 의해 완전히 주도되며 매우 빠른 속도로 발생하고 있다. 환경에서 일어나는 극단적인 변화는 지구의 완충능력의 한계를 뛰어넘어 정상으로 돌아올 가능성은 없다.

지구의 기후를 변화시키는 요인은 자연적 원인과 인위적 원인의 두 가지로 구분할 수 있다. 자연적 원인으로는 태양에너지의 변화, 지구공전궤도 및 자전축의 변화, 화산활동 등이다. 인위적인 원인은 이산화탄소 등 온실가스 농도 증가와 토지이용의 변화 등 외부강제력 변화에 따른 환경변화 때문에 발생한다.

(1) 자연적 원인

■ 태양에너지 변화

태양에너지는 수백만 년 이상 장기적인 별의 생애주기에 따른 에너지 변화뿐만 아니라 11년 주기의 흑점활동으로 인해 방출되는 에너지가 변한다. 지구에 도달하는 에너지가 감소하면 기온이 낮아진다. 태양의 복사에너지는 흑점이 많을 때는 크고, 반대로 적을 때 작아지는 특성이 있다.

■ 지구공전궤도 및 자전축의 변화

지구공전궤도의 변화는 세르비아의 과학자 밀루틴 밀란코비치(1879~1958년)가 지구의 기후변화를 설명하기 위해 최초로 제안하였다. 지구가 자전과 공전을 하며 지구공전궤도 이심률(E)과 자전축 경사(T)의 변화, 그리고 세차운동(P)에 따라 지구와 태양 사이의 거리가 달라진다. 이때 지구에 도달하는 태양에너지 양도 달라진다. 이러한 태양에너지의 변화가 지구기후에 영향을 미친다는 것이다.

■ 화산활동

화산활동으로 많은 양의 화산재가 방출하게 되면 그중 일부는 성층권에 도달하여 수년간 머무르면서 태양복사열을 반사한다. 이때 지구 표면에 도달하는 태양에너지가 감소하면서 냉각화되는 현상이 나타난다.

(2) 인위적 원인

■ 온실가스 농도 증가

IPCC에서 발표한 5차 평가보고서에 의하면, 인간은 기후시스템에 명백한 영향을 미치고 있으며, 최근 온실가스의 배출량은 관측 이래 최고의 수준이라 하였다. 산업혁명 이후 인간에 의해 막대한 양의 온실가스 등이 배출되었다. 경작을 위해 울창한 산림이 훼손되는 등 토지이용에 많은 변화가 있었다. 대기 중 이산화탄소 농도가 높아질수록 전 지구의 평균기온이 높아진다. 이산화탄소, 메탄, 아산화질소의 인위적인 온실가스 배출은 지구온난화의 원인일 가능성이 상당히 높다. 그중 이산화탄소의 배출량이 전체 온실가스 배출량의 상당한 부분을 차지하고 있다. 이러한 이산화탄소 배출의 증가는 전 세계의 경제성장과 더불어 인구증가에 의한 것이라 할 수 있다

■ 토지이용 변화

토지는 생물다양성뿐만 아니라 식량 공급 및 담수와 함께 인간이 살아가는 데 있어 필수적인 요소를 제공한다. 토지는 온실가스를 배출함과 동시에 흡수하는 요소이다. 지표면과 대기 간 에너지, 물, 에어로졸의 교환에 있어 아주 중요한 역할을 하고 있다. 기후변화로 인해 저지대의 해안지역, 하천의 삼각주, 영구동토 지역에서 토지 훼손이 심하게 나타났다. 지난 59년(1959~2018년) 동안 이산화탄소 전체 배출량의 82%는 화석연료에 의한 것이며, 나머지 18%는 토지이용 변화 때문에 배출된 것으로 추정하고 있다.

7.3.3 기후변화의 영향

기후변화는 인류에게 도전이다. 기후변화는 모든 생태계에 심각한 결과를 초래하고 우리의 생존을 위협하기 때문에 보다 효과적이고 시기적절한 행동이 필요하다. 인류의 생존이 위태로워지고 환경, 생물권 및 생물다양성의 보호를 반영하는 대응이 필요할 것이다.

현재의 온난화 수준에서 기후변화는 이미 전 세계적으로 치명적인 영향을 미치고 있다. 또한 기후변화의 결과에 대한 우려와 인류의 생존을 위한 심각한 문제로 인식해야 한다. 기후변화의 영향으로는 직접적인 영향과 간접적인 영향으로 구분할 수 있다.

(1) 직접적인 영향

■ 기후변화에 민감하며 전염병 발병률 증가

비브리오 콜레라와 지구 북반구의 환경 적응 및 전염 잠재력은 1980년대 이후 56% 증가했다. 말라리아 전염은 개발도상국에서 최근 5년 동안 39% 증가했으며, 신흥 아르보바이러스의 전염은 1950년 이후 13% 증가했다.

■ 폭염 증가

2016년과 2020년의 폭염은 세계인구의 건강에 막대한 영향을 미쳐 신체적, 정서적 안녕과 농업 작업의 효율성을 악화시켰다. 2020년까지 개발도상국의 극심한 더위로 인해 모든 잠재적 노동시간의 79%가 손실되었다.

■ 강우량 감소

최근 수십 년 동안 고온과 낮은 강우량으로 대규모 화재가 발생하고, 비생산적인 토지에서의 식량 생산 및 세계 여러 지역의 물 공급이 제한되고 있다.

■ 생물다양성의 변화

기온 상승으로 인해 개화시기가 점점 당겨지고 있다. 이는 꽃 알러지(allergy)의 시간이 길어짐을 의미하며 건강에 많은 영향을 미칠 수 있다. 또한 벌들의 개체수가 줄어들면 꽃의 수

분활동이 어려워져 열매 맺기가 어려워지고 세계적인 식량위기가 올 수 있다. 이러한 생물다양성의 변화로 인한 영향이 커지고 있다.

(2) 간접적인 영향

■ 사회적 문제

기후변화는 기상현상과의 충돌과 위기에 대응할 수 있는 자원의 부족으로 지구상에서 가장 가난하고 가장 취약한 사람들에게 영향을 미친다.

■ 건강 문제

화석연료의 연소는 기후에 영향을 미칠 뿐만 아니라 미세한 오염물질의 배출은 인체의 다양한 기관에 심각한 영향을 미친다. 이로 인한 결과는 심각하여 연간 700만 명이 대기오염으로 사망할 수 있는 것으로 추정된다.

■ 경제적 안정과 투자가치

우리는 신재생에너지로 점진적으로 전환해야 하며, 과거에 투자한 환경오염을 유발하는 기술에 대해 이제는 투자할 가능성이 없다.

■ 세대 간 정의

윤리적 책임을 바탕으로 우리의 미래 세대를 위해 환경 유산을 그대로 유지할 수 있도록 행동해야 한다. 우리 세대가 지금 아무것도 하지 않으면 지구는 되돌릴 수 없는 결과를 미래 세대에게 물려줄 것이다.

7.3.4 기후변화 시나리오

지구의 평균온도는 산업화 이전과 비교해 1℃ 상승했다. 만약 온실가스 배출을 줄이지 않으면 2050년에는 1.5℃에서 3℃ 사이로 평균온도가 증가하고, 2100년에는 4℃~8℃ 사이의 온도 상승을 예측하고 있다. 또한 인구 증가는 온실가스 배출을 증가시키고 산림에 의한 대기 중 이산화탄소 제거를 감소시키기 때문에 기후에 광범위한 영향을 미친다.

아무것도 취하지 않으면 지구 온도의 상승은 자연에 치명적인 영향을 미쳐 많은 생태계에 돌이킬 수 없는 변화를 일으키고 결과적으로 생명다양성을 상실하게 된다. 기온 상승과 기상현상의 심화는 세계경제에도 막대한 비용을 초래할 것이다.

이러한 측면에서 환경적 사고에 변화가 일어나고, 기후변화의 심각성을 알리기 위해 국제사회에 보고된 기후변화 시나리오는 SRES, RCP, SSP 등 세 가지 종류가 있다.

- SRES(Special Report on Emission Scenarios, 배출 시나리오에 관한 특별보고서)
- RCP(Representative Concentration Pathways, 대표농도경로)
- SSP(Shared Socioeconomic Pathways, 공통사회경제경로)

(1) SRES

SRES는 2001년 IPCC 3차 평가보고서에 사용된 배출 시나리오이다. 이산화탄소 예상 배출량에 따라 A1, A2, B1, B2 등으로 구성되어 있다. 인위적인 기후변화 요인 중에서 온실가스와 에어로졸의 영향에 의한 강제력만 포함하고 있다. 2100년까지 내용이 구성되어 있으며 UNFCCC 또는 교토의정서의 이행이나 추가적 기후변화 대응활동을 포함하고 있지 않다.

표 7-4 SRES 시나리오

종류	시나리오 설명
A1	미래 세계가 전반적으로 매우 빠른 경제성장을 가정
A1F	화석연료 중심
A1T	비화석연료 중심(기술발전이 전제)
A1B	모든 에너지 공급원 활용과 기술의 동등한 발전 가정
A2	A1 시나리오보다 자연적인 특이성을 강조, 지역에 따라 인구 증가 및 경제성장 차별화
B1	A1 시나리오보다 지속가능성을 중시(재생 및 효율을 중시하는 기술도입과 경제구조가 3차 산업 중심으로 변화)
B2	B1 시나리오보다 자연적인 해결책을 중시(전 지구적 해결책 중시)

(2) RCP

2013년 IPCC 5차 평가보고서에서 인간활동이 대기에 미치는 복사량으로 온실가스 농도를 정하였다. 하나의 대표적인 복사강제력에 대해 사회·경제 시나리오는 여러 가지가 될 수 있다는 의미에서 '대표(Representative)'라는 표현을 사용하며, 온실가스 배출 시나리오의 시간에 따른 변화를 강조하기 위해 '경로(Pathways)'라는 의미를 포함하고 있다.

RCP 시나리오는 총 4종(RCP 8.5/6.0/4.5/2.6)으로 구분한다. 숫자의 의미는 복사강제력을 말한다. 즉 온실가스 등으로 에너지를 변화시키는 영향력의 정도(온실가스로 인한 추가적인 지구흡수 에너지양)를 의미한다. RCP 8.5/6.0/4.5/2.6의 복사강제력은 입사 태양복사량의 약 3.6%, 2.5%, 1.9%, 1.1%에 각각 해당된다.

표 7-5 RCP 시나리오별 종류 및 2100년 기준 CO_2 농도

종류	시나리오 설명	2100년 기준 CO_2, 농도(ppm)
RCP2.6	지금부터 즉시 온실가스 감축 수행	420
RCP4.5	온실가스 감축정책이 상당히 실현되는 경우	540
RCP6.0	온실가스 감축정책이 어느 정도 실현되는 경우	670
RCP8.5	현재 추세(저감 없이)로 온실가스가 배출되는 경우	940

출처: 2050 탄소중립녹색성장위원회(2021)

(3) SSP

SSP는 IPCC가 2021년 6차 평가보고서 작성을 위해 각 당사국의 기후변화 예측 모델로 온실가스 감축 수준 및 기후변화 적응대책의 수행 여부 등에 따라 미래의 사회·경제 구조가 어떻게 달라질 것인가를 고려한 시나리오이다. 2100년 기준 복사강제력 강도(기존 RCP 개념)와 함께 미래의 사회·경제 변화를 기준으로 기후변화에 대한 미래의 완화와 적응 노력에 따라 [표 7-6]과 같이 다섯 가지의 시나리오로 구별된다. 시나리오는 인구통계, 경제성장, 기술 발달, 복지, 생태계 요소, 자원, 정책, 제도, 사회적 인자 등을 고려하였다.

표 7-6 SSP 시나리오별 의미

종류	시나리오 설명
SSP1-1.9	2100년까지 전 지구 지표 온도 상승을 1.5℃ 이하로 유지하기 위해 온실가스 감축을 철저히 할 것을 가정하는 경우
SSP1-2.6	재생에너지의 기술 발달로 화석연료 사용이 최소화되고, 친환경적으로 지속가능한 경제성장을 이룰 것으로 가정하는 경우
SSP2-4.5	기후변화 완화 및 사회경제 발전 정도가 중간 단계를 가정하는 경우
SSP3-7.0	기후변화 완화정책에 소극적이며 기술개발이 늦어 기후변화에 취약한 사회구조를 가정하는 경우
SSP5-8.5	산업기술의 빠른 발전에 중심을 두어 화석연료 사용이 높고 도시 위주의 무분별한 개발이 확대될 것으로 가정하는 경우

출처: 2050 탄소중립녹색성장위원회(2021)

IPCC 6차 평가보고서의 표준 경로는 [그림 7-4]와 같이 오른쪽에 표기된 SSP1-2.6(녹색 실선), SSP2-4.5(파란색 실선), SSP3-7.0(빨간색 실선), SSP5-8.5(보라색 실선)의 4종이다. 그 외에 표기되지 않은 선들은 표준 경로 외에 가능한 배출 경로를 나타낸다. 배출이 가능한 모든 경로의 전체 범위를 그림에 보이는 것과 같이 회색 음영으로 표기하였다. 과거 IPCC 5차 평가

[그림 7-4] 과거(1970~2014년) 및 미래(2015~2100년)의 온실가스 배출 경로

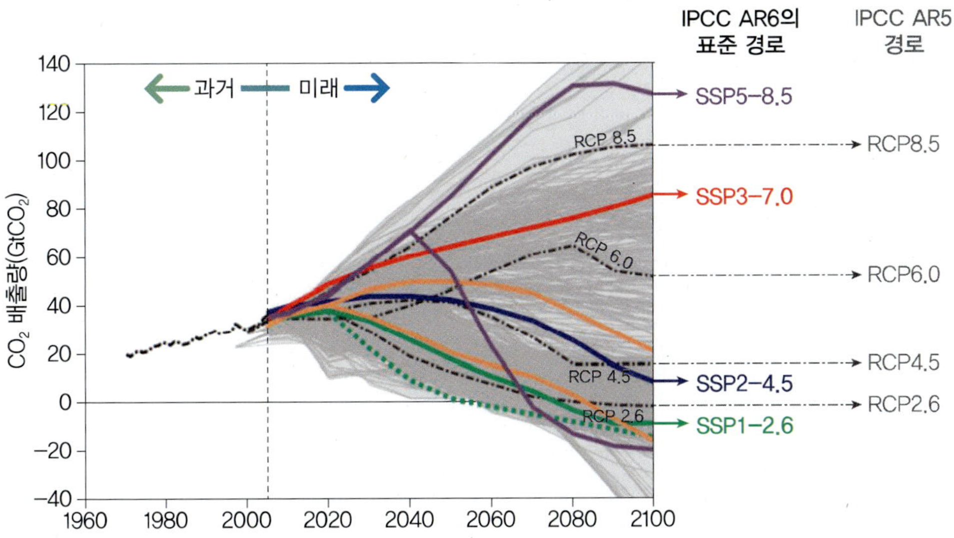

출처: 2050 탄소중립녹색성장위원회(2021)

보고서에는 4개의 RCP 시나리오(RCP2.6, RCP4.5, RCP6.0, RCP8.5)를 사용하였다.

7.3.5 지구 온도 상승 1.5℃ 의미

기후변화에서 지구 온도 상승을 1.5℃ 이내로 유지하는 것은 상당히 중요한 의미를 포함한다. 앞서 살펴본 바와 같이 기후변화로 인한 지구 온도 상승을 지금부터라도 관리하지 않으면 저지대의 섬과 일부 육지는 사라질 수 있다. 또한 혹한과 폭염 등의 날씨변화가 상상하지 못할 정도로 심각해질 것이고, 우리나라의 사계절은 더 이상 존재하지 않을지도 모른다.

이러한 기후위기에 맞서 전 세계가 한목소리를 내는 것이 바로 1.5℃ 이내로 지구 온도 상승을 억제하자는 것이다. 이 수준을 넘어서면 우리에게 미치는 영향이 어떤 것인지 살펴보자.

IPCC의 〈지구온난화 1.5℃〉 특별보고서에 따르면 지구 온도 상승을 1.5℃ 이내로 제한하게 되면 2℃ 상승했을 때보다 기후위기를 예방할 수 있고, 해수면 상승 측면에서도 0.1m 더

표 7-7 2100년까지 전 지구 평균온도 상승 1.5℃ vs 2℃ 영향 비교

구분	1.5℃	2℃
생태계 및 인간계	높은 위험	매우 높은 위험
중위도 폭염일 온도	3℃ 상승	4℃ 상승
고위도 한파일 온도	4.5℃ 상승	6℃ 상승
산호 소멸	70~90%	99% 이상
해수면 상승	0.26~0.77m	0.3~0.93m
북극 해빙 완전 소멸 빈도	100년에 한 번	10년에 한 번
어획량	150만 톤 감소	300만 톤 감소
대규모 기상이변 위험	중간 위험	중간~높은 위험
생물다양성 변화	곤충 6%, 식물 8%, 척추동물 4%	곤충 18%, 식물 16%, 척추동물 8%
기후영향 · 빈곤 취약 인구	2℃에서 2050년까지 최대 수억명 증가	
물부족 인구	2℃에서 최대 50% 증가	

출처: IPCC, 〈지구온난화 1.5℃〉 특별보고서

낮아진다고 밝힌 바 있다. 지구 온도가 1.5℃ 상승하면 여름철 평균온도가 3℃ 상승하고, 2℃ 상승할 경우에는 4℃ 상승할 것이다. 또한 빙하의 해빙이 진행되고 있는 지금보다 더 심각한 수준으로 변화할 것이다. 지구 온도가 2℃ 상승할 경우에는 10년에 한 번 해빙이 발생하지만 1.5℃에서는 100년에 한 번 해빙이 발생할 것으로 분석되었다. 수면 아래의 산호초는 1.5℃ 상승하면 70~90% 소멸하지만, 2℃ 상승할 경우 거의 99% 이상 사라지는 결과를 초래한다는 것이다. 1.5℃의 임계점을 넘긴다면 인류 생존에 있어 실질적인 위협을 받게 될 것이다.

7.4 | 온실가스

7.4.1 온실가스 개념 및 정의

온실가스는 지구를 따뜻하게 하는 주요인이다. 만약 온실가스가 없다면 지구 평균기온은 영하 19℃가 될 것이다. 그러나 다행히도 대기 중에 이산화탄소, 메탄, 수증기 등의 온실가스에 의해 지구의 평균기온은 약 14℃로 인류가 살기 좋은 기온을 유지하고 있다. 반면에 온실가스로 인해 지난 130여 년간 지구 평균기온이 상승하는 지구온난화가 나타나고 있다.

IPCC 제5차 보고서(2013)에서는 1950년 이후 나타난 지구온난화가 화석연료 사용 등의 인간활동에 의한 원인일 가능성이 95% 이상의 확률로 매우 높다고 결론을 내렸다. 에너지를 얻기 위해 사용된 석유, 석탄, 가스 등의 화석연료 사용은 지구온난화의 주범인 이산화탄소 농도를 지속적으로 증가시키고 있다.

온실가스란 지구를 둘러싸고 있는 기체이며, 지표면에서 우주로 발산하는 적외선 복사열을 흡수 또는 반사할 수 있는 기체를 말한다. 대기 중에 가스상태로 오랫동안 체류한다. 대부분의 태양복사 에너지를 투과시키고, 지표면에서 방출하는 지구복사를 이 기체가 흡수하거나 재방출하여 온실효과를 유발하는 물질을 말한다. 또한 온실효과를 유발하여 지표 온도를 상승시키는 대표적인 온실가스는 이산화탄소, 메탄, 아산화질소, 수소불화탄소 등이라 할 수 있다.

7.4.2 온실가스 종류 및 특성

유엔기후변화협약(UNFCCC)과 교토의정서에는 기후변화 및 지구온난화를 유발하는 온실가스 중 대표적인 여섯 가지의 가스를 아래와 같이 정의하였다.

- 이산화탄소(CO_2): 에너지 사용, 화석연료의 연소, 산림벌채 등
- 메탄(CH_4): 가축 사육, 음식물 쓰레기, 쓰레기 더미, 습지, 논 등
- 아산화질소(N_2O): 화석연료, 농업비료 사용, 산업공정에서 배출 등
- 수소불화탄소(HFCs): 에너지 냉매, 스프레이 제품 분사제 등
- 과불화탄소(PFCs): 반도체 세정제 등
- 육불화항(SF_6): 전기제품과 변압기 등의 절연제 등

표 7-8 온실가스 특성

온실가스	1750년 이전 농도	전 지구 평균 농도	체류시간 (년)	지구온난화 지수(GWP)	복사강제력 (W/m^2)	주요 배출원
이산화탄소 (CO_2)	280	396ppm	100~300	1	1.68	에너지 생산
메탄 (CH_4)	722	1824ppb	12	25	0.48	농업, 축산, 폐기물
아산화질소 (N_2O)	270	325.9ppb	114	298	0.17	농업, 비료, 산업공정
수소불화탄소 (HFCs)	0	−2324.0ppt −324.92ppt −134.62ppt	270 4.9 14	14,800 675 1,430	0.0043 0.0005 0.01	반도체 제조, 냉매
과불화탄소 (PFCs)	34.7	−1479ppt −1164.2ppt	50,000 10,000	7,390 12,200	0.004 0.001	세정제, 냉매, 발포제
육불화황 (SF_6)	0	7.79ppt	3,20	22,800	0.0041	전기전자 산업 절연체
염화불화탄소 (CFCs)	0	−11236ppt −12527ppt −11374ppt	45 100 85	4,750 10,900 6,130	0.062 0.17 0.022	냉매, 발포제, 세정제

* ppm: 100만 분의 1, ppb: 10억 분의 1, ppt: 1조 분의 1

출처: 2050 탄소중립녹색성장위원회(2021)

■ 이산화탄소(CO_2)

인간의 화석연료 사용 증가로 배출되는 대표적인 온실가스이다. 전 지구의 이산화탄소 평균 농도는 꾸준히 증가하고 있다. 대기 중에 머무르는 시간이 100~300년이며 전체 온실효과의 약 65%를 차지하고 있다. 화석에너지 사용 등 인간활동과 동·식물의 호흡과정, 유기물의 부패, 화산활동 등의 자연활동으로 대기 중에 배출된다. 식물의 광합성 작용과 해양에서의 자연적인 흡수로 배출된 양의 약 60%가 제거되지만, 나머지 40%는 대기 중에 머무르게 되어 이산화탄소 농도를 증가시키고 있다. 최근의 이산화탄소 농도 측정값은 산업혁명 이전의 280ppm보다 눈에 띄게 증가하고 있다. 지구의 이산화탄소 평균 농도는 2019년 409.8ppm을 기록하였고, 2022년 5월 하와이 마우나로아 관측소에서의 측정값은 420ppm을 기록하였다.

■ 메탄(CH_4)

이산화탄소 다음으로 중요한 온실가스 중 하나이다. 지구 온실가스 복사강제력 대비 약 17%를 기여하고 있다. 주요 배출원은 습지와 바다, 쌀농사, 대지의 사용, 발효, 화석연료 등 다양한 인위적인 요소와 자연적인 요소가 존재한다. 반면에 소멸원은 주로 대기 중에 있는 수산화이온(OH) 라디칼로 알려져 있다. 다른 온실가스에 비해 대기 중 체류시간이 12년으로 비교적 짧아 배출량을 줄인다면 가장 빠르게 효과를 볼 수 있는 온실가스이다.

■ 아산화질소(N_2O)

대기 중 체류시간이 114년 되는 온실가스이다. 복사강제력의 6%를 차지하고 있다. 발생원은 해양, 토양 등의 자연적인 요인과 화석연료 사용, 농업비료 사용, 생태 소각, 여러 산업공정에서 배출 등의 인위적인 요소가 있다. 아산화질소는 성층권으로 올라가면서 광분해되고, 성층권의 오존을 파괴하면서 소멸한다.

■ 수소불화탄소(HFCs)

오존층을 파괴하는 프레온가스로 염화불화탄소의 대체물질로 개발되었다. 냉장고 및 에어컨의 냉매 등 인공적으로 만들어 산업공정에서 많이 사용한다.

■ 과불화탄소(PFCs)

탄소(C)와 불소(F)의 화합물로 만든 전자제품, 반도체의 세척용, 도금산업, 소화기 등에 사용된다. 염화불화탄소의 대체물질로 개발되었다.

■ 육불화황(SF_6)

인공적인 온실효과를 유발하며 화학적·열적으로 안정된 기체이다. 전기가 통하지 않는 특성이 있다. 반도체 생산공정에서 대량으로 사용된다. 이산화탄소를 1이라고 가정했을 때 온실효과는 무려 22,800배로 가장 크다. 한 번 배출되면 이산화탄소는 200년까지 영향을 미치지만, 육불화황은 3200년까지 영향을 미친다. 대부분 성층권이나 그 상층에서 짧은 파장의 자외선에 의해 파괴된다.

■ 염화불화탄소(CFC)-11, 12, 113

프레온가스로 널리 알려져 있다. 오존층을 파괴하는 물질 중 하나이다. 1989년 몬트리올의정서에서 규제대상 물질로 지정되었다. 냉장고의 냉매, 발포제 등으로 사용된다. 계속된 배출로 농도가 꾸준히 증가하였으나, 1989년 몬트리올의정서 발표 이후 점차적으로 감소 추세에 있다.

7.4.3 온실가스 배출 현황

IPCC 6차 보고서에는 2030년까지 세계 온실가스 순배출량 43% 감축이 필요하다고 하였다. [그림 7-5]와 같이 1990년 전 세계적으로 온실가스는 약 이산화탄소 환산 38기가톤($GtCO_2eq$)이 배출되었다. 교토의정서와 파리협정으로 온실가스 감축을 위해 노력했음에도 불구하고 매년 지속적으로 증가하여 2019년 총배출량은 59$GtCO_2eq$로 55% 증가하였다.

2019년 기준으로 여섯 가지 온실가스 배출량의 구성을 살펴보면, 화석연료 연소 시 가장 많이 배출되는 이산화탄소(CO_2) 배출량은 전체 배출량 중 64%를 차지한다. 다음으로 농축산 부문과 폐기물 부문에서 많이 배출되는 메탄(CH_4)이 약 18%를 차지하고 있다. 다음이 LULUCF(Land Use, Land-Use Change and Forestry, 토지이용, 토지이용 변화 및 임업)에서 발생하는 이산화탄소

[그림 7-5] 전 세계 온실가스 배출량 추이(1990~2019)

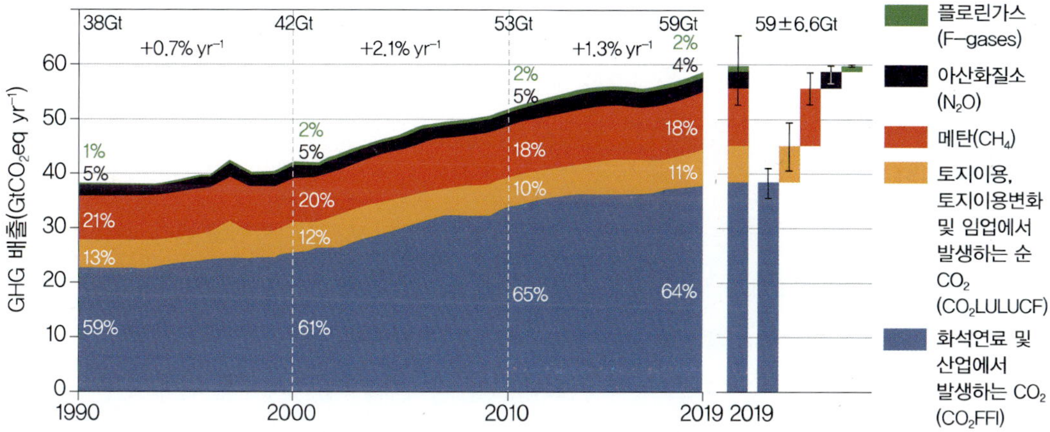

출처: UNEP(2020)

[그림 7-6] 주요국의 온실가스 배출량 추이

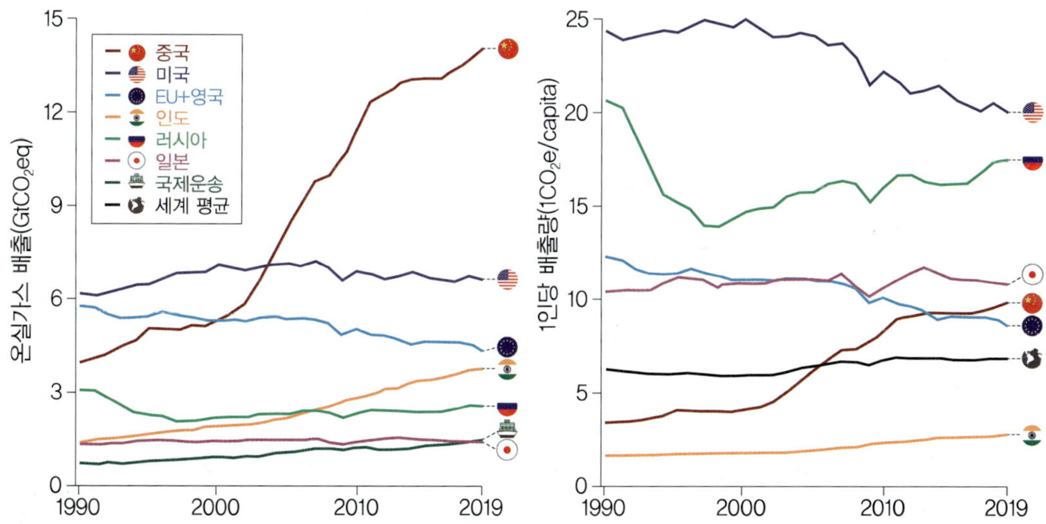

출처: UNEP(2020)

배출량이 11%를 차지하고 있다.

국가별로 살펴보면 2019년 기준 온실가스 배출량이 가장 많은 국가는 중국이 26%를 차지하고 있다. 미국이 뒤를 이어 13%를 차지하고 있다. 영국을 포함한 유럽연합 국가의 온실가스 배출량이 차지하는 비중은 9.3%이며 일본이 차지하는 배출량 비중은 2.8%이다. 선진국인 미국, 유럽연합 국가, 일본이 배출하는 온실가스가 전 세계 배출량에서 차지하는 비중은 약 25%이다. 개발도상국 중에서 온실가스 배출량이 많은 국가는 인도로서 전 세계 배출량에서 차지하는 비중은 6.3%이다. 중국과 인도가 차지하는 비중은 전 세계 배출량 대비 30%를 초과하고 있다.

2021년 유엔기후변화협약은 '파리협정에 따른 NDC 종합보고서'를 발표했다. 전 세계 온실가스 배출량은 2025년에는 548억 톤, 2030년에는 551억 톤이 될 것으로 전망했다. 이는 2010년과 비교하면 16.3%, 2019년 대비 5% 증가한 수준이다.

[그림 7-7]은 전 세계 온실가스 배출량 그래프를 나타내고 있다. 가장 위에 있는 노란색 선은 제출된 NDC 자료들을 근거로 분석한 온실가스 배출 전망이다. 이대로라면 2100년의 지구 온도는 2.7℃ 상승할 것으로 전망된다. 가장 아래에 있는 하늘색 그래프는 지구 온도를 1.5℃ 이하로 유지하기 위해 반드시 필요한 온실가스 배출량을 나타내고 있다.

[그림 7-7] 전 세계 NDC와 미래 전망

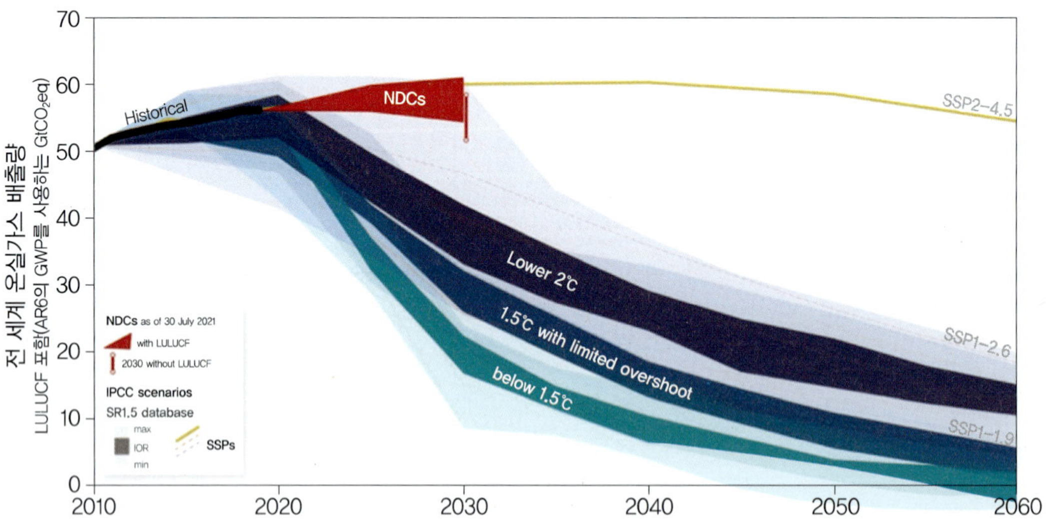

출처: UNFCCC(2021)

7.4.4 국가 온실가스 감축목표

(1) NDC의 개념 및 특징

국가 온실가스 감축목표(NDC)의 개념은 파리협정에 의해 5년을 주기로 각 회원국이 온실가스 배출에 대한 책임과 역량을 고려하여 자발적으로 얼마만큼의 온실가스 배출을 줄일 것인지를 결정하는 것이다. 각 당사국이 자국의 상황과 역량을 감안하여 자체적으로 설정한 온실가스 감축 및 적응에 대한 목표, 절차, 방법론 등을 포함한다.

NDC의 특징은 모든 당사국이 NDC를 제출할 의무를 갖고 있지만, 선진국과 개도국 등

표 7-9 주요 국가의 2030 NDC 갱신 사례

국가	기존 NDC	갱신 NDC
미국	2025년까지 2005년 대비 △26~28%	2030년까지 2005년 대비 △50~52%
중국	2030년까지 원단위(배출량/GDP) 기준 2005년 대비 △60~65%	기존 목표 유지
영국	1990년 대비 최소 △40%	1990년 대비 최소 △68%
EU	1990년 대비 최소 △40%	1990년 대비 최소 △55%
북한	BAU 대비 △8%, 국제사회 지원 시 △40.25%	BAU 대비 △16.4%, 국제사회 지원 시 △52.4%
노르웨이	1990년 대비 최소 △40%	1990년 대비 △50~55%
스위스	1990년 대비 △50%	기존 목표 유지
싱가포르	2030년까지 △36%(65MtCO_2eq)	기존 목표 유지
일본	2013년 대비 △26%	2013년 대비 △46%
칠레	123MtCO_2eq	95MtCO_2eq
뉴질랜드	2005년 대비 △30%	기존 목표 유지
베트남	BAU 대비 △8%, 국제사회 지원 시 △25%(산업부문 제외)	BAU 대비 △9%, 국제사회 지원, 협력 시 △27%(산업부문 포함)
러시아	1990년 대비 △25~30%	1990년 대비 △30%
브라질	2005년 대비 △43%	기존 목표 유지
호주	2005년 대비 △26~28%	기존 목표 유지

* BAU(Business As Usual): 온실가스 감축과 관련하여 '온실가스 배출 전망치'를 의미함

출처: 2050 탄소중립녹색성장위원회(2021)

많은 국가들의 참여를 유도하기 위해 NDC의 내용에는 법적 구속력이 없는 것이 특징이다. 단지, 법적 구속력이 없더라도 당사국은 NDC를 달성하기 위해 국가정책을 시행하여야 하고, 주기적(5년 단위)으로 이전보다 진전된 내용을 담은 새로운 NDC를 제출할 의무가 있는 것이다.

(2) 주요 국가의 NDC 동향

2021년 7월, 192개 당사국이 첫 번째 NDC를 제출하였고, 11개 국가는 2번째 NDC를 제출하였다. 세계 각국이 제출한 NDC를 평가한 UNEP 등의 분석에 의하면, 지구 평균기온은 3℃ 이상 상승할 것으로 평가되어 보다 의욕적인 감축목표 재설정이 필요하다고 하였으며, 이에 일부 국가들은 2030년 국가 온실가스 감축목표를 상향 조정하였다.

우리나라는 2016년 6월에 2030년 배출전망치 대비 37%를 감축목표로 제출하였다. 이후 2018년 7월에 2030 국가 온실가스 감축 수정 로드맵을 마련하고, 2019년 12월에는 「저탄소

[그림 7-8] 우리나라 온실가스 배출 추이와 NDC

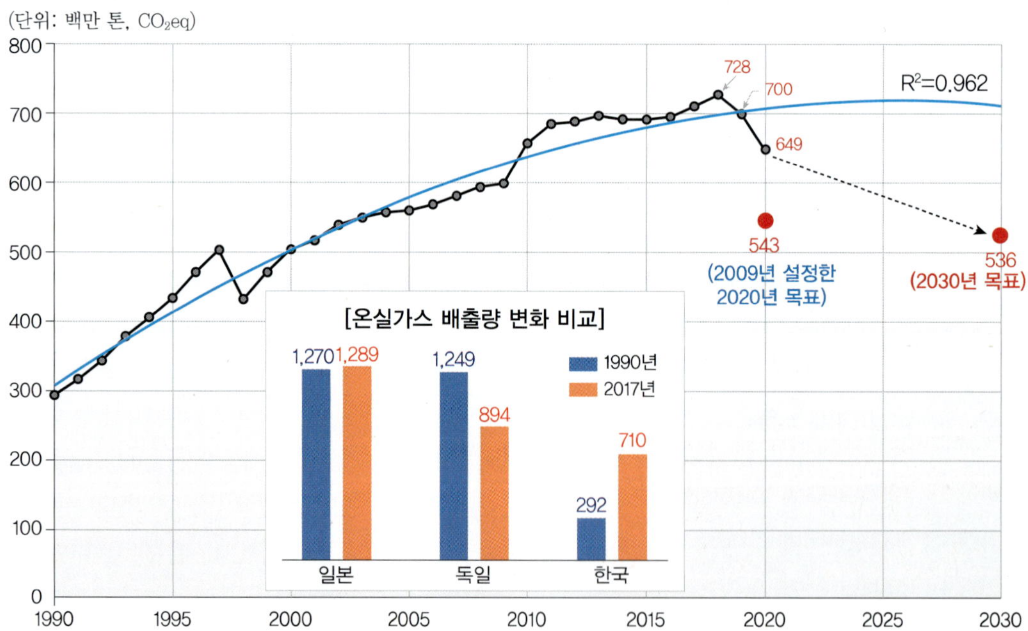

출처: 2050 탄소중립녹색성장위원회(2021)

녹색성장 기본법 시행령」을 개정하여 국가 온실가스 감축목표를 2017년 대비 24.4% 감축으로 변경하였다.

2020년 온실가스 배출량은 649백만 톤 CO_2eq(이산화탄소 환산량)로 2018년(728백만 톤 CO_2eq) 대비 10.9% 감소하였다. 하지만 2009년에 설정했던 2020년 목표배출량(543백만 톤 CO_2eq)을 미달성하였다. 현재의 2030년 감축목표(536백만 톤 CO_2eq)는 2009년에 설정했던 2020년 목표와 비슷한 수준으로 설정되었다. 향후에는 2030년 국가 온실가스 감축목표(NDC)를 2018년 대비 35% 이상으로 상향할 예정이다.

7.5 | 탄소중립 정책 및 제도

7.5.1 탄소중립·녹색성장 기본법

「기후위기 대응을 위한 탄소중립·녹색성장 기본법(탄소중립 기본법)」은 2050 탄소중립이라는 국가목표 달성을 위한 법정절차와 정책수단을 규정한 법으로 2021년 9월 24일 제정 및 공포되었다. 2022년 3월 25일부터 해당 법안이 시행되면서 우리나라는 2050 탄소중립 목표와 2030 국가 온실가스 감축목표(NDC)를 법제화한 14번째 국가가 되었다.

이 법안은 국가 비전으로 2050년 탄소중립을 명시하고, 이를 달성하기 위해 국가전략, 중장기 온실가스 감축목표, 기본계획 수립 및 이행점검 등의 법정절차를 체계화한 것이다. 특히 중장기 국가 온실가스 감축목표(NDC)를 2018년 대비 40%로 명시하였다.

법 시행 후 1년 이내 정부는 탄소중립 기본계획의 기간을 20년으로 수립(주기 5년)하고, 지방자치단체는 국가 기본계획을 고려하여 10년을 계획기간으로 하는 시·도 및 시·군·구 기본계획을 차례로 수립해야 한다. 여기에 탄소중립에 대한 사회 각계각층의 의견을 모으는 민관 협치기구인 '2050 탄소중립녹색성장위원회'를 새롭게 구성하여 탄소중립 기본방향과 주요 계획 및 정책에 대해 심의·의결하게 된다.

[그림 7-9] 탄소중립 · 녹색성장 기본법안체계

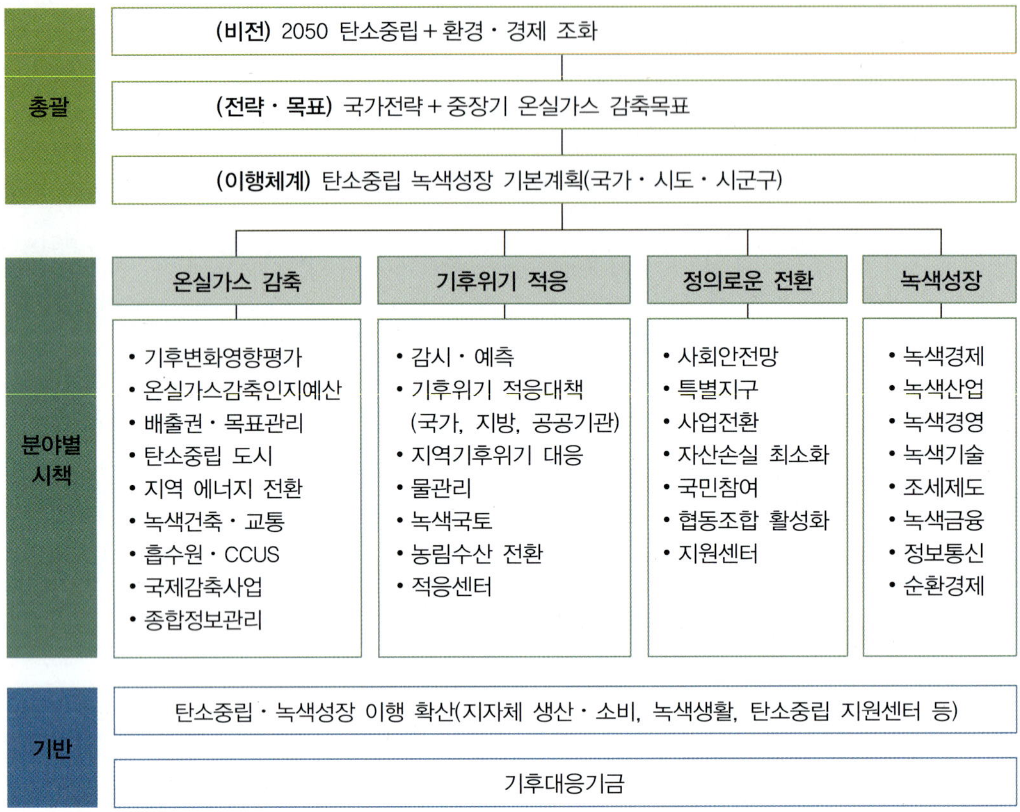

출처: 환경부

이 밖에 법안은 탄소중립을 실행하기 위한 실질적인 정책수단을 마련하였다.

첫째, 국가 주요 계획과 개발사업 추진 시 기후변화영향을 평가하는 '기후변화영향평가제도'를 마련하고, 둘째, 국가 예산계획 수립 시 온실가스 감축목표를 설정 · 점검하는 '온실가스 감축인지예산제도'를 도입하였으며, 셋째 산업구조 전환과 산업공정 개선 등을 지원하기 위한 '기후대응기금' 등을 도입했다. 이 중에서 '온실가스 감축인지예산제도'는 국가 예산이 온실가스 감축에 미칠 영향을 분석하여 예산편성에 반영하고, 결산 시 적정하게 집행되었는지를 평가하는 것으로 2023년부터 적용된다. 또한 기존에 전문가와 산업계 위주로만 참여했던 거버넌스의 범위를 미래 세대, 노동자, 지역주민 등이 참여할 수 있도록 확대하였다.

7.5.2 해외 탄소중립정책

(1) 유럽기후법

한국에 탄소중립 기본법이 있다면 EU에는 「유럽기후법(European Climate Law)」이 있다. EU 집행위원회는 2019년 12월, 2050년까지 EU를 '최초의 기후 중립 대륙'으로 만든다는 목표를 제시하고, 이를 위해 기후변화 및 환경 분야의 청사진을 담은 '유럽 그린딜(European Green Deal)'을 발표하였다. 유럽 그린딜은 에너지, 교통, 주택 등 8가지 부문으로 나누어 목표를 설정하고 있다. 에너지 부문에서는 기존의 화석연료를 대체하는 새로운 신재생에너지를 개발하는 사업을 적극적으로 추진하고, 교통 부문에서는 내연기관차를 전기차와 수소차 등으로 전환하는 목표를 세웠다. 그리고 유럽 그린딜의 기조에 맞추어 구체적인 실행안인 유럽기후법 초안이 마련되었다.

2021년 6월 28일 EU 회원국 및 유럽 의회가 유럽기후법을 공식 승인하면서 2050년 탄소중립 달성 목표를 법제화하는 유럽기후법의 제정절차가 모두 완료되었다. EU 내에서의 온실가스 순배출량을 2030년까지 1990년 대비 최소 55% 감축하고, 2050년까지 탄소중립을 이룬다는 내용이다. 이전에는 2030년까지 온실가스 배출량을 1990년 대비 40% 감축이 목표였으나, 이 법안은 감축목표를 55%로 상향 조정했다.

유럽기후법이 시행됨에 따라 회원국들은 EU의 총감축목표치에 맞추어 국가별로 자체적인 탄소배출감축계획을 마련하여야 한다.

표 7-10 유럽기후법에 포함된 주요 내용들

항목	내용
목표	• 2030년까지 온실가스 배출량 1990년 대비 55% 이상 감축 • 2050년까지 탄소중립 달성, 1950년 이후 마이너스 탄소배출 추구
방안	• EC는 모든 관련 정책 도구를 검토하고 필요시 수정안을 제안 • 2023년 9월, 그리고 이후 5년마다 EU 및 국가 단위의 조치사항들에 대해 평가 • 행동이 탄소중립 목표에 일치하지 않는 회원국에게 권고사항을 제시 • 과학자문위원회를 설치하고 독립적이고 과학적인 조언을 실시 • 산업 부문별 협조를 통해 각각의 로드맵 도출 • 마이너스 탄소배출을 추구하기 위한 탄소포집의 총량을 225MT로 제한

출처: 김재필(2022)

(2) FIT FOR 55

유럽기후법 발표 후 EU 집행위원회는 2021년 7월 14일, 기후위기 대응을 위한 입법 패키지 'FIT FOR 55'를 발표하였다. 2030년까지 온실가스 순배출량을 1990년 대비 55%로 줄이겠다는 계획이며, EU의 2050 탄소중립을 위한 중간 목표이다. 이 법안은 2030년까지 온실가스 배출량을 55% 감축하기 위하여 기후, 에너지, 토지 사용, 운송 분야 등의 주요 탄소배출 산업에 대한 온실가스 배출기준, 탄소가격과 과세 등을 통한 규제, 탄소감축 · 탄소중립기술에 대한 촉진방안 등을 포함하고 있는 12개 실행 법안과 사회적 공정 전환을 위한 지원대책까지 포함한 패키지 입법안이다.

구체적으로 '탄소국경조정제도(EU CBAM) 신설, EU 배출권거래제도(EU ETS) 신설, 에너지 관련 지침 개정, 내연기관 운송수단 규제, 해상 및 항공운송 분야 연료사용 규제, 사회적 공정성 확보를 위한 사회기후기금 등의 지원책을 다루고 있다. 이 법안의 주요 내용은 다음과 같다.

- 배출권거래제(EU ETS)의 적용대상을 확대하여 해운, 육상운송, 건축물 부문을 추가하고 항공 분야의 기준을 강화
- 일종의 탄소국경세인 탄소국경조정제도(CBAM: Carbon Border Adjustment Mechanism)를 도입하여 2026년부터 철강, 시멘트, 알루미늄, 전기, 비료의 5개 품목에 대해 EU가 수입하는 물품은 EU 배출권에 상당하는 탄소가격을 추가로 납부
- 재생에너지 지침(Renewable Energy Directive)을 개정하여 2030년까지 재생에너지 사용 비중을 40%로 상향 조정
- 에너지 조세지침(revision of the Energy Taxation Directive) 및 에너지 효율지침(Energy Efficiency Directive)을 개정하여 친환경 전환을 지원
- 토지 이용, 토지이용 변화 및 임업(LULUCF: Land Use, Land Use Change and Forestry)에 대한 규정을 개정하여 탄소흡수원을 확대
- 2035년부터 내연기관의 출시를 금지하고 강화된 탄소배출기준을 적용하며, 항공운송의 친환경 연료 사용을 의무화하고 해상운송의 온실가스 총량을 규제
- 친환경 전환과정에서 피해를 보거나 소외되는 계층을 지원하기 위한 사회기후펀드(Social Climate Fund)와 현대화펀드(Modernization Fund) 등을 조성하는 공정 전환 대책 마련

(3) 탄소국경조정제도

'FIT FOR 55'의 핵심이며 세계 각국의 관심을 받고 있는 것이 바로 탄소국경조정제도(CBAM)이다. EU는 세계 최초로 수입품에 환경부담금을 부과하는 탄소국경세를 도입하기로 했다. 탄소국경세란 탄소배출 규제가 완화된 국가로부터 수입되는 품목에 부과되는 관세이다.

EU 국가보다 탄소를 많이 배출하는 국가에서 생산되는 제품을 EU에 수출할 때 관세를 부가해 탄소누출(Carbon Leakage)을 방지하는 동시에, EU 내 생산제품의 가격경쟁력을 확보하겠다는 것이 목적이다. CBAM이 적용되는 품목은 철강, 알루미늄, 비료, 시멘트, 전력, 유기화학품, 플라스틱, 수소, 암모니아로 9개 품목이며, 제품의 생산과정에서 발생하는 탄소배출량 과세대상이다.

EU는 탄소국경세를 2026년부터 부과하는 법안 초안을 2021년 7월 14일 공개하였다.

▌표 7-11▐ 유럽 탄소국경조정제도

구분	주요 내용
추진일정	• 2021년 7월 14일: EU 집행위 탄소국경세 초안 공개 • 2023년: 도입시기(수입품 탄소배출량 및 기납부 탄소비용 보고) • 2026년: 본격 과세(탄소배출권 구매 의무)
적용품목	• 철강, 시멘트, 알루미늄, 비료 및 전기 • 2026년 이후 적용대상 확대 가능
과세대상	• 수입품 생산과정에서 발생하는 탄소배출량
과세방법	• 수입업자가 CBAM 적용 품목 수입 시 탄소배출량만큼의 '탄소배출권' 구매 • 수입자격 취득 → 인증서 구매 → (다음해)신고 및 인증서 제출 → 정산(남으면 환매, 부족하면 벌금)

출처: IMI(2022)

비슷한 시기에 미국은 바이든 행정부 출범 후 철강, 알루미늄, 시멘트 및 연료(석유, 천연가스, 석탄 및 파생제품) 등 탄소집약적 수입제품에 대해 탄소배출국경세(Carbon Emissions Border Tax)를 부과하는 내용을 담은 법안을 2021년 7월 19일 발의하였다.

표 7-12 미국 탄소국경제도

구분	주요 내용
추진일정	• 2021년 7월 19일: 미국 의회 탄소국경세 법안 발의 • 2023년: 도입시기 • 2024년: 본격 과세(탄소국경세 부과 및 납부)
적용품목	• 철강, 알루미늄, 시멘트산업 • 석유, 천연가스, 석탄 및 파생제품(연료) • 기타 미국 재무장관이 필요하다고 판단하는 제품 • 미국 수입의 12% 정도가 과세대상으로 추정
과세대상	• 수입품 생산과정에서 발생하는 탄소배출량
과세방법	• 국내 환경비용 x 탄소배출량(미국 내 발생하는 환경비용으로 미국 재무부에서 사전 책정) • 외국 제조업체가 미국에서 제품을 생산할 때 부담할 탄소비용과 비슷한 수준으로 과세 예상

출처: IMI(2022)

7.5.3 탄소가격제

국제사회의 온실가스 감축 노력의 일환으로 탄소위험을 측정하기 위한 탄소가격의 도입이 확대되고 있다. 탄소가격제(Carbon Pricing)란 탄소에 가격을 매겨 온실가스 배출을 비용으로 인식하도록 해 온실가스 감축을 유도하는 정책수단이다. 탄소가격제는 오염자 지불(Polluter Pays)의 원칙에 따라 시장 메커니즘을 활용해 탄소발생을 줄이는 것을 목적으로 하고 있다. 오염자가 탄소발생을 줄이는 금전적 인센티브를 통해 환경오염 발생을 억제하는 동시에 청정기술 투자 유도 및 신규 수익창출이라는 장점도 존재한다.

탄소가격제는 온실가스 배출로 인한 외부비용을 측정하는 수단으로 탄소세, 배출권거래제, 크레딧 메커니즘, RBCF(Results-Based Climate Finance), 내부탄소가격 등 다섯 가지 유형으로 구분된다. 기업은 내외부 환경에 가장 적합한 유형의 탄소가격을 선택하여 활용할 수 있다.

표 7-13 탄소가격제의 다섯 가지 유형

구분	내용
탄소세 (Carbon Tax)	온실가스 배출에 대한 직접적인 가격 부과를 통해 청정에너지 사용 전환 인센티브 부여(가격 고정, 감축량 불확실성 존재)
배출권거래제 (ETS)	특정 부문의 총감축목표를 설정하고 규제대상이 되는 기업이 시장에서 거래를 통해 달성(감축량 고정, 가격 불확실성 존재)
크레딧(Crediting) 메커니즘	프로젝트 결과물로 발생한 배출량 감축분을 제3자 검증을 거쳐 크레딧(배출권)으로 인정받아 배출권이 필요한 기업에 판매
RBCF (Results-Based Climate Finance)	사전에 설정된 감축목표를 달성(제3자 검증 필요)할 경우 자금 지원을 받는 구조로 RBCF를 통해 민간부문 탄소시장 활성화
내부탄소가격 (Internal Carbon Pricing)	정부나 기업 등이 탄소 사용에 자체 내부 가격을 설정 및 반영해 저탄소 기술에 투자를 촉진하고 미래의 기후정책과 규제를 대비

출처: Carbon Pricing Leadership Coalition 홈페이지

위 다섯 가지 유형 중 가장 일반적인 탄소세와 배출권거래제에 대해 좀 더 살펴보자.

(1) 탄소세

OECD는 2011년 보고서에서 시장 기반 탄소감축수단으로 탄소세(Carbon Tax) 도입을 권고하였다. 2019년 1월에는 노벨경제학상 수상자 28명과 미연준의장 4명을 포함하는 미국 경제학자 3,500여 명이 탄소감축수단으로 가장 비용효율적인 연방탄소세와 탄소국경조정세의 도입을 주장하였다. 탄소세는 1990년 핀란드에서 처음 시행되었다. 2021년 현재는 주로 EU 국가를 중심으로 25개국에서 실시 중이다.

탄소세는 온실가스 배출량을 줄이기 위해 탄소를 함유하거나 배출하는 제품을 생산하는 기업에 부과되는 일종의 종량세이다. 세계은행은 파리협정 이행에 필요한 탄소가격 수준을 2030년까지 이산화탄소 톤당 50~100달러 수준으로 추정한다. 이는 석탄 및 천연가스의 한계세율 하한으로 간주되는 이산화탄소 톤당 30달러에 비해 매우 높은 수준이다.

따라서 탄소세가 순조롭게 도입되기 위해서는 조세저항을 극복하려는 노력이 필요하다. 기업들이 탄소세로 인한 생산제품의 원가상승으로 경쟁력이 약화되면 상대적으로 탄소규제가 약한 국가로 생산기지를 이전할 수 있다. 이러한 탄소누출현상을 방지하는 제도적 장치

가 마련되어야 한다.

탄소누출문제를 해결하고 글로벌 차원에서 탄소감축 노력이 성과를 얻기 위해서는 개별 국가에서 탄소세 도입 시 탄소국경조정(CBA: Carbon Border Adjustment) 도입에 대한 논의도 함께 이루어져야 한다.

(2) 탄소배출권거래제

탄소배출권거래제(ETS: Emission Trading Scheme)란 정부가 탄소 전체 배출 허용 총량을 설정하고 국내 사업자가 그 범위 내에서 배출권을 할당받는 제도이다. 사업자는 모자라거나 남는 배출권을 시장에서 사거나 팔 수 있다. 우리나라는 「온실가스 배출권의 할당 및 거래에 관한 법률(배출권거래법)」에 따라 2015년 1월부터 시행하였다.

온실가스 감축 여력이 높은 기업은 보다 많이 감축하여 정부가 할당한 배출권 중 초과 감축량을 시장에 판매할 수 있다. 그러나 감축 여력이 낮은 기업은 직접적인 감축을 하는 대신 배출권을 살 수 있어 비용절감이 가능하다. 각 기업이 자체의 감축 여력에 따라 온실가스 감축 또는 배출권 매입 등을 자율적으로 결정하여 온실가스 배출 할당량을 준수할 수 있다.

2020년 9월 29일 제3차 계획기간(2021~2025년) 배출권 할당계획을 발표하였으며, 12월 24일 할당을 완료하였다.

[그림 7-10] 배출권거래제 개념도

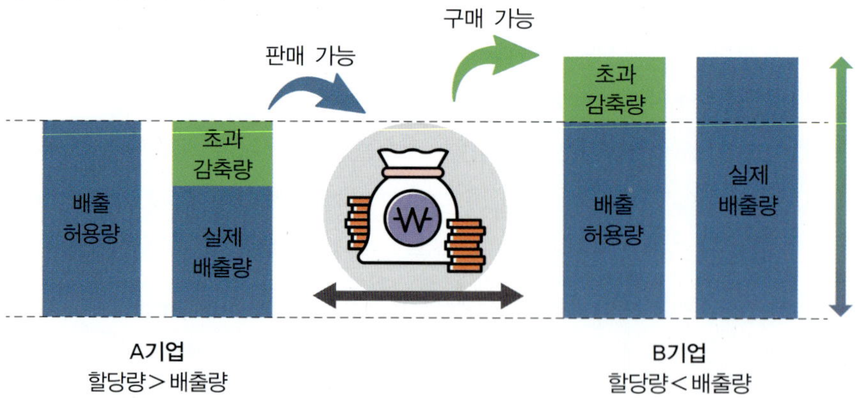

출처: 대한상공회의소(2022)

표 7-14 국내 배출권거래제 계획기간별 운영

구분	제1기 (2015~2017년)	제2기 (2018~2020년)	제3기 (2021~2025년)
주요 목표	경험 축적 및 거래제 안착	상당 수준의 온실가스 감축	적극적인 온실가스 감축
제도운영	• 상쇄인정범위 등 제도의 유연성 제고 • 정확한 측정 · 보고 · 검증(MRV) 집행을 위한 인프라 구축	• 거래제 범위 확대 및 목표 상향 조정 • 배출량 보고 · 검증 등 각종 기준 고도화	• 신기후체제 대비 자발적 감축 유도 • 제3자 거래제 참여 등 유동성 공급 확대
할당	• 전량 무상할당 • 목표관리제 경험 활용	• 유상할당 개시(무상: 97%, 유상: 3%) • 벤치마크 할당 등 할당방식 선진화	• 유상할당 비율 확대(무상: 90%, 유상: 10%) • 선진적 할당방식 정착
할당대상업체	592개사	641개사	684개사
할당량	1,686백만 톤	1,777백만 톤	3,048백만 톤

탄소세와 배출권거래제에 대하여 몇 가지 측면에서 비교하면 [표 7-15]와 같다.

표 7-15 탄소세와 배출권거래제의 비교

구분	탄소세	배출권거래제
규제방식	직접 규제에 해당	경제적 유인제도에 해당
경제적 효율성	온실가스 감축을 달성하는 데 발생하는 총비용을 줄이는 데 효과적	
형평성 및 배출자 부담 측면	• 세수 환원방법에 의해 형평성이나 배출자 부담이 결정 • 세수 활용방법에 따라 배출자 부담이 변화	• 배출권을 할당하는 방법에 따라 참여자의 부담 수준이 변화 • 경매수입을 환원하는 방법에 따라 참여자의 부담 수준이 변화
탄소가격 형평성 측면	세율의 적정수준 결정이 어려워 탄소가격에 대한 형평성 확보 어려움	수요와 공급에 따른 시장에 의해 가격이 형성되므로 형평성 확보 용이
정책 수용 측면	• 조세저항 가능성 존재 • 세수 활용방법에 따른 특정 배출자의 반대 • 타 조세정책과의 조화가 필요	• 배출권 할당방법 및 온실가스 감축목표에 대한 다각적 의견 수렴 어려움 • 정책 도입에 대한 산업계의 반대
국제연계 측면	정부 간 협약을 통해서만 협력 가능	제도를 도입한 타 국가들과 연계 가능

7.6 | 주요국의 탄소중립 동향

7.6.1 유럽연합

유럽연합은 2019년 12월에 기후·환경 비상사태를 선언하고 2050년까지 유럽연합 회원국들에게 탄소중립을 약속할 것을 촉구하는 결의안을 채택하고, 2050년 탄소배출 중립목표를 담은 유럽 그린딜(European Green Deal)을 발표하였다. EU는 유럽 그린딜을 제1국정 어젠다로 선정하고, 기후변화에 대한 대응전략으로 채택하였다. EU가 그린딜을 추진하는 것은 탄소중립경제로의 전환을 신성장동력으로 삼고 선도자로서 국제경쟁력을 확보하려는 목적을 가진 것이라 할 수 있다.

표 7-16 | 유럽연합의 2050 탄소중립 정책목표 및 주요 사업

구분	정책목표	주요 사업
영국	2050년 온실가스 순배출 제로	• 2035년 내연기관차 완전 퇴출 • 재생에너지 발전 확대 • 가스난방 확대 • 청정 숲지대 확산
덴마크	2050년 기후중립사회 달성 (Together for a Greener Future(2018))	• 2030년까지 내연기관차 판매 중단 • 모든 시내버스 친환경화 • 내연기관 택시 퇴출
핀란드	• 2035년까지 탄소배출 중립 달성 • Climate Change Act(2015)이 정한 2045년 탄소배출 중립 달성을 10년 앞당김	• 풍력 및 태양광 확대 • 난방 및 수송 부문의 전력화 • 바이오에너지 현행 대비 10% 확대
프랑스	2050년 탄소배출 중립 달성	• 에너지·기후법(Loi-Énergie-Climat) • 2022년 모든 광역시 내 석탄발전 중지 • 저탄소 전략 5년 주기 점검 • 2030년 발전믹스(mix)의 40% 탈탄소화
독일	2050년 온실가스 1990년 대비 95% 감축	• 기후보호프로그램 2030 발표(2019) • 에너지 효율 및 재생에너지 확대, R&D 강조 • 생태세제 개혁, 교육 및 정보공유 확대
아일랜드	2050년 탄소배출 중립 (국가기후계획, 2019년 6월)	• 2030년 내연기관차 판매금지 • 건물 분야 온실가스 감축계획 마련 및 실천

포르투갈	2050년 탄소배출 중립 달성 로드맵 (2018년 12월)	• 바이오연료 및 전기차 도입으로 수송부문 탈탄소화 • 농업 및 임업, 폐기물 처리 분야 감축
스위스	2050년 넷제로(Net-Zero) 배출 달성 (2019년 8월)	• 탄소세 강화(항공료 탄소세 부과, 수입 연료관세 인상) • 2020년부터 난방 개보수 건물에 대해 면적당 온실가스 최대배출기준(20kg CO_2eq/m^2) 적용

출처: 김성균 · 김민주(2019)

7.6.2 미국

바이든 대통령은 취임과 동시에 파리협정에 재가입했으며, 2035년까지 전력부문 탈탄소화를 추진하고, 2050년까지 탄소중립을 목표로 하고 있다. 탄소중립 달성과 100% 청정에너지 경제를 위해 2030년까지 연방정부 1조 7,000억 달러를 포함하여 총 5조 5,000억 달러를 투자할 계획이다. 2035년 전력 부문의 탄소중립을 위해 재생에너지 비중을 확대하고 기존의 가스발전(탄소포집)과 차세대 원전을 활용하며 2035년까지 석탄발전을 전면 폐쇄할 계획이다. 바이든 대통령 임기 중 2025년까지 태양광 패널 5억 기 설치, 풍력 터빈 6만 기를 설치하는 등 재생에너지 부문에 대대적인 투자를 확대할 예정이며, 탄소중립을 달성하기 위한 주요 목표는 다음과 같다.

- 2050년 이전 100% 청정에너지경제 및 탄소중립
- 2035년까지 발전 부문 탄소 무배출
- 2035년까지 건물 부문 탄소배출량 50% 감축
- 2030년까지 전기차 충전소 50만 개 신설

7.6.3 중국

시진핑 중국 국가주석은 2020년 9월 UN 총회에서 2030년까지 탄소배출을 감소세로 전환하고, 2060년까지 이산화탄소 순배출량을 제로로 하는 탄소중립을 실현하겠다고 선언했다. 코로

나 이후에는 세계경제의 '녹색회복(Green Recovery)'을 주장하며 파리기후협약에 따라 적극적인 온실가스 배출량 감축을 추진하는 2060년 탄소중립목표를 제시하였다. 이는 전 세계 온실가스 배출량의 약 28%를 차지하는 중국이 탄소중립에 대한 목표를 처음으로 설정한 사례이다. 개발도상국으로서 온실가스 감축에 소극적인 모습만을 보여 왔던 중국이 적극적인 행보를 보임에 따라 긍정적인 평가와 더불어 실현 가능성에 대한 회의적인 평가가 동시에 존재한다.

2020년 10월 발표한 '14차 5개년 계획(2021~2025)'은 녹색전환에 대한 계획을 포함하고 있다. 경제의 지속가능한 발전과 신성장동력의 원동력으로 녹색전환을 강조하고 있다. 향후 탄소배출을 감축하여 탄소중립목표를 달성하기 위해 석탄중심의 화석에너지의 구조, 화석에너지 위주의 불균형적 에너지 소비구조를 변환해야 하는 것은 중국 정부의 핵심과제라 할 수 있다.

7.6.4 일본

일본 정부는 유엔 산하 '기후변화에 관한 정부 간 협의체'인 IPCC의 2015년 파리협정과 2018년 권고안에 따라 2020년 12월, '2050년 탄소중립 실현을 위한 녹색성장전략'의 초안을 발표하였고 2021년 6월 이를 확정하였다. 이 정책의 특징은 기후변화 대응을 경제성장의 제약으로 보지 않고 새로운 성장의 기회로 삼아 산업구조와 사회경제적 변혁을 도모하기 위한 산업정책으로서 '녹색성장전략'을 수립하였다는 점이다.

일본 정부는 산업정책의 관점에서 성장이 기대되는 분야나 산업을 선별하기 위해 우선 2050년 탄소중립을 실현하기 위한 에너지 정책 및 에너지 수급의 목표를 안전(Safety)으로 하고, 에너지의 안정공급(Energy Security), 경제성(Economy), 친환경(Environment)을 동시에 달성하는 'S+3E'를 설정하였다. 이러한 설정하에 성장이 기대되는 산업을 14개 분야로 도출하고 분야별 세부목표를 설정한 후 그 정책 대응방안을 제시하는 녹색성장전략이 마련되었다. 녹색성장전략에는 2050년 탄소중립 실현을 위해 혁신적인 민간기업의 참여와 투자를 독려하고 지원하며, 예산 지원(녹색혁신기금의 조성), 세제개혁, 금융 지원, 규제개혁 · 표준화, 국제협력, 대학 지원, 인력 육성 등의 정책을 담고 있다.

7.6.5 한국

한국은 탄소중립목표를 제출하기 전부터 탄소감축을 위해 꾸준히 노력하고 있다. 2009년에는 2020년 BAU 대비 30%를 감축하는 목표를 세우고, 2015년에는 2030년 37% 감축목표를 수립하였으며, 2015년부터 온실가스 배출권거래제를 시행하고 있다. 2016년 6월에 2030년 배출전망치 대비 37%를 감축목표로 제출하였다. 이후 2018년 7월에는 2030 국가 온실가스 감축 수정 로드맵을 마련하고, 2019년 12월에는 「저탄소 녹색성장 기본법 시행령」을 개정하여 국가 온실가스 감축목표를 2017년 대비 24.4% 감축으로 변경하였다. 2020년 10월 문재인 대통령은 2050년까지 탄소중립을 실현하겠다고 밝혔다. 2021년 8월 31일 탄소중립 초안이 발표되고 9월까지 산업 · 노동 · 시민사회 등 각 계층의 의견을 수집하여 최종안을 확

[그림 7-11] 한국 탄소중립 진행과정

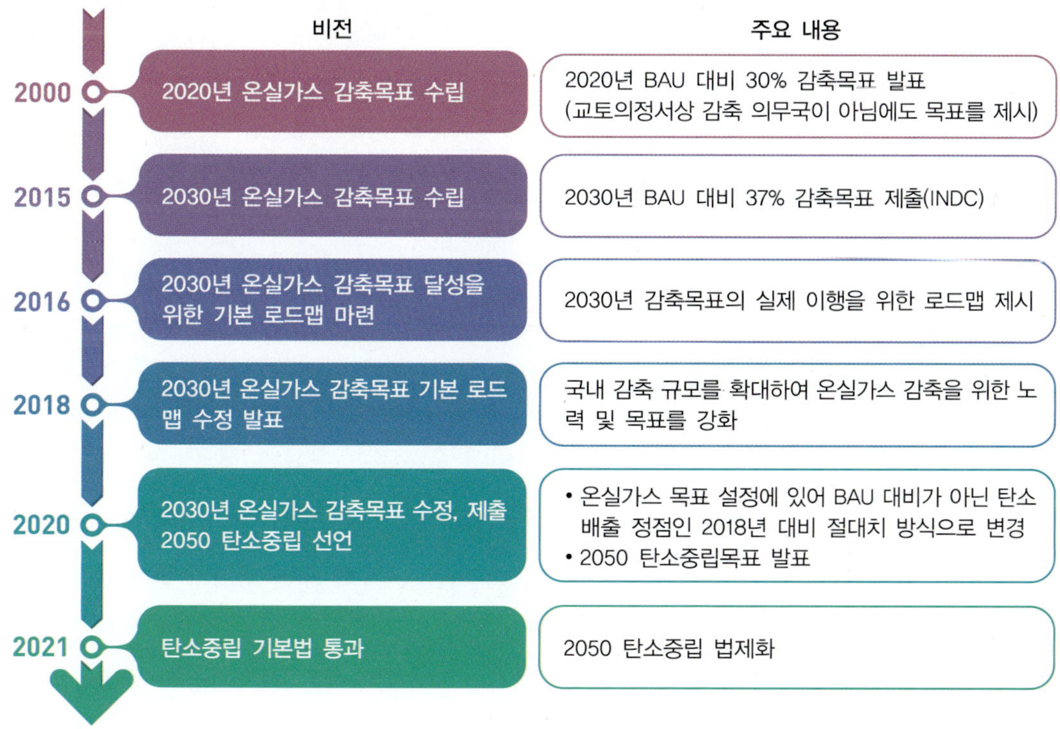

출처: 국회예산정책처

정하여 10월에 공식 발표하였다. 이때부터 한국은 2050 탄소중립 법제화가 마련되었다.

앞서 살펴본 주요 국가들의 탄소중립정책을 요약정리하면 [그림 7-12]와 같다.

[그림 7-12] 주요국의 탄소중립목표 및 관련 정책

EU	미국	중국	한국
2050년 탄소중립 (2019년 12월 발표)	**2050년 Net Zero 달성 목표**(2020년 7월 발표)	**2060년 탄소중립** (2020년 9월 발표)	**2050년 탄소중립 선언** (2020년 10월 발표)
• 2030년 온실가스 감축 목표 상향 조정(40%→55%) – 탄소국경세 2021년 상반기 도입 검토 중 • 2021년 7월 탄소국경세 법안 초안 발표계획 • 향후 10년간 최소 1조 유로 조성계획 –연평균 130조 원 투자	• 바이든 행정부 친환경 드라이브 가속화 – 에너지 전환, 기후변화 대응 인프라에 4년간 2조 달러 투자 – 전력 부문 2035 탄소 배출제로 달성 – 친환경차 산업 육성 및 캘리포니아식 연비규제 강화 – 기후변화 국제공조 주도(파리협정 재가입)	• 제14차 5개년 계획(2021~2025년) 내 이행계획 포함 – 기존 친환경 산업정책 추진력 강화 – 주요 산업 녹색전환 등 녹색성장 가속화, 탄소감축방안 구체화, 전국 탄소배출권 거래시장 도입 – 2037년 전기차 비중 화석연료 차량 추월 전망 등	• 적응적(adaptive) 감축에서 능동적(proactive) 감축으로 전환 • 3대 정책 방향(10대 과제 선정 – 2025년 2030 국가 온실가스 감축목표 상향 조정 추진 – 경제구조의 저탄소화, 유망 저탄소산업생태계 조성, 탄소중립사회로의 공정전환

출처: 대한상공회의소(2021)

7.7 | 탄소중립 시나리오

2021년 10월 한국 정부는 2030 국가 온실가스 감축목표(NDC)와 2050 탄소중립 시나리오를 확정했다. IPCC의 〈지구온난화 1.5℃〉 특별보고서를 근거로 모든 국가가 2050년 탄소중립을 추진한다는 전제하에 국외 감축분이 없는 2050년을 가정하고 최종 시나리오를 발표하였다. 2050 탄소중립 시나리오의 비전은 기후위기로부터 안전하고 지속가능한 탄소중립 사회를 만드는 것이다. 2050 탄소중립 시나리오의 원칙은 책임성, 포용성, 공정성, 합리성, 혁

[그림 7-13] 2050 탄소중립 시나리오 원칙

출처: 산업통산자원부(2021)

신성 등 다섯 가지로 구성되어 있으며, [그림 7-13]과 같다.

최종 시나리오의 구성은 두 가지 안으로 되어 있다. A안은 화력발전 전면 중단 등 배출 자체를 최대한 줄이는 것이고, B안은 화력발전이 남아 있는 대신 CCUS 등 제거기술을 적극 활용하는 방안으로 [표 7-17]에 자세히 표시하였다.

두 시나리오는 전환과 수송, 수소, 탈루에서 차이가 있으며, 나머지 부문에서는 동일하다. 배출을 최대한 줄이고 남아 있는 배출량(A안에서는 80.4백만 톤, B안에서는 108.3백만 톤)에 대해서는 산림 등의 자연흡수원과 CCUS 등 제거기술을 통해 배출된 온실가스를 흡수·제거하여, 최종적으로 순배출량은 영(0)이 되는 것으로 가정하였다.

첫 번째 시나리오(A안)에서는 전환 부문에서 화석연료 발전을 전면 중단해서 전환 부문 배출을 영(0)으로 하였으며, 수송 부문에서도 전기차와 수소차를 97%까지 확대하고 수소는 그린수소로만 생산해서 배출을 최소화했다.

두 번째 시나리오(B안)는 앞서 살펴본 A안과 마찬가지로 석탄 발전은 중단되지만, LNG 발전은 일부 유지하는 것을 가정하였다. 또한 수송 부문에서는 대체연료(e-fuel 등) 개발이 이루어짐에 따라 내연기관차도 일부 남아 있는 것으로 가정하였다. B안은 A안에 비해 배출이 많지만, CCUS 등의 흡수·제거기술을 보다 적극적으로 활용하여 최종적으로 순배출량은 영(0)이 된다.

표 7-17 2050 탄소중립 시나리오 최종(안) 총괄표 (단위: 백만 톤 CO_2e)

구분	부문	2018년	초안			최종본		비고
			1안	2안	3안	A안	B안	
배출량		686.3	25.4	18.7	0	0	0	
배출	전환	269.6	46.2	31.2	0	0	20.7	(A안) 화력발전 전면 중단 (B안) 화력발전 중 LNG 일부 잔존 가능
	산업	260.5	53.1	53.1	53.1	51.1	51.1	
	건물	52.1	7.1	7.1	6.2	6.2	6.2	
	수송	98.1	11.2 (−9.4)	11.2 (−9.4)	2.8	2.8	9.2	(A안) 도로 부문 전기 · 수소차 등으로 전면 전환 (B안) 도로 부문 내연기관차의 대체연료(e-fuel 등) 사용 가정
	농축수산	24.7	17.1	15.4	15.4	15.4	15.4	
	폐기물	17.1	4.4	4.4	4.4	4.4	4.4	
	수소	−	13.6	13.6	0	0	9	(A안) 국내 생산수소 전량 그린 수소로 공급 (B안) 국내 생산수소 일부 부생 · 추출 수소로 공급
	탈루	5.6	1.2	1.2	0.7	0.5	1.3	
흡수 및 제거	흡수원	−41.3	−24.1	−24.1	−24.7	−25.3	−25.3	
	이산화탄소 포집 및 활용 저장 (CCUS)	−	−95	−85	−57.9	−55.1	−84.6	
	직접 공기 포집 (DAC)	−	−	−	−	−	−7.4	포집 탄소는 차량용 대체연료로 활용 가정

출처: 2050 탄소중립녹색성장위원회(2021)

A안과 B안의 시나리오는 약간의 차이는 있지만, 재생에너지 확대는 필수적이라 할 수 있다. 전환 부문의 경우 A안에서는 재생에너지가 70.7% 확대되고, B안에서는 60.9%까지 재생에너지의 비중이 확대된다. 원자력발전의 경우는 설계수명 동안 운전해야 하므로 점진적으

로 감축하기 때문에 일정 수준의 원자력발전량은 유지된다. A안과 B안의 원자력발전 비중 차이는 이용률 차이에 기인한다. A안에서는 지난 10년간 세계의 원전 평균 이용률인 77%를 적용하고, B안은 안전조치 강화를 전제로 87%를 적용하였다. A안은 발전량의 6.1%를 점하고, B안은 발전량의 7.2%를 점한다. 더불어 아직은 상용화되지 않았지만, 수소 이용 연료전지와 무탄소 신전원 터빈 등도 발전의 일부를 담당한다.

7.8 | 향후 과제

2050년 탄소중립은 전 세계가 지켜야 할 국제사회의 규범으로 자리 잡았다. 우리의 경우 다른 선진국들에 비해 제조업 비중이 상당히 높고, 재생에너지 비중은 2020년 기준 7%대로 OECD 국가들 중 가장 낮은 상태이다. 국제사회에서 합의한 탄소중립의 길을 가야만 하는 것이라면, 늦었지만 좀 더 빠르게 목표를 달성하는 전략을 실행하여야 할 때이다. [표 7-18]은 2050 탄소중립 시나리오 달성을 위한 사회적 과제를 요약한 것이다.

탄소중립 달성을 위해서는 먼저 제도적 기반을 마련하고, 공정하고 정의로운 전환방안에 대한 모색과 관련 핵심기술 개발 및 투자 확대가 필요하며, 소통과 협력, 교육이 필요하다.

표 7-18 2050 탄소중립을 위한 사회적 과제

구분	주요 내용
제도적 기반 마련	• 탄소 가격체계 재구축 • 체계적 에너지 전환을 위한 법적 근거 마련
공정하고 정의로운 전환	• 사회적 대화체계 구축 • 취약계층에 대한 사회안전망 구축
핵심기술 개발 및 투자 확대	• 실수요에 기반한 기술개발 과제 발굴 • 기업의 ESG 평가 대응역량 강화 및 기후위기 대응 관련 정보공개 확대
소통 · 협력 · 교육	• 정부–시민 간 양방향 소통 활성화 • 평생 환경교육체계 마련

출처: 윤순진(2021)

우리나라의 제도적 기반 마련의 기초가 되는 「기후위기 대응을 위한 탄소중립 · 녹색성장 기본법」이 2021년 8월 말 국회를 통과하여 9월 24일 공포되었고, 2022년 3월 25일 본격 시행되었다. 이 법을 통해 2050년 탄소중립목표가 법제화되었을 뿐 아니라 기후대응기금 설치가 명문화되고 기후영향평가, 온실가스 감축인지예산제, 정의로운 전환특구 지정 등의 제도 도입이 가능해졌다.

2050 탄소중립 달성을 위해서는 무엇보다도 사회적 변화가 필요할 때이다. 국내 온실가스 배출 대부분을 차지하고 있는 에너지 부문의 전환이 탄소중립의 핵심적인 요소라 할 수 있다. 기존 에너지의 사용을 축소하고 재생에너지 확대 등의 에너지 전환은 쉽다고 할 수 없다. 2050 탄소중립이란 목표가 정해진 만큼 어떻게 목표를 달성할 것인지 노력해야 한다. 보다 구체적인 전략과 실행계획, 실행과 점검 등을 통한 목표 달성이 중요하다. 재생에너지 확대, 에너지 효율 개선, 친환경 연료 및 원료 전환, 친환경차 보급 확대, 그린 리모델링 확대, 친환경농업 확산, 폐기물 감축 및 재활용 확대 등 부문별로 제시된 감축수단에 대한 목표 달성은 쉽게 되는 것이 아니다.

무엇보다도 이런 문제의 핵심은 기업과 정부의 역할이 상당히 중요하다. 또한 시민의 참여도 중요하다. 시민과 기업은 에너지 사용량을 줄이고, 온실가스 배출량을 줄이는 데 중요

[그림 7-14] 시민과 기업의 행동변화로 인한 CO_2 감축량 비교

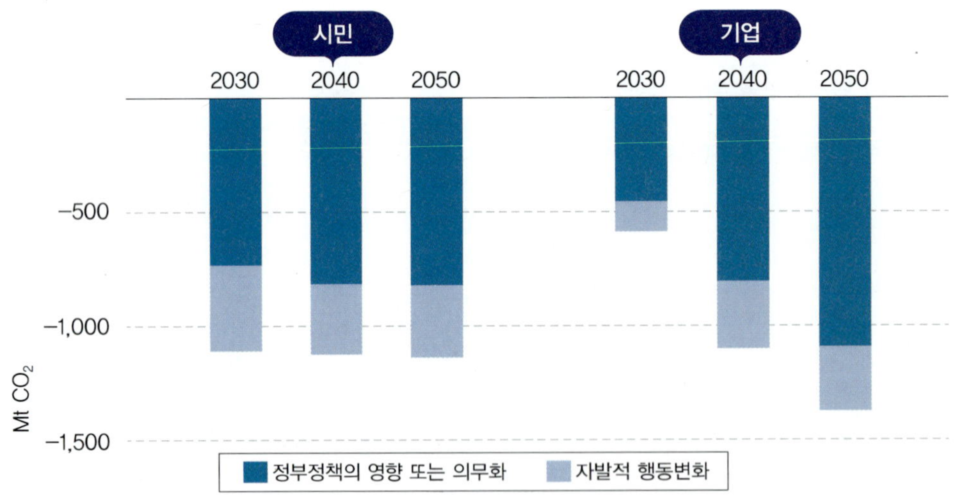

출처: IEA(2021)

한 역할을 담당하고 있다. 시민과 기업의 적극적인 참여와 행동의 변화는 정부가 결정하는 정책과 투자 혹은 법과 규제를 통해 더 큰 효과를 가져올 수 있다.

IEA 보고서(2021)에는 시민과 기업의 행동변화로 인해 2050년까지 감축할 수 있는 온실가스 배출량의 75%는 정부정책의 직·간접적인 영향으로 확인하였다. 2050 탄소중립 목표 달성을 위해 시민과 기업 및 정부, 전 사회적인 노력이 반드시 필요하다.

연습문제

01 2050 탄소중립 시나리오의 원칙이 아닌 것은?

① 책임성의 원칙　　② 적합성의 원칙
③ 혁신성의 원칙　　④ 공정성의 원칙

02 교토의정서의 시장 메커니즘이 아닌 것은?

① JI　　② ETS
③ CBAM　　④ CDM

03 2030년까지 온실가스 배출량을 1990년 대비 55% 줄이는 계획을 내용으로 한 법안은 다음 중 어느 것인가?

① RBCF　　② 유럽기후법
③ NDC　　④ FIT FOR 55

04 다음 중 글래스고 기후합의의 내용으로 틀린 것은?

① 2030년까지 석탄발전 단계적 감축
② 화석연료 보조금 단계적 감축
③ 지구 온도 상승을 1.5℃로 제한
④ 인류 최초로 지구 온도 상승 목표에 합의

05 다음은 기후변화 대응과정이다. 연도별 순서로 올바른 것은?

㉠ 유엔기후변화	㉡ 교토의정서	㉢ 파리협정	㉣ 글래스고 기후합의

① ㉠-㉡-㉢-㉣　　② ㉠-㉣-㉢-㉡
③ ㉠-㉡-㉣-㉢　　④ ㉣-㉡-㉢-㉠

06 6대 온실가스의 종류와 특성에 대해 설명하시오.

(　　　　　　　　　　　　　　　　　　　　　　　　　　　　　)

07 탄소중립에 대한 개념과 정의를 설명하시오.

( )

08 유럽과 미국의 탄소국경조정제도를 비교하여 설명하시오.

( )

09 국가 온실가스 감축목표의 정의와 특징을 설명하시오.

( )

10 지구 온도 상승을 왜 1.5℃로 억제해야 하는지에 대해 설명하시오.

( )

제7장 연습문제 정답

01. ② 적합성의 원칙
02. ③ CBAM
03. ④ FIT FOR 55
04. ④ 인류 최초로 지구 온도 상승 목표에 합의
05. ① ㉠ 유엔기후변화 – ㉡ 교토의정서 – ㉢ 파리협정 – ㉣ 글래스고 기후합의

지속가능 기업을 위한 ESG 경영

사회

CHAPTER 08

산업안전 및 품질

8.1 | 산업안전 및 보건

ESG는 Environmental, Social, Governance의 약자로 기업이 환경, 사회, 지배구조 관점에서 지속가능한 경영을 추구하고 평가받는 것을 의미한다. 산업안전은 이 중에서 'S'인 사회에 해당되며, 기업이 사회적으로 안전하고 책임 있는 운영을 추구하고 관리하는 것을 의미한다. 무엇보다도 산업활동의 주체인 근로자 만족을 위한 기본적인 활동이 산업안전이다.

ESG 관점에서 산업안전은 기업이 사회적으로 안전한 작업환경을 조성하고, 근로자들의 안전 및 건강을 보호하며, 사회적 재난 및 사고를 예방하고 대응한다. 기업은 사회적 책임을 다하며, 산업안전 관련 법규와 규정을 준수하고 국제적인 최고의 관행을 따르는 것이 중요하다.

ESG 관점에서 산업안전은 기업의 사회적 평가에 영향을 미칠 수 있다. 안전한 작업 환경을 조성하고 근로자의 건강과 안전을 보호하는 기업은 사회적으로 지속가능하고 긍정적인 이미지를 형성할 수 있다. 또한 사회적 재난이나 사고를 예방하고 대응하는 기업은 금융시장에서의 투자 유치나 리스크 관리 측면에서 이점을 얻을 수 있다.

ESG 관점에서 산업안전은 기업이 사회적 가치와 지속가능성을 고려하며, 산업활동을 효율적이고 윤리적으로 관리하는 것을 강조하고 있다. 이를 통해 기업은 지속가능한 경영을 실현하고 사회적으로 긍정적인 영향을 창출할 수 있을 것이다.

ESG 경영 중 산업안전 관점의 진단 및 구축활동을 위한 체크 리스트는 다음과 같다(대한상공회의소, 삼정KPMG(2021), "중소기업 ESG 추진전략" 참조).

- 공정 및 사업장 내 위험작업을 식별하고 관리하며 위험작업에 대한 적절한 완화조치를 이행하고 있는가?
- 근로자에게 안전 · 보건 교육을 제공하고 있는가?
- 근로자 재해율의 최근 3개년 추세는 어떠한가?

8.1.1 산업안전 동향

(1) 산업안전 개요

산업안전이란 "일반산업 사업장에 있어서 산업재해가 일어날 가능성이 있는 건설물, 장치, 기계, 재료 등의 손상, 파괴에 기인하는 잠재 위험성(hazard)을 배제해서 안전성을 확보하는 것을 목적으로 한 이념을 말한다." 또 기업 내부 또는 기업 간의 안전관리활동에 있어서 재해방지를 위한 모든 활동을 일컬어서 말하는 경우도 있다.

산업현장에서 산업안전은 근로자들의 생명과 건강을 보호하고, 쾌적한 작업환경을 만들어 줌으로써 목표로 하는 생산활동을 보장하는 것이다. 이러한 점에서 안전관리는 산업재해를 사전에 방지하는 예방적 의미가 강하다.

(2) 산업재해

산업재해는 일단 발생하면 개인적인 피해가 크고, 사회적으로도 그 파장은 사안에 따라서 일파만파로 영향을 미칠 수 있으므로 재해를 예방하는 것이 매우 중요하다. 고용노동부의

[그림 8-1] 산업재해 사망자 수 및 사망률

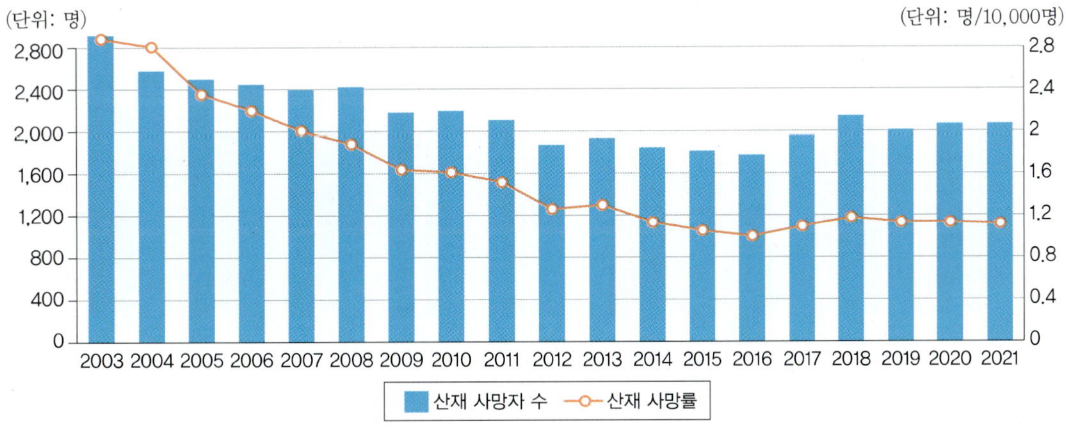

용어설명: ① 산재 사망률은 (산재 사망자 수 ÷ 산재 적용대상 근로자 수)×10,000
② 사망자 수는 사업장 외에 교통사고, 폭력행위, 체육행사, 사고발생한 날부터 1년 경과, 통상적으로 출퇴근 시 사망자는 제외(다만, 운수업, 음식·숙박업의 사업장 이외에서 교통사고 사망자는 포함)

출처: 고용노동부, '산업재해현황'을 이누리집 국가지표체계(K-indicator)에서 인용

산업재해 현황을 살펴보면 산업재해 사망률이 최근 10년간 답보 및 감소상태에서 2017년 0.48% 상승을 기점으로 2021년 0.63%로 증가 추세이고, 이에 따라서 사망자 수는 2012년 1,864명에서 2017년 1,957명, 2021년 2,080명으로 증가하는 추세를 나타내고 있다.

또한 [그림 8-2]에서와 같이 전체 재해율이 2014년 0.53%에서 2017년 0.48%로 감소 추세이던 것이 2018년부터 증가하기 시작하여 2022년에는 0.65%까지 증가하는 양상을 나타내었다. 특히 300인 미만 사업장의 재해율은 전체 재해율 대비 매년 5~16% 높은 수준을 나타내고 있다. 이는 소규모 사업장의 안전관리상태가 상대적으로 취약하고, 이로 인한 피해가 크게 나타나는 것을 보여주고 있다. 이는 사업장의 규모에 따라 노동자의 처우와 안전관리가 상대적으로 낮고 이로 인한 피해가 크다는 것을 보여준다.

전체 재해 현황을 업종별로 살펴보면 2021년 기준 산업 중분류기준 광업의 요양 재해율이 32.52%이고, 사망만인율은 340.26‱으로 다른 산업이 1% 내외인 점을 고려할 때 산업재해가 가장 높은 업종인 것으로 조사되었다. 이 통계에 비추어 볼 때 업종의 특징과 산업 환경에 따라서 피해 규모가 크게 나타나는 것은 노동환경의 구조적 개선이 매우 중요함을 알 수 있다.

[그림 8-2] 산업재해 현황

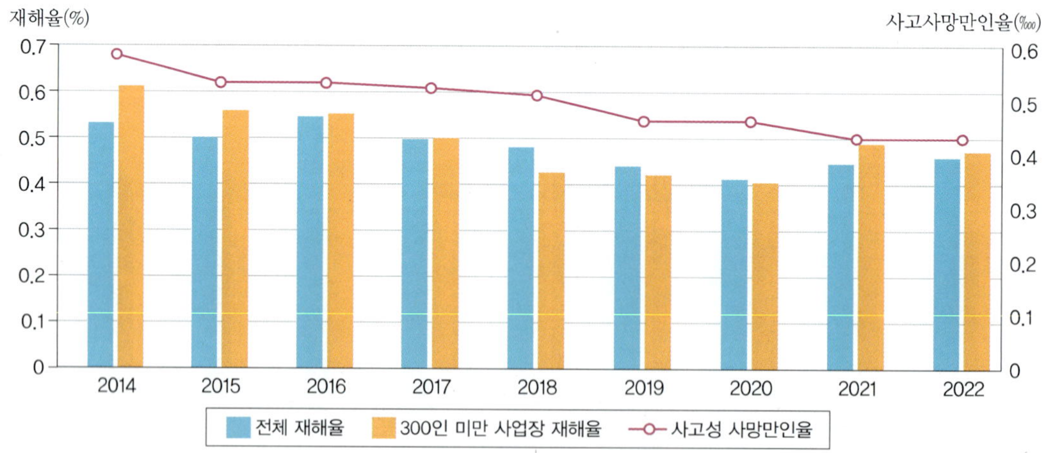

용어설명: ① 요양재해율(%)은 근로자 수 100명당 발생하는 요양재해자 수의 비율을 의미하며, 수식으로는 요양재해율(%) =(요양재해자 수/산재보험적용 근로자 수)×100.

② 사망만인율(‱)은 사망자 수의 10,000배를 전체 근로자 수로 나눈 값을 의미하며 수식으로는 사망만인율(‱) =(사망자 수/상시근로자 수)×10,000

출처: 고용노동부, '산업재해현황'을 이누리집 국가지표체계(K-indicator)에서 인용

8.1.2 산업안전 관련 법의 역사

1980년대 급격한 경제성장은 사업장 설비의 대형화, 고속화 및 건설공사의 대규모화에 따라서 중대재해가 증가하고 유해물질을 대량으로 사용하게 되므로 새로운 직업질병이 증가하게 되었다. 1970년에는 산업재해자 수가 3만 7,752명이었으나, 1980년에는 11만 3,375명으로 3배 증가하였고, 산업재해로 인한 사망자수도 639명에서 1,273명으로 2배 증가하였다. 직업병자 수도 780명에서 4,828명으로 6.2배 늘어났다. 또한 이러한 재해에 따른 손실 추정액이 1970년 92억 원에서 1980년에는 3,125억 원으로 34배나 증가되어 국가적, 인적, 경제적 손실이 심각하게 되었다. 따라서, 국가는 산업재해 책임을 명확하게 하고 근로자를 보호할 수 있는 체계적이고 독립적인 「산업안전보건법」을 1981년에 제정하게 되었다.

산업안전 관련 법은 1953년에 제정된 「근로기준법」이 최초의 노동입법으로 헌법에 근거를 두고 근로자의 근로조건을 정하여 근로자의 기본적 생활을 보장 및 향상시키며 균형 있는 국민경제 발전을 기하는 것을 목표로 하였다. 본격적인 산업화 시대에 접어들면서 산업재해 예방을 위한 제도적 체계의 구축 필요성에 따라서 1961년 「근로보건관리규칙」, 1962년 「근로안전관리규칙」 등이 제정되어 안전보건관리 업무를 구체적으로 명문화하였다. 1970년대 들어서면서 산업재해가 대형화하고 빈번해지고 산업재해에 대한 관심도 증가하면서 예방책 강구를 위한 국립노동과학연구소가 설립되었다.

정부는 산업안전보건 분야를 기존의 근로기준법에서 분리하여 새로운 법으로 제정하여 근로환경 변화에 대응하는 법률인 산업안전보건법을 제정하였다. 산업안전보건법은 보호대상이 근로자에서 노무를 제공하는 자로 확대되었으며, 산업재해 예방책임이 강화되어 22개 위험 발생장소에서 사업장 전체로 확대되었다. 또한 안전·보건조치 의무 위반에 대한 처벌 수준이 강화되어 시행되었다.

산업안전보건법은 산업안전 및 보건에 관한 기준을 확립하고 그 책임의 소재를 명확하게 하여 산업재해를 예방하고 쾌적한 작업 환경을 조성함으로써 노무를 제공하는 사람의 안전 및 보건을 유지·증진함을 목적으로 하며 모든 사업에 적용된다. 다만 사업 종류, 위해 정도 및 규모에 따라서 대통령령으로 제외할 수 있다.

주요 용어를 살펴보면 '산업재해'란 노무를 제공하는 사람이 업무에 관계되는 건설물·설비 · 원재료 · 가스 · 증기 · 분진 등에 의하거나 작업 또는 그 밖의 업무로 인하여 사망 또는 부상하거나 질병에 걸리는 것을 말한다. '중대재해'란 산업재해 중 사망 등 재해 정도가 심하거나 다수의 재해자가 발생한 경우로서 고용노동부령으로 정하는 재해를 말한다. '근로자'란 「근로기준법」 제2조 제1항 제1호에 따른 근로자를 말한다. '사업주'란 근로자를 사용하여 사업을 하는 자를 말한다.

표 8-1 산업재해 관련법 제정 경과

구분	주요 내용
1950년대	• 근로자 안전의 중요성 인식 • 사업장 안전에 관한 법률 제정의 필요성 대두 – 1953년 근로기준법 제정
1960년대	• 산업재해 예방을 위한 제도적 체계가 구축된 시기 – 1961년 근로보건관리규칙 공포 – 1962년 근로안전관리규칙 제정 – 1964년 산업재해보상보험법 제정, 근로자 보상체제 구축
1970년대	• 빈번해진 산업재해, 예방책으로서의 안전보건 분야 연구 관심 – 1977년 국립노동과학연구소 설립
1980년대	• 근로기준법에서 분리되어 새로운 독립된 법으로 제정 – 1981년 산업안전보건법 제정
2020년대	• 산업안전과 시민재해에 대한 사회적 중요성 인식 – 2022년 중대재해 처벌 등에 관한 법률 제정

8.1.3 산업안전보건법과 중대재해처벌법

2018년 12월 ××화력발전소에서 발생한 압사사고, 2020년 4월 ○○물류창고 건설현장의 화재사고, 2020년 5월 △△중공업의 아르곤 가스로 인한 질식사고와 같은 산업재해나 가습기 살균제 사건 그리고 세월호 사건과 같은 시민재해로 인한 사망사고 발생 등이 사회적인 문제로 제기되어 왔다. 이와 같은 재해가 계속 발생되는 근본적인 이유는 기업이 안전보건 관리체계를 제대로 갖추고 있지 않기 때문이며, 이에 따라서 일어나는 중대재해를 미연에 방지하고자 하는 것이 「중대재해처벌법」을 제정하게 된 배경으로 볼 수 있다.

2022년 1월 27일에 시행된 「중대재해 처벌 등에 관한 법률(중대재해처벌법)」이 시행되어 산업안전에 대한 중요성이 더욱 부각되고 있다. '중대재해'란 '중대산업재해'와 '중대시민재해'로 구분한다. '중대산업재해'란 「산업안전보건법」 제2조 제1호에 따른 산업재해 중 다음 각 목의 어느 하나에 해당하는 결과를 야기한 재해를 말한다.

가. 사망자가 1명 이상 발생
나. 동일한 사고로 6개월 이상 치료가 필요한 부상자가 2명 이상 발생
다. 동일한 유해요인으로 급성중독 등 대통령령으로 정하는 직업성 질병자가 1년 이내에 3명 이상 발생

'중대시민재해'란 특정 원료 또는 제조물, 공중이용시설 또는 공중교통수단의 설계, 제조, 설치, 관리상의 결함을 원인으로 하여 발생한 재해로서 다음 각 목의 어느 하나에 해당하는 결과를 야기한 재해를 말한다. 다만 중대산업재해에 해당하는 재해는 제외한다.

가. 사망자가 1명 이상 발생
나. 동일한 사고로 2개월 이상 치료가 필요한 부상자가 10명 이상 발생
다. 동일한 원인으로 3개월 이상 치료가 필요한 질병자가 10명 이상 발생

중대산업재해는 상시 근로자가 5명 미만인 사업 또는 사업주에게는 적용하지 않는다.

표 8-2 중대재해처벌법과 산업안전보건법 비교

구분			중대재해처벌법	산업안전보건법
책임주체	자연인		○ (경영책임자 등)	○ (안전보건관리책임자)
	법인		○	○
처벌내용	자연인	사망	1년 이하 징역 또는 10억 원 이하 벌금	7년 이하 징역 또는 1억 원 이하 벌금
		안전보건조치 위반	7년 이하 징역 또는 1억 원 이하 벌금	5년 이하 징역 또는 5,000만 원 이하 벌금
	법인	사망	50억 원 이하 벌금	10억 원 이하 벌금
		부상 또는 질병	10억 원 이하 벌금	5,000만 원 이하 벌금

중대산업재해 사업주와 경영책임자 등이 기준 위반 시 사망의 경우에는 사업주 또는 경영책임자 등은 1년 이상의 징역 또는 10억 원 이하의 벌금에 처하고, 법인 또는 기관은 50억원 이하의 벌금에 처한다.

8.1.4 위험성 평가

(1) 위험성 평가란?

위험성 평가(Risk Assessment)는 특정 화학물질, 제품, 프로세스, 활동, 기술 등의 유해·위험요인을 파악하고 해당 유해·위험요인에 의한 부상 또는 질병의 발생 가능성(빈도)과 중대성(강도)을 추정·결정하고 감소대책을 수립하여 실행하는 일련의 과정을 말한다. 이는 일종의 위험성 분석으로, 대상이나 활동에 대한 위험성을 최소화하기 위한 방안을 마련하고, 이를 통해 안전한 환경을 조성하고자 하는 것이다.

위험성 평가는 여러 분야에서 활용된다. 예를 들면 산업에서는 새로운 제품이나 공정을 도입하기 전에 위험성을 평가하여 안전성을 검증한다. 환경에서는 환경오염물질의 위험성을 평가하여 이를 예방하고 대처한다. 의료에서는 새로운 치료제나 의료기기의 위험성을 평가하여 환자의 안전성을 보장한다.

(2) 용어 정의

- **유해·위험요인**: 유해·위험을 일으킬 잠재적 가능성이 있는 것의 고유한 특징이나 속성을 말한다.
- **유해·위험요인 파악**: 유해요인 및 위험요인을 찾아내는 과정을 의미한다.
- **위험성**: 유해·위험요인이 부상 또는 질병으로 이어질 수 있는 가능성(빈도)과 중대성(강도)을 조합한 것을 의미한다.
- **위험성 추정**: 유해·위험요인별로 부상 또는 질병으로 이어질 수 있는 가능성과 중대성의 크기를 각각 추정하여 위험성의 크기를 산출하는 것을 말한다.
- **위험성 결정**: 유해·위험요인별로 추정한 위험성의 크기가 허용 가능한 범위인지 여부를

판단하는 것을 말한다.

- **위험성 감소대책 수립 및 실행:** 위험성 결정 결과 허용 불가능한 위험성을 합리적으로 실천 가능한 범위에서 가능한 한 낮은 수준으로 감소시키기 위한 대책을 수립하고 실행하는 것을 말한다.

※「중대재해처벌법」 시행으로 안전 및 보건 확보의무사항이 강화되면서「중대재해처벌 등에 관한 법률 시행령」 제4조(안전보건관리체계의 구축 및 이행 조치)에 의거하여 사업 또는 사업장의 특성에 따라 유해 및 위험요인을 확인하여 개선하는 업무절차에 따라 유해·위험요인을 확인하고 개선이 이루어지는지를 반기마다 1회(연 2회) 이상 점검한 후 필요한 조치를 해야 한다.

다만,「산업안전보건법」 제36조에서는 위험성 평가를 할 수 있는 절차를 마련하고, 그 절차에 따라 위험성 평가(정기평가 및 수시평가에 대한 사유 발생 시 실시)를 실시한 경우에는「중대재해처벌법」에 따른 유해·위험요인의 확인, 개선에 대하여 점검을 한 것으로 인정한다.

(3) 위험성 평가 실시 주체

- 사업주는 스스로 사업장의 유해·위험요인을 파악하기 위해 근로자를 참여시켜 실태를 파악하고 이를 평가하여 관리 개선하는 등 위험성 평가를 실시하여야 한다.
- 작업의 전부 또는 일부가 도급에 의해 행해지는 사업인 경우 도급을 준 도급인과 도급을 받은 수급인은 모두 위험성 평가를 실시하여야 한다.
- 도급사업주는 수급사업주가 실시한 위험성 평가 결과를 검토하여 도급사업주가 개선할 사항이 있는 경우 개선해야 한다.

※ 관리감독자가 해당 작업에 대하여 유해·위험요인을 파악하고자 하는 경우, 사업주가 위험성 감소대책을 수립하는 경우, 위험성 평가 결과 위험성 감소대책 이행 여부를 확인하는 경우에는 해당 작업을 실시하는 근로자를 참여시켜야 한다.

[그림 8-3] 위험성 평가 운영조직별 R&R

(4) 위험성 평가 실시시기

■ 최초평가

- 실시시기: 사업장 설립한 날로부터 1년 이내에 실시
- 실시대상: 전체 작업과 모든 유해 · 위험요인

■ 정기평가

- 실시시기: (최초평가 실시 이후) 연 1회
- 평가 시 고려사항
  - 기계 · 기구, 설비 등 기간이 경과하여 성능이 저하한 경우
  - 근로자의 교체 등에 수반하는 안전 · 보건과 관련되는 지식 또는 경험의 변화
  - 안전 · 보건에 관련되는 새로운 지식 습득
  - 현재 수립되어 있는 위험성 감소대책의 유효성 등

■ 수시평가

- 실시시기: 사유 발생 시
- 실시 사유

  ① 사업장 건설물을 설치 · 이전 · 변경 또는 해체 시

② 기계 · 기구, 설비 및 원재료 등을 새롭게 도입 또는 변경할 때
③ 건설물, 기계 · 기구, 설비 등의 정비 또는 보수(주기적 · 반복적 작업으로서 정기평가를 실시하는 경우에는 제외)
④ 작업방법 및 작업절차를 새롭게 도입 또는 변경
⑤ 중대산업사고, 산업재해 발생(휴업 이상의 요양을 필요로 하는 경우에 한정)
⑥ 기타 사업주가 필요하다고 판단하는 경우

앞서 언급된 어느 하나라도 해당하는 계획이 있는 경우, 이 계획 실행을 시작하기 전에 실시하여야 한다. ⑤에 해당하는 경우에는 재해 발생 작업을 대상으로 작업을 재개하기 전에 실시하여야 한다.

(5) 위험성 평가의 절차

위험성 평가의 실시는 사업주 또는 안전보건관리책임자를 중심으로 다음의 단계를 준수하여 위험성 평가를 실시하여야 한다.

[1단계] **사전준비**: 사전에 준비하는 단계로 평가대상 확정 및 실무에 필요한 자료를 확보한다.

[2단계] **유해 · 위험요인 파악**: 가능한 여러 방법을 통하여 유해 · 위험요인을 파악한다.

[3단계] **위험성 추정**: 파악된 유해 · 위험요인의 위험성을 추정하도록 한다.

[4단계] **위험성 결정**: 유해 · 위험요인별로 추정한 위험성의 크기가 허용 가능한 범위인지를 판단해야 한다.

[5단계] **감소대책 수립 · 실행**: 허용할 수 없는 위험성에 대해서는 감소대책을 세워야 하며 감소대책은 실제 진행 가능하고 합리적인지를 검토한다(감소대책은 대책에 대하여 우선순위를 정하여 실행하고 실행한 후에는 허용할 수 있는 범위 내이어야 함).

[기 록] 위험성 평가가 완료되면 평가 결과를 기록하여 문서로 보존하도록 하여야 하며, 남아있는 유해 · 위험정보를 공지하고 근로자에게 알려주어야 한다. 상시 근로자 수 20명 미만 사업장(총공사금액 20억 원 미만의 건설공사)의 경우에는 3단계인 위험성 추정을 생략할 수 있다.

[그림 8-4] 위험성 평가절차

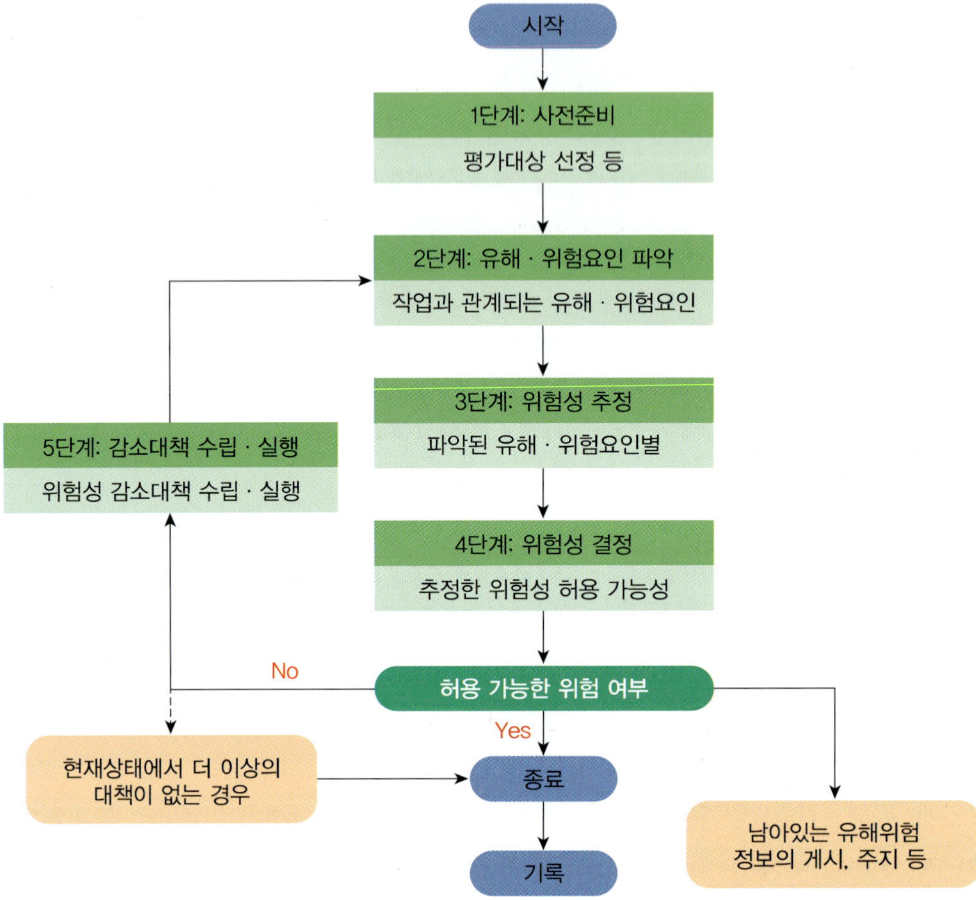

출처: 대한산업안전협회 KISA

8.1.5 안전관리자 선임 운영

「산업안전보건법」에서는 안전관리자의 수를 기업의 상시 종사자 수에 따라 일정 규모 이상 선임하여 운영하도록 의무화하고 있다([표 8-3] 참조).

표 8-3 업종별 안전관리자 선임기준

업종	매출액 또는 상시근로자 수	안전관리자 수	안전보건관리 담당자
일반 제조업	50명 이상 500명 미만	1명 이상	1명 이상 제조업, 임업, 하수, 폐수 및 분뇨처리업, 폐기물 수집 · 운반 · 처리 및 원료 재생업, 환경 정화 및 복원업
	500명 이상	2명 이상	
농업, 어업, 서비스업, 기타	50명 이상 1,000명 미만	1명 이상	
	1,000명 이상	2명 이상	
건설업	매출액 50억 이상 800억 미만	1명 이상	
	매출액 800억 이상 1,500억 미만	2명 이상	
	매출액 1,500억 이상 2,200억 미만	3명 이상	
	1조 원 이상	11명 이상	

안전관리자의 자격에 관해서는 「산업안전법 시행령」 제17조(별표 4)에서 정하고 있는데, 다음의 5가지 중 하나에 해당하는 사람으로 규정하고 있다.

① 법 제143조 제1항에 따른 산업안전지도사 자격을 취득한 자

② 「국가기술자격법」에 따라 산업안전산업기사 이상의 자격을 취득한 자

③ 「국가기술자격법」에 따라 건설안전산업기사 이상의 자격을 취득한 자

④ 「고등교육법」에 따라 4년제 대학 이상의 학교에서 산업안전 관련 학위를 취득한 자 또는 이와 같은 수준 이상의 학력을 가진 자

⑤ 「고등교육법」에 따라 전문대학 또는 이와 동등 이상의 학교에서 산업안전 관련 학위를 취득한 자

「산업안전보건법」은 보건관리자의 수 또한 기업의 상시 종사자 수에 따라 일정 규모 이상 선임하여 운영하도록 의무화하고 있다.

표 8-4 업종별 보건관리자 선임기준

업종	매출액 또는 상시근로자 수	보건관리자 수
일반 제조업	50명 이상 500명 미만	1명 이상
	500명 이상	2명 이상
농업, 어업, 서비스업, 기타	50명 이상 5,000명 미만	1명 이상
	5,000명 이상	2명 이상
건설업	800억 이상 또는 600명 이상	1명 이상
	800억을 기준으로 1,400억 증가 시마다 또는 600명을 기준으로 600명 증가 시마다	1명씩 추가

보건관리자의 자격에 관해서는 「산업안전법 시행」령 제21조에서 정하고 있는데, 다음의 6가지 중 하나에 해당하는 사람으로 규정하고 있다.

① 법 제143조 제1항에 따른 산업보건지도사 자격을 취득한 사람

② 「의료법」에 따른 의사

③ 「의료법」에 따른 간호사

④ 「국가기술자격법」에 따른 산업위생관리산업기사 또는 대기환경산업기사 이상의 자격을 취득한 사람

⑤ 「국가기술자격법」에 따른 인간공학기사 이상의 자격을 취득한 사람

⑥ 「고등교육법」에 따른 전문대학 이상의 학교에서 산업보건 또는 산업위생 분야의 학위를 취득한 사람

「중대재해처벌법」 시행 이후, 상시근로자 수 500명 이상, 시공능력 상위 200위 이내의 건설사는 안전보건 관련업무 전담조직을 의무적으로 운영해야 하며 안전보건 관련 인력과 시설·장비 구축에 필요한 예산을 의무적으로 편성해야 한다.

8.1.6 기업의 산업안전 인력의 수요 전망 및 자격증

(1) 산업안전 인력의 기업 수요 전망

우리나라는 최근 산업현장에서의 안전관리 강화라는 트렌드에 맞추어 산업안전 관련 인력의 중요성이 커지고 있으며 이들에 대한 산업계 수요도 늘어나고 있는 상황이다. 2017년 한국고용정보원이 발표한 '2016~2026 중장기 인력수급전망'에 따르면, 산업안전 및 위험관리원은 2016년 59,600명에서 2026년 75,800명으로 향후 10년 간 16,300여 명 증가하여 연평균 2.4%의 증가율을 기록할 것으로 전망하였다. 이러한 인력 수요 증가의 주요한 이유는 우선 사업장 재해사고에 대한 근로자 및 국민의 관심도가 지속적으로 증가하고 있고, 산업안전보건 대상 물질 및 업종의 확대 등 정부의 규제가 지속적으로 강화되고 있으며, 산업재해로 인한 경제적 피해의 확대로 인해 사후대책보다는 사전예방의 중요성이 커지고 있기 때문이라고 할 수 있다.

최근 들어 정부의 「중대재해처벌법」 시행 이후, 건설업을 비롯하여 다양한 산업 분야 및 공기업, 공공기관 등의 안전관리자에 대한 채용이 급증하고 있다. 많은 기업들이 안전최고책임자(CSO: Chief Safety Officer) 직급을 신설하고 안전관리 및 산업재해 방지에 다양한 노력을 기울이는 사이 안전관리 분야의 인력에 대한 몸값이 급등하고 있는 것도 현실이다. 이러한 상황 속에서 대기업이 안전관리 분야 경력자를 우대 채용하는 등 안전관리 분야 인력 확보에 나서자, 신입 안전관리자도 연봉이 상승하고 안전관리 경력자의 이 · 전직으로 인해 중견, 중소기업들이 안전관리 인력의 채용에 어려움을 겪고 있다. 과거에는 대부분의 기업들이 안전관리 분야에 대해 관심이 적어 정부에서 정한 법적 기준만 넘기면 문제가 없다는 인식이 강하였으나, 「최근 중대재해처벌법」 등 법규 강화로 인해 안전관리활동이 기업의 사활을 결정할 수도 있다는 인식이 매우 강하게 작용하고 있다. 이 때문에 향후 안전관리 분야 인력에 대한 수요와 처우가 지속적으로 향상될 것이라는 전망이 우세하다.

건설인적자원개발위원회에서 발표한 〈건설재해방지 강화에 따른 안전관리자 수급불균형 개선방안 보고서〉에 따르면 2023년까지 건설안전관리자의 수요는 15,000여 명으로 약 5,000여 명의 안전관리자가 추가적으로 더 필요한 것으로 나타났다. 하지만 현재 안전관리기술자의 공급 현황은 1년에 약 500여 명에 불과해 수요에 비해 공급이 턱없이 부족한 것이 현실이다.

이러한 상황 속에서 안전직무 관련 16개 종목의 국가기술자격 응시자 수도 전년 대비 17.7%가 증가(건설안전기사 41.5%, 건설안전산업기사 43%, 소방설비산업기사 32.9% 증가)하여 자격에 대한 수요 또한 대폭 증가하고 있다.

안전 관련 주요 취업진로 분야로는 우선 제조업, 원자력설비, 석유화학설비, 가스 및 소방설비, 에너지 관련 분야, 화학업종의 안전관리자, 보건관리자, 방화관리자 및 공정관리자 등이 있으며, 산업안전 관련 기업체 부설연구소 및 보험회사로도 취업이 가능하다. 또한 한국산업안전공단, 가스안전공사 등 국영기업체나 정부출연연구소 등에서도 안전관리자를 필요로 하고 있다. 특히 재난안전 분야 중앙부처 및 지방자치단체 공무원 등으로도 채용(행정고시 기술직: 5급 및 7급 안전방재직렬)이 가능하며 전국의 32개 도시가스사, 정유 및 에너지회사로의 취업도 가능하다.

(2) 산업안전 분야 자격증

산업안전 분야의 자격증은 국가기술자격(검정형·과정평가형)과 민간자격으로 나누어지는데 검정형 국가기술자격은 산업안전기사, 산업안전산업기사, 위험물산업기사, 소방시설관리사 등이 있는데 이를 정리하면 [표 8-5]와 같다.

표 8-5 산업안전 분야 국가기술자격의 종류

등급	자격
기술사	기계안전, 전기안전, 건설안전, 화공안전, 소방, 산업위생관리, 인간공학 기술사
기사	산업안전, 건설안전, 가스, 산업위생관리, 소방설비, 방재, 인간공학 기사
산업기사	산업안전, 건설안전, 가스, 위험물, 산업위생관리, 소방설비 산업기사
기능사	위험물, 가스 기능사
전문자격	• 산업안전지도사: 기계안전, 전기안전, 건설안전, 화공안전 • 소방시설관리사, 산업조건지도사, 연구실안전관리사(2022년 시행), 화학물질안전관리사(2022년 신설)

이 중 주요한 3개 자격증의 응시자격요건, 시험과목 및 관리기관 등의 정보는 [표 8-6]과 같다. 산업안전기사, 산업안전산업기사 및 위험물산업기사는 검정형 자격 외에 과정평가형 자격과정으로도 제공되고 있다.

표 8-6 산업안전 분야 주요 검정형 국가기술자격증

자격명	응시자격	관련부처/ 시행기관
산업안전산업기사	〈응시자격〉 • 동일 및 유사 분야 산업기사자격증 보유자 • 동일종목 외국자격 취득자 • 기능사 + 실무경력 1년 이상자 • 기능경기대회 입상자 • 관련 전공/학과(대학 및 전문대학의 안전공학, 산업안전공학, 보건안전학 관련학과) 졸업자 • 산업기사 수준 훈련과정 이수 • 동일 및 유사 분야 실무경력 2년 이상자 〈시험과목〉(필답형 60분, 작업형 60분) 인간공학 및 시스템안전공학, 안전관리론, 기계위험방지기술, 전기 및 화학설비위험방지기술, 건설안전기술, 산업안전실무(실기)	고용노동부/ 산업인력공단
산업안전기사	〈응시자격〉 • 유사 분야 기사자격증 보유자 • 동일종목 외국자격 취득자 • 산업기사 + 실무경력 1년 이상자 • 기능사 + 실무경력 3년 이상자 • 관련 전공/학과(대학 및 전문대학의 안전공학, 산업안전공학, 보건안전학 관련학과) 졸업자 〈시험과목〉(필답형 90분, 작업형 60분) 인간공학 및 시스템안전공학, 안전관리론, 화학설비위험방지기술, 기계위험방지기술, 건설안전기술, 전기위험방지기술, 산업안전실무(실기)	고용노동부/ 산업인력공단
위험물산업기사	〈응시자격〉 • 동일 및 유사 분야 산업기사자격증 보유자 • 동일종목 외국자격 취득자 • 기능사 + 실무경력 1년 이상자 • 기능경기대회 입상자 • 관련 전공/학과 졸업자(전문대학 이상의 학교에 개설되어 있는 산업안전, 산업안전시스템, 화학공업, 화학공학 등) • 산업기사 수준 훈련과정 이수 • 동일 및 유사 분야 실무경력 2년 이상자 〈시험과목〉 일반화학, 화재예방과 소화방법, 위험물의 성질과 취급, 위험물 취급 실무(실기)	소방청/ 산업인력공단

8.1.7 ISO 45001(안전보건경영시스템)

(1) 개요

ISO 45001은 산업보건 및 안전관리 경영시스템의 국제표준이다. ISO 45001은 2018년 3월에 발표된 산업안전보건경영시스템의 ISO 표준으로 산업 재해 및 질병의 감소를 목표로 하고 있다. 기존에 OHSAS 18001:2007이 ISO의 HLS(High Level Structure)를 적용하여 정식표준

[그림 8-5] ISO 45001 운영체계도

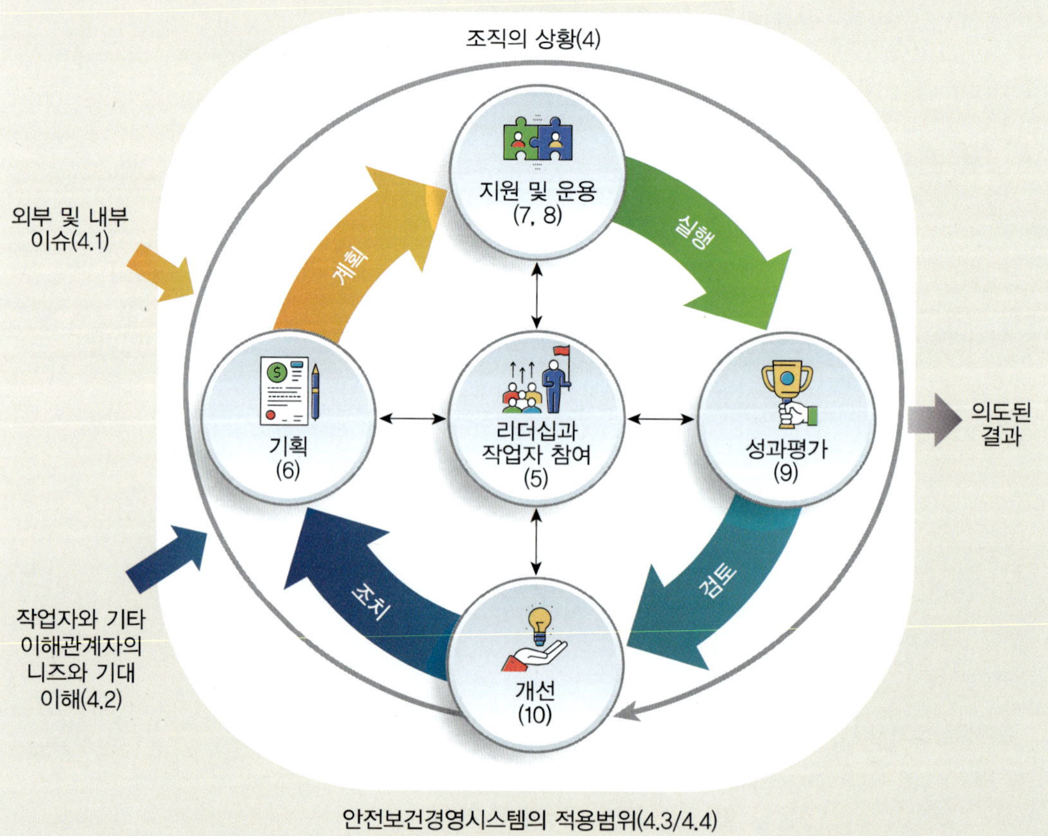

*1. 목적
2. 적용범위 및 참조규칙(인용규칙)
3. 용어의 정의

인 ISO 45001로 전환되었다.

이 표준은 조직이 건강과 안전에 대한 책임을 갖고 조직 내에서 작업자의 안전과 건강을 보호하기 위한 시스템을 구축하고 유지하기 위한 요구사항을 제공하고 있다.

ISO 45001은 기업이 작업 환경에서 발생할 수 있는 위험을 평가하고, 예방 및 개선조치를 적용하여 작업자의 건강과 안전을 보호하기 위한 프레임워크를 제공하고 있다. 또한 조직 내에서의 건강과 안전관리를 조직전략과 일치시키고, 관리적, 기술적, 문화적인 측면에서의 건강과 안전의 지속적인 개선을 강조한다.

(2) ISO 45001의 주요 고려사항

ISO 45001 인증을 획득하면 조직은 국제적으로 인정받는 건강과 안전관리시스템을 갖추게 되어, 작업자의 안전과 건강을 보호하고 법적 요구사항을 준수하는 것에 도움이 된다. 또한 조직의 이미지 향상과 비즈니스 관계자와의 신뢰 강화에도 도움이 된다.

경영시스템 기본구조를 도입하여, 다른 경영시스템(ISO 9001, ISO 14001)과의 통합이 용이하도록 구성되었다. ISO 45001을 추진하는 데 있어서는 다음과 같은 사항을 고려하여야 한다.

- **조직의 상황에 중점:** 조직은 이해당사자를 결정하고 이러한 이해당사자의 요구사항을 결정해야 한다.
- **리더십 및 경영진 참여:** 최고경영진은 근로자를 지원하며 근로자와 의사소통하는 데 적극적인 태도를 보여 안전보건경영시스템이 효과적으로 운영될 수 있도록 기여하여야 한다. 또한 최고경영진의 책임과 소임에 관한 요구사항을 명확하게 정의할 필요가 있다.
- 조직의 '리스크 및 기회를 다루기 위한 조치'를 통합하여 목표를 설정하고 실행하여야 한다.
- '지원'에서는 적격성 및 인식, 의사소통 및 문서화된 정보가 강조되고, '운용'에서는 외주 및 조달관리에서 공급자 및 협력업체 위험을 효율적으로 관리 통제하여야 한다.

(3) 작업안전분석(JSA) 및 문서화(SWP)

일반적으로 사고가 발생하는 비율은 불안전한 행동과 조건이 85~95%이고, 설계오류 및 불안전한 설비에 의한 요인이 5~15%를 점유한다. 따라서 사업주는 안전사고가 발생하지 않도록 하기 위하여 쾌적하고 안전한 설비 등을 설치할 의무가 있으며, HAZOP(Hazard and Operability), MOC(Management Of Change) 등 위험성의 평가와 변경관리 등의 과정을 거친 후에 설치하여야 할 의무가 있다. 근로자는 설계기준에 따라 설치된 설비를 기준을 준수하여 안전하게 운전해야 할 의무가 있으며, 작업 위험성을 평가한 JSA(Job Safety Analysis, 작업안전분석)를 이용하여 SWP(Safety Work Procedure, 안전작업절차서)를 제정하고 적용하여야 한다.

작업안전분석이란 작업을 단계적으로 관찰 및 분석하여 각 단계별로 연루된 위험을 식별하고 위험을 제거 또는 줄이기 위한 예비조치이고 작업에 대한 위험제거의 단계적인 분석이다.

JSA는 작업 환경에서 작업자의 건강과 안전을 보호하기 위한 중요한 도구로 사용된다. 이러한 작업 위험성에 대하여 분석을 하고 대안을 제시하는 일련의 과정을 JSA라고 한다. 이러한 JSA를 하여야 하는 이유와 효과는 다음과 같이 정리할 수 있다.

- 표준 작업방법을 지정해 주며 관련 교육 프로그램을 개발할 수 있게 해준다.
- 의사소통을 원활하게 해주며 숙련된 직원에 대하여 지식을 습득하게 해준다.
- 습관적으로 진행된 일상적인 작업에 대해서도 JSA 습관을 갖도록 해준다.
- 제품의 품질 향상이나 작업의 생산성 향상에도 큰 도움을 준다.
- 직원 스스로가 개발에 참여함으로써 자발적 행동과 자율적인 이행에 도움을 준다.
- 불안전한 행동과 불안전한 조건을 해결할 수 있는 매우 효과적인 방법이다.

일상적인 작업의 JSA 단계는 다음의 순서로 진행한다.

① 경험이 많고 숙련된 현장 직원이 초안을 작성(또는 팀 리더가 일반 작업자와 함께 작성)
② 해당 부서장이 1차로 검토
③ 필요시에 타 부서의 관계자의 의견을 회람(안전, 공무, 기술 …)을 통해서 반영
④ 회람에서 도출된 의견을 팀 회의 등을 통하여 검토 및 반영
⑤ 임원 또는 공장장 승인(조직 상황에 따라서 부서장 승인)
⑥ 문서화하여 기록관리
⑦ 교육 실시

JSA를 서류화하고 직원들이 지속적으로 이용할 수 있도록 문서화한 것을 SWP라고 한다.

SWP는 실행을 통하여 실행상태를 감사하고, 필요시 또는 2년마다 재검토를 실시한다.

SWP 작성은 일반적으로 다음과 같은 단계로 수행한다.

① **작업 식별:** 작업을 식별하고 작업의 범위, 목적, 절차, 장비, 도구 및 재료 등을 파악한다.

② **(작업 단계) 작업 단계 분석:** 작업을 각 단계로 분해하고 각 단계에서 발생할 수 있는 위험을 식별한다. 작업 환경, 작업조건, 사용되는 도구 및 장비, 작업자의 동작 등을 고려하여 위험을 파악한다.

③ **(잠재위험성) 위험평가:** 식별된 위험에 대해 평가를 수행하여 위험의 심각성, 발생 빈도, 노출 정도 등을 평가한다.

④ **예방 조치 도출:** 위험을 예방하기 위한 조치를 도출하고, 필요한 변경 또는 개선방법을 도출한다. 이는 위험을 감소시키거나 제거하기 위한 계획을 수립하는 과정이다.

⑤ **(안전작업방법) 조치의 실행 및 추적:** 도출된 예방조치를 실행하고, 이후 작업의 안전성을 모니터링하고 개선을 추적한다.

작업안전분석(JSA)은 작업자의 안전을 확보하고 작업 환경에서 발생할 수 있는 사고와 질병의 위험을 감소시키기 위해 중요한 도구로 사용되며, 작업 환경의 개선, 사고 예방 및

▌표 8-7 ▌JSA 작성 양식

<table>
<tr><td colspan="4">작업:</td><td>페이지:</td></tr>
<tr><td>제정 일자:</td><td>JSA #:</td><td colspan="2">개정 일자:</td><td>개정 횟수:</td></tr>
<tr><td colspan="5">부서:</td></tr>
<tr><td rowspan="2">개인보호장구</td><td></td><td></td><td></td><td></td></tr>
<tr><td></td><td></td><td></td><td></td></tr>
<tr><td colspan="5">기타 안전 필수 장비:</td></tr>
<tr><td colspan="5">비고:</td></tr>
</table>

작업 단계	잠재 위험성	안전작업방법

법적 요구사항의 준수에 도움을 준다.

8.1.8 4차 산업혁명 시대 노동의 인식

4차 산업혁명은 컴퓨터와 인터넷 기술의 발전으로 인해 디지털, 자동화, 인공지능 기술이 융합되어 새로운 가치를 창출하고 산업구조를 변화시켰으며 이전 산업혁명과는 달리, 기계와 사람이 상호작용하며 생산성과 효율성을 높일 수 있는 스마트 공장 구현을 추구하고 있다.

특히 일부 학계에서 주장하고 있는 5차 산업혁명은 인간을 위한 산업으로 발전해야 한다는 인간중심의 경영을 추구하고 있다. 또한 기존 산업에 비해 저탄소, 친환경적이며, 사람의 건강과 안전을 중시하는 경제구조를 추구하며 사회 전반이 변화할 것이라는 ESG를 중시하고 있다. 따라서 5차 산업혁명은 새로운 기회와 경제성장의 촉진요인으로 작용하며, 기존 산업의 구조적 문제를 해결하는 데도 기여할 수 있다.

[그림 8-6] 산업혁명 발전 단계별 특징

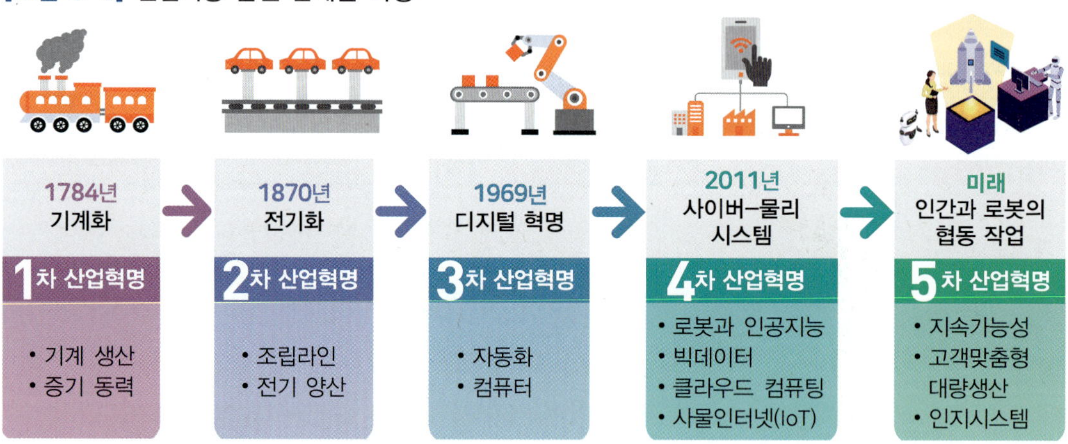

출처: Garima Nain, 2022

(1) 노동 4.0(Labor 4.0) 개념 및 특징

노동 4.0은 혁신과 디지털화 기술이 노동시장에 혁명적인 변화를 가져오는 시대적인 개념으로 인공지능, 자동화, 로봇공학, 빅데이터, 사물인터넷 등의 첨단기술이 노동시장에 도입되면서 노동 환경과 조직의 변화를 의미한다.

노동 4.0은 기존의 생산 및 노동방식과 차별화되는 특징을 가지고 있다. 예를 들어, 노동 4.0 시대에는 인공지능과 로봇이 빅데이터와 연동하여 생산과정을 자동화하고, 스마트하게 관리하는 스마트 공장의 등장이다. 이를 통해 생산성이 증가하고 생산 프로세스가 더욱 효율적으로 운영되는 것이 특징이다.

하지만 노동 4.0은 노동시장에도 변화를 가져오게 된다. 일부 기존 노동 분야는 자동화와 로봇화로 인해 일자리가 감소할 수 있고, 노동자들은 새로운 역량과 기술을 보유해야 하는 요구가 생기게 된다. 이에 따라 노동시장에서의 직업 변화, 노동자의 교육 및 훈련의 필요성, 노동시장의 변화에 대한 정책적 대응 등이 필요한 과제로 인식되고 있다. 노동 4.0은 기업과 사회의 경쟁력을 향상시키는 가능성이 있지만, 동시에 노동시장의 변화와 노동자들의 적응을 고려하여 효과적인 정책과 대응이 필요한 분야로 인식되고 있다.

4차 산업혁명 시기의 노동은 네트워크화, 디지털화, 유연화되는 특징이 요구되고 있다. '노동 4.0'은 노동의 디지털화를 그 특징으로 하고 있다. 노동과 업무의 프로세스가 디지털 기반으로 진행되거나 완전 자동화시스템화한다. 따라서 인간은 시간과 공간에 구애받지 않고 일하며, 경제 전체가 지금보다 훨씬 글로벌하게 서로 네트워크화된다.

노동 4.0은 인더스트리 4.0에 의한 기술적 변화, 디지털 경제에 따른 노동 형태의 변화뿐 아니라 세대와 개념의 변화 추세에 따라 달라지고 있는 근로조건들 역시 포함하고 있다.

노동이 소외되는 이슈는 4차 산업혁명 시대에 발생할 수 있는 노동과 실업의 문제와 연관지어 생각해 볼 수 있다. 일은 엄밀하게 보면 시간이나 임금의 단위로 단순히 환산할 수 있는 활동으로만 볼 수 있는 것이 아니며, 인간의 존재 및 생존가치의 의미와 더불어 인간의 사회적 가치를 실현하게 하는 실존적 처신의 형태로 볼 수 있다.

4차 산업혁명은 비숙련 노동력을 필요로 하는 작업을 로봇이 수행하고, 부가가치가 높은 숙련 노동력은 생산성 향상에 특화되는 구조로 발전하고 있다. 이러한 점에서 4차 산업혁명은 업무의 자격, 노동자의 정체성, 노사관계 모두에 지대한 영향을 미치고 있다.

4차 산업혁명 시대에 기업은 Industry 4.0의 기술을 활용하여 창조적 생산시스템으로 혁신하고 있다. 산업은 노동과 밀접한 연관을 갖는 것이므로 산업이 Industry 4.0으로 바뀌게 되면, 노동 분야도 'Labor 4.0'으로 바뀌어야 할 필요가 있으며, 노동이 Labor 4.0으로 바뀐다면 'Industry 4.0' 환경에 적응할 수 있는 새로운 인재를 양성할 수 있는 인재양성시스템을 구축하여 교육도 'Education 4.0'으로 구조적인 변화가 있어야 할 것이다.

| 표 8-8 | 노동 4.0으로 진화과정

노동	사회적 현상	주요 내용
노동 1.0	18세기 후반 산업사회와 최초의 노동조합 설립시기	노동조직 및 사회 전반의 구조까지 변화
노동 2.0	산업화와 복지국가의 탄생시기	사회적 문제들이 노동조합들을 통해 더욱 부각
노동 3.0	사회적 시장경제체제하에서 복지와 노동자의 권리가 통합된 시기	고용주와 노동자가 동등한 지위를 가지고 협상하기 위한 사회적 권리들이 제정
노동 4.0	네트워크화, 디지털화, 유연화를 특징으로 하는 시기	사람과 기계 간에 소통을 가능하게 하는 네트워크화를 통해 노동 환경 개선, 사회보장시스템 구축 필요

(2) 노동환경의 예상 변화 및 과제

노동환경의 예상 변화는 다음과 같다.

- 비숙련노동의 필요성이 줄어들고, 숙련된 인력과 디지털 기술에 대한 수요가 증가할 것이다.
- 사라진 직업 대신 새로운 직업이 생겨나고, 많은 새로운 직업 기회가 생겨난다.
- 근로조건의 변화에 신속하게 대응할 수 있는 유연한 구조의 중요성이 증대된다.
- 산업안전보건은 로봇에 의해 뒷받침되고 위험에 대한 보다 엄격한 조치가 취해질 수 있다.
- 사이버 보안 위험에 직면하여 직업교육 및 평생학습의 개념이 더욱 중요해질 것이다.
- 인간과 기계가 협력하여 인간과 로봇이 협력하고, 노동조합은 그 중요성과 권력을 잃게 될 것이다.
- 근로조건 개선 및 일과 삶의 균형 개선으로 근로시간이 단축되고, 휴먼-클라우드 플랫폼을 통해 프리랜서가 증가한다.

참고 | 고용의 질 지표 국내 사례

항목	세부지표
거시 수준의 고용의 질(QoE)	
고용기회	경제활동참가율, 고용률, 실업률, 청년실업률
근로조건	장시간 근로 비율, 주당 평균근로시간, 시간 관련 과소고용 비율, 산재강도율, 산재발생률, 근로자 10만 명당 치명적 부상 빈도
능력개발	총고용 중 전문직 종사자 비율, 경제활동인구 중 교육훈련에 참가한 인구비, GDP 대비 공공 교육 훈련 지출비
고용평등	여성 위주 직종의 고용 비율, 55~64세 고용 비율 차이, 관리직·고위직 내 여성고용 몫, 실업률 갭, 전체 피용자 대비 장애인의 고용 비율
일과 가정의 양립	자녀가 없는 개인의 고용 비율, 의무교육 연령 이하 아동을 가진 여성의 취업률
고용안정	재직기간 1년 이하의 근로자 비율, 임시직 비율, 임금근로자 중 공공부문 종사자 비중
소득 불평등	주요 직종 평균소득, 중위소득 50% 이하 고용 비율
사회보장	실업급여 수급률, 65세 이상 인구 중 연금수급자 비율, 산업재해 적용률
참여·발언	노조조직률, 파업과 직장폐쇄 빈도, 단체교섭 적용률
기업(Workplace) 차원의 고용의 질(QoW)	
고용여건	주당 근로시간, 고용 규모, 교대근로자 비율
임금 및 복리후생	건강보험적용 비율, 임금 수준
고용안정	비정규직 비율, 인력감축 경험, 평균근속연수
훈련 및 교육	경력개발 교육시간, 교육훈련시간
고용평등 기회	여성관리자 비율, 장애인근로자 비율, 고령근로자 비율
건강 및 안전	산재발생률, 직업건강프로그램
인권	프라이버시 보호
공정한 갈등 해결 시스템	결사자유침해 건수, 합리적 징계절차, 노사협의회 운영 여부
미시 수준의 고용의 질(QoI)	
직무·직업 특성	자율성, 권한, 위세
발전 가능성	승진 가능성, 숙련 향상 가능성
고용안정	고용안정성, 정규 고용
근무조건	작업 환경, 근무시간
관계	인간관계, 참여·발언
보상	급여, 부가급여

출처: 이승주(2022)

- 무자격 근로자의 급여가 하락하고, 자격을 갖춘 근로자의 급여가 인상될 것이다.
- 위험한 작업은 로봇이 하고, 산업재해로 인한 인명 피해가 줄어들 것으로 예상된다.

해결해야 할 과제는 사이버물리생산시스템 도입 세부전략 수립, 노동자 역량교육, 인간-기계 협력 협업 실시, 노동 및 안전규정 수립과 유연성 확보, 기업 정보보안, 노동자의 정보보안 등이 있다.

8.1.9 사업장 안전보건관리 자가 진단 예시(대한산업안전협회)

(1) 공통

	자가 진단 항목	네	아니오	비고
1	안전보건 확보가 주요 경영방침 중 하나라는 사실을 대부분의 근로자가 알고 있다.			
2	공장장, 부서장 등 주요 관리자는 안전보건 업무가 본인의 업무라는 사실을 알고 있다.			
3	산업재해가 발생하는 긴급한 위험이 있는 경우, 근로자들이 작업을 중지하고 대피할 수 있음을 알고 있다.			
4	안전보건관리규정 등 작업절차와 구성원의 책임과 권한을 정한 규정을 정기적으로 업데이트한다.			
5	안전보건문제에 관해, 근로자들이 자유롭게 의견을 제시하거나 신고할 수 있는 절차를 운영한다.			
6	사업장 내 위험기계 · 기구, 유해 · 위험 화학물질, 위험장소 등에 대한 리스트를 관리한다.			
7	사업장에서 발생할 수 있는 재해 시나리오와 이에 대한 대응방안을 1개 이상 작성한다.			
8	도급 · 용역 · 위탁 업체 선정 시 수급인 등의 안전보건 수준을 고려하여 선정하는 절차가 있다.			
9	분기별로 근로자 안전보건교육을 실시한다.			
10	산업안전보건법 등 안전보건 관계 법령의 준수 여부를 주기적으로 확인한다.			

(2) 제조업

	자가 진단 항목	네	아니오	비고
1	기계 · 기구를 구매하는 경우 안전성(안전인증, 자율안전확인신고 등)이 확보된 제품인지 항상 확인한다.			
2	기계 · 기구를 취급하는 근로자들의 안전을 위한 표준작업절차를 가지고 있다.			
3	모든 위험기계 · 기구에 덮개 등 방호장치가 설치되어 있고, 관리자의 승인 없이 임의로 해체할 수 없다.			
4	위험기계 · 기구 정비 시 운전을 중단하고 가동 잠금장치 또는 표지판을 설치한다.			
5	화학물질 도입 시 물질안전보건자료(MSDS)를 확인하고 대책을 마련하며, 근로자와 공유한다.			
6	화재 · 폭발 · 누출 및 질식 위험장소에 대한 관리방안을 수립하고 있다.			
7	정기적으로 작업 환경 측정을 실시한다.			
8	유해인자에 노출되는 업무에 종사하는 근로자들은 특수건강진단을 받는다.			
9	고객 폭언, 직장 내 괴롭힘 등으로 정신적 고통을 받은 근로자를 위한 신고 · 상담절차를 운영한다.			
10	근로자는 개인보호구 사용방법을 숙지하고, 올바르게 착용하고 있다.			

8.2 | 제품안전 및 품질

ESG 관점에서 제품안전 및 품질은 기업이 고객 및 소비자의 건강과 안전을 보호하며, 제품의 품질을 유지하고 개선하기 위해 노력하는 것을 강조한다. 기업은 제품개발, 제조, 유통, 판매, 서비스 등 제품수명주기 전반에 걸쳐 안전성과 품질을 고려하고 관리해야 한다. 소비자만족의 기본은 소비자가 직접 사용하거나 서비스를 받는 제품에 대한 안전 및 품질이 가장 중요하다.

제품안전 및 품질이 확보되기 위한 제품의 안전성은 제품이 사용자에게 물리적인 안전을 보장하고 잠재적인 위험을 예방하는 것을 의미한다. 제품의 설계, 원재료 선택, 제조과정, 제품 테스트 등이 안전성을 고려하여 진행되어야 한다. 따라서 제품안전 및 품질은 기업이 제품을 개발, 제조, 유통, 판매, 서비스하는 과정에서 소비자의 건강과 안전을 최우선으로 고려하여 제품을 관리하고 보호하는 것을 의미한다. 이는 소비자가 안전하게 제품을 사용하며, 제품에 의한 잠재적인 위험을 최소화하고 예방하는 것을 목표로 하여야 한다. 제품안전 및 품질을 확보하기 위하여 다음과 같은 사항들이 고려되어야 한다.

- 제품의 물리적 안전성은 제품이 사용자에게 물리적인 위험을 최소화하고 안전하게 사용될 수 있도록 보장하는 것을 의미한다. 제품의 설계, 원재료, 제조과정 등이 안전성을 고려하여 진행되어야 한다.
- 제품의 정보 및 표시는 소비자가 제품의 사용방법, 주의사항, 경고 및 위험에 대한 정보를 명확하게 이해할 수 있도록 제공되어야 한다. 제품의 라벨, 사용설명서, 웹사이트 등을 통해 제품의 안전 사용에 대한 정보가 정확하게 제공됨으로써 제조물책임(PL)에 대한 대응도 고려될 수 있다.
- 제품의 품질관리는 제품이 소비자의 요구와 기대를 충족시키는 것을 의미한다. 품질관리는 제품의 성능, 내구성, 신뢰성 등을 포함하며, 제품 결함을 예방하고 제품의 수명주기 동안 품질을 유지하고 개선하기 위한 노력을 포함하는 것이다.
- 제품의 리콜 및 사후관리는 소비자가 제품에 대한 문제 또는 안전 관련 이슈를 경험했을 때, 적절하고 신속한 대응과 조치를 취하여 소비자의 건강과 안전을 보호하는 것을 의미한다. 기업은 제품에 대한 리콜 및 사후관리 프로세스를 갖추고, 이를 공개하고 실행함으로써 소비자만족을 높이는데 노력해야 할 것이다.

제품안전 및 품질은 기업의 사회적 책임이고, 고객 및 소비자 신뢰의 기반이 되며, 기업의 지속가능한 성장과 경쟁력을 강화하는 중요한 요소이다. 또한 제품의 안전성과 품질이 떨어질 경우, 리스크와 손실이 증가할 수 있으므로 ESG 관점에서 제품안전 및 품질을 적극적으로 관리하는 것이 중요하다. 이를 통해 기업은 고객과 소비자의 요구를 충족시키고 사회적 책임을 다하는 동시에 지속가능한 경영을 할 수 있는 기반을 다지게 될 것이다.

ESG 경영을 위한 제품안전 및 품질 관점의 진단 및 구축활동을 위한 질문을 하면 다음과 같다(출처: 대한상공회의소, 삼정KPMG(2021). "중소기업 ESG 추진전략").

- 제품 · 상품의 품질을 검수 · 평가하고 관리하는 프로세스가 공식화되어 있는가?
- 지난 3년간 제품 관련 품질 이슈 및 반품, 리콜 등의 발생 추세는 어떠한가?
- 제품에 대한 고객만족도 및 피드백을 체계적으로 관리하고 제품 개선에 반영하고 있는가?

8.2.1 제품관리 프로세스

(1) APQP(사전제품품질계획)

APQP(Advanced Product Quality Planning)는 제품이 고객의 요구사항과 기대에 부합하는지 보장하기 위한 구조화된 프로세스로 주로 자동차산업에서 사용되지만 다른 산업에도 적용할 수 있다. 고객의 요구 및 기대를 저비용으로 시의적절하게 충족시킴으로써 소비자만족에 적절히 대응할 수 있다. 제품개발 초기부터 마케팅, 상품기획, 설계, 구매, 제조 및 품질부서 등의 인력으로 구성된 교차기능팀(CFT: Cross Functional Team)을 구성함으로써 동시협력설계(Co-Current Engineering)를 수행하여 개발 일정의 단축, 후공정에서의 품질문제를 사전에 발굴하여 설계에 반영, 제품생산 및 고객에 인도 시 예상되는 리스크 제거 및 양산조건 충족으로 생산성 향상을 가져올 수 있다. 이러한 활동은 재작업 및 고객불만에서 발생하는 사회적 이슈까지도 사전에 해결함으로써 ESG 경영의 선제적 대응이 가능해질 수 있다.

제품 품질기획을 함으로써 다음과 같은 이점이 있다.

- 고객을 만족시키기 위한 자원 제공
- 요구되는 변경의 조기 파악 증진
- 뒤늦은 변경 방지
- 가장 적은 비용으로 적기에 양질의 제품 제공

[그림 8-7] APQP(Advanced Product Quality Planning) 프로세스

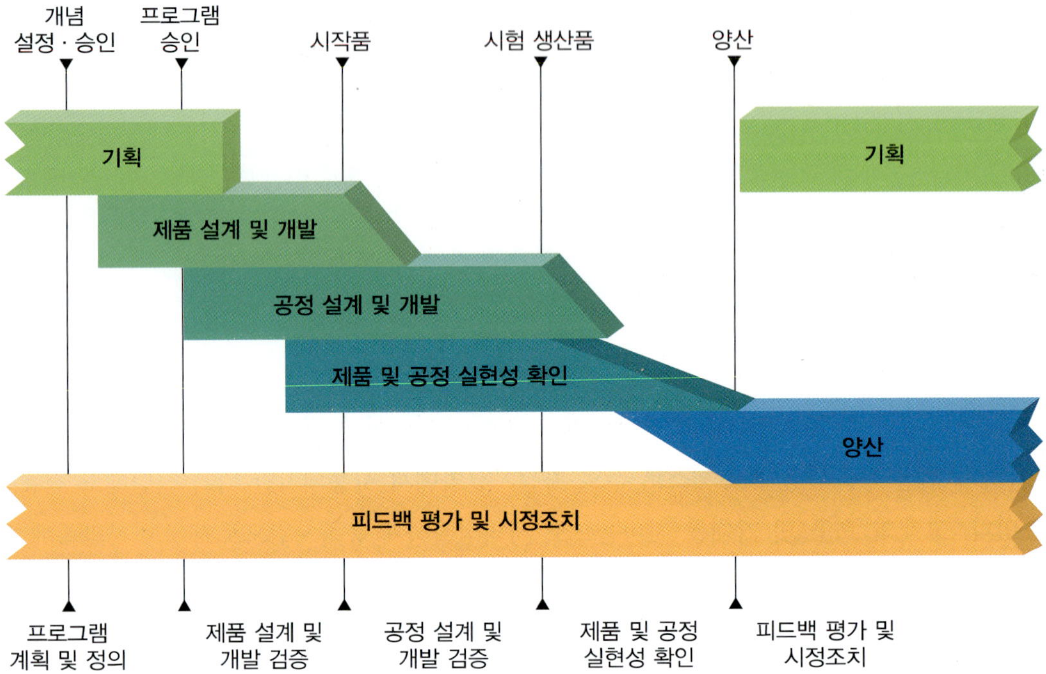

(2) 설계 FMEA

설계 FMEA(Failure Mode Effective Analysis)는 설계고장형태 영향분석으로 제품설계 단계에서 발생할 수 있는 잠재적인 결함과 그 영향을 평가하는 기술적 방법이다. 설계 FMEA는 다음 사항들을 통하여 고장위험을 줄이는 데 있어서 설계 프로세스를 지원하며 다음과 같은 특징적 역할을 한다.

- 기능 요구사항 및 설계 대안을 포함한 설계의 객관적인 평가를 돕는다.
- 제조, 조립, 서비스, 재활용 요구사항에 대한 초기 설계를 평가한다.
- 잠재적 고장 형태 및 그것이 시스템과 고객 사용에 미치는 영향이 설계 · 개발 프로세스에서 고려되는 확률을 높인다.
- 철저하고 효율적인 설계, 개발, 타당성 확인 프로그램의 기획에 도움이 되는 추가정보를 제공한다.

- 잠재적 고장 형태가 고객에게 미치는 영향에 따라 등급을 부여한 리스트를 작성하여 설계 개선, 개발, 타당성 확인 시험 · 분석을 위한 우선순위체계를 수립한다.
- 위험 감소조치를 권고하고 추적하기 위해 문제 제기 서식을 제공한다.
- 고객 불만사항을 분석하고, 설계변경을 평가하고, 향상된 설계를 개발하는 데 도움을 주기 위한 미래의 참고자료(예 학습 교훈)를 제공한다.

설계 FMEA는 설계의 결과인 제조 또는 조립공정 동안 발생할 수 있는 잠재적 고장 형태 및 원인을 포함해야 한다.

참고 | 설계 FMEA 7단계 접근법

[1단계] 기획 & 준비(5T 활용)
- InTent(의도): 왜 우리는 FMEA를 하고 있는가?
- Timing(타이밍): 기한은 언제까지인가?
- Team(팀): 누가 팀에 있어야 하는가?
- Task(과제): 어떤 작업을 해야 하는가?
- Tool(도구): 분석은 어떻게 수행하는가?

[2단계] 구조 분석(DFMEA: 설계 인터페이스, 상호작용 파악, PFMEA: 공정 단계 및 하위 단계 파악)

[3단계] 기능 분석(기능에 대한 요구사항 또는 특성의 연관성 파악)

[4단계] 고장 분석(DFMEA: 파라미터 다이어그램 등 활용한 제품 고장 원인 파악, PFMEA: 특성요인도 등 활용한 공정 고장 원인 파악)

[5단계] 리스크 분석(각 고장에 대한 심각도, 발생도 및 검출도의 등급, 조치 우선순위 평가)

[6단계] 최적화(실행된 조치의 효과성 확인 및 조치가 취해진 후 리스크 평가)

[7단계] 결과 문서화(취해진 조치에 대한 실행 및 문서화)

공정 FMEA는 제조공정에서 발생할 수 있는 고장 형태 영향 분석을 통하여 제조공정의 개발을 지원한다. 잠재적 제품 및 공정과 관련된 고장 형태, 공정 및 고객에 대한 잠재적 고장의 영향을 파악하고 평가하여 우선순위 개선조치를 실시한다. 공정 FMEA는 설계된 제품이 설계 의도를 충족시킬 것이라 가정한다. 설계 취약성 때문에 발생할 수 있는 잠재적 고장 형태는 공정 FMEA에 포함될 수 있다. 고장 형태의 영향 및 발생 방지는 설계 FMEA에서 다루어진다.

[그림 8-8] 설계 FMEA 기획 및 준비 정리 예시

예시: 설계 고장 형태 및 영향 분석(설계 FMEA)					
기획 및 준비(1단계)					
회사명	Acme Automotive 사	주제	PX123 Upper Jacket		
엔지니어링 위치	독일, 뮌헨	설계 FMEA 시작일자	2022년 3월 19일	설계 FMEA ID번호	123456
고객명	Jackson Industry	설계 FMEA 개정일자	2022년 9월 25일	설계 책임	S. Gray
모델 연식/프로그램(들)	2023 PX123	상호 기능팀	팀 목록 참조	기밀 유지 수준	기밀

[그림 8-9] 설계 FMEA 구조분석 단계 정리 양식 예시

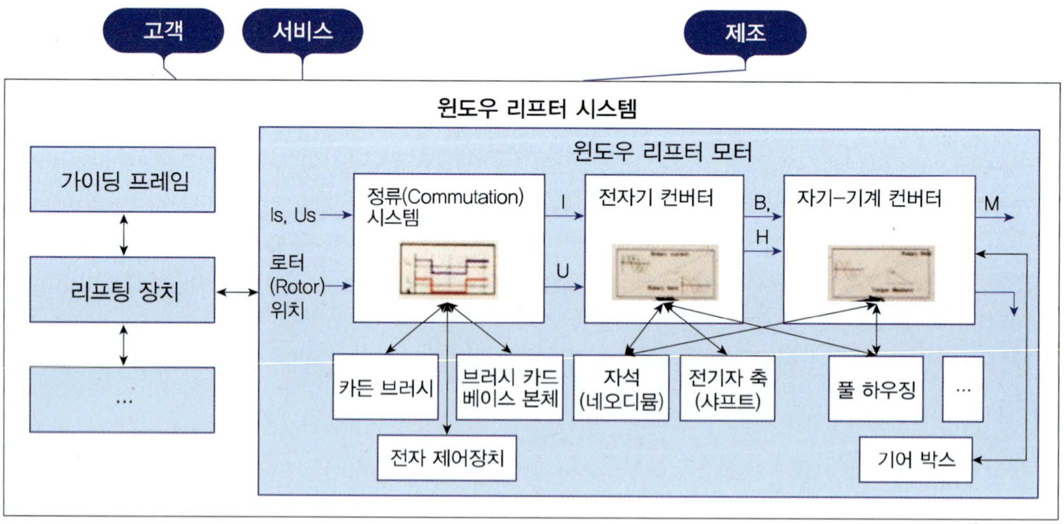

[그림 8-10] 설계 FMEA 리스크 분석 양식

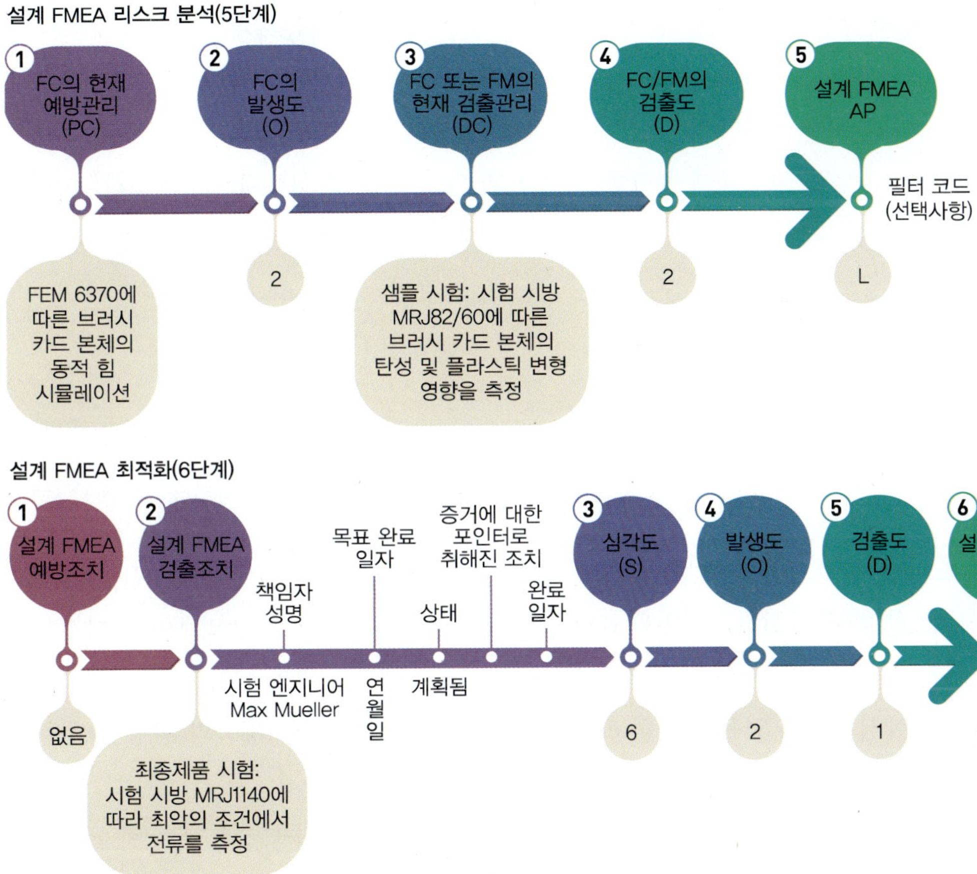

(3) 관리계획서

관리계획서(CP: Control Plan)는 공정 및 제품 산포를 최소화하는 데 사용되는 시스템의 문서화된 요약정보를 제공한다. 사실상 관리계획서는 모든 공정 산출물이 관리상태에 있음을 보장하기 위한 수입, 공정, 출하, 주기 요구사항을 포함하여 프로세스 각 단계에서 요구되는 조치를 설명한다.

관리계획서는 제품의 수명사이클 전체에서 사용된다. 제품의 라이프사이클 관리(PLM: Product Life-cycle Management)를 통하여 탄소 발생량 감축 등 환경적 개선의 기회를 제공하게 된다.

관리계획서(CP)는 설계, 제조 및 조립하는 동안의 낭비를 줄이고 제품 품질을 개선한다. 이러한 구조화된 규율은 제품 및 공정에 대한 철저한 평가를 가능하게 한다.

관리계획서는 공정 특성을 파악하고 산포의 출처(입력변수)에 대한 관리방법을 파악하는데, 이 산포의 출처가 제품 특성(출력변수)에 산포를 야기한다.

관리계획서는 자원을 고객에게 중요한 특성과 관련된 공정 및 제품에 집중시킨다. 이러한 주요 항목들에 대한 자원의 적절한 할당은 품질을 저하시키지 않으면서 원가를 절감하는 데 도움을 준다.

8.2.2 제조물책임(PL)

제조물책임(PL: Product Liability, 제품책임)은 기업이 제품을 개발, 생산, 판매 및 마케팅하는 과정에서 소비자, 환경, 사회에 대한 책임을 의미한다. 기업은 제품에 대한 책임을 다각적으로 고려하여, 환경적, 사회적, 거버넌스적 측면에서 책임을 수행하고 관리해야 한다.

환경적 측면에서의 제품책임은 제품이 환경에 미치는 영향을 고려하고, 제품 생산 및 폐기물 처리과정에서 환경오염을 예방하고 최소화하는 것을 의미한다. 제품의 환경적 효율성, 재활용 가능성, 친환경적 소재 사용 등이 고려되어야 할 것이다.

사회적 측면에서의 제품책임은 제품이 소비자의 건강, 안전, 권리를 보호하는 것을 의미하므로 제품의 안전성, 품질, 라벨링, 사용 설명서의 명확성 등이 고려되어야 할 것이다. 또한 제품이 사회적 다양성, 인권, 노동권 등을 존중하고 준수하는지에 대한 관점도 매우 중요한 요소이다.

거버넌스적 측면에서의 제품책임은 기업이 제품에 대한 책임을 효과적으로 관리하고, 제품의 안전성과 품질을 보장하기 위한 내부 통제 및 관리체계를 갖추는 것을 의미한다. 이를 위해서는 제품 리콜, 소비자 불만처리, 제품 품질 감시 등이 포함될 수 있다.

따라서 제품책임은 기업이 환경, 사회, 거버넌스에 대한 책임을 고려하여 제품을 개발, 생산, 판매, 마케팅하는 과정에서 고객의 안전과 만족, 환경보호, 사회적 가치창출 등을 고려하여야 할 것이다. 기업이 제품책임을 충실히 수행하고 관리함으로써 지속가능한 경영과 사회적 책임을 실현할 수 있는 기반이 될 것이다.

(1) 제조물책임의 목적

제품책임은 소비자보호 입장에서 피해자를 구제하기 위한 법(소비자 제일주의 원칙)이다. 제조사에게 제품책임을 훨씬 엄격하게 적용함으로써 제품안전성 향상에 목적을 둔다. 제조물책임법(PL법)은 이제까지의 제품책임요건을 과실에서 결함으로 전이하였다.

이러한 목적을 바탕으로 결함책임의 이론적 근거는 [표 8-9]와 같다.

표 8-9 결함책임의 이론적 근거

구분	내용
위험책임	결함제품을 생산하고 만들어 내기 쉬운 입장에 있는 제조업자 등이 손해배상의 책임을 지는 것이 적절함
보상책임	이익을 창출하는 사업활동이 원인이 되어 제3자에게 손해를 준 경우에는 그 사업자는 항상 얻고 있는 이익 중 일부를 배상하는 것이 공평함
신뢰책임	안전성이 결여된 제품이 소비자에게 피해를 발생시키는 경우 그 책임을 제조업자 등에게 부담함

(2) 결함의 유형

PL법에서의 결함은 제조물의 객관적인 성질상태인 결함을 기준으로 한다. 안전성의 결여를 결함이라 하고, 상품성의 결여를 하자라고 구분한다.

제조물의 과실에서 결함으로 변경됨으로써 이에 대한 결함 유형은 [표 8-10]의 세 가지로 정리할 수 있다.

표 8-10 결함의 유형

설계상의 결함	제조상의 결함	지시 · 경고상의 결함
• 안전설계 불량 • 안전장치 미비 • 주요 부품 불량 • 기술 수준 불합격	• 품질관리 불량 • 안전장치 고장 • 조립상태 불량 • 원재료, 부품 불량	• 경고표시 없음 • 경과사항 미비 • 명시된 보증 위반 • 표시(광고) 불량

(3) 제조물책임법의 대응

제조물책임에 대비하기 위해 제조업체는 다음과 같은 대책을 강구할 수 있다.

- **품질관리 시스템 강화:** 제조업체는 품질관리시스템을 강화하여 제품의 결함을 사전에 예방하고, 결함이 발생할 경우 신속히 대응할 수 있도록 하여 책임을 최소화할 수 있다.
- **제품 적합성 평가:** 제조업체는 제품의 적합성 평가를 실시하여 제품이 안전하고 안정적으로 사용될 수 있는지 확인하고, 이에 따라 제품을 개선하거나 생산을 중단할 수 있다.
- **적절한 경보 및 안전조치:** 제조업체는 제품 사용자에게 적절한 경보 및 안전조치를 제공하여 제품 사용 중 발생할 수 있는 위험을 최소화할 수 있다.
- **보험 가입:** 제조업체는 제조물책임보험을 가입하여 제품 결함으로 인해 발생할 수 있는 손해를 보호할 수 있다.
- **제품 리콜:** 제조업체는 제품 결함 발견 시 즉시 제품 리콜을 실시하여 사용자와 제3자의 피해를 최소화할 수 있다.

제조물책임의 대책(PLP: Product Liability Prevention)을 사전예방 대책(PS)과 사후방어 대책(PLD)으로 구분하여 대응할 수 있다.

표 8-11 사전예방 대책(PS)과 사후방어 대책(PLD)

구분	대응 유형
사전예방 대책 (PS: Product Safety)	• 기업의 제품안전 방침 설정 • 개발 기획 및 설계 단계에서 PS 대책 • 구매 · 제조 단계의 PS 대책 • 제품의 안전성 평가 및 위험 분석 • PL 관련 문서 및 기록 작성 대책 • 기타 PS 대책
사후방어 대책 (PLD: PL Defense)	• 소송 · 크레임 방어 대책 • 문서 및 기록관리(보존) 대책 • 재판의 분쟁처리 및 원인규명 대책 • 피해자 구제제도 • 제조물책임법 보험의 가입

(4) 리콜과 제조물책임(PL)

리콜(Recall)은 제조사 또는 유통업체가 이미 시장에 출시된 제품 중에 품질 또는 안전 이슈가 발견되어 소비자에게 제품을 회수하거나 교체하는 것을 의미한다. 리콜은 제품의 결함, 위험 또는 안전문제가 발생하여 소비자의 건강과 안전에 영향을 미칠 수 있는 경우에 실시한다. 리콜은 일반적으로 정부기관의 요청, 소비자의 불만, 내부 품질 검증, 외부 검사 등을 통해 확인되고, 제조사 또는 유통업체가 책임지고 조치를 취하게 된다.

PL은 제조사 또는 유통업체가 생산하거나 유통한 제품으로 인해 소비자에게 발생한 손해에 대한 법적 책임을 의미한다. 즉 제품이 품질 또는 안전 이슈로 인해 소비자에게 피해를 입힐 경우, 제조사 또는 유통업체는 이에 대한 법적 책임을 지게 된다. PL은 제품의 설계, 제조, 판매, 마케팅, 경고 및 지침, 품질관리 등에 관련된 다양한 측면을 포함하고 있다.

표 8-12 리콜과 PL의 차이점

구분	리콜	PL
제도 목적	사전적 피해 예방	사후적 피해 구제
시행 결과	결함물품 전체의 수리, 교환, 환급, 파기	특정 제품으로 인한 소비자의 확대 피해에 대한 손해배상
의미	이미 시장에 출시된 제품에 대한 조치로, 제조사 또는 유통업체가 자발적 또는 강제적으로 제품을 회수하거나 교체	제품이 소비자에게 발생시킨 손해에 대한 법적 책임
결함 정의	문제 발생시점의 안전성 부족	출하시점의 기술 수준을 고려한 안전성 결여
관련법	제품안전기본법	제조물책임법

8.2.3 고객관계관리(CRM)

고객관계관리(CRM: Customer Relationship Management)는 기업이 고객과의 관계를 체계적으로 관리하고 최적화하기 위한 전략과 도구를 의미하며, 고객과의 상호작용을 효과적으로 관리하여 고객을 이해하고 만족시키는 데 중점을 둔다. CRM은 다양한 고객과의 접점을 다루며, 고객의 요구와 선호를 파악하고 그에 맞게 제품이나 서비스를 제공함으로써 고객만족을 높이는 데 목적이 있다. 이를 통해 고객충성도를 향상시키고 장기적인 고객관계를 유지, 발전시키는 것이 CRM의 목표이다.

ESG 경영에서 고객관계관리는 현대 기업의 지속가능한 경영에 있어서 매우 중요한 요소이다. ESG 경영과 고객관계관리의 중요성을 다음과 같이 설명할 수 있다.

- **사회적 요구와 기대의 증가:** 현대 사회에서는 기업이 이익창출만을 추구하는 것이 아니라 사회적 책임을 다하는 것을 요구하고 기대하는 추세가 강해지고 있다. 소비자들은 제품과 서비스를 구매할 때 기업의 ESG 성과와 가치를 고려하는 경향이 높아지고 있다. 따라서 기업이 고객의 사회적 요구와 기대를 충족시키기 위해 ESG 요소를 경영에 반영하고, 이를 적절하게 관리하는 것이 매우 중요하다.
- **고객 로열티(충성도)와 브랜드 가치 강화:** ESG 경영은 기업의 고객 로열티와 브랜드 가치를 강화할 수 있는 효과가 있다. 기업이 환경보호, 사회적 책임, 투명한 지배구조 등을 고려하여 제품과 서비스를 제공할 경우, 소비자들은 브랜드에 대한 신뢰를 높이고, 기업에 대한 로열티를 형성할 수 있다. 이는 고객들이 장기적으로 기업의 제품과 서비스를 선택하고, 추천하며, 기업과의 긍정적인 관계를 유지하는 데 도움이 되는 고객 로열티가 향상될 것이다.
- **위험관리와 기업평가의 요소로서의 ESG:** ESG는 기업의 위험관리와 기업평가에도 중요한 요소로 작용하고 있다. 기업이 환경오염사고, 제품 리콜, 사회적 갈등 등을 피하는 데 적극적으로 대응하고, 고객의 안전과 권익을 보호하는 등의 ESG 관리를 효과적으로 수행하면, 기업의 위험관리능력이 향상되고, 기업평가에서 긍정적인 평가를 받을 수 있기 때문이다.
- **글로벌 경영 환경에서의 경쟁력 강화:** ESG 경영은 글로벌 경영 환경에서 투자자의 관심과

투자 유치력이 강화되고, 글로벌 시장의 규제 및 요구를 충족할 수 있으며, 소비자의 구매 결정과 브랜드 가치를 제고하는 데 도움이 되기 때문에 기업의 경쟁력을 강화하는 데 도움이 될 수 있다.

(1) 성공적인 고객관계관리전략

성공적인 고객관계관리를 위한 전략은 다음과 같은 방법으로 접근할 수 있다.

- **명확한 비전과 목표 설정**: CRM 전략의 목적과 목표를 명확하게 설정하고 조직 전체에 공유한다. 이를 통해 조직의 모든 구성원들이 CRM 전략을 이해하고 공유하며, 일관된 방향으로 진행할 수 있다.
- **고객중심의 접근**: CRM 전략은 고객을 중심에 두고 그들의 요구와 기대를 충족시키는 방향으로 구성되어야 한다. 고객을 이해하고 고객과의 관계를 강화하는 전략을 구축하여 고객충성도를 높이고 고객만족을 증진시키는 것이 중요하다.
- **데이터 기반의 의사결정**: CRM은 데이터를 기반으로 한 의사결정을 지원하는 방법론이다. CRM 시스템을 효과적으로 활용하여 고객 데이터를 수집, 분석하고 활용하여 고객에게 맞춤화된 서비스를 제공하고, 비즈니스 전략에 대한 데이터 기반의 의사결정을 지원해야 한다.
- **조직 내 커뮤니케이션과 협업 강화**: CRM은 조직 내에서 다양한 부서와 팀 간의 커뮤니케이션과 협업을 강화해야 한다. 고객정보와 통찰력을 조직 전체에 공유하고, 고객과의 상호작용을 효과적으로 협업하여 조직 전체에서 일관된 고객 경험을 제공할 수 있도록 해야 한다.
- **기술과 인프라의 효과적인 활용**: CRM 시스템과 관련된 기술과 인프라를 효과적으로 구축하고 활용하여 CRM 전략의 구현을 지원해야 한다. CRM 시스템의 선택과 구현, 데이터 관리 및 분석, 자동화 도구 등의 기술적 요소를 효과적으로 활용하여 CRM 전략을 실행해야 한다.
- **개인화된 고객 서비스 제공**: CRM은 개별 고객에게 맞춤화된 서비스를 제공하는 것이 목표이다. 고객의 선호도, 관심사, 구매 히스토리 등을 기반으로 고객에게 개인화된 서비스를 제공하고, 고객과의 긍정적인 상호작용을 촉진하는 것이 중요하다.

• **지속적인 평가와 개선**: CRM 전략은 지속적인 평가와 개선이 필요하다. 고객의 피드백과 요구를 수집하고, 이를 바탕으로 제품 또는 서비스를 개선하며, 고객의 만족도를 높이는 것이 중요하다. CRM 성과를 측정하고 결과를 평가하여 문제점을 파악하고 조직 간의 협업과 정보를 공유하여 개선방안을 도출하며, 전략을 수립 · 시행한다.

[그림 8-11] 성공적인 CRM을 위한 5가지 전략

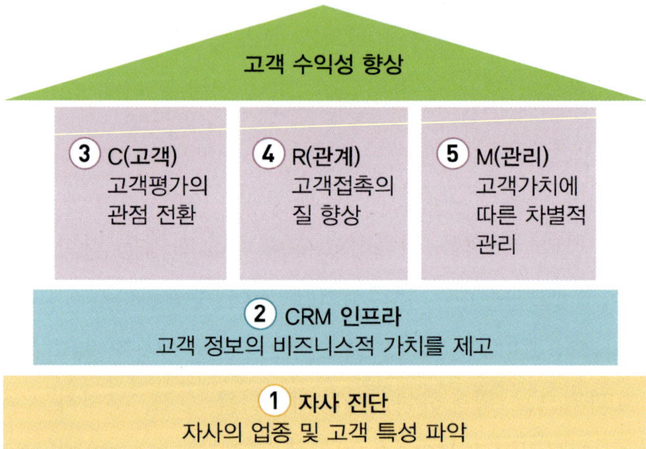

출처: 삼성경제연구소(신형원 외)

(2) CRM의 범위

CRM의 범위는 크게 세 가지 영역으로 나눌 수 있다.

• **고객관리**(Customer Management): 고객관리는 고객과의 관계를 효율적으로 관리하는 것을 의미한다. 이는 고객 데이터의 수집, 저장, 관리, 분석, 활용 등을 포함한다. 고객 데이터를 통해 고객을 식별하고, 고객의 특성, 선호도, 행태 등을 파악하여 개별 고객에게 맞춤화된 서비스를 제공하고, 고객의 요구와 사업의 목적을 충족시키는 것이 목표이다.

• **고객 상호작용**(Customer Interaction): 고객 상호작용은 다양한 접촉점에서 고객과의 상호작용을 관리하는 것을 의미한다. 이는 고객과의 커뮤니케이션, 문의 · 요청 처리, 주문처리, 고객 서비스 등을 포함한다. 다양한 채널에서의 고객 접촉을 통해 고객과의 긍정적인 경험을 제공하고, 고객의 요구에 빠르고 정확하게 응답하여 고객만족도를 높이는 것이 목

표이다.

- **고객 분석**(Customer Analysis): 고객 분석은 고객 데이터를 활용하여 고객의 특성, 선호도, 행태, 구매 패턴 등을 분석하는 것이다. 이를 통해 고객의 니즈를 파악하고, 고객 그룹별로 마케팅 전략을 개발하고, 제품과 서비스를 개선하여, 고객관계의 개선과 매출 증대를 도모하는 것이 목표이다.

따라서 CRM의 범위는 고객관리, 고객 상호작용, 고객 분석으로 구성되어 있다. 이를 바탕으로 고객 관점에서 관리하고 실행하는 것이 성공적인 CRM 전략의 핵심이다.

[그림 8-12] CRM 구현방식

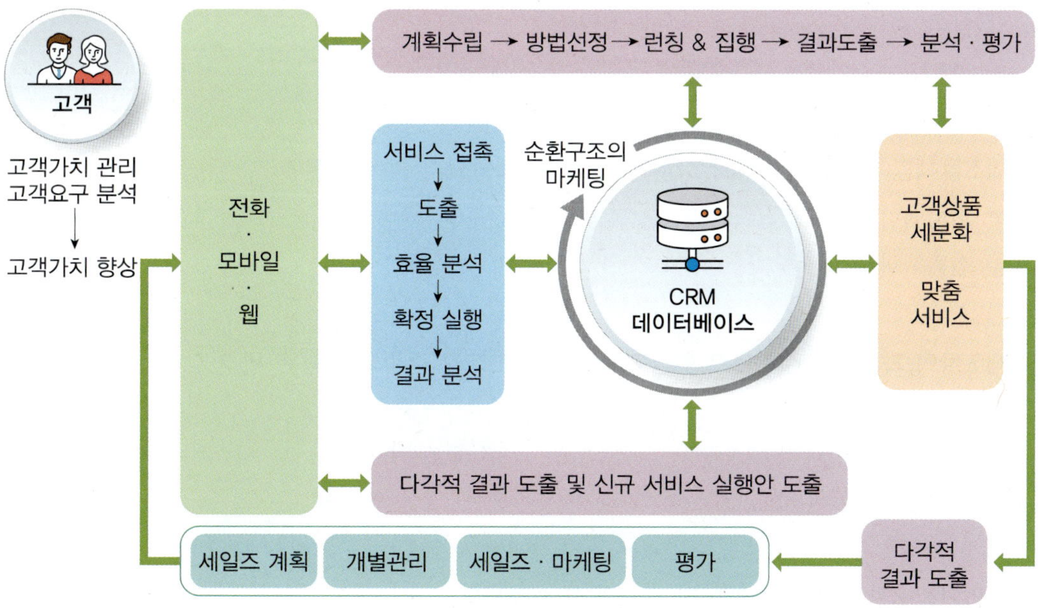

출처: 하람커뮤니티 홈페이지

연습문제

01 우리나라는 1950년대부터 산업발전이 시작되었다고 볼 수 있다. 근로자에 대한 안전을 보호하기 위하여 제정된 근로기준법은 몇 년도에 제정되었는가?

① 1953년 ② 1960년 ③1981년 ④ 2022년

02 위험성 평가 실시에서 최초평가는 사업장 설립일로부터 언제까지 실시하여야 하는가?

① 6개월 ② 3개월 ③ 1년 ④ 1개월

03 산업안전보건법에서는 안전관리자를 기업의 규모에 따라서 일정 규모를 선정하여 운영하도록 의무화하고 있다. 일반 제조업에서 50~500명 규모의 기업인 경우 안전관리자를 몇 명을 두어야 하는가.

① 1명 ② 2명 ③ 3명 ④ 4명

04 제조물책임에서 결함책임의 이론적 근거 중 해당되지 않는 것은?

① 위험책임 ② 사고책임
③ 신뢰책임 ④ 보상책임

05 제조물의 과실에서 결함으로 변경됨으로써 이에 대한 결함의 유형은 세 가지가 있다. 해당되지 않는 것은?

① 설계상의 결함 ② 제조상의 결함
③ 지시 · 경고상의 결함 ④ 운영상의 결함

06 산업안전이란 무엇인지 개념적 의미를 기술하시오.

( )

07 산업안전보건 분야를 기존의 근로기준법에서 분리하여 새로운 법으로 제정하여 근로환경 변화에 대응하기 위하여 제정된 법률은 무엇인가.

( )

08 위험성 평가를 위한 조직별 R&R을 정하고 각 담당별로 역할을 수행함으로써 실질적인 산업안전 확보에 다가갈 수 있다. 위험성 평가 운영조직과 역할을 기술하시오.

( )

09 작업안전분석(JSA: Job Safety Analysis)은 작업을 단계적으로 관찰하고 분석하는 것이다. 작업안전분석의 이유와 효과를 기술하시오.

( )

10 제조물책임에 대한 조치방법 중에서 리콜과 PL의 차이점을 비교·설명하시오.

( )

제8장 연습문제 정답

01. ① 1953년
02. ③ 1년
03. ① 1명
04. ② 사고책임
05. ④ 운영상의 결함

CHAPTER 09

ESG 기반의 공급망 관리

9.1 공급망 관리의 개념
9.2 공급망 관리의 필요성 및 이점
9.3 ESG와 공급망 관리
9.4 지속가능 공급망 원칙 및 법제화
9.5 협력사 동반성장

9.1 | 공급망 관리의 개념

9.1.1 공급망 관리의 개념 및 정의

공급망 관리(SCM: Supply Chain Management)는 미국 공급사슬위원회에 의하면 "고객의 수주로부터 대금지급에 이르기까지 설비, 부품, 완제품의 물류를 취급하는 프로세스로 공급업체, 제조업체, 유통업체와 고객까지의 분배 기능에 관련된 모든 활동"이라고 정의하고 있다. 공급망 관리는 전체적인 물류시스템을 총괄해서 관리하는 것이다. 제품의 원재료 조달과 생산에서 판매에 이르기까지 최적의 물류 흐름과 조달시간 단축과 재고비용과 유통비용을 절감하여 고객의 요구에 최대한 빠르게 대응하는 것을 의미한다.

공급망 관리를 이해하기 위해서는 공급사슬(SC: Supply Chain)의 개념을 먼저 이해해야 한다. 공급사슬은 철광석, 원유 등과 같은 원자재를 추출하는 기업에서 시작한다. 다음으로 원자재 가공업체는 부품 제조업체의 주문에 따라 원자재를 가공하여 철판, 알루미늄 등을 생산하고, 이어서 부품 제조업체는 완제품 제조업체의 주문에 따라 중간부품을 생산한다. 완제품 제조업체는 완제품을 생산하여 도매상 또는 유통업체에 판매하고, 다음으로 소매업체에 판

[그림 9-1] 일반적인 공급사슬

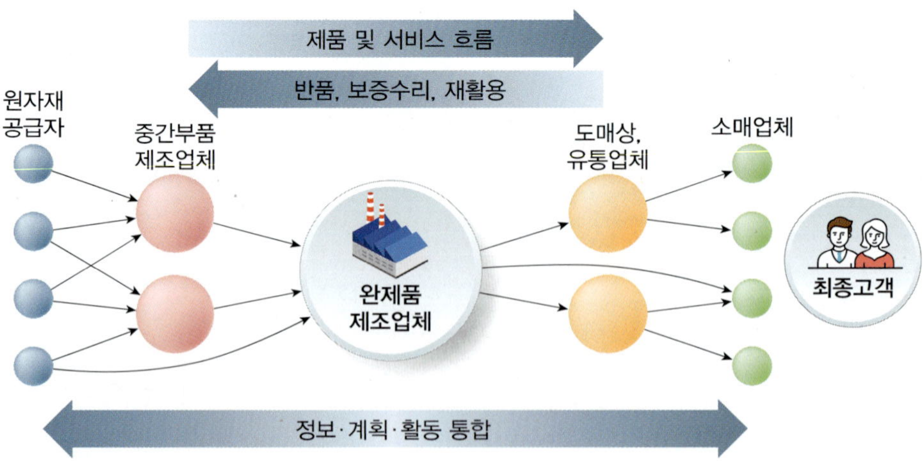

출처: Wisner et al.(2012)

매한다. 마지막으로 소매업체가 완제품을 최종고객(소비자)에게 판매한다. 최종고객은 제품의 반품, 보증수리, 재활용을 할 수 있는데 이러한 역물류(Reverse Logistics)도 공급사슬에 포함한다.

이처럼 공급사슬은 공급자로부터 최종소비자에 이르기까지의 전체 흐름으로 제품을 생산하여 최종소비자에게 전달하기 위한 기업들로 이루어져 있다. 원자재 생산, 부품 생산, 조립업체, 도매업체, 소매업체 및 수송업체 등 모두를 포함하고 있다.

공급망 관리에 대한 개념은 1982년 올리버 & 웨버(Oliver & Weber)에 의해 처음 사용되었다. 이들은 공급망 관리를 "공급자에서 고객까지의 정보, 물자, 현금의 흐름에 대해 총체적 관점에서 사슬 간의 인터페이스를 통합, 관리함으로써 효율성을 극대화하는 전략적 기법"으로 정의하였다.

9.1.2 디지털 공급망으로 전환

글로벌 경쟁 환경이 치열해지면서 기업들은 지속적인 성장과 경쟁력 우위를 확보하기 위하여 내부 시스템의 혁신을 시작으로 공급망 내에서 기업 간의 상호 협력을 이끌어 낼 수 있는 공급사슬관리 중요성이 강조되고 있다.

최근 4차 산업혁명의 시작과 정보기술(IT) 및 운영기술(OT)을 포함하여 디지털 및 물리적 세계의 융합으로 인해 공급망 전환에 속도가 붙고 있다. 선형의 순차적 공급망에서 상호 연결된 개방형 공급망 시스템(디지털 공급 네트워크)으로 전환하면 향후 기업은 경쟁우위의 토대를 마련할 수 있다. 그러나 디지털 공급 네트워크를 구현하려면 기업은 조직의 운영체제를 수평 통합, 연결된 시스템을 통한 수직 통합, 그리고 전체 가치사슬을 통한 종합적인 통합의 기능을 실현해야 한다.

[그림 9-2]에서 보는 바와 같이 새로운 디지털 공급망 모델은 상호 연결되어 있다. 연결의 핵심은 디지털이다. 각 노드에서 네트워크의 다른 모든 지점으로 상호작용할 가능성이 있으므로 이전에는 없었던 영역 간의 연결성이 향상된다. 전통적인 공급망에서 연결되지 않았던 링크 간의 연결이 디지털 공급 네트워크에서는 새로이 생성되는 것을 볼 수 있다.

[그림 9-2] 전통적 공급망에서 디지털 공급망으로 전환

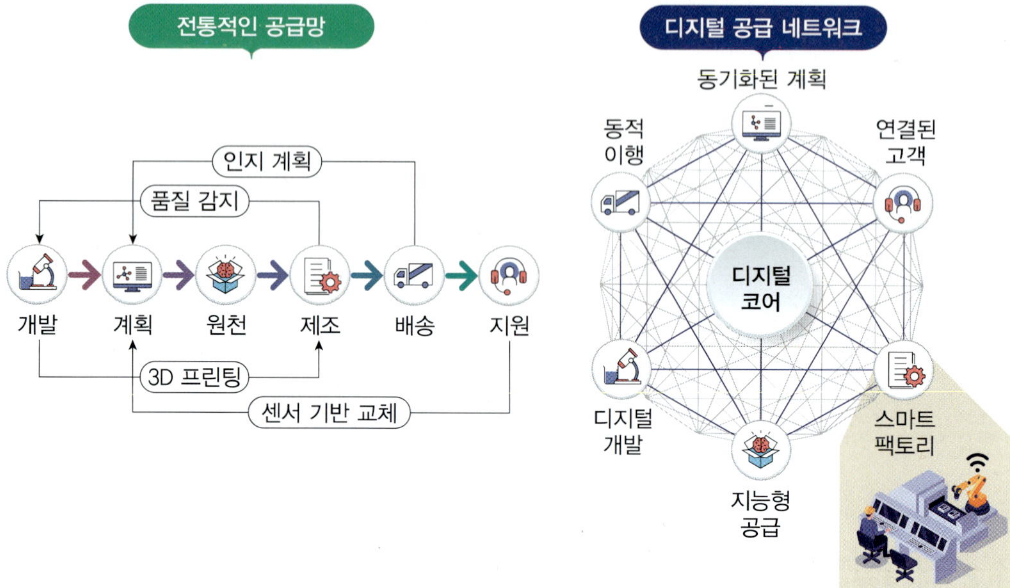

출처: Deloitte(2017)

9.1.3 공급망 관리의 역사

공급망에 대한 현대적인 개념이 정립된 것은 MIT 공대의 포레스터(Jay Forrester)와 동료들이 1950년대 후반에 발표한 연구에서 출발한다. 포레스터는 공급자와 소비자 사이에서 발생하는 채널 간의 상호 관계를 연구하면서 채찍효과(Bullwhip Effect)를 발견하였다. 공급망 관리의 발전 동기를 먼저 생산관리 분야에서 살펴보면, 1970년대에는 완제품 소요량을 원자재 소요량으로 변환하여 일정계획을 수립하는 재고관리기법인 자재소요계획(MRP: Material Requirements Planning) 시스템이 개발되었고, 재고량이 비용에 미치는 영향을 인식함에 따라 자재관리의 중요성이 강조되었다. 1980년대 MRP로부터 진화한 제조자원계획(MRP Ⅱ: Manufacturing Resoursec Planning) 시스템이 개발되었다. MRP Ⅱ는 MRP의 범주에 생산용량소요계획(CRP: Capacity Requirements Planning)을 포함하여 계획 수립과정에서 재무 및 마케팅의 영역을 포함하여 확대되었다. 이후 재무, 제조 및 인적자원관리를 통합한 전사적 자원관리(ERP: Enterprise Resource Planning)

시스템으로 진화하였다. ERP는 MRP와 MRP II의 핵심적인 기능을 포함하고 있으며, 시스템을 보다 효과적으로 관리하기 위해 기업의 다른 영역 간의 정보를 공유한다. 이후 기업의 가치창출을 위해서 기업 간의 정보를 통합하고 제품과 서비스의 흐름의 최적화를 위해 공급망 관리로 발전하였다.

다른 관점에서의 공급망 관리의 발전을 살펴보면, 1970년대 물류는 대량생산체제로 인하여 단순히 창고기능 및 유통기능과 관련한 운영이 주를 이루었다. 이후 기업 내부 전체의 기능을 통합하여 물류 프로세스의 효율화를 추구하기 위해 토요타 자동차의 적시생산방식(JIT: Just-In-Time)과 종합적 품질관리(TQC: Total Quality Control) 개념을 도입하여 생산성 향상을 목표로 한 재고감소, 낭비제거, 비용절감을 중점적으로 추진하였다. 그 후 1990년대에는 미국에서의 린(Lean) 경영과 종합적 품질경영(TQM: Total Quality Management)이 경영 전반에 확산되고, 공급망 관리를 기업경영에 도입하기 시작하였다. 2000년대에는 인터넷을 기반으로 한 공급망 능력 확보 및 거점 구축을 통하여 생산 최적화의 전략 방향으로 전환하였다. 2015년부터 책임 있는 공급망 요구가 강화되면서 공급망 전반에 걸쳐 환경 및 안전성의 기준이 높아졌다. 2015년 이후부터 지속가능경영 개념과 통합되어 지속가능성 기준에 따른 공급망 평가 및 실사의 방향으로 발전하였다.

표 9-1 공급망 관리의 발전 방향

연도	테마	주요 내용
1970년	물류 · 유통 기능	대량생산체제 도입, 원자재 수급, 창고관리, 재고관리, 운송효율 향상
1980년	물류 프로세스 효율화	JIT, TQC 개념 적용, 원가절감 추진, 낭비제거 등 운영최적화
1990년	물류 프로세스 통합관리	LEAN, TQM, 민첩한 공급사슬(Agile SC), 공급망 전략, 공급망 관리를 기업경영에 도입
2000년	공급망 관리 활성화	공급업체 통합시스템 구축(공급망 네트워크), 윤리적 구매, 재고 · 유통 용량 확보 및 거점 구축을 통한 생산 최적화, 인터넷을 공급망 관리에 적용
2015년	책임 있는 공급망 관리	Sourcing Process 추적, Sourcing의 친환경성 및 안정성 기준 강화
2015년 이후	지속가능한 공급망 관리	지속가능경영 통합, 지속가능성 평가 및 실사, 공급망 잠재리스크의 내부화(관리 범위로 통합)

9.2 | 공급망 관리의 필요성 및 이점

9.2.1 공급망 관리의 필요성

지금은 외부 환경의 변화를 예측하고, 대응하는 기업만이 치열한 경쟁에서 살아남을 수 있다. 공급망에서 구매업체와 공급업체 간의 다양한 거래정보를 공유하는 것이 쉽지는 않다. 이를 위해 기업들이 생존을 위하여 상호 협력과 프로세스 연결을 통해 공급망 통합관리를 추진하고 있다.

공급업체부터 최종소비자까지 제품 및 서비스의 정보 및 물류 흐름에 대한 프로세스를 통합해 운영하는 것으로 이해관계자들에게 가치를 창출할 수 있다.

일반적으로 공급망에서의 핵심은 채찍효과(Bullwhip Effect)이다. 제품에 대한 수요정보가 점차 왜곡된다는 의미이다. 소비자의 실제 수요의 변화가 소매, 유통, 제조업체, 원재료 공급업체 등의 공급망 단계를 거치면서 수요에 대한 정보가 증폭하는 현상이다. 주문량의 변화가 공급망을 거치면서 증대되는 것이다. 이러한 불확실한 정보를 감소시키는 방법은 공급망의 모든 구성원이 동일한 정보를 공유해야만 모든 과정에서 변동에 따른 대처를 정확하게 할

[그림 9-3] 채찍효과

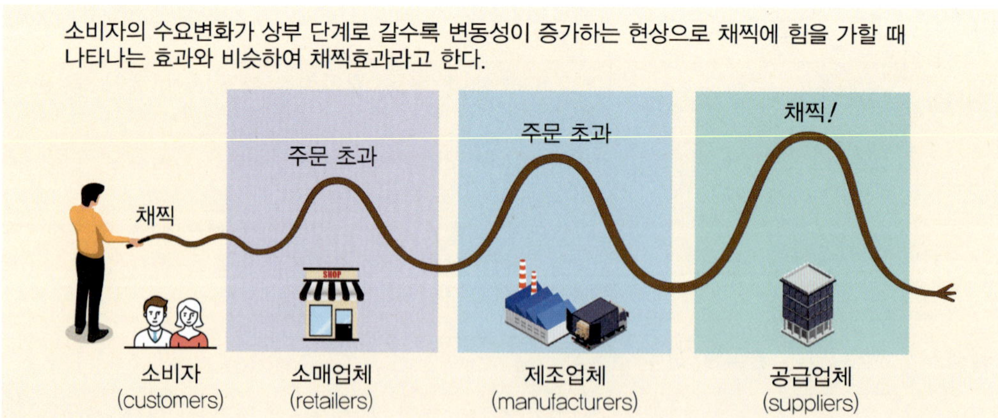

출처: The Loadstar(2020)

수 있다. 공급망 관리가 필요한 이유는 다음과 같다.

- 시간과 비용 측면에서 적은 투자로 개선이 가능하다.
- 정보 측면에서 공급망의 정보 왜곡을 줄일 수 있다.
- 글로벌 공급망의 복잡함에 대한 체계적인 관리가 필요하다.
- ERP 등의 기술발전으로 정보와 프로세스가 통합되어야 한다.

9.2.2 공급망 관리의 이점

공급망 관리의 성공을 위해서는 공급망 내의 기업들은 수요예측, 생산계획, 마케팅 전략, 신제품 · 신기술 개발, 구매계획, 납기계획, 배송계획 등 모든 정보를 공유하며 디지털 기술을 활용하여 협력해야 한다. 또한 공급망 내 기업 간의 높은 신뢰와 정확한 의사소통이 필요하다. 많은 기업들이 공급망 관리의 노력으로 기업의 가치 상승과 이익이 창출되는 것을 경험하고 있다. 공급망 관리가 비용의 절감, 양질의 제품, 높은 수준의 서비스, 매출 증대 등의 효과가 있음을 알고 있다.

이러한 공급망 관리의 이점을 살펴보면 다음과 같다.

- 재고비용 최소화
- 운송 및 취급비용 등의 물류비용 감소
- 납기, 리드타임 단축으로 구매비용절감
- 주문의 불확실성과 변동성 제거로 생산계획의 합리화
- 전체적인 생산 효율성 극대화
- 전 과정에서의 제품 · 정보 흐름의 가시성 확보
- 고객 수요 충족
- 고객만족도 제고

9.3 | ESG와 공급망 관리

9.3.1 공급망에서의 사회적 책임

공급업체와의 강력한 관계는 상호 이익이 되는 비즈니스 연결을 구축할 수 있다. 공급망 내에서 모든 공급업체와 기업의 이익을 공유하는 것은 가장 중요한 이슈 중 하나다. 비즈니스 파트너 간의 동반성장은 침체된 경제성장을 극복하는 핵심이 될 것이다.

지구온난화와 관련된 온실가스 배출의 규제와 감축을 위해서는 단일기업의 노력만으로 효과를 보기가 어렵다. 즉 공급망 전체의 기업이 상호 노력해야 목표를 달성할 수 있을 것이다. 이제 더 이상 생산 효율성이나 제품의 품질을 직접적으로 향상시키지 않는 사회적 책임에 대한 투자는 기업의 성과를 향상시킬 수 없다. 기업이 사회적 책임에 관여하지 않으면 기업의 가치가 하락할 수 있다. 제조업에서는 원자재 공급업체와 생산적이고 협력적인 관계를 구축함으로써 기업의 사회적 책임활동으로 추가적인 이익을 얻을 수 있다.

공급망 전체 기업의 경쟁력 강화를 위한 사회적 책임의 실행에 있어 대기업의 역할이 상당히 중요하다. 더불어 중소기업의 실천의지와 실행력도 매우 중요하다. 공급망 차원에서 사회적 책임은 하나의 기업이 노력해서 되는 것이 아니라 공급망 내 모든 기업이 자발적인 노력이 뒷받침되었을 때 높은 성과를 창출할 수 있다. 그만큼 중소기업의 역할이 중요하다는 것이다. 중소기업들의 노력이 모여 공급망 전체의 사회적 책임이 실행되고 이를 통해 공급망 전체의 경쟁력이 제고된다.

사회적 책임에 의해 주도되는 공급업체의 혁신은 제품 또는 서비스를 개선할 수 있으며, 이는 경쟁시장에서 제품 차별화에 영향을 미칠 수 있다. 인적자원 및 근로조건에 대한 재정 및 기술 지원은 비즈니스 파트너 간의 신뢰를 구축할 수 있다. 또한 비즈니스 파트너 간의 정보공유는 상호 간의 신뢰를 구축한다. 이러한 지식 및 자원의 공유로 구축된 신뢰는 기업가치에 상당한 영향을 미친다.

사회적 책임의 관점에서 대기업과 중소기업 간 상생 협력활동이 중요하다. 대기업은 중소기업의 경쟁력 향상과 지속가능한 경영을 위해 상생의 파트너로 인식하고 상호 간에 동반성장할 수 있는 방안을 추진하고 있다. 이 장의 뒷부분에서 동반성장을 살펴보기로 한다.

9.3.2 공급망 관리의 중요성

최근 스마트폰, 전기자동차 배터리의 필수 원재료 코발트의 채굴 및 생산과정에서 아동노동 등 인권침해에 관한 이슈가 제기되어 고위험 광물의 윤리적 구매 등 '책임 있는 공급망 관리'의 중요성이 높아졌다. 유럽연합에서는 2021년 역내에 설립된 모든 기업을 대상으로 공급망 전체의 환경과 인권 현황에 대한 실사의무를 부여하는 '공급망 실사제도(EU system of due diligence for supply chain)' 법안을 상정하였다. 글로벌 기업을 시작으로 ESG 경영이 전체 공급망으로 확산되고 있는 경향이다.

애플은 2030년 탄소중립 실현을 위해 글로벌 협력사의 동참을 요청했다. 미국의 아웃도어 회사 파타고니아의 경우 협력업체 선정 및 유지 기준에 사회와 환경 등과 관련된 내용을 결합하여 운영 중이다.

국내에서도 대기업을 시작으로 발빠르게 ESG 시대에 맞추어 변화하고 있다. 정부의 K-ESG 평가 도입 및 공공조달 시 ESG 평가 강화, 시중은행의 신용평가 및 금융지원 등으로 인해 중소, 중견기업에도 영향을 미치고 있다.

9.3.3 녹색혁신

산업혁명 이후의 급속한 산업성장은 에너지 수요를 증가시켰다. 화석연료와 같은 전통적인 에너지 자원은 재생 불가능하고 제한적이다. 전 세계적으로 석탄, 석유 및 천연가스와 같은 화석연료는 재생 불가능한 에너지의 주요 원천이다. 온실가스 배출의 주요 원천은 전통적인 에너지가 원인이다. 온실가스는 지구의 평균온도를 상승시킴과 동시에 사회에 나쁜 영향을 미쳤다. 과도한 온실가스 배출은 외국인 투자자의 투자 약속에 영향을 미칠 수 있으며 국가의 투자금액은 감소할 수 있다. 결과적으로 실업률이 증가하고 경제성장이 감소한다. 제품 생산, 거래, 운송, 품질검사 및 재작업의 모든 단계에서 탄소를 배출한다.

공급망 관리의 주요 목표는 적절한 비용과 더 빠른 배송을 유지하여 공급업체에서 구매자로 상품이나 서비스의 원활한 흐름을 유지하는 것이다. 효율적인 공급망 관리자는 적절한 규제준수를 입증할 수 있는 적절한 문서와 기록과 함께 적절한 가격에 적절한 양으로 물건을 제공하려고 노력해야 한다. 이는 여러 공급망 단계에서 탄소배출량과 함께 불완전한 품질로 인한 재작업을 고려하는 것이다. 글로벌 공급망 시스템의 목표는 탄소배출을 통제하는 것이다.

투자자들은 깨끗하고 친환경적인 기술을 가진 기업에 우선순위를 둘 것이다. 녹색기술 투자는 두 가지 관점에서 추진된다. 첫째는 투자자들은 기존 기술의 영향을 줄이기 위해 집중한다. 두 번째는 기존 기술을 친환경기술로 전환하는 데 중점을 둔다. 녹색기술에 대한 투자는 태양전지판 및 풍력 터빈 설치, 전기자동차 등에 대한 투자가 있다. 녹색기술 투자의 이점은 운영 효율성, 다양한 비용절감, ESG의 등급 상향, 정부의 인센티브 획득 등이다.

소매업체는 항상 가장 많은 제품을 판매하려고 한다. 소매업체가 공급업체로부터 제품을

[그림 9-4] 재제조 및 다양한 탄소배출정책을 갖춘 글로벌 공급망

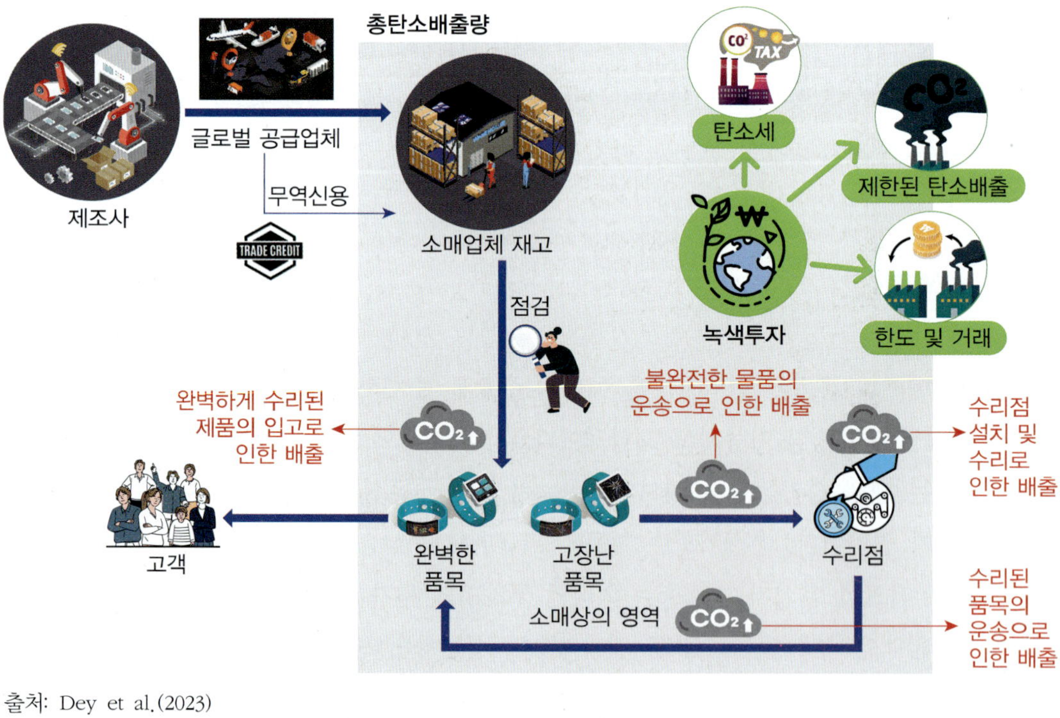

출처: Dey et al.(2023)

구매하고 이러한 제품은 100% 완벽하지 않을 수 있다. 구매자는 결함이 있는 제품을 재작업을 위해 지역 수리점으로 보내고 부족이 발생하면 다시 가져온다. 따라서 소매업체는 설치비용, 재작업비용, 운송비용 및 수리비용을 부담해야 한다. 이는 정품을 보관하는 비용보다 높다. 또한 불완전한 품목뿐만 아니라 불완전한 품목을 보유하고, 지역 상점으로 운송하고, 수리한 품목을 재고로 반품하면 그 과정에서 탄소가 배출된다. 소매업체는 이러한 탄소비용까지 부담해야 한다.

탄소배출은 지구온난화의 핵심요소이다. 이러한 배출을 최소화하기 위해 금액을 투자하는 것을 녹색기술 투자라고 한다. 제조업체는 녹색기술에 대한 투자를 사용하여 탄소의 총배출량을 줄일 수 있다. 저탄소 녹색성장 기본법에 명시된 녹색기술에 대한 정의는 온실가스 감축기술, 에너지 이용 효율화기술, 청정생산기술, 청정에너지기술, 자원순환 및 친환경기술(관련 융합기술을 포함) 등 사회 · 경제활동의 전 과정에 걸쳐 에너지와 자원을 절약하고 효율적으로 사용하여 온실가스 및 오염물질의 배출을 최소화하는 기술을 말한다.

환경문제는 이제 기업과 분리할 수 없다. 기업은 사회적 정당성을 보장하기 위해 환경 영향을 줄이고 환경에 긍정적인 영향을 미칠 수 있는 혁신적인 조치를 해야 한다.

녹색혁신은 환경에 대한 부정적인 영향을 줄일 수 있는 혁신을 나타내며, 기업이 환경 성과를 개선하고 이해관계자와 사회 전반에 혜택을 줄 수 있다. 무엇보다도 오염을 방지하고 에너지를 절약하며 폐기물을 재활용하는 데 도움이 되는 제품, 프로세스 및 기술혁신을 통해 기업은 이미지를 개선하고 경쟁우위를 높이는 동시에 시장에서 차별화할 수 있다.

녹색혁신은 기업이 이해관계자의 환경보호 요청을 충족시키면서 새로운 시장을 개발하고 이미지를 높이며 경쟁우위를 확대할 수 있는 혁신 유형이라 할 수 있다. 또한 녹색혁신은 기업이 환경에 미치는 영향을 줄이는 프로세스를 단순화하여 기업이 환경목표를 달성하고 환경적 이점을 채택하는 데 도움이 된다. 녹색혁신은 1990년대 후반에 시작되어 증가하는 환경규제와 사회의 환경문제에 대응할 수 있는 혁신적인 제품 및 프로세스의 개발을 통해 기존 산업의 변화를 도모하는 것이다.

녹색혁신의 혜택을 받으려면 조직이 모든 이해관계자, 특히 공급업체와 긴밀한 협력관계를 맺어 파트너십, 평가시스템 및 서비스 수준 계약을 수립해야 한다. 기업은 지식 공유를 장려하고 지침을 제공해야 하며, 상호 협력할 수 있는 시스템을 구축해야 한다.

9.3.4 녹색 공급망 관리

전통적인 공급망 관리의 주요 목표는 환경문제에 덜 중점을 두고 비용을 절감하고 서비스를 개선하는 것이었다. 정부 규제 등을 포함한 외부 압력으로 인해 기업은 환경 차원을 고려하는 방식으로 공급망을 구성했다. 그러나 최근에는 부가가치 구성요소에서 얻은 이익, 재활용 및 비즈니스에서 제품 재사용을 반영하기 시작했다.

전 세계적으로 ESG 경영의 관심이 높아지고, 사회적 · 환경적 책임을 공급망 내의 기업들에게 요구하고 있는 현실이다. 이는 강제노동, 환경을 파괴하는 제조공정 등 사회, 환경, 경제에 부정적 영향을 미치는 기업들의 행위가 지속적으로 발생하고 있기 때문이다. 이에 전통적인 공급망 수준에서 대 · 중소기업 모두가 체계적으로 관리해야 하는 이슈가 부상하였다.

지속가능성과 환경친화적인 중요성은 공급망 관리에서 녹색 공급망 관리로의 개념과 전환을 탄생시켰다. 녹색 공급망 관리(GSCM: Green Supply Chain Management)의 개념은 1960년대 미국에서 등장했다. 녹색 공급망 관리는 비즈니스 관점에서 지속가능한 경영을 되살리기 위해 도입되었다. 미국 시라큐스대학의 패트릭 펜필드(Patrick Penfield) 교수는 녹색 공급망을 "친환경적인 투입물(Input)을 사용하고, 수명이 끝났을 때 재생 및 재사용이 가능한 산출물(Output)로 변환하여 지속가능한 공급망을 만드는 것"이라 정의하였다.

녹색 공급망 관리는 친환경적인 원재료와 부품을 사용하여 친환경적인 공정에서 생산하고, 친환경적인 포장재를 사용한다. 재생에너지 사용률을 높이기 위해 공장 지붕의 태양광 집열판을 설치하여 전력 소비를 줄이기도 한다. 친환경 운송수단을 이용한 배송 등 공급망 전 과정에 걸쳐 친환경, 에너지 절약, 재활용 등을 실행하는 것이다.

하나의 기업에서 환경경영만으로 충분하지 않고 공급망에 있는 기업 모두가 환경경영에 중점을 두고 실행해야만 기업의 제품 및 서비스가 환경친화적이 될 수 있다. 이를 위해서 공급망의 기업들이 녹색 공급망 관리를 도입해야 경쟁우위를 확보할 수 있다.

녹색 공급망 관리는 공급망을 더 친환경적으로 만들기 위해 내부 프로세스를 통합하고 외부 파트너를 참여시켜 리스크를 처리하고, 외부 환경규제를 해결하고, 혁신과 경쟁력을 개선하고, 순환경제에 기여하는 회사의 능력을 높일 수 있다. 이는 전통적인 공급망 관리에서 벗어나 지속적인 순환 프로세스를 기반으로 자원의 재사용을 중점으로 한다. 비즈니스 순환성을 다루는 것은 자원 사용의 현재 패러다임을 완전히 변화시키고, 일반적으로 선형 소비경제 모델을 기반으로 하는 기존 생산시스템을 변화시키는 것을 의미한다.

또한 녹색 공급망 관리는 조직의 성과와 지속가능성을 개선하기 위한 전략으로 사용된다. 가장 중요한 것은 리더십, 조직문화 및 다양한 공급망 구성요소(예 공급업체, 운송업체 및 고객)와의 협업이 녹색 공급망 관리를 구현하는 데 도움이 된다는 것이다. 또한 녹색 공급망 관리는 생산 및 제조 분야에서 린 제조, TQM 및 SCM, 경영에 이르기까지 환경문제를 포함한다. 전통적인 공급망 관리가 제대로 되고 있다면 녹색 공급망 구현은 어려운 것이 아니다. 친환경적인 원자재와 부품, 포장재를 사용하고, 친환경적인 운송수단을 이용하는 것만으로도 녹색 공급망 구현이 시작되는 것이다.

9.3.5 지속가능한 공급망 관리

최근 들어 기업의 공급망 내에서 발생하는 노동시간 초과, 강제노동 등의 비윤리적인 문제와 산업안전 및 환경문제로 인한 규제가 강화되고, ESG 경영과 발맞추어 가치사슬 전반의 사회적 책임을 다하기 위해 공급망 내에서 지속가능성의 요구가 증대되고 있다.

공급망은 기업의 내부 조직 간 협업체계가 외부의 기업으로 확장된 형태이다. 공급망 리더십은 매우 중요한 역할을 한다. 무엇보다도 대기업의 역할이 중요하다. 과거의 공급망 관리는 기업의 생산성 향상과 이윤 극대화를 위해 원활한 원자재 수급 및 비용절감에 초점을 맞추었다. 최근에는 전통적인 공급망 관리에 지속가능성을 통합시킨 지속가능 공급망 관리가 등장하였다.

지속가능한 공급망 관리(SSCM: Sustainability Supply Chain Management)란 "기업이 제품 또는 서비스를 생산하고 처분하는 전 과정에서 사회, 환경, 경제에 미치는 부정적인 영향을 최소화하는 공급망"을 의미한다. 기업에 미치는 부정적인 영향은 기업 자체의 활동에 의한 직접적인 영향뿐만 아니라 협력사 활동에 의한 간접적인 영향까지 포함한다. 기업은 근로자의 인권 침해, 강제노동, 산업안전성 미확보, 생산공정의 비환경적 요소 등이 발생하고 있는지를 점검해야 한다.

엘킹턴(John Elkington)은 1994년에 지속가능한 공급망 관리의 핵심 개념인 트리플바텀라인(TBL: Triple Bottom Line)을 제안하였다. 지속가능성의 목표를 달성하기 위해 기업은 트리플바텀라인, 즉 경제적, 사회적 향상에 필수적인 역할을 하는 사회의 기본 요소인 사람(People), 이익(Profits), 지구(Planet)를 고려해야 한다. 트리플바텀라인은 기업의 지속가능성이 환경적·사회적 측면과 경제적 성과의 세 부분으로 구성되고, 기업의 이익 추구와 환경적·사회적 책임을 수행해야 함을 의미한다. 전통적 공급망 관리가 녹색 공급망 관리로 진화하면서 지구환경의 지속가능성을 반드시 고려해야 한다.

ESG 경영이 대기업에서 중견·중소기업으로 확대, 요구됨에 따라 모든 기업에게 지속가능한 공급망이 기업의 생존과 경쟁력의 필수요소가 될 수 있다. 즉 지속가능한 공급망을 추구하는 것은 ESG 경영을 위한 필수조건이 되었다. 지속가능한 공급망 관리 도입의 사례로 월마트, 이케아, 나이키, 보잉, 시스코, 지멘스, 네슬레, 델 등과 같은 많은 기업들이 있다.

환경적, 사회적으로 책임 있는 활동과 원자재 조달부터 제조, 운송, 재활용 프로세스에 이르기까지 투명성을 확보하고, 환경, 사회에 미치는 기업의 영향을 분석하고 기업이 장기적으로 지속가능한 성장을 이루도록 하는 것이다.

이러한 지속가능한 공급망의 세 가지 요소는 다음과 같다.

- **녹색 공급망**(Green Supply Chain): 친환경적인 원자재, 부품, 포장재를 사용하고, 친환경 운송수단 활용 등 공급망 전 과정에 걸쳐 친환경, 에너지 절약, 재활용 등을 실행하는 것이다.
- **투명 공급망**(Transparent Supply Chain): 공급망의 투명성은 공급망 전 과정에서의 제품 및 노동의 원산지를 비롯하여 모든 정보를 공개하는 것이다. 이러한 정보의 공개는 블록체인 등의 디지털 기술을 활용하여 모든 제품과 공급업체의 정보를 공유할 수 있다.
- **순환 공급망**(Circular Supply Chain): 순환경제와 그 맥락을 같이하며, 재활용이라는 환경적 이점을 실현하고 비용을 절감할 수 있다.

지속가능한 공급망 구현의 필수요인은 협업과 디지털 기술을 필요로 한다.

- **협업**(Collaboration): 복잡해진 글로벌 공급망에서는 동일한 원자재, 동일한 공급업체 등을 이용함으로써 공급망의 투명성 확보와 경쟁력을 확보를 위해 정보공유를 통해 협업해야 한다.

• **디지털 기술**(Digital Technology): 디지털 기술의 발전으로 복잡한 공급망 내에서 실시간 정보공유와 가시성을 확보함으로써 지속가능한 목표를 달성할 수 있다. 스마트 SCM, 디지털 SCM과 함께 지속가능한 공급망에서도 디지털 기술은 필수요소이다.

지속가능성(Sustainability)은 환경구매와 사회적 책임을 포함하는 넓은 개념이라 할 수 있다. 지속가능성의 개념 아래 하나의 활동으로 지속가능 발주(Sustainable Sourcing)가 있다. 이는 "장기적으로 인간, 이익 그리고 지구에 미치는 영향을 고려한 제품 및 서비스 구매과정"으로 정의한다. 이에는 환경구매, 재무적 혜택 제공, 윤리적 발주 등이 포함된다. 지속가능 발주를 실천하는 선도기업은 아래와 같은 활동을 추구한다.

• 새롭고 차별화된 지속가능한 제품과 서비스를 개발하여 수익을 늘린다.
• 자원의 효율성을 높이고, 법을 준수하지 않는 공급업체를 회피하며, 배송설계를 재고함으로써 원가를 절감한다.
• 브랜드와 명성을 관리하고, 규제를 충족시키며 사회적, 환경적으로 의식 있는 고객을 유치하기 위한 방법을 개발함으로써 리스크를 관리한다.
• 사회적 · 환경적 책임을 다함으로써 브랜드와 명성을 제고하여 무형의 자산을 구축한다.

이러한 활동은 주요 공급업체와 고객, 기업이 긴밀한 협력관계를 구축해야 한다.

또한 지속가능성은 환경, 사회, 경제과정의 균형을 맞추는 것이 필수적이다. 지속가능한 공급망 관리는 경제적, 사회적, 환경적 프로세스의 균형을 유지하고 국가의 성장과 발전을 위해 세 가지 차원을 성공적으로 노력해야 한다. 또한 수익성을 달성하려면 ESG 기준을 조정하는 것이 필수적이다.

9.3.6 ESG 공급망 준비

소비자에게 제품을 판매하는 대기업은 가치사슬(Value Chain)을 기준으로 협력사를 판단한다. 가치사슬 측면에서 상류 부문의 협력사를 업스트림(Upstream), 하류 부문의 협력사를 다

[그림 9-5] 가치사슬

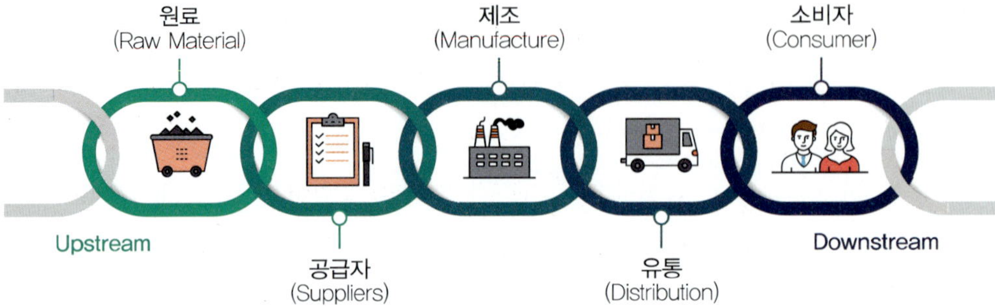

출처: https://www.youredi.com/

운스트림(Downstream)으로 구분한다.

업스트림 협력사란 제품을 제조하기 위한 원자재의 제조 및 운송, 완제품 이전의 부품 제조 등의 영역을 포함하고 있는 기업을 의미한다. 다운스트림 협력사란 최종제품을 소비자에게 판매하기 전에 유통과정에 있는 기업을 의미한다.

공급망의 역할은 매우 중요하다. 더 많은 가치를 창출할수록 고객은 더 많은 제품을 원할 것이며, 회사에는 더 많은 이익을 가져다줄 것이다.

원자재의 조달부터 제품의 생산 및 유통, 최종소비자에게 전달하는 전체 프로세스를 공급망이라 한다. 최근에는 공급망의 지속가능성에 대한 규제가 심화됨에 따라 기관투자자들이 고려하는 사항 중 하나는 대기업이 협력사의 지속가능성 관리를 제대로 이행하는지의 여부이다.

공급망의 지속가능성이란 협력사의 지속가능경영을 의미하는 것이다. 공급망 실사를 한다는 것은 대기업 자체뿐만 아니라 협력사에 이르기까지 ESG 경영을 실천하고 있는지를 관리해야 한다는 의미이다. 또한 공급망의 지속가능성은 기업만의 지속가능성을 말하는 것이 아니라 전체 공급망, 즉 비즈니스 전후방에 걸쳐 협력사, 제조공장, 유통, 소비자를 포함한 이해관계자의 지속성을 의미한다.

기업은 이익을 추구하는 집단이며, 투자자와 주주 이외에 고려해야 할 이해관계자는 원재료 납품, 부품 가공 및 제조, 제품 운송 등의 협력사라고 할 수 있다. 이러한 협력사는 대기업과 달리 ESG 규제에 대한 대응이 어려운 것이 현실이다. 더 열악한 중소기업은 ESG 경영을 위한 전략조차 수립하기 어렵다.

대기업의 ESG 경영의 리스크 관리에 있어 협력사가 차지하는 영역은 환경(E)과 사회(S) 영역이다. 환경 영역의 경우 대기업은 제품 제조과정에서 발생하는 협력사의 온실가스 배출관리, 에너지 사용관리 그리고 미세먼지와 같은 대기오염의 방출관리 등을 추진해야 한다. 또한 제품을 유럽지역으로 수출하게 될 경우를 대비하여 탄소국경조정제도(CBAM)에 대한 준비를 협력사까지 포함하여 추진하여야 한다. 사회 영역의 경우 대기업은 협력사 임직원에 대한 산업안전교육, 산업재해율관리, 협력사와의 공정거래 등을 관리해야 한다. 이제는 협력사도 대기업의 정책에 따라야 한다. 이러한 대기업은 협력사에게 이익 공유제 등의 인센티브 제도 시행을 통해 협력사와 동반성장할 수 있도록 노력해야 한다.

국내 대기업의 경우, 글로벌 공급망 실사 확대에 따라 자회사 및 협력사를 위한 ESG 경영 시스템을 구축하고 있으며, 특히 전담 인력과 자금에 부족한 협력사들을 대상으로 ESG 관련 비용을 지원하고 있다. 외부기관의 ESG 평가비용을 지원하고, 협력사 정기평가 시 ESG 요소 반영 등을 통해 공급망 내의 ESG 경영을 확산시키는 데 노력하고 있다. 협력사인 중소기업도 ESG 경영을 실현하기 위해서는 천천히 준비를 하여야 할 것이다.

9.4 | 지속가능 공급망 원칙 및 법제화

9.4.1 지속가능 공급망 원칙

유엔글로벌콤팩트 10대 원칙(UN Global Compact Ten Principles)은 기업의 경영전략에 지속가능성을 내재화하기 위해 기본 원칙을 제시하고 있다. 또한 공급망 전반에 걸쳐 적용하고 의사결정 시 최우선으로 고려할 것으로 지속가능성을 촉구하고 있다.

UNGC의 10대 원칙은 다음의 네 개 부문으로 구분되어 있으며 [표 9-2]와 같다.

- **인권**: 기업의 인권 존중에 대한 책임
- **노동**: 결사의 자유와 단체교섭권의 인정, 강제노동과 아동 노동 및 차별의 철폐

표 9-2 UNGC 10대 원칙

구분	원칙
인권	원칙 1. 기업은 국제적으로 선언된 인권보호를 지지하고 존중해야 하고, (Businesses should support and respect the protection of internationally proclaimed human rights;) 원칙 2. 기업은 인권침해에 연루되지 않도록 적극 노력한다. (Make sure that they are not complicit in human rights abuses.)
노동	원칙 3. 기업은 결사의 자유와 단체교섭권의 실질적 인정을 지지하고, (Businesses should uphold the freedom of association and the effective recognition of the right to collective bargaining;) 원칙 4. 모든 형태의 강제노동을 배제하며, (The elimination of all forms of forced and compulsory labour;) 원칙 5. 아동노동을 효율적으로 철폐하고, (The effective abolition of child labour;) 원칙 6. 고용 및 업무에서 차별을 철폐한다. (The elimination of discrimination in respect of employment and occupation.)
환경	원칙 7. 기업은 환경문제에 대한 예방적 접근을 지지하고, (Businesses should support a precautionary approach to environmental challenges;) 원칙 8. 환경적 책임을 증진하는 조치를 수행하며, (Undertake initiatives to promote greater environmental responsibility;) 원칙 9. 환경친화적 기술의 개발과 확산을 촉진한다. (Encourage the development and diffusion of environmentally friendly technologies.)
반부패	원칙 10. 기업은 부당취득 및 뇌물 등을 포함하는 모든 형태의 부패에 반대한다. (Businesses should work against corruption in all its forms, including extortion and bribery.)

- 환경: 환경보호에 대한 책임
- 반부패: 부패 근절

9.4.2 공급망 규제 강화

유럽연합을 비롯한 선진국에서는 기업 공급망 실사(Due Diligence) 도입을 선언하고 공급망 관련 규제가 점점 강화되고 있다. 유럽연합은 2022년 2월에 기업의 공급망 내 인권 및 환경 보호 강화를 위해 '기업 지속가능성 실사지침(Directive on Corporate Sustainability Due Diligence)'을 발표하였다. 공급망 내에서 발생하는 인권 및 환경 등의 ESG 요인에 대한 실사가 의무화될 예정이며, 2024년부터 공식 발효될 것으로 예상한다. 기업의 지속가능성에 대한 중요도가 커짐에 따라 국내 대·중소기업들도 중요성을 인지하고 선제적으로 대비할 필요가 있다.

미국의 경우 증권거래위원회(SEC)는 2022년 3월 21일 '기후 공시의무화 규칙안(Rules to Enhance and Standardize Climate-Related Disclosures for Investors)'을 발표하였다. 해당 내용은 Scope 3 배출량(온실가스 배출량 표준의 세 가지 범주 중 Scope 3은 공급망과 제품 소비과정에서 발생하는 외부 탄소배출량)에 대한 의무공시를 포함하는 것이다. 협력사 및 납품업체에서 발생하는 온실가스 배출량 등에 대한 공시가 의무화될 예정이다.

또한 2022년 8월 16일 바이든 정부가 발표한 인플레이션 감축법(IRA: Inflation Reduction Act)은 기후변화 대응, 의료비 지원, 법인세 인상 등의 내용을 담고 있다. 인플레이션 완화와 전기차시장의 가치사슬망에서 중국을 견제하려는 것이 주된 내용이다. 해당 법안의 주목할 만한 점은 '탄소세'로 규제하는 내용이 아니라 탄소배출량 저감에 대해 인센티브를 주는 내용을 담고 있다.

한국의 경우 금융위원회에서 2021년 1월 '기업공시제도 종합 개선방안'을 발표하고, 후속조치로 한국거래소가 2021년 1월 'ESG 정보공개 가이던스'를 발표하였다. 주요 내용은 2026년부터 모든 코스피 상장사를 대상으로 기업지배구조보고서를 의무공시로 규정하였고, 2030년부터 모든 코스피 상장사는 지속가능경영보고서를 의무공시하여야 한다.

이러한 복잡한 이해관계 속에서 가치사슬 내 공급망 협력사의 ESG 경영은 의무화될 것이다. 대기업과 상생하고 있는 협력 중소기업들은 ESG 경영에 무엇을 어떻게 해야 하는지 인식의 정도가 그리 깊지 않다. 이에 따라 국가의 경쟁력과 기업의 경쟁력을 위해서는 대기업 차원에서 대대적인 지원이 필요하고, 정부에서도 정책적, 제도적, 금융적 지원이 필요할 것이다.

글로벌 공급망의 지속가능성 관련 규제가 강화되고 있으며, 이에 대응하지 못한다면 수출이 중단되는 사태가 발생할 수도 있다. 유럽연합의 경우 공급망 실사의무화 법안을 추진 중이고, 독일의 경우에는 2023년 공급망 내 인권 및 환경에 관련된 문제가 발생할 경우 패널티를 부과하는 법안이 시행될 예정이다. [표 9-3]은 공급망 지속가능성 관련 규제 현황을 정리하였다.

표 9-3 공급망 지속가능성 관련 글로벌 규제 현황

국가	시행 연도	법령	대상	주요 내용
미국	2012	California Transparency in Supply Chains Act	캘리포니아에서 사업을 수행하는 연 매출 1억 달러 이상의 소매 및 제조업체	현대판 노예제도 등 공급망 인권침해 발생 가능성에 대한 평가, 감사 내용에 대한 공개, 공급업체에 인권침해 방지를 위한 규제 준수 요구, 임직원 교육 시행
영국	2015	Modern Slavery Act	영국에서 재화, 서비스를 공급하는 연 매출 3,600만 파운드 이상 기업	자사 및 공급망에서 현대판 노예제도를 방지하기 위한 회사의 정책, 실사 프로세스, 리스크 관리절차, 효과성 평가 결과, 임직원 교육 등에 관한 사항을 공개
프랑스	2017	French Corporate Duty of Vigilance Law	본사 소재지가 프랑스인 직원 5,000명 이상의 기업 또는 본사 소재지가 프랑스 국외인 직원 10,000명 이상의 기업	공급망 내 인권 현황을 모니터링하고 인권침해를 방지할 수 있는 적절한 방법에 대해 공개
호주	2018	Modern Slavery Act	호주에서 사업을 수행하는 연 매출 1억 달러 이상의 기업	사업장 및 공급망의 현대판 노예 관련 이슈 발생 가능한 리스크, 해당 리스크를 줄이려는 조치에 대한 연간 보고의무화
독일	2023	Supply Chain Due Diligence Law	독일에서 사업을 수행하는 연 매출 4억 유로 이상, 직원 3,000명 이상 기업	제품 공급망에서 인권침해가 발생하거나 환경 보고기준을 충족하지 않은 기업을 상대로 연간 매출액의 2%에 해당하는 벌금 부과, 공공조달 대상에서 제외
유럽	2024	EU Due Diligence Law	(그룹1) 직원수 500명 초과, 매출액 1.5억 유로 초과 기업 (그룹2) 직원수 250명 초과, 매출액 4천만 유로 초과 기업 그룹2는 그룹1 적용 2년 후 적용	공급망의 사회적, 환경적 책임에 대한 실사의무화

출처: 강주영(2023)

9.5 | 협력사 동반성장

9.5.1 동반성장의 개념 및 정의

최근의 산업과 기술은 ICT의 급격한 발전으로 융·복합의 시대를 맞고 있다. 하지만 기업은 홀로 성장할 수 없다. 이러한 융·복합 시대에는 기업들이 상호 네트워크를 형성하고, 나아가 상생협력으로 동반성장을 추구해야 하는 것이 중요하다. 대기업과 중소기업과 상호 협력하고 소통할 때 가치창출은 더 커진다. 대기업의 기술지원, 금융지원, 교육지원 등을 통해 진정한 동반성장 환경을 구축해야 한다.

우리나라 전체 기업의 99%, 고용근로자의 85% 이상이 중소기업이 차지하고 있다. 그러나 대기업과 중소기업의 양극화현상은 심화되고 있다. 정부는 2006년 「대·중소기업 상생협력 촉진에 관한 법률」을 제정하여 대·중소기업 간 상생협력을 지원하는 법적 토대를 마련했다.

대·중소기업 동반성장이란 '대기업과 중소기업이 함께 성장하는 것'을 말한다. 즉 대기업과 중소기업이 자율적·자발적으로 상호 호혜적 거래관계를 유지, 발전시켜 지속적으로 성장하는 것이다.

동반성장위원회에서 발표한 동반성장에 대한 정의를 살펴보면, "일반적으로 대기업과 중소기업의 협력을 통해 윈윈(win-win)하는 방식이라고 할 수 있고, 성장과 분배를 동시에 추구하고 경쟁과 협력을 함께 중시하는 개념이다. 결국 동반성장은 성장과 분배를 동시에 중시하고, 공정한 거래로 협력을 통해 상호 윈윈하는 경제성장"이라고 정의하고 있다.

또 다른 관점에서의 동반성장은 대기업과 중소기업이 단기의 이윤 극대화만 추구할 경우, 중소기업의 생존 기반 약화로 기업 생태계 전체의 위기를 초래할 수 있다. 이에 대·중소기업 간 중장기적인 관점에서 기업 생태계를 보존하고, 성장하기 위해 상호 협력하는 활동으로 정의된다. 즉 대기업이 혁신역량을 보유하고 있는 중소기업을 발굴하고 지원함으로써 장기적으로 기업 생태계를 가꾸어 지속가능한 성장 기반을 구축해 가는 활동을 의미한다.

상생협력이란 「대·중소기업 상생협력 촉진에 관한 법률(상생협력법)」에서 "대기업과 중소기업 간, 중소기업 상호 간 또는 위탁기업과 수탁기업 간에 기술, 인력, 자금, 구매, 판로 등

표 9-4 상생협력과 동반성장 비교

구분	상생협력	동반성장
기본정신	공존(co-existence), 서로 도움	함께 성장, 함께 성공(공진화, co-evolution)
수단	대기업의 시혜를 이끌어냄	대·중소기업의 파트너십, 성장 및 미래 기회를 나누는 동반자관계
목표	상생협력 파트너십	창조성과 혁신성 제고를 위한 신뢰 인프라 구축
정부 역할	적극적 개입	통제와 자율의 조화

출처: 이정화(2017)

의 부문에서 서로 이익을 증진하기 위하여 하는 공동의 활동"이라고 규정하고 있다.

2023년부터 시행된 납품대금 연동제는 「상생협력법」에서 정의한 바에 의하면, "주요 원재료의 가격이 위탁기업과 수탁기업이 100분의 10 이내의 범위에서 협의하여 장한 비율 이상 변동하는 경우 그 변동분에 연동하여 납품대금을 조정하는 것"으로 규정하고 있다.

동반성장은 상생협력보다 한 단계 더 높은 의미로 설명된다. 동반성장은 상생협력보다 미래지향적이며 파트너십 관계를 중시하는 개념이라 할 수 있다. 따라서 대·중소기업의 동반성장은 '기회균등, 공정한 경쟁, 노력에 따른 성과공유'가 이루어지는 공정한 사회의 경제적 토대를 제공할 것이다. 동반성장은 기업들의 경제행위를 두 가지로 구분할 수 있다. 하나는 공정거래이고, 또 다른 하나는 협력이다. 상호 간의 협력적 공정거래가 이루어져야 지속가능한 성장과 발전을 할 수 있다.

지속적인 동반성장을 위한 대기업과 중소기업 간의 협력관계에서 상호작용이 원활한 경우 기술혁신과 원가절감의 효과를 가져올 수 있다. 또한 대·중소기업 간의 신뢰가 구축되어 좋은 제품을 저렴하게, 빠른 납기를 달성함으로써 동반성장할 수 있는 것이다.

9.5.2 동반성장의 필요성

정부는 대·중소기업 간의 공정거래 관계를 확립하기 위하여 '대·중소기업 간 공정거래 협약 이행평가 등에 관한 기준(하도급 분야)'을 2007년에 제정하고 14차례의 개정을 통하여 상생협력의 법적 근거를 마련하였다. 그러나 2022년 동반성장위원회에서 발표한 자료에 의하면 대 · 중소기업 관계가 여전히 협력적이지 않는 것으로 나타났다. 납품단가의 문제, 특허기술 등의 분쟁 · 갈등 사례들로 상호관계가 협력적이지 않는 것으로 설명된다.

대 · 중소기업의 동반성장 전략은 기업의 매출 증대와 기술 향상에 긍정적인 효과가 있으며, 더불어 경영활동에 긍정적인 영향을 미친다. 이제는 다양한 동반성장정책과 사업의 확대가 필요하다.

동반성장의 필요성은 세 가지로 제시할 수 있다.

첫째, 기업의 경쟁력 차원의 지속가능한 글로벌 경쟁력 확보수단이다.

둘째, 국민경제 차원에서 지속적인 성장동력과 일자리 창출의 필수 요건이다.

셋째, 동반성장은 우리 사회의 통합 차원으로서 공정한 사회의 초석이 된다.

9.5.3 동반성장 전략 및 활동

대부분의 국내 기업들은 대 · 중소기업 간의 협력의 필요성을 인지하고 있지만, 실정은 미흡한 것으로 나타났다. 대기업 관점에서 우선적으로 필요하다고 생각하는 분야는 생산혁신(34.8%), 기술협력(19.6%), 판매 · 마케팅(16.3%) 분야이다. 반면, 중소기업은 판매 · 마케팅(24.2%), 기술협력(1.8%), 자금 · 신용(18.8%) 등에 비중을 두고 있어 대 · 중소기업 간의 시각차가 있는 것으로 나타났다.

대 · 중소기업의 생태계를 건강하게 만드는 동반성장의 긍정적인 요소는 세 가지를 고려할 수 있다.

- 강건성(Robustness)
- 시장 창조성(Niche Creation)
- 생산성(Productivity)

이러한 세 가지 요소를 통해 중소기업을 '강소 기업화, 글로벌 기업화, 고생산 기업화'로 성장시켜 중소기업 생태계를 건강하게 만들어가는 노력이 필요하다. 또한 중소기업이 기술과 시장환경의 변화에도 불구하고 지속성장할 수 있도록 이를 극복하기 위해 회복탄력성(Resilience)을 키워가는 동반성장 노력이 필요하다.

(1) 국내 주요 대기업의 동반성장 전략

대 · 중소기업 간 제도적으로 지원되는 동반성장의 전략을 살펴보면, 성과공유제, 초과이익공유제, 상생결제시스템, 협력회 등이 있다.

- **성과공유제**(Benefit Sharing): 대기업이 중소기업 간의 협력활동 성과, 즉 원가절감, 품질향상, 신기술 개발 등의 성과로 납품 물량을 늘려주는 방식이다.
- **초과이익공유제**(Profit Sharing): 대기업이 설정한 목표 달성으로 초과이익이 발생했을 때 협력사와 나누는 것이다. 이는 대기업이 현금을 확보해야 하는 부담이 작용한다.
- **상생결제시스템**: 대기업이 발행한 매출채권을 대기업의 신용으로 낮은 수준의 수수료로 주요 은행에서 현금화할 수 있는 제도이다.

국내 주요 대기업들은 전략적으로 중소기업과 상생협력 활동체계를 수립하고 이를 통해 동반성장을 추구하고 있다. 동반성장 전략과 사례를 살펴보면 [표 9-5]와 같다.

표 9-5 주요 대기업 동반성장 전략 및 사례

구분	삼성전자	LG전자	현대 기아
경영철학	'정도경영과 상생추구'	'정도경영'	'소통과 협력'
동반성장 전략	협력회사와 함께 미래 핵심가치와 성장 기회를 창출	신뢰 기반 구축 및 역량 강화를 통한 가치창출, 공유, 확산	QCDRT(품질, 비용, 적기납품, 연구개발, 기술) 경쟁력 확보
사업분야	전자제품 및 부품	전자제품 및 자동차 부품	자동차
시작조직	2004년 상생협력팀	2004년 상생협력팀	2002년 상생협력추진팀
주요 활동 전략	• 정도구매 정착(공정거래, 운영체제) – 서면계약 및 사전합의 • 상생협력 강화(경영안정화 지원)· – 기술개발지원, 자금지원 • 상생협력 문화 확산 – 협성회 운영, 포상 · 성과공유제도	• 일등 정신(강한 회사 육성) • 공동체 운명(부단한 개선) • 자기 개선(Fundamental 체질개선) • 정도 경영(기준준수, 소통과 신뢰)	• 글로벌 경쟁력 육성(품질, 생산성, 기술) • 지속성장 기반 강화(경영, 판로, 인프라) • 동반성장시스템 구축(협력 네트워크, 2~3차 협력사 지원, 문화조성)

상생 주요 사례	• 원자재가 변동분 반영 • 기술자료 임치제 • 상생펀드(업체당 90억 원 한도)	• PU-SCS(위탁정보통보시스템) • 유형자원 지원(금융, 컨설팅) • TQRDCM(기술, 품질, 대응력, 납기, 비용) 평가 및 보상	• 자동차부품산업진흥재단 • Q/D/T 강화 5스타 제도 • R&D 기술지원단 • 동반진출 확대

출처: 나형배(2021)

(2) 동반성장활동 단계

대 · 중소기업 간의 동반성장활동은 아래와 같이 다섯 단계로 추진된다.

[그림 9-6] 동반성장활동 단계

- **신뢰 구축**: 초기에는 공정거래를 통해 협력사와 기본적인 신뢰를 구축한다.
- **혁신역량 제고**: 거래관계가 장기간으로 이어지고, 상호 간의 이해와 신뢰가 깊어지면 다각도의 지원을 통해 협력사의 자생력 및 혁신역량을 키워준다.
- **가치창출**: 혁신역량을 갖추게 된 협력사와 함께 공동으로 혁신을 통해 가치를 창출한다.
- **평가 및 공유**: 창출된 결과를 공정하게 평가하고 공유한다.
- **확산 전개**: 기업 생태계가 더욱 건강해지고 끊임없이 성장하도록 동반성장 프로그램을 2, 3차 협력사 및 신규 협력사에 확산한다.

기업이 경쟁력을 높이고 가치를 창출하기 위해서는 파트너십이 필수적이다. 이를 위해 지속적으로 혁신하고 비즈니스 파트너의 요구와 기대를 통합하는 것이 중요하다. 또한 다양한 이해관계자 간의 상호 의존성에 대한 넓은 이해가 필요하다. 기업은 고객만족을 향상시키고, 비즈니스 파트너십을 구축하고, 동일한 자원과 목표를 공유하여 공유가치를 추구한다. 그러기 위해 기업의 내부 및 외부 비즈니스 요인에 대해 중점관리를 해야 한다.

연습문제

01 사회적 책임에 의해 주도되는 공급업체의 혁신으로 미칠 수 있는 영향이 아닌 것은?

① 제품 및 서비스 개선
② 유연성 확보
③ 제품 차별화
④ 파트너 간 신뢰 구축

02 대·중소기업 간 동반성장 전략의 유형이 아닌 것은?

① 성과공유제
② 상생결제시스템
③ 비용절감
④ 초과이익공유제

03 공급망 내에서 발생하는 인권 및 환경 등의 ESG 요인에 대한 실사를 의무화하는 법안은 다음 중 어느 것인가?

① UNGC 10대 원칙
② 인플레이션 감축법
③ 지속가능한 공급망
④ 공급망 실사법

04 UNGC 원칙 중 결사의 자유와 단체교섭권의 인정을 포함하는 내용을 담은 것은 다음 중 어느 부문인가?

① 반부패
② 노동
③ 인권
④ 환경

05 지속가능한 공급망의 요소가 아닌 것은?

① 민첩 공급망
② 녹색 공급망
③ 투명 공급망
④ 순환 공급망

06 지속가능한 공급망 관리에 대해 정의하시오.

( )

07 녹색 공급망 관리와 전통적인 공급망 관리의 차이점을 설명하시오.

( )

08 공급망 관리의 이점에 대해 설명하시오.

( )

09 채찍효과의 의미와 미치는 영향에 대해 설명하시오.

( )

10 ESG 경영에서 공급망 관리의 중요성에 대해 설명하시오.

( )

제9장 연습문제 정답

01. ② 유연성 확보
02. ③ 비용절감
03. ④ 공급망 실사법
04. ② 노동
05. ① 민첩 공급망

지속가능 기업을 위한 ESG 경영

지배구조

CHAPTER 10

기업윤리

10.1 | 개요

우리는 거의 항상 제3자에게 미치는 영향과 관련하여 선과 악을 이야기한다. 행동은 다른 사람에게 유리하면 좋고 해롭다면 나쁘다. 유리한 관계나 이익을 해결하지 않고는 차별화에 도달할 수 없다. 사회적 규범과 가치는 시행착오나 문화적 진화의 과정에서 만들어지고 사회가 원하는 행동을 표현한다. 왜냐하면 그것이 사회와 구성원들에게 유리하기 때문이다. 사회가 긍정적으로 생각하는 행동은 사회적 승인으로 보상을 받는다. 반면 사회에 피해를 주는 부정적 행위는 사회적 배제나 사회제도로서의 사법제도를 통해 처벌된다. 기업경영도 동일하게 적용된다.

ESG 경영이 화두가 되면서 관심을 받고 있는 지배구조(G) 가운데 눈여겨볼 필요가 있는 항목이 윤리경영이다. 윤리경영은 기업의 경영활동에 법 · 규칙 · 사내규정 등과 같은 도덕적 가치기준과 사회적 책임을 준수하여 기업성과를 증대시키는 경영활동을 말한다. 윤리경영은 기업의 이해관계자들과의 관계에도 중요한 영향을 미친다. 윤리경영을 수행하는 기업은 종업원, 고객, 지역사회, 주주들로부터 존경과 신뢰를 얻게 되며 최종적으로 이것은 기업에 눈에 보이지 않는 자산이 된다.

이 장에서는 윤리와 기업윤리가 무엇인지, 윤리를 바탕으로 전개되는 경영이 왜 중요한지 설명하고 윤리경영의 토대를 제시한다.

10.2 | 윤리와 도덕

'도덕'이라는 단어는 라틴어의 관습(moralitas)에서 유래했다. 이에 따르면 도덕은 시대에 따라, 즉 유동적인 사회적 경향에 종속될 뿐만 아니라 특정 문화에 따라, 즉 나라마다 달라진다. 도덕은 문화, 철학, 종교, 사회 또는 개인적인 양심 중 어느 것으로부터 유래했든지 간에 논리, 경험 그리고 적절한 판단을 통해 평가된다. 때때로 도덕은 윤리학의 동의어로 사용되기도 한다.

규범은 “다른 사람이 식사를 하고 있을 때는 담배를 피우지 마십시오”라든지 “타인의 재산 등을 존중하시오” 같은 사회 구성원들에게 수용되고 기대되는 행동 양식이나 규칙을 의미한다.

기본 규범은 사회의 법률에 통합된다. 즉 행동으로 인한 피해와는 별개로 사회적 규범이나 윤리적 합의가 사람이 윤리적으로 행동하는지 비윤리적으로 행동하는지를 결정한다. 사회학에서 규범은 사회에서 많은 사람들이 갈등 없이 공존할 수 있도록 하는 불문율이다. 불명확하거나 누락된 규범은 사회적 통합의 결여를 의미하는 사회적 무질서 상황(anomie-producing situations)으로 이어진다. 너무 많거나 너무 제한적인 규범은 특별한 스트레스 상황을 만들어내고 모순된 규범은 충돌을 야기한다. 한 사회에 다양한 그룹이나 하위 사회(다원적 사회)가 있는 경우 각 하위 사회에는 고유한 규범이 있으므로 상이하고 상충되는 규범도 많이 있다. 한 사람이 다른 하위 그룹으로 이동하는 경우 필연적으로 하위 그룹의 행동 규범을 위반하는 일이 발생한다.

윤리란 무엇인가? 로마의 키케로는 그리스어의 윤리(éthikos)를 철학적 도덕주의로 번역했다. 그러므로 윤리는 도덕의 철학이라고 할 수 있다. 윤리(도덕 교리로 번역된 고대 그리스어 'ta ethika'에서 유래)는 도덕의 과학이며, 철학(지혜의 친구)의 일부로서 이 과학의 목표는 세상, 특히 사람의 행동을 규제하는 것이다. 인간의 존재뿐만 아니라 인간이 세상에서 어떻게 존재해야 하는지를 나타내는 것이다.

사회를 유지하기 위해 만들어진 법칙이나 제도를 통해 그에 맞게 행하는 것을 도덕으로 본다면, 삶을 살아가는 방식과 관련하여 여러 문제 앞에서 결정하는 방식이나 그 규칙을 윤리라고 보면 된다. 윤리는 우리가 어떻게 올바르게 행동해야 하는지에 대한 질문에 답한다. 그래서 궁극적으로 윤리는 인간으로서의 삶의 의미이자 존재의 의미 그 이상도 이하도 아니다. 우리는 여기서 윤리를 제3자 또는 모든 생명체에 영향을 미치는 인간행동을 분석하고 평가하는 과학으로 이해하고자 한다.

10.3 | 기업윤리란?

기업의 윤리는 임직원의 행동뿐만 아니라 제3자, 다른 이해관계자에 대한 행동에도 영향을 미친다. 예를 들어 고객들은 상품 속성과 계약조건에 대한 거짓말이나 회계 장부의 위조, 대출자와 주주들에게 비밀로 하는 불미스러운 회사 뉴스도 좋아하지 않는다. 기업은 또한 공급업체에 대해 우월적 지위를 악용해서도 안 된다. 이러한 관점에서 윤리의 문제는 개인의 자유로운 행동에 기초한 시장경제의 자연스러운 부분이다.

10.3.1 기업윤리의 정의

기업윤리는 기업의 도덕적 행위를 규율하는 일련의 원칙 또는 기준을 말한다. 조직의 기술, 관행 및 목표 간의 관계와 관련이 있다. 기업윤리는 기업이 자신과 사회에 정직해야 한다고 말한다. 즉 개인의 행동을 결정하는 동일한 원칙이 비즈니스에도 적용되어야 한다. 윤리적 방식으로 행동한다는 것은 '올바른' 것과 '그른 것'을 구별하고 '올바른' 선택을 하는 것을 포함한다. 비윤리적인 사업 관행을 식별하는 것은 상대적으로 쉽다. 기업윤리에 관한 몇 가지 예는 다음과 같다. 근로자를 공정하게 대우하고, 고객에게 공정한 가격을 청구하고, 양질의 상품과 서비스를 제공하고, 합리적인 이익을 얻고, 상품의 정확하고 공정한 무게를 사용하는 것과 오해의 소지가 있는 광고를 통해 고객을 속이고, 회계 장부 및 재무제표에 비즈니스의 잘못된 정보를 제공하고, 비즈니스 자산을 개인적인 용도로 사용하고, 경쟁업체에 영업 비밀을 누설하는 등의 행위와 같은 긍정적인 면과 부정적인 면으로 나누어 볼 수 있다. 기업가는 정직하게 행동하고 사회의 이익을 위해 봉사할 때 윤리적이라고 한다.

위의 내용을 요약해 보면 기업윤리란 존중, 공정성, 신뢰 및 책임과 같은 원칙을 기반으로 비즈니스 조직을 안내하는 일련의 도덕적 기준 및 관행을 의미한다고 볼 수 있다. 또한 기업 지배구조, 내부자 거래, 뇌물 수수, 차별, 기업의 사회적 책임, 신탁책임 등을 포함하여 잠재적으로 논란이 될 수 있는 주제에 관한 적절한 비즈니스 정책 및 관행이라고 생각할 수 있다. 일반적으로 활용되는 기업윤리의 정의는 다음과 같다.

표 10-1 기업윤리의 정의

강보현	기업의 경영활동에서 사용되는 가치, 기준, 그리고 원칙
위키피디아	비즈니스 환경에서 발생할 수 있는 윤리원칙과 도덕적 또는 윤리적 문제를 조사하는 응용윤리 또는 직업윤리의 한 형태
캠브리지 사전	일할 때 도덕적으로 옳고 그른 것을 결정하는 규칙, 원칙 및 기준
밥 아이거	비즈니스 관행을 지배하는 이론, 원칙 및 가치에 중점을 둔 응용윤리(실제 시나리오에 초점을 맞춘 윤리)의 한 유형
바움하트	목표와 가치가 상충되는 조건하에서 조직적 역할 범위에서 각 개인에 의해서 행해지는 의사결정에 관한 연구
윤대혁	기업활동에서의 의사결정이나 행동 또는 태도의 옳고 그름이나 선하고 악함을 판별해 주는 기준 또는 이상적인 행동강령이나 행동규범을 의미
스타이너	기업 상황 속에서 경영자의 행동에 관련되는 것, 즉 기업 내외적으로 지역사회나 타 집단 속에서 개인적 및 집단적으로 사람들에 대한 결정의 영향에 관심을 두는 것을 의미

10.3.2 기업윤리의 중요성

기업윤리의 중요성은 기업 운영에서 아무리 강조해도 지나치지 않다. 기업윤리는 기업활동에서 조직이 가야 할 방향을 제시하고 법률 및 규정을 준수하도록 한다. 이 지침은 기업이 긍정적인 대중 이미지를 유지하는 데 도움이 된다.

기업윤리는 기업과 고객 간의 관계를 구축하는 데에도 중요하다. 고객의 관점에서 정의되고 투명한 운영시스템을 갖춘 비즈니스는 일반적으로 고객과의 장기적인 관계로 발전시킬 수 있다. 이를 통해 고객은 비즈니스와 해당 제품 또는 서비스를 더 쉽게 신뢰할 수 있다. 기업윤리는 또한 기업 거래의 투명성을 추구하는 투자자들 사이에서 기업의 명성을 유지하는 데 도움이 된다. 즉 투자자들은 자신의 돈이 어디에 사용되는지 정확히 알고 싶어 한다.

기업윤리는 적절한 직원관리의 토대를 마련한다. 훌륭한 직원 복지를 제공하는 기업은 최고의 인재를 유치할 수 있으며 이를 통해 직원 생산성이 향상되고 장기적으로 기업 비전에 충실할 수 있다. 또한 모든 직원이 윤리적 결정을 내릴 때 회사는 윤리적 행동에 대한 평판을 확립할 수 있다.

기업윤리를 충실히 실행할 경우 얻어지는 장점은 다음과 같다.

- **건강한 근무 환경**: 경영윤리는 직장에서 평등과 공정성을 보장한다. 모든 조직 구성원은 공정하게 대우받으며 적절하다고 생각하는 대로 표현하고 행동할 수 있는 동등한 기회가 주어진다. 모든 조직 구성원에 대한 공정성과 존중은 건강한 근무 환경을 촉진한다.
- **관리자와 직원 간의 더 나은 관계**: 직원이 있는 그대로의 가치를 부여받을 때 관리자와 직원 간에 더 나은 관계가 유지된다. 그리고 이는 경영윤리에 의해 보장된다.
- **공정한 경쟁**: 모든 기업이 기업윤리에 따라 운영된다면 불공정 가격, 위조, 블랙 마케팅 등의 문제가 줄어들어 시장에서 공정한 경쟁이 이루어진다.
- **더 나은 고객관계**: 고객은 조직목표 달성의 주요 자원이다. 고객의 요구, 관심 및 선호도를 평가하고 고객의 기대에 따라 행동하는 데 중점을 둔다.
- **고객만족**: 기업윤리는 고객의 기대에 부응하는 데 중점을 두므로 고객만족 달성의 성공률을 높인다. 고객과의 더 나은 관계와 고객의 기대치를 초과하면 고객만족도가 높아진다.
- **좋은 공공 이미지**: 기업윤리는 조직 내에서 윤리적으로 일하는 것에만 초점을 맞추는 것이 아니라 조직 밖에서도 윤리적으로 일하는 것을 똑같이 강조한다.
- **장기적인 성공**: 또한 직원과 고객을 만족시키고 좋은 대중적 입지를 구축하여 조직의 장기적인 성공을 달성하는 것을 중요하게 생각한다.
- **정부 개입 감소**: 비윤리적으로 일하고 법을 무시하는 사업은 항상 정부의 집중 관심대상이 된다.
- **이해관계자와 긴밀한 관계**: 기업윤리는 직원, 고객, 사회뿐만 아니라 조직의 성과에 직간접적으로 영향을 미치는 모든 이해관계자와 좋은 관계를 형성하는 데 중점을 둔다.
- **사회적 책임 촉진**: 관리자는 조직의 경제적 목표를 달성하기 위해 일한다. 기업윤리는 그들이 사회 복지를 위해 일하고 인식 프로그램을 마련하고 교육을 지원하고 환경보호 프로그램에 참여하도록 안내한다. 이 모든 것이 조직의 사회적 책임을 촉진한다.

결국 이러한 모든 요소가 결합되면 비즈니스 수익에 영향을 미친다. 윤리적 기준을 설정하고 시행하지 못하는 기업들은 결국 엔론(Enron), 아서 앤더슨(Arthur Andersen), 웰스 파고(Wells Fargo), 리먼 브러더스(Lehman Brothers) 및 기타 많은 실패한 기업들과 같은 운명에 처하게 된다.

10.3.3 기업윤리의 필요성

왜 기업윤리가 필요한가? 시장의 힘이 작용하도록 내버려두는 것만으로는 충분하지 않은가? 왜 경제적 주제가 윤리적이어야 하고, 왜 윤리가 사회에 중요한가? 이 핵심질문에 대한 대답은 원칙적으로 다음과 같다.

- 제3자의 경제활동 피해를 방지하기 위하여(사회의 이익)
- 회사의 경제활동 피해를 방지하기 위하여(회사의 이익)
- 대인협력의 생산성을 높이기 위해(회사와 사회의 관심)

이것은 개인에게 두 가지 이해 상충을 초래한다. 개인은 자신의 이익을 추구하면서 사회의 이익과 충돌한다. 극단적인 경우에는 사회(개인 대 사회)를 희생시키면서 자신의 효용을 극대화할 수도 있다. 이러한 이해 상충은 종종 고용주인 회사(개인 대 회사)에서 발생한다.

소위 도덕적 해이(Moral Hazard)는 부정적인 행동 인센티브와 같은 이해 상충을 조장한다. 도덕적 해이는 개인이 대중(집합적으로, 예를 들어 사회 또는 회사)을 희생시키거나 반대하는 행동을 하도록 하는 동기가 된다.

글로벌 자산운용사 및 국제신용평가기관 등의 조사에 따르면, 비윤리적 행동은 ESG에서 가장 큰 고려요소이고, 국내 주요 기업에 대한 ESG 평가에서 E와 S 지수는 글로벌 기업을 앞섰으나 G 지수는 뒤처지며(스탠더드앤드푸어스사, S&P) 이에 대한 대책도 소홀하다는 분석이 있었던 점을 고려할 때, 국내 기업은 지배구조 분야 중 기업윤리적인 측면에 적극 대응할 필요가 있다.

2021년 발표된 K-ESG 가이드라인에서도 부패 방지 분야 '지배구조'의 '윤리규범 위반사항 공시(분류번호 G-4-1)'에서 이해충돌, 금품 및 향응수수, 직무권한 및 지위 남용 등에서 위반 건수, 처분 내역, 개선활동 등을 공시하도록 하였다. 또한 추가 진단항목 '지배구조' 부문의 '윤리경영/반부패 관련 법규/행동 강령 등 준수(분류번호 G-윤리경영-추가1)'에서는 윤리경영 및 부패방지 관련 법규, 행동강령 및 실천규범 위반 사례를 확인하여 감점하도록 하고 있어 ESG 경영의 지배구조 측면에서 반부패 · 청렴은 큰 의미를 가진다.

10.3.4 기업윤리 원칙

바람직한 윤리적 행동을 유도하는 기본 원칙으로, 일반적으로 12가지 기업윤리 원칙이 제시되고 있다.

- **리더십**: 직업 및 개인 생활의 모든 측면에서 결정과 행동을 안내하기 위해 다른 11가지 원칙을 채택, 통합 및 모방하려는 의식적인 노력이 필요하다.
- **책임성**: 자신과 다른 사람이 자신의 행동에 책임을 지도록 한다. 윤리적 관행을 따르고 다른 사람들이 윤리지침을 따르도록 보장한다.
- **무결성**: 정직 및 신뢰성과 같은 다른 원칙을 통합한다. 정직한 사람은 일관되게 옳은 일을 하고 더 높은 기준을 유지하기 위해 노력한다.
- **다른 사람에 대한 존중**: 직장에서 윤리적인 행동과 환경을 조성하려면 다른 사람을 존중하는 것이 중요한 요소이다. 모든 사람은 존엄성, 프라이버시, 평등, 기회, 연민 및 공감을 받을 자격이 있다.
- **정직**: 모든 문제의 진실은 윤리적 분위기를 조성하는 데 핵심이다. 부분적인 진실, 누락, 과소평가 또는 과장은 기업의 성과를 개선하는 데 도움이 되지 않는다. 나쁜 소식도 좋은 소식과 같은 방식으로 전달되고 받아들여져야 해결책이 개발될 수 있다. 법적으로 사각지역이 있는 경우 리더는 이를 악용하기보다는 합법성 측면에서 처리해야 한다.
- **책임**: 조직 내에서 주인의식을 높이고, 직원이 자신의 업무에 책임을 지고 본인의 업무에 책임을 지도록 한다.
- **투명성**: 이해관계자는 주주, 직원, 회사가 운영되는 지역사회, 직원의 가족 등 비즈니스

에 관심이 있는 사람들이다. 기업은 영업 비밀을 누설하지 않고 재무, 가격 변동, 고용 및 해고 관행, 급여 및 승진에 대한 정보를 비즈니스 성공에 관심이 있는 사람들이 사용할 수 있도록 해야 한다.

- **연민**: 직원, 비즈니스를 둘러싼 커뮤니티, 비즈니스 파트너 및 고객은 모두 자신의 입장으로 생각하여 대해야 한다.
- **공정성**: 모든 사람은 동일한 기회를 가지며 동일한 대우를 받아야 한다. 관행이나 행동이 본인을 불편하게 만들거나 평등, 일반적인 예의 및 존중보다 개인 또는 기업의 이익을 우선시하는 경우 공정하지 않을 수 있다.
- **충성도**: 동료, 고객, 비즈니스 파트너 및 공급업체에게 진심으로 대하고 비밀로 얻은 정보를 절대 공개하지 않아야 한다.
- **환경적 관심**: 자원이 한정되어 있고 과거 관행으로 인해 생태계가 손상되었으며 기후가 변화하는 세상에서 기업이 환경에 미치는 영향을 인식하고 관심을 갖는 것이 가장 중요하다. 모든 직원은 환경에 대한 부정적인 영향을 제한하거나 줄이는 방법을 개발해야 한다.

10.3.5 기업윤리의 유형

기업윤리에 관한 여러 가지 이론이 있고 다양한 유형을 찾을 수 있지만 기업을 돋보이게 만드는 것은 기업의 사회적 책임 관행, 투명성과 신뢰성, 공정성 및 기술 관행이다.

(1) 기업의 사회적 책임

CSR(Corporate Social Responsibility)은 이해관계자의 요구를 충족하는 동시에 이러한 요구가 직원, 환경, 사회 및 비즈니스가 운영되는 지역사회에 미치는 영향을 설명하는 개념이다. 물론 재정과 이익도 중요하지만 사회, 고객, 직원의 복지에 비하면 부차적이어야 한다. 기업 지배구조와 윤리적 관행이 재무성과를 높인다는 연구 결과가 있기 때문이다.

(2) 투명성과 신뢰성

기업은 재무성과를 투명하게 보고해야 한다. 이는 필수 재무 보고서뿐만 아니라 일반적으로 모든 보고서에 적용된다. 예를 들어 많은 기업이 주주들에게 연례 보고서를 발행한다. 이러한 보고서의 대부분은 규제기관에 제출된 보고서뿐 아니라 결정이 내려진 방법과 이유, 목표 달성 여부, 성과에 영향을 미치는 요인에 대해 설명한다. CEO는 회사의 연간 실적을 요약하고 전망을 제시한다.

보도자료는 기업이 투명해질 수 있는 또 다른 방법이다. 투자자와 고객에게 중요한 이벤트는 좋은 소식이든 나쁜 소식이든 관계없이 게시되어야 한다.

(3) 기술적 관행과 윤리

비즈니스 운영에서 모든 형태의 기술 사용이 증가함에 따라 본질적으로 기업은 수집한 기술과 정보가 윤리적으로 사용되도록 보장해야 한다. 또한 특히 많은 기업이 고객정보를 저장하고 나쁜 의도를 가진 사람들이 기업의 고유 기술을 해킹하지 못하도록 최대한 보호해야 한다.

(4) 공평

직장은 인종, 종교, 신념, 연령 또는 정체성에 관계없이 모든 직원에게 포용적이고 다양하며 공정해야 한다. 공정한 근무 환경은 모든 사람이 성장하고 승진하며 각자의 방식으로 성공할 수 있는 곳이다.

10.4 | 윤리경영

윤리경영은 비즈니스 관계 및 활동에 윤리원칙을 적용하는 것이다. 관리자가 사회적 책임을 맡을 때 무엇이 옳고 그른지 알고 윤리적으로 수행하는 것을 의미한다. 즉 기업을 경영하면서 이윤의 극대화라는 기업의 목적을 달성함에 있어 윤리라는 가치를 적용하여 공정하고 합리적인 기업을 경영함으로써 궁극적으로 사회 전체에 이익이 되도록 하는 경영방법을 말한다. 다양한 학자들이 윤리경영을 다음과 같이 정의하고 있다.

표 10-2 | 윤리경영의 정의

윤대혁(2005)	기업이 시장의 윤리, 즉 시장의 질서를 준수하는 동시에 사회적 실체로서 권리와 의무를 다하는 경영
이원재(2005)	나쁜 일을 하지 말고 옳은 일만을 하라는 당위론적 가르침이 아니다. 기업 경영자가 매일의 의사결정을 통해 기업의 가치관, 기업의 철학을 만들어가는 과정을 규율하는 일상적 경영행위
김승묵(2007)	사회적 책임을 다하기 위한 경영활동
최창명(2005)	상황에서 나타나는 태도와 행동의 옳고 그름, 선과 악을 구분해 주는 판단기준 또는 도덕적 가치와 관련된 경영행동이나 의사결정의 원칙이나 지침
김대균(2006)	경영윤리는 크게 윤리경영과 경영자의 윤리로 나누어 볼 수 있다. 윤리경영 영역에서는 기업의 경영에 있어서 윤리문제를 논의대상으로 함. 윤리경영은 경영자나 임직원 및 기업의 전 구성원의 윤리의식과 바람직한 제도화가 맞물려 성취될 수 있는 것. 경영자의 윤리는 경영자가 갖추어야 할 윤리

기업윤리와 윤리경영의 차이는 앞에서 설명하였듯이 기업윤리의 이론들은 법에 저촉되지 않는 한도 내에서 경영활동을 하는 것이 윤리적이라 보았는데, 이는 윤리를 법, 규율과 같은 차원으로 볼 수 있다. 그러나 윤리경영은 '틀린 행위', '잘못된 행위'를 적발, 처벌하는 일 외에, '그른 일'과 대비되는 '옳은 일'을 추천하고 또한 여러 '좋은 일'의 선택지 속에서 의사결정을 내리는 행위를 포괄해야 한다. 이는 "무엇을 안 하면 된다"라는 소극적 개념에서 "무엇을 하면 좋기 때문에 그것을 해야 한다"라는 적극적, 생성의 윤리 개념으로의 전환을 의미한다.

| 표 10-3 | 기업윤리와 윤리경영

기업윤리	윤리경영
• '맞다-틀리다'의 관점 • 규제와 처벌, 감시의 관점	• '좋다-나쁘다'의 관점 • 질 높은 삶의 추구

10.4.1 윤리경영의 유형

캐롤(Archie B. Carroll)은 세 가지 유형의 윤리경영 또는 행동기준을 다음과 같이 정의한다.

(1) 부도덕한 경영

이는 관리자가 따르는 윤리적 관행이 부족함을 의미한다. 관리자는 법적 기준이나 직원에 대한 우려를 희생하더라도 이익을 극대화하기를 원한다.

(2) 도덕적 경영

도덕적 윤리경영에 따르면 관리자는 윤리적 가치와 원칙의 범위 내에서 이익을 극대화하는 것을 목표로 한다. 그들은 전문적이고 법적 행동기준을 준수한다. 도덕적 윤리경영의 기본 원칙은 "이 결정 또는 행동이 우리와 관련된 모든 당사자에게 공정한가?"이다.

(3) 비도덕적 경영

이러한 윤리경영은 도덕적 윤리경영과 비도덕적 윤리경영 사이에 있다. 관리자는 필요한 경우에만 개인 및 법적 윤리에 대응한다. 그렇지 않으면 윤리적 인식이 없이 대응한다.

비도덕적 경영을 다시 두 가지 유형으로 나눌 수 있다.

■ 의도적

관리자는 비즈니스 이외의 활동에서도 윤리를 따라야 한다고 생각하기 때문에 경영의사결정에서 의도적으로 윤리적 관행을 피한다.

■ 비의도적

관리자는 의도적으로 윤리적 관행을 피하지 않지만 의도하지 않게 도덕적 영향을 고려하지 않은 결정을 내린다.

10.4.2 윤리경영의 원칙

윤리경영이란 경영자로서 정직하고 도덕적으로 행동하는 것이다. 이를 위해 항상 염두에 두어야 할 윤리경영의 4대 원칙이 있다.

(1) 각 직원에 대한 존중

때로는 어려운 일이지만 각 직원 또는 팀 구성원을 존중하는 것이 중요하다. 함께 일하는 모든 사람은 종교적, 문화적 신념이 다르므로 공정하게 대우받아야 한다. 이것이 바로 평등과 다양성이 중요한 이유이다.

(2) 상호 존중

관리자로서의 역할에는 직원 모두가 서로를 존중하는 태도로 대하도록 하는 것이 포함된다. 모두가 서로 동의할 필요는 없지만 서로의 생각과 의견에 대해 적절한 존중을 보여야 한다. 개인 수준에서 잘 지내지 못하는 팀은 함께 일하지 않을 것이며 팀 사기를 높이기 위해 무엇을 하든 생산성이 떨어질 것이다.

(3) 절차적 공정성

회사에서 기대하는 절차를 통제할 수는 없지만 팀 내에서 구현할 수 있는 절차는 통제할 수 있다. 구현하는 절차가 모든 직원에게 공정하도록 하는 것이 중요하다. 특정 직원 또는 다른 직원을 우대하거나 무시하지 않는다.

(4) 의사결정의 투명성

직원들이 관리자가 결정을 내리는 이유를 이해하도록 하는 것이 매우 중요하다. 관리자가 개인의 신념에 따라 자의적인 선택을 하고 있지 않다는 것을 직원들이 깨닫는다면, 직원들은 관리자의 결정을 받아들이고 팀으로서 함께 일할 가능성이 더 커질 것이다.

10.4.3 윤리경영의 이점

기업을 윤리적으로 경영하면 여러 가지 이점이 나타나는데 다음과 같다.

(1) 사회 발전에 공헌

2장에서 설명한 나이키의 사례와 같이 윤리가 없다면 아이들은 여전히 공장에서 일할 것이다. 16시간 근무는 표준으로 남을 것이고 성차별, 괴롭힘, 불공정 노동 관행은 여전히 사업의 일부가 될 것이다. 하지만 오늘날 사회적 변화가 일어나고 있고 새로운 사회 및 작업표준이 현재 개발되고 있다.

(2) 사기 진작

윤리강령은 명확한 선택을 할 수 있는 도구를 제공하고 무엇이 옳고 그른지를 보여주며 위기상황에서 결정을 내릴 때 도움이 된다. 혼란의 시기에 리더와 관리자를 지휘하기 위한 강력한 도덕적 틀이 없는 경우가 많다. 직장윤리에 대한 지속적인 노력은 리더와 관리자들이 원하는 행동방식에 대해 지속적으로 자극하게 된다.

(3) 직원 성장 지원

일부 기업에서는 일련의 평가를 통해 여러 관리자와 임원을 평가한다. 그중 가장 중요한 발견 중 하나는 정신적으로 건강한 직원일수록 윤리평가에서 더 높은 점수를 받았고 비윤리적 행동에서 스트레스로 연결되어 정신적으로 부정적인 결과가 나타났다는 것이다.

윤리는 직원들이 좋든 나쁘든 사실을 직시할 수 있게 해준다. 직원들은 윤리적인 운영을 통해 의미 있는 방식으로 사회에 기여한다고 느낀다. 이러한 의무감은 그들이 매일 하는 일에 의미와 맥락을 부여한다.

(4) 생산성 향상

기업이 윤리적인 행동을 수행하면 조직 구성원이 조직의 목표를 공유하고 협업을 통해 생산성이 향상된다. 기업의 윤리가 사회적 책임에 부합한다고 느끼는 임직원은 최선을 나해 일한다.

(5) 고객과의 관계 강화

윤리는 기업에 긍정적인 이미지를 심어주는 데 도움이 된다. 오늘날 정보에 입각한 대중은 더 많은 연구를 하고 더 면밀히 관찰하고 있다. 고객은 기업이 자신을 어떻게 대하는지, 그리고 기업이 '진실한 보고를 하는지'를 확인한다.

목표는 일상적인 비즈니스 결정에 윤리적 원칙을 지속적으로 적용하는 것이다. 결과적으로 기업의 사회적 책임이 우수한 수익성 있는 기업의 기반이 된다. 이러한 결과는 [그림 10-1]과 같이 나타낼 수 있다.

[그림 10-1] 윤리경영의 장점

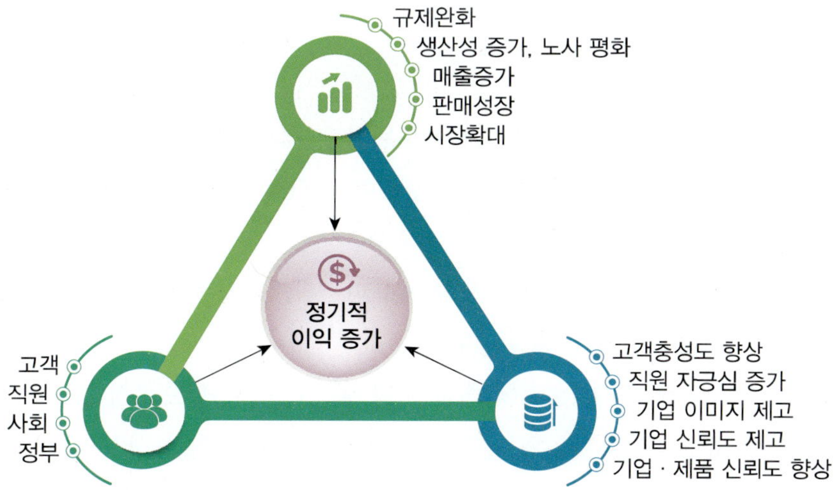

출처: 한전 회사소개서

10.4.4 윤리경영의 장벽

(1) 명령체계

직원들은 상사가 윤리적 행위를 따르지 않는다는 사실을 알아도 오해와 불이익이 두려워 상부에 신고하는 것을 주저한다. 따라서 지휘계통은 상사의 비윤리적 행위를 신고하는 데 걸림돌이 된다.

(2) 그룹 멤버십

노조 등과 같은 단체의 행동강령이 기업윤리 강령에 영향을 미칠 수 있다. 단체 구성원은 서로에 대한 믿음과 신뢰로 강하게 결속되어 있기 때문에 노조원 자녀의 기업 내 취업 등과 같이 단체 구성원의 비윤리적 행동강령이 기업윤리 강령으로 채택될 수 있다.

(3) 모호한 우선순위

정책이 불분명하고 모호하면 직원의 행동을 통일된 방향으로 이끌 수 없다. 무엇이 윤리적이고 무엇이 비윤리적인지 이해하기 어렵다.

10.4.5 장벽에 대한 솔루션

다음 조치를 통하여 윤리적 행동을 위한 분위기를 개선할 수 있다.

- 조직의 목표와 방침이 명확하여 모든 구성원이 윤리적으로 목표를 향해 일할 수 있도록 한다.
- 최고관리자의 행동은 조직의 다른 사람들이 따른다. 최고관리자의 윤리적 행동은 조직 전반에 걸쳐 윤리적 행동을 촉진한다.
- 윤리적 행동을 준수하지 않는 것에 대한 처벌 및 위협을 가함으로써 조직의 비윤리적 활동을 줄일 수 있다. 불만 제기의 공식적인 절차는 부하 직원이 상사의 비윤리적 행동을 관련 위원회에 신고할 수 있도록 한다.

• 교육기관은 또한 윤리적 행동을 관찰하는 성실한 관리자를 양성하기 위해 기업윤리 과정과 훈련을 제공한다.

10.5 | 직장 내 윤리

최근 들어 대부분의 회사는 경영진과 직원 간의 기업윤리의 중요성을 경고하고 집중하기 시작했다. 기업윤리의 주요 과제 중 하나는 모든 직원 또는 근로자가 가능한 위법행위에 대한 문제를 제기하고 해결할 수 있는 안전한 환경을 만드는 것이다. 직장 내 윤리는 필수적이지만 다루기 어려운 주제였다. 많은 기업조직이 기업윤리의 중요성을 인식하고 있지만 적절한 주의를 기울이지 않았다. 반대로 일부 조직에서는 무엇이 옳고 그른지 배우고 올바른 일을 하는 기본적인 기업윤리 과정을 제공하기도 한다.

실제로 일부 조직은 직장 내 윤리경영을 제대로 관리하지 못하고 있다. 직장 내 윤리경영의 실패에 영향을 미치는 주요 요인은 성별 다양성, 성희롱, 의사소통 부족, 연령차별 및 인종차별, 기업의 사회적 책임 부재, 안전규정 위반 등 여섯 가지 유형으로 구분할 수 있다.

10.5.1 성별 다양성

성별 다양성은 직장에서 남성과 여성 간 균형이 부족함을 나타낸다. 대부분의 기업은 특정 직책에 대해 한 성별에 더 편파적인 경향이 있다. 예를 들어 회사는 특정 부서 및 직책에 남성만 고용하거나 여성보다 남성을 더 많이 고용하는 것을 선호할 수 있다. 따라서 성별 다양성 부족은 일반적으로 직장에서 발생한다. 직장에서 남성 위주의 원칙을 실행함으로써 회사는 자격을 갖춘 여성 후보자를 놓칠 수 있을 뿐만 아니라 일반적으로 한 성별로 구성된 획일성은 다양한 관점의 시야와 환경을 향상시킬 수 있는 활기차고 다양한 조직으로 성장할 수 없게 한다.

정비 작업장, 금속 취급 등과 같은 작업장은 일반적으로 성별에 대한 경계가 명확하다. 관리직에서 일반적으로 남성은 리더십과 고임금 직위에 위치하고 하위직에 여성이 많이 채용된다. 따라서 직장에서의 성별 다양성은 최소화된다. 유리천장은 현실에서 여전히 존재하고, 여성의 진로에 큰 장벽이 되는 여러 가지 상황이 있다. 많은 기업은 구인광고를 할 때 성차별적 태도를 드러내지 않는 경우가 많지만 여전히 여성보다 남성을 선호한다. 이것은 주로 여성의 신체적 조건, 자녀, 가족 등 가정에서의 요구사항과 사회적 책임이 남성과 다르다는 이유 때문이다.

10.5.2 성희롱

직장 내 여직원에 대한 성희롱이 만연해 있는데도 신고를 하지 않거나 묵살한다. 여성 피해자의 대다수는 사회적 조롱과 실직에 대한 두려움 때문에 조용히 지내는 경향이 있다. 성희롱은 우리 사회의 남성과 여성 사이에 존재하는 불평등한 권력을 반영하고 강화하는 성차별적 표현이다. 성희롱의 종류에는 시각적, 신체적 성희롱 등 여러 형태가 있지만 언어적 성희롱이 가장 일반적인 형태이다. 언어적 성희롱에는 외모에 대한 평가나 모욕, 성차별적 발언, 공격적인 질문 등이 포함된다.

조사기관에 따르면 직장 내 성차별, 성희롱, 임신차별, 장애차별 등 고용차별의 원인은 다양하다. 성희롱 원인에 대한 배경 조사와 인식 부재에 대해 논의되고 분석되어야 한다. 성희롱은 확실히 직장 환경을 조화롭지 않게 만든다.

10.5.3 의사소통 부족

경영진과 직원 간의 오해는 직장에서 경영윤리가 실패하는 일반적인 원인 중 하나이다. 의사소통 부족이라는 용어는 주로 조직 내부의 혼란을 가중시키고 작업장 스트레스를 증가시키는 원인이 된다. 대부분의 직원은 스트레스의 원인으로 내부 의사소통이 잘 이루어지지 않는 것이라고 말한다. 효과적인 조직은 전자 기반 통신 및 검토 회의를 포함하여 경영진과 직원 간의 직간접적인 통신 채널 플랫폼을 구축하는 비공식 및 공식 연결 메커니즘을 활용한다.

10.5.4 차별

직장 내 차별은 명백히 드러나며 전 세계적으로 사람의 특성에 따라 불리하게 대하는 모든 경우를 말한다. 모든 사람이 동등한 기회와 인권을 가지고 있음에도 불구하고 직장 내에는 연령차별, 인종차별 등 다양한 형태의 차별적 행위가 지속되고 있다.

(1) 직장 내 연령차별

직장 내 연령차별이란 만 40세 이상의 근로자 또는 피고용인에 대한 차별 및 괴롭힘행위를 말한다. 연령은 여러 직장에서 성과평가의 맥락에서 조사되어 부정적인 연령 성과평가관계를 보여준다. 언급한 바와 같이 조직의 연령과 성과에 대해 상당한 연구가 수행되었지만 일부 기업에서 제시한 두 변수 간에 음의 상관관계가 있다고 하는 것에는 많은 문제를 내포하고 있다. 연령과 성과 상관관계에 영향을 미치는 가장 큰 핵심요소는 사용된 성과 측정 유형이다. 예를 들어 객관적인 생산성 지표를 사용하는 경우 연령이 증가함에 따라 성과가 증가하는 패턴이 있다. 따라서 관리감독자의 성과 등급을 사용할 때, 성과를 가장 잘 설명할 수 있는 관련된 지표의 설정이 중요하다.

(2) 직장 내 인종차별

직장 내 인종차별은 전 세계 소수민족의 일상적 상황이다. 교육 수준이 낮고 숙련된 근로자 중 소수는 인종적 배경 때문에 낮은 임금과 열악한 근로조건에서 일을 하고 있다. 차별이란 단어는 불평등한 대우를 의미한다. 차별을 받는 가장 일반적인 요소 중 하나는 개인의 민족성 또는 인종이다. 이것을 인종차별이라고 한다. 모든 형태의 인종차별 철폐에 관한 유엔 국제협약에 따르면, 차별은 "인종, 피부색, 혈통, 국적 또는 민족적 기원에 근거한 모든 구별, 배제, 제한 또는 우선권을 말하며, 이는 정치, 경제, 사회, 문화 또는 기타 공적 생활 분야에서 평등한 인권과 기본적 자유의 인정, 향유 또는 행사를 무효화하거나 손상시킬 목적 또는 효과를 가지고 있는 경우이다." 따라서 소수민족이 사회 구성원과 동등하게 인권과 자유를 누리지 못할 때 차별을 받는다. 악의 없는 의도하지 않은 차별을 행할 수 있음에 유의해야 한다.

10.5.5 기업의 사회적 책임 부족

기업의 사회적 책임(CSR)은 기업에 적용되는 사회적 책임이다. 여기에는 사회적 원칙에 따라 행동하는 기업이 포함된다. CSR은 주로 자선활동의 형태로 나타날 수 있으며 경영정책을 결정하는 데 기업윤리를 적용하는 것과 관련된다. 기업의 사회적 책임은 기업이 사회에 영향을 미치는 사회적 문제를 지원하는 행동방침을 개발하고 구현해야 하는 의무로 정의할 수 있다. 기업의 사회적 책임이라는 용어는 기업에서 법적 책임, 신탁의무, 합법성 및 자선, 기부를 포함한 여러 주제를 나타내는 데 사용된다.

CSR에 대한 고전적 관점인 주주접근법에 입각하여 기업의 사회적 책임은 기업의 이익을 증대시키는 것이다. 주주는 기업의 이익과 조직의 영역에 속하지 않는 사회적 책임활동의 중심이다. 이러한 접근방식은 기업이 기업의 사회적 책임에 관심을 갖는 것으로 해석될 수 있다.

기업은 긍정적인 사회적 인식, 환경적, 경제적 영향력을 지역사회에 두거나 전 세계에서 사업을 영위해야 한다. 따라서 기업의 사회적 책임은 비즈니스를 수행하는 방법이다. 또한 기업의 사회적 책임은 수익성, 투자수익률 또는 판매량 측면에서 정의된 성과 목표를 달성하는 데 도움이 되는 유용한 도구이다. 비즈니스의 경우 비즈니스를 기업의 사회적 책임으로 분류하기 위해 다양한 종류의 측정이 고려된다. 각 종류의 비즈니스는 서로 다른 목표를 시도하고 도달하려고 한다.

긍정적인 의무는 기업의 사회적 책임을 다하는 기업이 사회적 이니셔티브를 요구하는 사회적 압력과 상관없이 긍정적인 영향을 미치도록 스스로 동기를 부여할 수 있음을 시사한다. 이러한 긍정적인 의무가 발생하면 기업의 사회적 책임 원칙은 기업의 진정한 정체성의 구성요소가 되며 조직, 중앙 및 지속적으로 고려되는 가치를 표현한다. 반대로 부정적인 의무는 기업의 사회적 책임을 수행하는 기업이 적절한 행동을 정의하는 이해관계자 규범을 준수하기 위해 사회적 책임 이니셔티브를 채택하도록 강요된다는 것을 의미한다.

직장에서의 윤리적 행동의 예는 회사 규칙 준수, 효과적인 커뮤니케이션, 책임감, 전문성, 직장 동료에 대한 신뢰 및 상호 존중 등과 같다. 이러한 윤리적 행동의 예는 직장에서 최대 생산성을 보장함으로써 기업성장에 중추적인 역할을 할 수 있다.

10.5.6 안전규정 위반

직무에 따라 안전하고 건강한 행동을 규정하는 규칙이 다르다. 예를 들어 병원에서는 직원들이 손을 깨끗이 자주 씻어야 한다. 건설현장에서는 안전모, 고글, 안전화를 반드시 착용해야 한다. 전문가들은 사고와 부상의 주요 원인을 시간이 지나면서 건강 및 안전규정을 위반해도 된다는 과신이라 입을 모아 이야기한다. 우주 왕복선 챌린저호 사고와 그 이후 발생한 수많은 사고에 대해 연구한 유명한 사회학자 다이앤 본(Diane Vaughan)은 사람들이 결과와 상관없이 규칙을 위반하는 데 너무 둔감해져 결국 위반행위를 더 이상 위반행위라 느끼지 못하게 된다고 보았으며, 이를 일탈의 정상화(Normalization of Deviance)라 칭했다. 뉴스에서 접할 수 있는 직장 내에서의 치명적인 재난은 나쁜 사람들이 고의로 저지른 끔찍한 일이라 믿기 쉽다. 하지만 1986년 우주 왕복선 챌린저호 사고, 2010년 비피의 딥워터호라이즌(BP Deepwater Horizon) 기름 유출 사고, 2018년 오클라호마주 천연가스 폭발 사고와 같은 사건들은 실제로 작업자들이 균열이 생긴 로켓 추진체나 시끄러운 경고음 등에 너무 익숙해졌기 때문에 발생했다. 작업자들은 이를 무시하며 안전 위반 항목에 등록하지 않았다.

10.5.7 그 외 직장 내 비윤리적 행동

(1) 폭행

언어적 괴롭힘과 마찬가지로 직원은 동료 및 고객을 대할 때 폭력을 행사해서는 안 된다. 상사나 손님이 화나게 할 수도 있지만, 난폭하게 행동하기보다는 입을 다물고 자리를 비우는 것이 좋다.

(2) 비우호적인 근무 환경

생산성을 저해할 수 있는 것 중 하나는 비우호적인 작업 환경이다. 이에는 상사 욕설, 칭찬 부족, 족벌주의 등이 복합적으로 작용할 수 있다. 비우호적 환경이란 다양한 비윤리적 행위가 하나로 결합된 환경을 말한다.

(3) 휴식시간의 연장

기업은 직원들에게 점심시간을 제공하고 사람들은 이러한 휴식시간을 활용하여 사무실 밖에서 대화를 하거나 친구를 만나는 등 업무 이외의 다른 일을 한다. 직원들은 이 점심시간에 원하는 것은 무엇이든 자유롭게 할 수 있다. 그러나 직원들은 이러한 점심시간을 초과하여 과외 일을 연장하기도 한다.

(4) 절도 · 횡령

일부 직원은 특정 프로젝트에 지출된 금액에 대해 회사를 속이기 위해 프로젝트 견적, 송장 등을 추가하여 회사 자금을 개인의 은행계좌로 이체하기도 한다. 이 행위는 직원이 훔치는 경우에 따라 품질이 좋은 제품을 더 저렴하게 팔아 수익을 얻을 수 있지만 나중에 그 물건을 채워놓기 위해 고객에게 피해를 입힐 수 있는 모조품으로 대체하기 때문에 회사에 해를 끼친다.

(5) 부패 관행

부패의 일반적인 원인은 조직의 고용과정에서 볼 수 있다. 고용 담당자는 많은 이력서와 면접자 중에서 자신과 같은 정치적 성향을 가진 사람들에게만 일자리를 제공한다. 또는 계약자에게 프로젝트 입찰을 요청하지만 직원이 입찰 자격이 없는 지인에게만 입찰을 제공하는 회사에서도 흔히 볼 수 있다.

(6) 친척 편중

이것은 직장에서 발생하는 일반적인 유형의 부패이며 회사성장에 영향을 미친다. 수년 동안 열심히 일해 온 직원은 고용주의 가족 또는 친구들로 인해 승진에서 제외될 수 있다. 이는 직원들의 사기를 떨어뜨리거나 심지어 재능 있는 직원들이 사직서를 제출하도록 강요하는 것과 같다.

(7) 거짓말

거짓말은 직장 안팎에서 혐오스러운 특성이다. 거짓말은 신뢰를 죽이고 관계에 영향을 미치며 심지어 사람들을 곤경에 빠뜨릴 수도 있다.

직원들이 하는 다양한 거짓말이 있다. 판매관리자가 고객 수에 대해 거짓말을 하거나 직원이 다른 직장의 면접에 참석하기 위해 병가를 낼 수 있다. 많은 직원들이 취득하지 않은 경험과 가지고 있지 않은 기술을 이력서에 거짓으로 기재한다. 직원들은 업무에 대한 거짓말이 결국 자신을 곤경에 빠뜨릴 수 있으며 직장을 잃기 전에 중단해야 한다는 사실을 이해해야 한다. 그러나 직원들은 상사에 대한 두려움 때문에 거짓말을 하기도 한다. 기업은 좋은 경력을 쌓도록 격려하고 프로세스 전반에 걸쳐 그들을 지원할 수 있는 보다 친근한 문화를 조성해야 한다.

(8) 다른 사람의 노력에 대한 공로 인정

관리자가 경영진에게 보고할 때 팀원의 노력에 대한 공로를 인정하는 것은 매우 일반적이다. 팀원이 영업팀이 판매를 200% 향상시키는 데 도움이 되는 아이디어를 가져왔을 수 있다. 그런데 매니저가 보고할 때 팀원의 이름을 거론하지 않고 자기 아이디어라고 주장한다. 직원들은 '나'의 사용을 줄이고 '우리'의 사용을 수용해야 한다.

다른 사람의 공로를 착취함으로써 그 사람이 잘한 일에 대한 보상인 승진, 보너스 또는 칭찬을 빼앗아가는 것이다. 이것은 그 사람이 미래에 회사에 도움이 될 아이디어를 공유하는 것을 단념시킬 것이다.

(9) 언어적 괴롭힘 · 학대

직원은 직장 안팎에서 동료에게 욕설을 사용하지 않아야 한다. 이는 고객을 대할 때 매우 중요하다. 고객은 화를 낼 수도 있으며 불량제품이나 서비스로 인해 폭언을 할 수도 있다. 잘못이 있을 때 모욕을 당할 수도 있다. 고객관리 담당자, 영업사원 또는 기타 직원은 고객이 아무리 화를 내더라도 욕설을 사용하지 않는 것이 중요하다.

10.5.8 직장윤리의 장점과 시사점

- 긍정적인 직원행동을 자극하고 직장에서 긍정적인 분위기를 조성할 수 있다.
- 건강한 환경에서 직원을 안내하고 멘토링하는 관리를 보장한다.
- 좋은 윤리가 있는 직장은 일반적으로 직원이 상사와 맺는 유대감을 강화한다.
- 직원의 성과와 직무만족도를 통해 생산성을 높이고 회사의 성장을 촉진한다.
- 나쁜 직장윤리는 회사 이해관계자와의 관계에 부담을 줄 수 있다.
- 정보가 누출되면(대부분 유출될 가능성이 높음) 불량한 행동이 기록되어 온라인에서 불미스러운 헤드라인이 될 수 있다. 이로 인해 브랜드 이름에 대한 평판 손상이 발생할 수 있다.

10.5.9 직장 내 비윤리적 문제해결방법

(1) 규칙과 규정 마련

조직에는 직장윤리와 관련하여 미리 정의된 규칙과 규정이 있어야 한다. 이러한 규칙과 규정은 고용계약과 함께 신입 직원에게 제공되어야 한다. 또한 직장 내 적절한 위치에 규칙을 작성하여 붙여 놓으면 사람들에게 규칙을 상기시키는 데 도움이 된다. 사람들은 매일 보는 것을 무의식적으로 머릿속에 흡수하는 경향이 있다.

(2) 피드백 · 불만 접수

직장에서 괴롭힘, 학대 또는 기타 비윤리적 활동이 발생하는 경우 직원이 피드백이나 불만을 쉽게 전달할 수 있도록 한다. 신분에 대한 비밀 및 보안이 강화된 사내망과 같은 환경을 개발하고 사용하게 함으로써 직장 내 괴롭힘 또는 기타 비윤리적 행동에 대한 불만을 쉽게 접수할 수 있도록 한다.

(3) 비윤리적 행동에 대한 결과 목록

비윤리적 행동에 대한 결과는 사원들이 쉽게 볼 수 있는 전략적 위치에 규칙과 함께 배치해야 한다. 그렇게 하면 벌을 받을지도 모른다는 두려움 때문에 비윤리적 행동을 더 이상 못하게 될 것이다.

(4) 신속한 정의 · 징계 조치

일부 기업은 가해자가 조직의 고위 구성원인 경우 강간, 성희롱 등의 문제를 은폐하는 경우가 많다. 이와 같은 일은 수용되어서는 안 된다. 누가 규칙을 어겼는지에 관계없이 조직은 신속한 징계조치를 취해야 한다.

10.6 | 사례

10.6.1 삼성전자의 스마트폰 발화 사례

삼성전자는 2016년 9월 갤럭시노트 7을 출시한 지 한 달 만에 화재 우려로 250만 대를 리콜하고, 2016년 10월 갤럭시노트 7 스마트폰을 영구적으로 단종했다. 삼성이 야기한 주요 오류는 애플 아이폰 7 출시를 앞지르기 위해 갤럭시노트 7을 서둘러 시장에 출시한 것이다. 그 결과 스마트폰에 설계 결함이 있어 스마트폰이 화재에 취약했다. 폭발 및/또는 화재의 원인은 전화기에 전원을 공급하는 리튬 이온 배터리의 설계 때문이었다. 리튬 이온 배터리는 배터리를 소모하지 않고 빠른 속도로 빠르게 충전할 수 있기 때문에 전자장치에 사용된다.

이러한 유형의 기업 위기는 기업이 기업의 사회적 책임 피라미드를 따르지 않을 때 발생하는 문제와 CSR 피라미드 프레임워크를 효과적으로 사용하여 이해관계자와의 관계를 회복할 수 있는 방법을 모두 보여준다.

10.6.2 기업의 사회적 책임 피라미드와 위기 동안의 경제적 책임

삼성은 부분적으로는 경제적 책임 때문에 스스로 위기를 만들었다. 삼성은 더 큰 글로벌 시장점유율을 확보하기 위해 애플과 치열한 경쟁을 벌이고 있었다. 그 결과 삼성 경영진은 애플의 아이폰 7이 대중에게 판매되기 전에 엔지니어들에게 갤럭시노트 7의 설계와 생산을 완료하도록 강요하여 제품이 서둘러 시장에 출시됨으로써 갤럭시노트 7은 근본적인 설계 결함이 있는 상태로 대중에게 판매되었다. 갤럭시노트 7에 전원을 공급하는 데 필요한 배터리 디자인은 이전 모델보다 얇아졌다. 리튬 이온 배터리에는 양극과 음극이 있다. 전화기가 타거나 폭발하지 않도록 하려면 이러한 전극을 분리하는 것이 중요하다. 분리막이라고 하는 작은 재료 조각이 양극과 음극을 분리하는데 갤럭시노트 7의 디자인은 유난히 얇은 배터리를 필요로 했고, 그 결과 유난히 얇은 분리막이 탄생했다. 그 결과 분리막의 미세한 결함으로 인해 전화기에 불이 붙었다. 또한 삼성은 두 가지 유형의 전극이 서로 상호작용할 경우 화재 및/또는 폭발의 강도를 높이는 배터리의 더 높은 전력 수준을 요구했다.

(1) 위기 이후의 경제적 책임

위기의 재정적 영향은 삼성에게 중요했다. 삼성전자가 갤럭시노트 7 글로벌 리콜 및 단종에 들어간 비용은 총 53억 달러로 추산되었다. 그러나 삼성은 기업의 윤리와 사회적 책임과 관련된 전략적 초점에 맞추는 전략을 선택하였고 이러한 선택은 큰 재무성과를 가져왔다. 2017년 7월까지 삼성은 갤럭시노트 7 스마트폰 교체전략으로 인해 사상 최대 분기 이익을 발표했다. 갤럭시 S8 스마트폰은 경쟁사보다 세련된 디자인과 더 큰 화면을 선호하는 고객들에게 즉각적인 인기를 끌었다. 갤럭시 S8과 갤럭시 S8+는 전 세계적으로 갤럭시노트 7보다 많이 팔렸다.

(2) 위기 동안 법적 책임

위기 초기에 삼성은 위기에 대한 전적인 책임을 지기를 꺼렸다. 2016년 8월 갤럭시노트 7이 국내 고객에게 처음 소개되었을 때, 출시 직후 국내 한 매체는 스마트폰에 불이 난 사례가 5건이나 있었다고 보도했다. 삼성은 즉각 대응하지 않았고 한국의 국가기술표준원은 화재와 관련된 추가정보를 삼성에 요청했다. 한 달 뒤인 2016년 9월 미국 연방항공청(FAA)은 항공기에 탑승하는 승객에게 갤럭시노트 7을 휴대하지 말 것을 권고했다. 이튿날 미국 소비자제품안전위원회는 소비자들에게 갤럭시노트 7 스마트폰을 사지 말라고 촉구했다.

(3) 위기 이후 법적 책임

삼성은 고객의 안전과 정부규정 준수를 보장하기 위해 스마트폰 생산 표준 운영절차를 변경해야 한다는 것을 깨달았다. 삼성은 새로운 품질관리 기반 생산시스템을 개발하기 위해 제3자 감사관에게 운영을 개방하고 연구원과 엔지니어를 추가로 고용했다. 다른 기능과 함께 품질보증 프로그램을 수립하고 향후 스마트폰에 불이 붙지 않도록 8포인트 배터리 안전성 검사를 도입했다고 발표했다. 삼성은 또한 배터리를 위해 휴대폰 내부에 더 많은 공간을 허용하도록 스마트폰을 재설계할 것이라고 발표했다.

(4) 위기 동안의 윤리적 의무

삼성은 갤럭시노트 7 위기에 대한 대응과 관련하여 전통적인 윤리적, 사회적 규범을 따르지 않았다. 법적 의무에 명시된 바와 같이 삼성은 사용하기에 안전한 제품을 생산할 윤리적 의무가 있으며, 결함이 있는 제품이 고객에게 잠재적인 안전 위험이 있는 경우 즉시 회수하고 시정해야 했다. 삼성은 갤럭시노트 7의 문제에 대한 첫 번째 보고를 받았을 때 위기에 대한 대응이 매우 느렸다. 삼성은 처음에 250만 대의 스마트폰만 리콜했으며 고객에게 스마트폰 사용을 중단하고 다른 스마트폰으로 바꾸라고 요청했다. 그리고 삼성은 갤럭시노트 7 스마트폰의 충전량을 제한하는 소프트웨어 업데이트를 개발했다고 발표했는데 업데이트 소프트웨어의 기능은 배터리 충전을 60%로 제한하여 과열 및 화재 가능성을 줄이는 것이었다. 삼성이 전달한 이러한 복잡한 메시지로 인해 소비자는 휴대전화를 어떻게 해야 하는지 더욱 혼란스러워졌다. 삼성은 또한 스마트폰용 교체 배터리를 제공했지만 교체 배터리도 결함이 있는 경우가 있었다.

삼성의 주요 윤리적 문제는 기업문화였다. 삼성의 결정은 하급 직원의 의견 없이 고위 경영진의 결정으로 이루어졌다. 이러한 중앙집중식 접근방식은 직원들이 고위 경영진의 지시에 따르기만 하면 되는 분위기를 조성했다. 따라서 설계문제와 그로 인한 위기를 알아차린 엔지니어는 결함 있는 제품 설계의 문제점과 위험을 고위 관리자에게 알리는 것이 허용되지 않았다. 위기상황에서도 삼성 고위 간부는 엔지니어들에게 모든 커뮤니케이션이 '공식' 채널을 통해 전송되지 않도록 하라고 지시했다.

(5) 위기 이후의 윤리적 책임

삼성은 향후 위기를 방지하기 위해 중앙집중식 문화를 개선해야 함을 깨달았다. 삼성은 경영진의 의사결정을 위해 모든 사업 부문의 혁신 추진력을 포괄적인 주제로 삼았다. 이 주제는 또한 변화를 수용하고 장려하는 조직문화의 발전으로 이어졌다.

(6) 위기 동안 박애주의적 책임

삼성은 훌륭한 글로벌 기업시민으로서의 책임을 다하지 못했다. 삼성은 변화에 대한 반응이 느렸고 자사의 반응적 행동이 잠재적으로 수백만 명의 고객을 위협하는 방식을 이해하지 못했다. 삼성은 이해관계자의 경고 신호를 무시함으로써 회사운영에 기득권을 가진 사람들에게 취약한 커뮤니케이션 채널을 제공했다. 삼성이 초기 경고를 무시하자 소비자들은 소셜미디어를 통해 갤럭시노트 7 스마트폰에서 겪었던 문제에 대한 사진, 비디오 및 사용 후기를 게시했다.

(7) 위기 이후의 박애적 책임

삼성은 또한 위기 동안 이해관계자들과의 적절한 커뮤니케이션 채널이 없었다는 것을 깨달았다. 그 결과 삼성은 스마트폰에 대한 전반적인 소비자 심리뿐만 아니라 소셜 미디어에 제공되는 정보를 보다 적극적으로 모니터링하였다. 2017년 말까지 삼성은 최고의 글로벌 브랜드 순위에서 7위에서 6위로 올라섰고 삼성 브랜드 가치는 9% 상승했다.

2017년 10월 26일, 갤럭시노트 7 위기가 시작된 지 거의 정확히 1년 후, 삼성은 뉴욕에서 연례 삼성 자선기금모음행사를 다시 선보일 것이라고 발표했다. 삼성은 또한 청소년, 노숙자, 퇴역 군인, 금융 이해력 및 기업가정신 프로그램을 위한 커뮤니티 프로그램을 포함하는 자선 플랫폼인 'Samsung Gives'를 발표했다. 팀 백스터(Tim Baxter) 삼성전자 북미지역 사장 겸 CEO는 "삼성은 매일 더 나은 세상을 만들기 위해 노력하는 사람들에게 영감을 받았지만 특히 올해는 지역사회와 삶을 재건해야 하는 사람들을 위해 노력할 것이다"라고 말했다.

기업윤리는 경제활동이 다른 사람들에게 유리하게 작용하여 비즈니스 관리와 경제를 보완하도록 하기 위한 것이다.

연습문제

01 사회적 팀 구성원들에게 수용되고 기대되는 행동 양식이나 규칙을 의미하는 용어는?

① 도덕　　② 규범
③ 법률　　④ 윤리

02 기업윤리를 잘못 설명한 것은?

① 기업의 도덕적 행위를 규율하는 일련의 원칙이다.
② 개인의 행동을 결정하는 동일한 원칙과 다른 원칙이 비즈니스에 적용되어야 한다.
③ 기업가는 정직하게 행동하고 사회의 이익을 위해 봉사할 때 윤리적이라고 한다.
④ 기업이 자신과 사회에 정직해야 하는 것을 의미한다.

03 기업윤리를 실행할 경우 얻어지는 장점이 아닌 것은?

① 고객만족　　② 정부 개입 감소
③ 공정한 경쟁　　④ 단기적인 성공

04 K-ESG 가이드라인에서도 부패 방지 분야 '지배구조'의 '윤리규범 위반사항 공시'에 포함되지 않는 것은?

① 이해충돌　　② 금품 및 향응수수
③ 지역 차별　　④ 직무권한 및 지위 남용

05 이해관계자의 요구를 충족하는 동시에 이러한 요구가 직원, 환경, 사회 및 비즈니스가 운영되는 지역사회에 미치는 영향을 설명하는 개념은?

① 기업의 사회적 책임　　② 기술적 윤리
③ 투명성과 신뢰성　　④ 공평

06 기업윤리와 윤리경영의 차이점에 대해 설명하시오.

(　　　　　　　　　　　　　　　　　　　　　　　　　　　　　　)

07 윤리경영을 실천하면 기업경영에 어떤 장점이 있는가?

( )

08 윤리경영을 수행하면 어떤 장벽이 있는지를 설명하고 그에 대한 해결책을 설명하시오.

( )

09 직장 내 발생하는 윤리적 문제는 무엇이 있는지 다섯 가지 이상 예를 들어 설명하시오.

( )

10 직장 내 비윤리적 문제해결방법은 무엇이 있는가?

( )

제10장 연습문제 정답

01. ② 규범
02. ② 개인의 행동을 결정하는 동일한 원칙과 다른 원칙이 비즈니스에 적용되어야 한다.
03. ④ 단기적인 성공
04. ③ 지역 차별
05. ① 기업의 사회적 책임

PART 03

지속가능 기업을 위한 ESG 경영
ESG Management for Sustainable Enterprises

ESG 응용

지속가능 기업을 위한 ESG 경영

CHAPTER 12

K-ESG

12.1 | K-ESG 추진 배경

12.1.1 K-ESG 경영 필요성

최근 들어 기업에 대한 평가기준이 변화하고 있다. 최초 평가기준에는 재무적 요소에서 비재무 요소인 ESG 평가를 포함하고 있다. 투자의 기준으로 ESG 평가를 활용하는 금융·자산운용사, 연기금 등 기관이 점차 증가하는 추세이며, 공급망 실사 등 협력사에 대한 ESG 준수 요구도 지속적으로 증가하고 있다. 이에 따라 투자자, 소비자, 정부 등 모든 사회 구성원의 관심이 높아지면서 기업의 생존과 성장의 핵심적인 요소가 되고 있다.

글로벌 기업들의 탄소중립 선언이 이어지고 국내 SK그룹의 사회적 기업 및 사회적 책임에 대한 경영을 비롯하여 다수의 대기업들이 ESG 경영에 동참하고 있다. 자산운용사와 금융기관 역시 ESG 정보가 기업의 비전, 목표, 전략 및 성장가능성 등을 이해하는 데 필수적이라 강조하고 있다. 이처럼 우리 사회에서 ESG 관련 지표는 기업의 추상적인 사회적 책임 이슈가 아니라 기업의 지속가능경영을 위한 시대적 핵심가치로 부각되고 있다.

ESG의 필요성은 아래의 세 가지 측면으로 살펴볼 수 있다.

- **기업목적 측면**: ESG 경영은 다가올 미래사회에서 기업가치를 높이기 위한 사회적 가치로써 기업의 목적에 맞게 내재화 되어야 하는 필수적인 요소이다.
- **자본조달 측면**: ESG 경영이 다양한 분야에서 투자자들의 핵심가치로 자리매김하는 시점에서 기업의 자본조달 측면에서 ESG 경영은 필수적인 관리요소이다.
- **지속가능 측면**: 지속가능성의 개념을 포함하여 발전한 ESG 요소들은 기업들의 지속가능한 성장을 위한 리스크 관리수단으로 필수적인 요소이다.

12.1.2 정보공시 의무화

(1) 해외 현황

주요 선진국에서는 ESG 공시에 대한 규범화가 확대되고 있다. 2020년 말 전 세계 20개국에서 ESG 정보공시를 의무화하고, 이를 '지속가능경영보고서'로 발간하고 있다.

EU는 2021년 3월부터 ESG 공시의무화 대상을 연기금에서 은행, 보험, 자산운용사 등 금융기관 전체로 확대하여 시행하고 있다. 영국은 2025년까지 모든 기업이 ESG 정보공시를 의무화할 수 있도록 단계적으로 정책 도입을 시행하고 있다. 일본은 2021년 상반기 ESG 공시방법을 마련했고, 미국은 공시를 자율화하고 있지만 전체 90% 이상의 기업에서 지속가능경영보고서를 발간하고 있다. 또한 미국은 ESG 공시 및 단순화법(ESG Disclosure Simplification Act of 2021)이 2021년 6월 8일 미국 의회 하원을 통과하면서 추가적으로 공개할 것을 요청하고 있다. 내용을 살펴보면 ① 기후위기, ② GRI 프레임워크에 따른 ESG 연간 공시의무, ③ 성별 간 임금 격차, ④ 인적자원관리 현황, ⑤ 인권, ⑥ 정치자금에 대한 지출, ⑦ 세무 이슈 공개 등이다.

[그림 12-1] 국내외 ESG 공시규제 추이

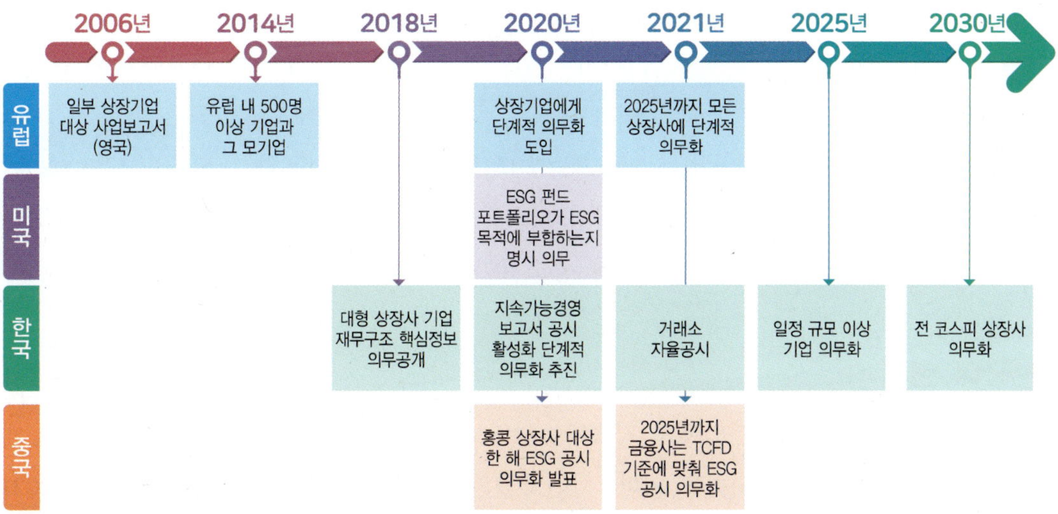

출처: 삼정KPMG(2021)

2021년 11월에 개최된 제26차 유엔기후협약 당사국총회(COP26)에서 글로벌 ESG 공시기준을 마련하기 위해 국제지속가능성 기준위원회(ISSB) 설립을 공식화했다.

ESG 정보공시 표준화 관련하여 IFRS(국제회계기준)의 ISSB(국제지속가능성기준위원회), EU의 EFRAG(유럽재무보고자문그룹), 미국의 SEC(증권거래위원회) 등이 심혈을 기울이고 있다.

- ISSB: ESG 공시와 관련한 표준을 S1(일반 요구사항)과 S2(기후 관련 공시)로 나누어서 발표할 예정이다.
- EFRAG: 2024년 적용을 시작으로 2026년 상장 중소기업에도 적용될 기업지속가능성보고서(CSRD)의 핵심인 EU 지속가능성보고표준(ESRS)을 2022년 중에 확정할 예정이다.
- SEC: 투자자를 위한 기후 관련 정보공개 강화와 표준화 초안을 발표했다. Scope 1(직접배출)과 Scope 2(간접배출) 공시를 의무화할 뿐만 아니라 Scope 3(조직 외 간접배출)에 대해서도 중대한 배출일 경우 또는 기업이 Scope 3을 포함하는 명시적인 배출량 감축목표가 있는 경우 공시하도록 하였다.

온실가스 배출원은 Scope 1, 2, 3으로 분류할 수 있으며 아래와 같이 정의할 수 있다.

- Scope 1은 제품생산 단계에서 발생하는 직접적인 온실가스 배출량을 의미한다.
- Scope 2는 기업에서 사용하는 전기와 동력을 만드는 단계에서 발생하는 간접적인 온실가스 배출량을 의미한다.
- Scope 3은 제품생산과정에서 기업 외의 협력업체 등에서 발생하는 간접적인 온실가스 배출량을 의미한다.
- 상장 대기업의 경우 Scope 1, Scope 2는 2024년부터 의무 적용하고, Scope 3은 2025년에 의무 적용된다. 또한 상장 중소기업과 소규모 기업은 Scope 1은 2025년, Scope 2는 2026년에 적용되고, Scope 3은 상장 중소기업에 대해서 2026년에 적용된다.

(2) 국내 현황

우리나라는 약 100여 개 기업에서 지속가능경영보고서를 발간하고 있지만 실제로 20여 개사 정도만 한국거래소에 공시하고 있다. 선진국들의 ESG 정보공시 의무화 추세에 따라 2021년 3월 우리나라도 금융위원회 주도로 ESG 정보공시를 단계적으로 의무화하는 계획을 발표하였다. 2025년부터 자산 2조 원 이상 코스피 상장사는 '지속가능경영보고서'를 공시해야 한다. 2030년에는 모든 코스피 상장사가 대상이 된다. 2021년 자산 2조 원 이상 코스피 상장사 211곳에 '기업지배구조보고서' 공시의무가 적용되고 있지만, 2022년 1조 원 이상의 상장사, 2024년에는 5,000억 원 이상의 상장사, 2026년에는 모든 코스피 상장사에 '기업지배구조보고서' 공시의무가 적용된다.

또한 금융위원회에서는 2018년부터 영국과 일본 수준으로 "기관투자자(연기금, 자산운용사)의 수탁자 책임에 관한 원칙", 즉 스튜어드십 코드(Stewardship Code) 시행성과를 평가하고 ESG 관련 수탁자 및 의결권 자문사에 대한 책임도 강화하고 있다. 스튜어드십 코드란 영국에서 집안일을 돌보는 집사의 의무를 의미한다. 2009년 금융시장에 기관투자자의 책임 개념으로 도입하였다. 모건스탠리의 기업지배구조보고서에서 기관투자자에 대한 의무로서 스튜어드십 코드를 사용하였다. 즉 연기금의 의결권행사지침으로 기업의 의사결정에 개입할 수 있도록 하는 제도로써 주인의 재산을 관리하는 집사처럼 기관투자자로서 연기금이 가입자들의 재산을 제대로 관리하기 위해 투자기업 의사결정에 적극 개입하라는 취지를 담고 있다. 한국은 2018년 7월 30일 스튜어드십 코드 제도를 도입하여 국민연금이 투자한 기업의 경영에 개입할 수 있게 되었다.

우리나라는 ESG 정보공시 의무화의 적용시점이 국제적인 흐름에 비추어 다소 느리다. 문제는 ISSB, EFRAG, SEC 모두 Scope 3 배출량 공개를 의무화로 채택할 경우, 수출중심의 제

[그림 12-2] 우리나라 ESG 정보공개 의무화 로드맵

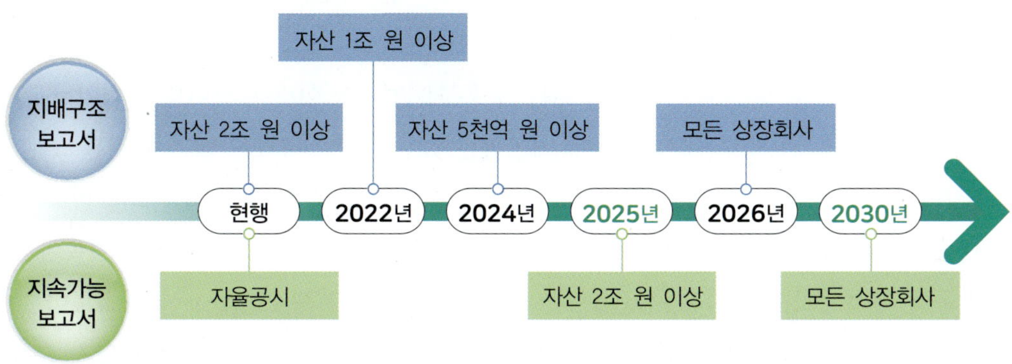

출처: 대한상공회의소(2022)

조업의 글로벌 공급망 관리에 대해 온실가스 배출량 정보공개 요구를 받을 가능성이 높아진다. 이는 중소기업에 큰 부담이 될 수 있다.

12.1.3 ESG 관련 법제화

(1) 유럽연합(EU)

EU는 ESG 정책의 확산을 적극적으로 추진하고 경제체계로 전환하기 위하여 ESG 인프라를 구축하고 있다. 이를 지원하기 위해 아래와 같이 입법활동을 추진하고 있다.

- EU 택소노미 규정(Taxonomy Regulation)
- 지속가능금융 공시(SFRD: Sustainable Finance Disclosure Regulation)
- 기업지속가능 공시(CSRD: Corporate Sustainability Reporting Directive)
- 인권 및 환경에 대한 기업실사(Due Diligence)제도
- EU 탄소감축 입법안(Fit for 55)

■ EU 택소노미 규정

EU 택소노미 규정은 2020년 6월 18일 제정된 유럽위회 및 이사회의 규정으로 '지속가능한 투자 촉진을 위한 프레임워크 구축 및 규정'이라 한다. 위 규정은 2018년 3월 지속가능금융 행동계획의 하나로 녹색분류체계의 수립을 요구하자 지속가능성에 대한 정의와 분류를 구체적으로 명확히 정립하기 위하여 제정되었다. 환경 관점에서 6개의 목표와 4개 판단기준에 대한 프레임을 제시하고 있다.

EU에서 대표적으로 발전해 온 택소노미는 '분류'와 '법과학'이라는 단어의 합성어로 '분류체계'라고 한다. 크게는 ESG에서 환경에 해당하는 그린 택소노미와 사회와 관련된 소셜 택소노미가 있다.

EU 집행위원회는 2020년 6월 18일, 그린 택소노미를 채택하여 '환경적으로 지속가능한' 경제활동이 무엇인지 분류하는 기준을 제시하였다. 2021년 7월 12일, 소셜 택소노미 초안 보고서를 발표했다. 소셜 택소노미는 '사회적으로 지속가능한' 경제활동이 무엇인지 분류하

[그림 12-3] 택소노미의 분류

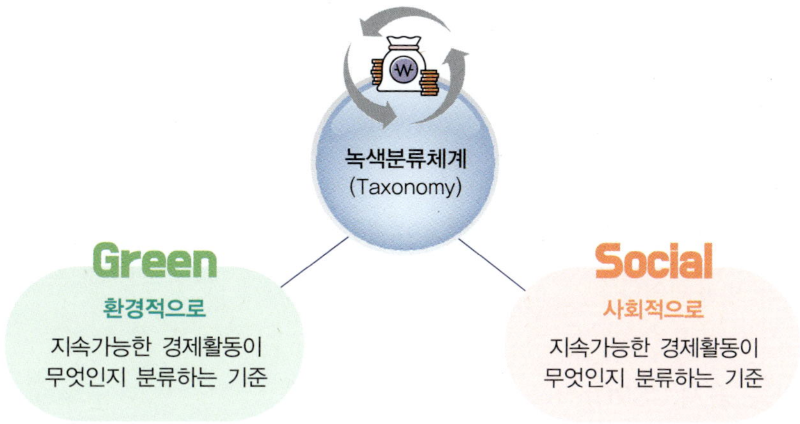

출처: 대한상공회의소(2022)

는 기준을 제시하였다. 근로자, 소비자, 지역사회 등의 이해관계자로 구분하고, 각각 양질의 일자리, 사용자에게 적절한 생활수준 및 후생, 포용적이고 지속가능한 지역사회 등의 사회목표를 제시하고 있다. 유럽연합은 기후위기에 대응하고 녹색산업을 분류함으로써 자금흐름을 개선하고 투자를 유도하여 기업의 경영에 변화를 이끌어 내는 것을 목적으로 하고 있다. 현재 우리나라가 추진 중인 '한국형 녹색분류체계(K-Taxonomy)'는 EU의 택소노미 규정을 벤치마크한 것이다.

EU 택소노미의 입법화는 큰 의미를 가진다. 기후에 영향을 미치는 산업 전반에 적용되며 6개의 환경목표 중 1개 이상에 대한 실질적인 기여와 해당 목표 항목에 대한 심각한 피해를

표 12-1 EU 택소노미 규정

환경목표	판단기준
• 기후변화 완화 • 기후변화 적응 • 수자원, 해양자원의 지속가능한 이용 및 보호 • 순환경제로의 전환 • 오염방지 및 관리 • 생물다양성 및 생태계의 보호와 복원	• 하나 이상의 환경목표 달성에 상당한 기여 • 다른 환경목표에 중대한 피해를 주지 않을 것 (DNSH: Do No Significant Harm) • 최소한의 사회적 안전장치 준수할 것(OECD 다국적 기업 가이드라인, UN 기업과 인권에 관한 지침 등) • 경제활동별 기술 선별기준에 부합하는 친환경활동 식별 및 개발

출처: 대한상공회의소(2022)

초래하지 않고 OECD 다국적기업 가이드라인에 준하는 최소한의 안전기준 및 기술적 선별 기준 준수 시 지속가능한 경제활동으로 인정한다는 규제를 입법화하였다.

■ 지속가능금융 공시(SFRD)

SFRD는 2019년 11월 27일 제정되었으며, EU 소재 금융기관이 투자 또는 금융상품을 판매할 때 지속가능성을 어떻게 고려하는지에 대한 정보공개를 의무화한 것으로 2021년 3월 10일에 1단계가 발표되었다.

■ 기업지속가능 공시(CSRD)

CSRD는 2014년 10월 제정된 기업의 '비재무적 보고지침(NFRD: Non-Financial Reporting Directive)'의 개정판으로 2021년 4월 제안되었다. NFRD는 EU 소재 기업 중 근로자 500인 이상이고 자산 2천만 유로 이상 또는 순이익 4천만 유로 이상인 기업을 대상으로 사회적 책임, 환경, 인권, 반부패, 이사회 다양성 등 비재무적인 정보에 대하여 그 투명성과 지속가능성 제고를 위해 제정되어 2017년부터 자율적으로 운영되고 있다.

2019년 12월 '유럽 그린딜(European Green Deal)'이 발표된 이후 지침의 적용 범위를 EU 역외 기업 등으로 확장하고, 기업 비재무정보의 보고기준 사용을 의무화하기 위해 NFRD를 개정하여 CSRD 초안이 마련된 것이다. CSRD 시행은 2022년도 말이며, 2024년부터는 EU 내 상장 또는 비상장 대기업이 CSRD에 따른 지속가능성 정보를 공개할 것이며, 상장 중소기업의 경우에는 공시 부담 완화를 위해 규정 시행 후 3년 유예할 것으로 보인다.

■ 인권 및 환경에 대한 기업실사제도

기업의 사업장 및 공급망 전체에서 인권보호와 환경위험 등에 대해 실사하는 제도로, EU 의회가 2020년 11월 의무화하는 방안을 발표하고, 2021년 3월 10일 '기업실사 지침안'을 의결하였다. 후속 조치로 2022년 2월 23일 EU 집행위는 '기업 지속가능성 실사지침(Directive on Corporate Sustainability Due Diligence)'을 발표하였다.

(2) 국내

공시제도 관련하여 금융위원회는 2021년 12월 ESG 정보공개 가이던스를 발표하였다. 주요 내용은 코스피 상장사를 대상으로 지배구조보고서는 2026년부터 공시의무화하고, 지속가능보고서는 2030년부터 공시의무화한다는 계획이다. 법적인 강제성이 없다는 것이 특징이다.

환경 관련하여 기후위기에 대응하기 위한 입법으로 2021년 9월에 「기후위기 대응을 위한 탄소중립 · 녹색성장 기본법」이 제정되었다. 주요 내용은 기후위기에 따른 심각한 영향을 예방하기 위해 온실가스 감축 및 기후위기 대책을 강화한다. 그리고 탄소중립 목표 달성의 실행 과정에서 발생할 수 있는 환경적 · 사회적 · 경제적 불평등을 해소하며, 녹색기술과 녹색산업의 육성, 촉진 및 활성화를 통해 환경과 경제의 조화로운 발전을 도모한다는 것이다.

이어 환경부는 2021년 12월 30일 한국형 녹색분류체계(K-Taxonomy)를 발표하였다. 환경적으로 지속가능한 경제활동의 범위를 정한 것으로 유럽연합이 발표한 EU 택소노미의 한국판이다.

K-택소노미 가이드라인은 2020년 12월 발간된 환경부와 금융위원회의 〈한국형 녹색채권 가이드라인〉과 연계하여 녹색채권의 투자대상 프로젝트에 적용될 수 있도록 제시한 가이드라인이다. 이는 2021년 4월 13일자로 개정된 「환경기술 및 환경산업 지원법」에 따라 수립하였다. 환경부는 1년의 기간을 시범 운영하고 개정할 것을 발표했다.

EU 택소노미의 6대 환경목표에 기여하는 녹색경제활동의 과학적 근거를 토대로 환경 개선에 기여하고, 사전 예방적 환경관리 및 사회적 공감대를 기본으로 환경에 기여하는 목표와 심각한 환경피해 예방, 최소한의 보호장치의 세 가지 원칙을 준수하도록 하였다.

K-택소노미에서는 발전 분야에는 태양광과 태양열, 풍력 등의 재생에너지를 포함하고 바이오매스, 액화천연가스를 포함하였지만, 원자력발전은 제외했었다. 수송 분야에서는 전기차, 수소차가 포함되었으며 하이브리드 차는 제외되었다. 산업 분야에서는 수소환원제철, 탄소 포집 · 저장 · 활용(CCUS)기술 등을 포함하였다. 그러나 EU에서 2022년 2월 원자력발전을 EU 택소노미에 포함시키면서 환경부에서도 2022년 12월 원자력발전을 K-택소노미 개정안에 포함하여 발표했다. 기후변화 및 에너지 문제해결을 위한 중요한 전력원으로 인정한다는 의미이다.

12.2 | K-ESG 정의 및 특징

12.2.1 K-ESG 정의

환경(Environmental), 사회(Social), 지배구조(Governance)를 의미하는 ESG는 기업의 비재무적 성과를 평가하기 위한 기준으로 기업의 사회적 책임(CSR)활동을 대체해 가고 있다. 환경(E) 지표는 탄소중립과 기후변화, 환경오염, 친환경 제품개발 등을 포함하고, 사회(S) 지표는 인적자원관리, 산업안전, 하도급 거래, 제품 및 서비스의 안전성, 공정경쟁 등 다양한 요소가 활용된다. 지배구조(G) 지표는 주주권리, 이사회 구성과 활동, 감사제도, 배당 등과 같은 요소를 포함하고 있다.

ESG가 전 세계적인 화두가 되면서 너무 많은 ESG 지표들이 있는 가운데 한국 정부도 기업들의 ESG 경영을 돕기 위해 한국형 ESG 지표인 'K-ESG'를 마련하였다.

K-ESG는 기업들이 자발적으로 ESG 경영을 실천하고 자율적으로 공시를 확대할 수 있도록 방향을 제시하는 가이드라인이다. ESG 경영 활성화를 위한 정부의 가장 큰 역할은 시장에서 자율적인 감시가 가능하도록 공시를 강화하는 것이다. 향후 가이드라인의 개정판과 업종별·규모별 가이드라인 마련을 통하여 기업에게 실질적인 도움이 될 수 있도록 지속적으로 개선 및 보완해 나갈 계획이다. 또한 코스피 상장기업을 대상으로 기업지배구조보고서 및 지속가능경영보고서를 단계적으로 의무화하고, 코스닥 상장기업 등은 자율공시체계를 유지하되 기업의 규모별·업종별 K-ESG 가이드라인을 활용하여 자율공시 활성화를 유도할 방침이다.

K-ESG가 제대로 작동해 시장에 안착된다면 많은 기업들, 특히 대기업에 비해 상대적으로 여력이 부족한 중소기업들에게 분명히 많은 도움이 될 것이다. 다만 K-ESG가 또 다른 장애물로 작용해 기업들의 경영에 방해되거나 성장을 저해하는 것은 피해야 할 것이다. 정성적인 판단이 중요한 ESG 평가의 특성을 고려할 때, 평가대상 기업으로부터 독립성 및 ESG 전문성이 제고되어야 한다.

K-ESG 가이드라인으로 인해 정보공시의 후퇴나 과도한 인센티브로 이어져서는 안 된다.

경제정의실천시민연합에서는 인센티브가 일정 부분 필요하다고는 하지만, 만일 포상을 받은 기업에게 과도한 인센티브가 부여된다면 정부와 기업 간의 유착 등의 부정적 영향도 발생할 수 있다고 하였다.

평가기관들의 대주주의 적격성 심사, 평가기관들의 평가대상 기업에 대한 자문도 일정 수준 제한시키는 한편, 일정한 자격요건을 갖춘 인력의 보유 여부 및 평가모형에 대해서도 투명한 공개도 필요하다. ESG 평가의 출발점은 검증된 객관적 데이터와 신뢰할 만한 정보가 필요하다.

12.2.2 K-ESG 구성

ESG는 환경, 사회, 지배구조 요소를 투자 의사결정에 활용한다. ESG 책임투자의 평가기준은 전통적인 재무분석 항목은 아니지만, 재무와 관련된 비재무 항목이라는 매우 폭넓은 지표들로 구성되어 있다. 예를 들면 기업이 어떻게 기후변화에 대응하고 물관리를 잘하는지, 사고방지를 위한 안전보건활동을 하는지, 종업원에 대한 처우가 공정한지, 효과적인 공급망 관리 그리고 신뢰 구축과 사내 혁신을 촉진하는 조직문화는 어떻게 구축되어 있는지 등 다양한 평가항목과 달성 수준이 포함되어 있다.

현재 전 세계적으로 ESG 평가와 관련하여 600여 곳에서 1,000여 개의 지표가 형성되어 있는 상황이다. 평가기관마다 세부항목과 내용이 달라 동일한 기업에 대하여 상이한 평가결과가 나오기도 한다. 이는 평가대상인 기업들에게 혼란을 가중시키고 있다.

국내의 대표적인 기관들은 한국ESG기준원(구 한국기업지배구조원), 한국생산성본부, 대신경제연구소, 로이드, 한국품질재단, 한국경영인증원 등이 있다. 하지만 평가기관별로 ESG 지표가 상이한 점이 문제라고 할 수 있다.

대표적인 해외 ESG 지표 제공기관은 모건스탠리의 MSCI, 블룸버그, 다우존스(DJSI), FTSE 러셀 등이며 평가의 범위가 매우 다양하다. 각 영역의 카테고리 내 평가지표가 표준화되어 있지 않다. 또한 기준도 명확하지 않아서 ESG 평가 활용이 어려운 측면이 있다. 무엇보다도 한국의 경영 환경과 특수성을 반영하지 못하여 ESG 평가가 상이할 수 있다. 그로 인해 한국

기업의 ESG 활동이 해외 ESG 지표에서 제대로 반영되지 못함에 따라서 ESG 등급과 ESG 활동에 괴리가 발생할 수 있다. 특히 사회(S) 관련 활동에서 한국의 고유한 환경이 해외 ESG 지표에서는 반영되지 않을 가능성이 크다. 예를 들면 기업의 인종다양성에 대해 평가할 때, 한국은 외국인 근로 비율이 유럽연합, 미국 등 선진국에 비해서 현저히 낮아 동일한 기준으로 평가하는 것은 불합리하다. 그나마 환경(E) 관련 지표는 국제적인 기준으로 목표와 로드맵이 명확하여 기업의 환경 관련 목표 수립과 평가가 비교적 신뢰성 있게 이루어질 수 있다. 지배구조(G) 관련 지표도 큰 어려움이 없을 것으로 예상된다. 한국도 짧지 않은 기간 동안 기업지배구조에 대한 논의가 진행되어 왔으며 기업지배구조와 관련한 달성목표와 수단 등은 해외에서의 논의와 상당한 접근이 이루어진 상태이다.

이처럼 각 ESG 평가기관마다 고유한 평가 프로세스, 지표, 측정산식 등으로 평가방법이 조금씩 상이하다. 기업의 입장에서는 일관된 평가 대응체계를 수립하기가 쉽지 않다.

이러한 기업의 어려움을 해결하고자 한국형 ESG 가이드라인을 마련하였다. 산업통상자원부 주관으로 'K-ESG 지표 업계 간담회'를 개최하고 한국생산성본부 및 전문가 등과 함께 「산업발전법」에 근거한 가이드라인 성격의 한국형 ESG 지표를 개발하였다. 그리고 2021년 11월 2일에 'K-ESG 가이드라인'을 발표하였다.

기업이 우선적으로 고려해야 할 ESG 경영요소와 평가기관에서 가장 많이 다루는 평가항목을 제시하기 위해 국내·외 주요 13개의 평가지표와 공시기준(MSCI, DJSI, Sustainalytics, EcoVaids, World Economic Forum, GRI) 등을 분석하여 ESG 이행과 평가의 핵심·공통사항을 마

표 12-2 K-ESG 가이드라인 구성

영역	주요 항목
정보공시(5)	ESG 정보공시 방식, 주기, 범위 등
환경(17)	• 환경경영 목표 및 추진체계, 친환경 인증, 환경 법규위반 등 • 온실가스 배출량, 폐기물·오염물질 배출량, 재활용률 등
사회(22)	• 사회책임경영 목표, 채용, 산업재해, 법규 위반 등 • 채용·정규직, 산업안전, 다양성, 인권, 동반성장, 사회공헌 등
지배구조(17)	• 이사회 전문성, 이사회 구성, 주주권리 등 • 윤리경영, 감사기구, 지배구조법규 위반 등

출처: 산업통상자원부(2021)

련했다. 각 분야별 전문가, 전문기관 등의 의견을 반영하여 글로벌 기준 중심의 기본 진단항목과 글로벌 기준에서도 일부 사용되고 있거나 국내제도에서 중요시하는 ESG 경영요소를 추가 진단항목으로 구분하였다.

K-ESG 가이드라인은 정보공시 5개 항목, 환경 17개 항목, 사회 22개 항목, 지배구조 17개 항목 등 4개 영역, 61개 항목으로 구성되어 있다.

12.2.3 K-ESG 특징

기존의 국내·외 ESG 평가지표의 차이점을 근거로 K-ESG 가이드라인의 특징을 다음과 같이 파악할 수 있다.

- ESG를 평가받는 기업이 ESG를 추진하면서 'What', 'How'라는 부분에 있어서 평가 항목 정의서를 통해 명확하게 제시해 주고 있다. 기업 자체적으로 필요항목에 대한 선정과 이에 대한 자가 진단을 통한 수준 측정과 관리방안을 수립할 수 있는 매우 유용한 도구이다.
- MSCI 등의 국내외 평가기관에서 활용하는 항목들을 분석·도출하여 글로벌 표준과 국내 산업의 여건을 종합적으로 고려하였다는 점은 국내 기업의 실상에 적합한 평가체계를 갖추고 있다고 할 수 있다.
- 특정 산업이 아닌 산업 전반에 적용할 수 있도록 산업과 기업의 공통적 요소에 비중을 두고 평가항목을 도출함으로써 범용적인 효용성과 평가 모델의 적합성을 갖추고 있다.
- 비용 발생을 최소화하면서 ESG를 추진할 수 있는 전체적인 가이드를 제시하고 있으므로 중소·중견기업에 매우 유용하게 활용될 수 있다.

12.3 | K-ESG 가이드라인

12.3.1 K-ESG 기본 진단항목체계

ESG 관련 정보공개 여부 측정항목을 추가하여 정보공시(Public), 환경(Environmental), 사회(Social), 지배구조(Governance)의 4개 영역을 기준으로 가이드라인 대분류 설정을 하였다. 범주는 국내 · 외 ESG 공시 및 평가기준에서 공통으로 제시된 이슈를 기반으로, 기업이 ESG 경영을 통해 추구해야 하는 사회적 가치(Social Value)로 설정하였다. 진단항목은 가이드라인 각 범주에서 추구하고 있는 사회적 가치를 정성적 · 정량적으로 진단하기 위해 61개 세부항목으로 구성하였다.

표 12-3 K-ESG 가이드라인 진단항목체계

영역	범주	분류번호	진단항목
정보공시(P) (5개 문항)	정보공시 형식	P-1-1	ESG 정보공시 방식
		P-1-2	ESG 정보공시 주기
		P-1-3	ESG 정보공시 범위
	정보공시 내용	P-2-1	ESG 핵심이슈 및 KPI
	정보공시 검증	P-3-1	ESG 정보공시 검증
환경(E) (17개 문항)	환경경영 목표	E-1-1	환경경영 목표 수립
		E-1-2	환경경영 추진체계
	원부자재	E-2-1	원부자재 사용량
		E-2-2	재생 원부자재 비율
	온실가스	E-3-1	온실가스 배출량(Scope 1 & Scope 2)
		E-3-2	온실가스 배출량(Scpoe 3)
		E-3-3	온실가스 배출량 검증
	에너지	E-4-1	에너지 사용량
		E-4-2	재생에너지 사용 비율
	용수	E-5-1	용수 사용량
		E-5-2	재사용 용수 비율

	폐기물	E-6-1	폐기물 배출량
		E-6-2	폐기물 재활용 비율
	오염물질	E-7-1	대기오염물질 배출량
		E-7-2	수질오염물질 배출량
	환경 법·규제 위반	E-8-1	환경 법·규제 위반
	환경 라벨링	E-9-1	친환경 인증 제품 및 서비스 비율
사회(S) (22개 문항)	목표	S-1-1	목표 수립 및 공시
	노동	S-2-1	신규 채용 및 고용 유지
		S-2-2	정규직 비율
		S-2-3	자발적 이직률
		S-2-4	교육훈련비
		S-2-5	복리후생비
		S-2-6	결사의 자유 보장
	다양성 및 양성평등	S-3-1	여성 구성원 비율
		S-3-2	여성 급여 비율(평균 급여액 대비)
		S-3-3	장애인 고용률
	산업안전	S-4-1	안전보건 추진체계
		S-4-2	산업재해율
	인권	S-5-1	인권정책 수립
		S-5-2	인권 리스크 평가
	동반성장	S-6-1	협력사 ESG 경영
		S-6-2	협력사 ESG 지원
		S-6-3	협력사 ESG 협약사항
	지역사회	S-7-1	전략적 사회공헌
		S-7-2	구성원 봉사참여
	정보보호	S-8-1	정보보호시스템 구축
		S-8-2	개인정보 침해 및 구제
	사회 법·규제 위반	S-9-1	사회 법·규제 위반
지배구조(G) (17개 문항)	이사회 구성	G-1-1	이사회 내 ESG 안건 상정
		G-1-2	사외이사 비율
		G-1-3	대표이사 이사회 의장 분리
		G-1-4	이사회 성별 다양성
		G-1-5	사외이사 전문성

	이사회 활동	G-2-1	전체 이사 출석률
		G-2-2	사내이사 출석률
		G-2-3	이사회 산하 위원회
		G-2-4	이사회 안건 처리
	주주권리	G-3-1	주주총회 소집 공고
		G-3-2	주주총회 집중일 이회 개최
		G-3-3	집중 · 전자 · 서면 투표제
		G-3-4	배당정책 및 이행
	윤리경영	G-4-1	윤리규범 위반사항 공시
	감사기구	G-5-1	내부감사부서 설치
		G-5-2	감사기구 전문성(감사기구 내 회계 · 재무 전문가)
	지배구조 법 · 규제 위반	G-6-1	지배구조 법 · 규제 위반
4개 영역, 27개 범주, 61개 기본 진단 항목			

출처: 산업통상자원부(2021)

환경 · 사회 · 지배구조 각 영역 외에 ESG 정보공시에 관한 형식 · 내용 · 검증에 관한 정보공시(P) 영역을 설정한 것이 특징이라고 할 수 있다. ESG 정보의 공시 여부, 공시정보의 통합성 여부, 정보의 발행 알림 여부, 정보공시 주기 · 범위, 중대성 평가 결과의 공시 등 각 항목별로 3단계 또는 5단계를 구분하여 0점에서 100점까지 차등하여 점수를 부여하도록 하고 있다.

환경(E) 영역은 환경경영 목표 수립과 환경경영 추진체계를 제외하면 대체적으로 자원 · 에너지의 사용, 재사용 · 재활용 비율, 온실가스 · 오염물질 · 폐기물의 배출을 중심으로 항목이 구성되어 있다.

사회(S) 영역은 신규 채용, 고용 유지, 교육훈련, 복리후생, 결사의 자유 보장, 여성 · 장애인 관련 비율, 산업안전, 인권, 협력사와의 동반성장, 지역사회에 대한 공헌, 개인정보보호 등 상당히 폭넓은 항목으로 구성되어 있다.

지배구조(G) 영역은 「상법」 및 「금융회사의 지배구조에 관한 법률」 등의 규정 취지에 해당하는 경영진 및 지배주주에 대한 경제, 기업경영 투명성의 제고, 소수 주주의 권리보호 등의 목적 달성을 확인하기 위한 항목으로 구성되어 있다.

12.3.2 K-ESG 가이드라인 기본 진단항목 정의서 구성

기본 진단항목 정의서는 항목 레이블과 설명자료를 제외하면 기본적으로 항목 설명, 성과 점검, 점검기준으로 구성되어 있다.

[그림 12-4] K-ESG 기본 진단항목 정의서 예시

① 항목 레이블

구분	분류번호	영역	범주
	P-1-3	정보공시	정보공시 형식
항목	ESG 정보공시 범위		

② 평가목표, 내용, 방법

항목 설명	
	• ESG 정보공시 제도화 움직임에 따라, 조직의 ESG 활동 및 성과를 충분히 대표하고 나타낼 수 있는 정보가 공시되고 있는지 점검 • 조직의 영향력과 통제력이 미치는 사업장(자회사 포함)의 ESG 정보가 최대한 공시되고 있는지 확인

③ 평가를 위한 데이터 표집 및 산출방법

성과 점검	
	ESG 정보공시에 필요한 데이터를 취합하는 사업장 등의 범위를 비율(%)로 계산 (매출액, 직원 수, 생산량 등 모수로 활용)함 **[데이터 원천]** 홈페이지, 지속가능경영보고서, 사업보고서, 전자공시시스템 上 '자율공시' **[데이터 기간]** 직전 회계연도 **[데이터 범위]** 사업적 영향력 및 통제력을 행사하는 사업장 및 기타 연결실체 **[데이터 산식]** ESG 정보공시 범위 = ESG 정보공시에 포함된 사업장 등의 (매출액 등) / 전체 조직의 (매출액 등)

④ 활동 수준에 따른 평가기준

점검 기준

1단계	ESG 정보공시 범위를 특정할 수 없거나, 명시하고 있지 않는 경우
2단계	조직이 법적으로 직접 소유하고 있는 사업장(ex. 별도재무제표 기준)의 일부 또는 모든 ESG 정보를 공시하고 있는 경우
3단계	조직의 영향력과 통제력 범위에 있는 곳(자회사, 종속법인, 연결실체 등)의 일부 ESG 정보를 공시하고 있는 경우
4단계	조직의 영향력과 통제력 범위에 있는 곳(자회사, 종속법인, 연결실체 등)의 일부 ESG 정보를 공시하고 있는 경우. 단, 조직의 영향력과 통제력 범위로 ESG 정보공시 범위를 확대한다는 계획을 제시하고 있는 경우
5단계	조직의 영향력과 통제력 범위에 있는 곳(자회사, 종속법인, 연결실체 등)의 모든 ESG 정보를 공시하고 있는 경우

점검 기준 적용방안(단계형)

1단계	2단계	3단계	4단계	5단계
0점	25점	50점	75점	100점

■ 항목 설명

진단하려는 내용과 목적 및 방법을 함축적으로 제시하고 있다.

■ 성과 점검

항목진단에 필요한 데이터 원천 · 기간 · 범위 · 산식 등을 제시하고 있다. 데이터 원천에는 홈페이지, 지속가능경영보고서, 사업보고서, 기타 간행물, 전자공시시스템을 통한 자율공시 항목들을 제시하고 있다. ESG 공시가 제도화되지 않은 현 상황에서는 열거된 사항만으로는 정보접근이 가능하지 않은 항목도 존재한다. 데이터 기간의 경우, '직전 회계연도'만을 정하고 있는 항목이 있는가 하면, '최근 5개년 회계연도'를 정한 항목(원부자재 사용량 항목)도 있다. 데이터 범위는 '국내외 사업장 및 기타 연결 실체' 또는 '사업적 영향력 및 통제력을 행사하는 사업장 및 기타 연결 실체'로 구분되어 있는데, 사업장 외의 연결 실체의 범위가 어느 정도까지인지는 모호한 측면이 있다. 데이터 산식은 대체적으로 총량 중 해당량의 비율을 제

[그림 12-5] K-ESG 요소별 점검기준 예시

P-1-1 정보공시방법

① **1단계**: 조직이 어떠한 방식으로든 ESG 정보를 공시하지 않는 경우
② **2단계**: 조직의 홈페이지, 지속가능경영보고서, 사업보고서, 기타 간행물 등에 ESG 정보를 분산하여 공시하고 있는 경우
③ **3단계**: 조직의 홈페이지, 지속가능경영보고서, 사업보고서, 기타 간행물 등에 ESG 정보를 통합하여 공시하고 있는 경우
④ **4단계**: ESG 정보를 통합한 조직의 홈페이지, 지속가능경영보고서, 사업보고서, 기타 간행물 등을 지정된 장소에 비치하거나, 특정 URL에 담고 있는 경우
⑤ **5단계**: ESG 정보를 통합한 조직의 홈페이지, 지속가능경영보고서, 사업보고서, 기타 간행물 등의 발행 여부를 '전자공시시스템-자율공시' 사항으로 알리는 경우

점검기준 적용방안(단계형)

1단계	2단계	3단계	4단계	5단계
0점	25점	50점	75점	100점

S-9-1사회: 법/규제 위반

① **유형 1**: 지난 5개년간 사회 관련 법/규제 위반내역 중 처분이 확정된 건수에 대해, 처벌수위가 사법상 형벌, 벌금, 과료인 경우 또는 국가나 지방자치단체를 당사자로 하는 계약에서 입찰참가자격을 제한당한 경우
② **유형 2**: 지난 5개년간 사회 관련 법/규제 위반내역 중 처분이 확정된 건수에 대해, 처벌수위가 행정상 처분 중 금전적 처분에 해당하는 과태료, 과징금, 이행강제금 등인 경우
③ **유형 3**: 지난 5개년간 사회 관련 법/규제 위반내역 중 처분이 확정된 건수에 대해, 처벌수위가 행정상 처분 중 비금전적 처분에 해당하는 시정명령, 시정권고, 경고 등인 경우

점검기준 적용방안(감점형)

유형 1	유형 1	유형 1
-50점	-30점	-10점

*사회법/규제 위반은 「근로기준법」, 「고용상 연령차별금지 및 고령자고용촉진에 관한 법률」, 「산업안전보건법」, 「중대재해 처벌 등에 관한 법률」, 「소비자보호법」, 「전자상거래등에서의 소비자보호에 관한 법률」, 「하도급거래 공정화에 관한 법률」, 「가맹사업거래의 공정화에 관한 법률」, 「대규모유통업에서의 거래 공정화에 관한 법률」이 있다.

E-8-1 환경: 법/규제 위반

① **유형 1**: 지난 5개년간 환경 법/규제 위반내역 중 판결이 확정된 건수에 대해, 처벌수위가 사법상 형벌, 벌금, 과료인 경우, 또는 국가나 지방자치단체를 당사자로 하는 계약에서 입찰참가자격을 제한당한 경우
② **유형 2**: 지난 5개년간 환경 법/규제 위반내역 중 판결이 확정된 건수에 대해, 처벌수위가 행정상 처분 중 금전적 처분에 해당하는 과태료, 과징금, 이행강제금 등인 경우
③ **유형 3**: 지난 5개년간 환경 법/규제 위반내역 중 판결이 확정된 건수에 대해, 처벌수위가 행정상 처분 중 비금전적 처분에 해당하는 시정명령, 시정권고, 경고 등인 경우

점검기준 적용방안(감점형)

유형 1	유형 1	유형 1
-50점	-30점	-10점

* 환경법/규제 위반 행위란 오염물질 불법배출의 가중처벌, 환경보호지역 오염행위 등의 가중처벌, 과실범, 멸종위기 야생생물의 포획 등의 가중처벌, 폐기물 불법처리의 가중처벌, 누범의 가중, 명령 불이행자에 대한 처벌의 규정에 해당하는 행위나 「대기환경보전법」 비산먼지발생을 억제하기 위한 시설 설치 혹은 조치를 하지 않은 경우나 「폐기물관리법」 생활폐기물을 불법 처리하는 행위 등으로써, 「환경범죄 등의 단속 및 가중처벌에 관한 법률」 제3조에서 제14조를 통해 처벌수위를 규정하고 있다.

G-4-1 지배구조: 윤리경영

① **요건 1**: 이사회 산하 모든 위원회 설치는 정관에 근거하고 있으며, 모든 위원회에 대해 '운영규정'을 제정하고 있는 경우
② **요건 2**: 특정 이사(사내이사, 사외이사, 기타 비상임이사)가 이사회 산하 모든 위원회의 구성원으로 선임되어 있지 않은 경우
③ **요건 3**: 이사회 산하 모든 위원회가 구성원의 과반수 이상을 사외이사로 선임하고 있는 경우
④ **요건 4**: 직전 회계연도 중 이사회 산하 위원회 개최 횟수가 평균적으로 3회 이상인 경우
⑤ **요건 5**: 직전 회계연도 중 이사회 산하 모든 위원회가 심의 · 의결 안건을 다룬 경우

점검기준 적용방안(선택형)

1개 이하 충족	2개 충족	3개 충족	4개 충족	5개 충족
0점	25점	50점	75점	100점

윤리규범 위반이란 조직이 제정한 윤리규범에서 다루는 행동방식을 위반한 행위를 하는 경우 및 이에 준하는 사회통념적 윤리기준을 위반한 행위를 통칭한다. 이러한 윤리규범 위반행위에 포함되는 사례는 다음과 같다. "이해관계 상충 행위", "금품 및 향응 수수", "직무권한 및 지위남용", "공정거래 미준수", "부정경쟁", "자금세탁방지 위반", "중요정보 관리 위반", "내부정보 무단 활용", "품질기준 저해", "괴롭힘 및 차별", "기타 반환경적/반사회적 행위"

출처: 이연우(2022)

시하는 경우로 되어 있다.

■ **점검기준**

앞서 수집한 데이터를 통하여 평가를 산출하는 방식에 대해 정하고 있다. 기업의 법 · 규제 준수 수준 혹은 활동 수준별로 (도입) 유/무로 나누어 점수화를 하기도 하고, 1~3 혹은 1~5단계로 등급을 구분하여 평가할 수 있다. 법 · 규제 위반의 경우는 지난 5개년간 누적된 위반항목과 위반 수준에 따라 1~3유형으로 구분하여 감점을 적용할 수 있다.

12.3.3 K-ESG 추가 진단항목체계

기본 진단항목은 기업 규모 및 산업의 다양성 등으로 인해 적용에 한계가 존재한다. 기업의 ESG 경영목표에 따른 차이가 있기 때문에 추가 진단항목을 개발하였다. 이를 기본 진단항목에 추가하거나 또는 대체하여 활용할 수 있는 항목으로 구성하여 기업의 상황에 따라 선택할 수 있도록 구성하였으며, 추가 진단항목은 다음과 같다.

- **환경**: 산림 탄소흡수량, 에너지 효율
- **사회**: 공급망 안정, 소비자 정보 제공, 소비자 안전, 고객만족 대응체계 운영, 정규직 중 고졸자 비율, 여가친화경영, 50세 이상 비자발적 이직예정자 중 재취업지원 제공 비율, 개인정보보호를 위한 자율적 노력 및 활동, 농어촌지역 상생협력 및 ESG 활동(균형발전), 산학협력 활성화 기여, 미래 세대 성장 및 교육 기여
- **지배구조**: 경영진 성과평가 및 보상, 윤리경영 · 반부패 관련 법규 · 행동강령 등 준수

12.3.4 중소 · 중견기업의 K-ESG 가이드라인

ESG 경영이 중소 · 중견기업에는 사업성과 창출활동보다는 운영의 부담으로 작용하고 있다. 무엇보다도 투입비용, 인력 등의 현실적 어려움이 있다. ESG 경영 추진을 위한 실질적 정보 및 노하우 확보에도 어려움이 존재하고 있다. 또한 ESG 경영 수준을 확인하기 위한 진

표 12-4 중견·중소기업 ESG 경영성과 데이터 관리를 위한 기본 진단항목

영역	범주	분류번호	진단항목
정보공시(P) (4개 문항)	정보공시 형식	P-1-1	ESG 정보공시 방식
		P-1-2	ESG 정보공시 주기
		P-1-3	ESG 정보공시 범위
	정보공시 검증	P-3-1	ESG 정보공시 검증
환경(E) (9개 문항)	환경경영 목표	E-1-2	환경경영 추진체계
	원부자재	E-2-1	원부자재 사용량
	온실가스	E-3-1	온실가스 배출량(Scope 1 & Scope 2)
		E-3-3	온실가스 배출량 검증
	에너지	E-4-1	에너지 사용량
	용수	E-5-1	용수 사용량
	폐기물	E-6-1	폐기물 배출량
	오염물질	E-7-1	대기오염물질 배출량
		E-7-2	수질오염물질 배출량
사회(S) (9개 문항)	노동	S-2-2	정규직 비율
		S-2-6	결사의 자유 보장
	다양성 및 양성평등	S-3-1	여성 구성원 비율
		S-3-2	여성 급여 비율(평균 급여액 대비)
		S-3-3	장애인 고용율
	산업안전	S-4-1	안전보건 추진체계
		S-4-2	산업재해율
	지역사회	S-7-1	전략적 사회공헌
		S-7-2	구성원 봉사참여
지배구조(G) (5개 문항)	이사회 구성	G-1-1	이사회 내 ESG 안건 상정
	이사회 활동	G-2-1	전체 이사 출석률
		G-2-4	이사회 안건 처리
	주주권리	G-3-1	주주총회 소집 공고
	윤리경영	G-4-1	윤리규범 위반사항 공시
4개 영역, 17개 범주, 27개 기본 진단 항목			

출처: 산업통상자원부(2021)

단항목 및 진단기준에 대한 정보가 없어 ESG 관련 성과 데이터의 체계적 관리가 필요한 상황이다.

이러한 상황에서 K-ESG 가이드라인에서 중소·중견기업의 ESG 경영 추진을 위한 기본 점검 진단항목을 선별하여 [표 12-4]와 같이 제시하였다. 설비투자와 인력투자 등 과도한 비용이 발생하지 않는 범위 내에서 ESG 경영 추진이 가능한 기본 진단항목을 제시함으로써 중소·중견기업의 ESG 대응역량을 강화할 수 있도록 하였다.

중소·중견기업을 위한 기본 진단항목은 자가진단 도구 및 실행가능한 평가지표로 활용할 수 있다. 또한 경영성과를 평가하는 기준으로도 활용할 수 있다. [표 12-4]와 같이 4개 영역, 17개 범주, 27개 항목으로 구성되었다.

12.4 | K-ESG 활용과 미래

12.4.1 K-ESG 활용 프로세스

K-ESG 가이드라인은 자가진단 도구로 활용할 수 있기 때문에 K-ESG가 제시한 기본 진단항목의 점검기준을 명확히 이해할 필요가 있다. 또한 실행 가능성과 이행 효율성에 착안한 '계획(Plan)-이행(Do)-평가(Evaluate)' 메커니즘을 중심으로 산업별 가중치와 기업의 전략적 방향에 맞춰 활용할 수 있다.

[그림 12-6]과 같이 진단 메커니즘 도출과정의 각 범주를 나열해 보면 크게 '계획-이행-평가' 특성을 갖추고 있다.

기업은 영역별 ESG 경영목표 도출에서 시작하여 정보공시, 환경, 사회, 지배구조 내 세부 내용을 실천하여 개선하게 된다. 최근 5년 동안의 법적 위반 여부를 공시하도록 명시하고 있는 법과 규제 위반항목은 개선 이행의 직접적인 결과는 아니지만, 기업의 ESG 실천 수준을 누적해서 보여주는 자가 점검의 결과 단계로 볼 수 있다.

[그림 12-6] K-ESG 가이드라인 활용 프로세스

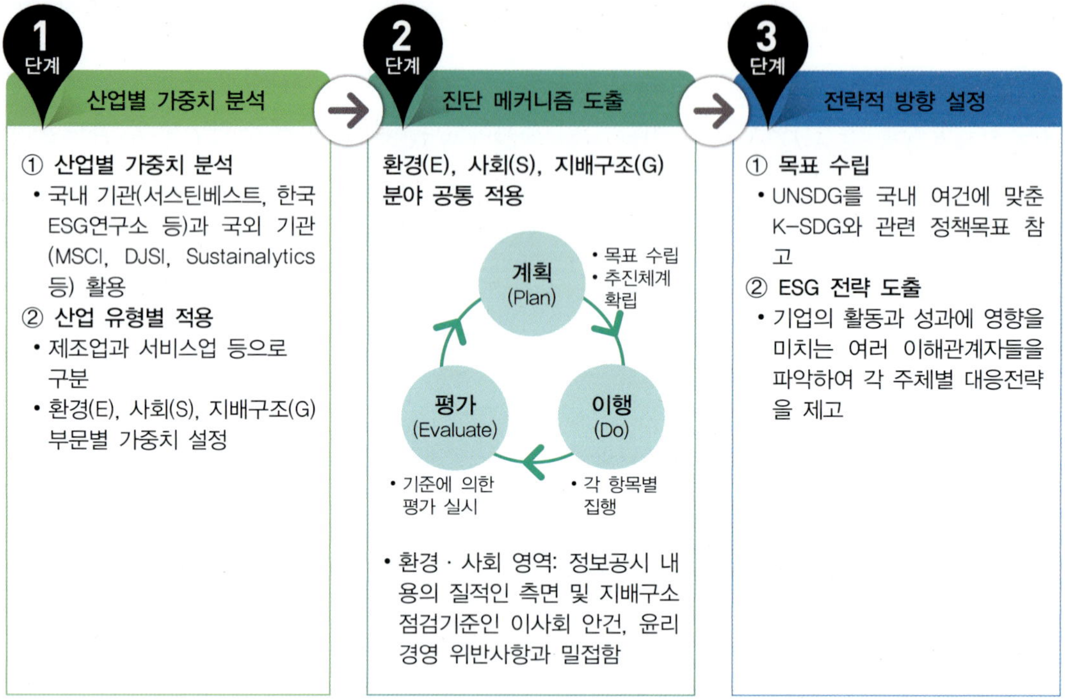

출처: 이연우(2022)

K-ESG 가이드라인의 내용을 자세히 살펴보면, 진단 메커니즘 도출에서 환경 부문에는 이행수준의 결과 항목으로 볼 수 있는 '환경 라벨링' 범주가 있다. 이는 친환경 인증 제품 및 서비스 비율에 대한 항목이다. ISO 등 국제인증표준에 준하거나 환경부 등 정부기관을 통해 획득한 친환경 제품의 비율을 공시하는 것이다. 가장 낮은 1단계(0점)는 '산업평균 대비 20% 낮은 수준'이고, 2단계(25점)는 '산업평균 대비 10% 낮은 수준'이다. 3단계(50점)는 '산업평균 수준'으로 되어 있고, 4단계(75점)는 '산업평균 대비 10% 높은 수준'으로 되어 있다. 가장 높은 5단계(100점)는 '산업평균 대비 20% 높은 수준'으로 되어 있다. 기업은 K-ESG 가이드라인을 통해 자가점검의 평가 결과에 맞추어 그 다음 이행연도의 계획과 세부목표를 재정의하여 이행항목들을 점검하면서 계획-이행-평가 사이클을 반복적으로 실행한다.

이러한 계획-이행-평가라는 메커니즘 안에서 반복적으로 실행되는 것은 ESG 경영활동의

시작점이 법과 규제 준수 점검이라는 점을 시사하기도 한다. 환경과 사회 부문의 목표를 수립하기 위해서는 현황과 문제점, 특히 미보유 항목과 미흡한 항목들을 우선으로 관리해야 한다. 그 이유는 ESG 관련 재무 · 비재무 리스크를 예방할 수 있기 때문이다. 따라서 ESG 컴플라이언스를 27개의 범주를 중심으로 연계성이 높은 부분부터 점검 · 개선해야 한다. 매년 ESG 개선에 대한 성과를 증명해야 하는 기업의 입장에서 이행 효율성을 높이는 데 많은 도움이 될 것이다.

12.4.2 K-ESG 전망

최근 들어 전 세계적으로 ESG 경영에 대한 관심이 상당히 크다는 것을 알 수 있다. 향후 5년이 지나고, 20년 이후 우리의 미래를 좌우할 수 있는 매우 중요한 시점이 지금이기 때문이다. EU는 100유로를 돌파할 것으로 예상되는 높은 탄소배출권을 근거로 탄소국경조정제도(CBAM)라는 무역장벽을 세우고 있고, 미국도 이에 동참하고 있는 상황에서 수출중심의 제조업 강국인 우리나라도 이러한 패러다임에 동참할 수밖에 없다.

K-ESG 가이드라인은 ESG의 정책의 중요성을 인식하고 방향을 잡기 위해 탄생하였다. 앞으로 진행될 정책을 이해하고, 미래 전망과 기업이 준비해야 할 사항을 살펴본다.

■ 2030 온실가스 배출량 40% 감축

우리는 2030년까지 2018년 대비 40% 이상 감축해야 한다. 정부는 이를 위해 2022년 9월부터 기후변화영향평가를 시행하고 2023년부터는 온실가스감축인지 예산제도를 적용한다. 기업의 경우는 탄소배출권거래제도를 적극 활용해야 한다. 무상 배출권 거래제에서 점점 유상 할당으로 늘어나고 있다. 온실가스를 줄이지 못하면 돈을 주고 사와야 하므로 기업에서는 엄청난 부담으로 작용할 것이다.

■ 한국형 녹색분류체계(K-Taxonomy) 원전 포함으로 친원전정책

2021년 녹색분류체계에서 제외하였던 원전을 2022년 9월에는 포함시켰다. 한국형 녹색분류체계(K-택소노미) 지침서에 원전 신규 건설, 원전 계속 운전, 원자력 관련 연구 · 개발 · 실증 등 원전 경제활동을 신설하였다. 특정 조건이 충족된다면 정부가 원전 신규 건설 등에 '친환경' 인증을 해준다는 의미이다.

■ 지속가능성장위원회, 소셜 택소노미 신설

ESG 경영으로 기업 성장과 사회적 가치 연계 모델 확산을 위해 지속가능성장위원회를 신설하는 것을 검토하였다. 민관합동위원회로 향후 정부와 기업의 ESG 경영의 마중물이 될 것이다. 소셜 택소노미는 EU 택소노미의 사회부문(Social) 버전으로, 사회적으로 지속가능한 경제활동이 무엇인지 분류하는 기준이다. 환경 영역을 비롯하여 사회 영역까지 포함한 것은 근로자 · 소비자 · 지역사회 등 이해관계자들이 사회 규범적 목표 달성에 실질적으로 기여하는 경제활동을 정의하고 해당 분야에 대한 사회적 투자를 확대한다. 그리고 최소 안전기준을 구체화하여 위험을 회피하고자 하는 목적에 부합하기 위한 것이다.

■ 순환경제사회 전환촉진법 제정

2027년까지 환경표지 대상 품목 확대 및 인증기준을 강화하고, 녹색융합클러스터 조성 등을 통해 기후테크, 환경 IoT, 바이오가스 등 5대 녹색 신산업을 집중적으로 육성한다. 이 외에 친환경, 지능형 모빌리티 전환을 촉진하기 위해 기업의 친환경차 구매목표 상향 조정, 신축시설 전기차 충전시설 설치의무도 강화된다.

순환경제로의 전환을 뒷받침하기 위해 기존 폐기물의 발생을 억제하고, 순환이용 및 처분에 초점을 두고 있는 「자원순환 기본법」을 「순환경제사회 전환 촉진법」으로 전부 개정하여 2024년 1월 1일부터 시행한다. 생산-소비-유통-재활용의 전체 주기의 순환체계 구축을 위해 단계별로 제도적 기반을 마련하였다. 기존의 「자원순환기본법」은 폐기물의 발생 억제, 순환이용 및 처분에 초점을 두고 있었으나, 개정된 「순환경제사회 전환 촉진법」은 생산-소비-유통 등 전 과정에서 자원의 효율적 이용과 폐기물 발생 억제 및 순환이용 촉진을 도모함으로써 지속가능한 순환경제사회를 만드는 데 초점을 두고 있다.

■ 중소 · 중견기업 대상 ESG 지원 확대

중소 · 중견기업의 ESG 경영을 지원하기 위해 K-ESG 가이드라인을 고도화하고, 유럽연합의 공급망 실사법에 대한 지원사업이 신설된다.

2022년부터 중소 · 중견기업을 대상으로 ESG 컨설팅을 실시하고, ESG 금융 기반 마련을 위해 금융권의 ESG 분야 자금지원 확대와 중소 · 벤처기업의 ESG 실사 · 진단 등의 맞춤형 컨설팅 지원을 하고 있다. 향후 제조업의 근간인 중소기업을 위한 ESG 관련 지원정책이 확대될 것이다.

연습문제

01 K-ESG 가이드라인 구성항목으로 틀린 것은?

① 정보공시 영역은 ESG 정보공시 방식, 주기, 범위 등을 포함하고 있다.
② 환경 영역은 온실가스 배출량, 환경 법규위반, 산업안전 법규위반 등을 포함하고 있다.
③ 사회 영역은 사회책임경영 목표, 다양성, 인권, 사회공헌 등을 포함하고 있다.
④ 지배구조 영역은 주주권리, 윤리경영, 이사회 구성 등을 포함하고 있다.

02 ESG 관련 정보공시 표준화를 추진하고 있는 글로벌 기관이 아닌 것은?

① ISSB
② EFRAG
③ SEC
④ CSRD

03 다음 중 생산과정에서 발생하는 온실가스 배출량에 대한 설명 중 틀린 것은?

① Scope 1은 제품생산 단계에서 발생하는 직접적인 온실가스 배출량을 의미한다.
② Scope 2는 기업에서 사용하는 전기와 동력을 만드는 단계에서 발생하는 간접적인 온실가스 배출량을 의미한다.
③ Scope 3은 제품생산과정에서 기업 외의 협력업체 등에서 발생하는 간접적인 온실가스 배출량을 의미한다.
④ 상장 중소기업과 소규모 기업은 Scope 1은 2025년, Scope 2는 2026년에 적용되고, Scope 3은 상장 중소기업에 대해서 2030년에 적용된다.

04 국내 ESG 정보공개 의무화에 대한 설명 중 틀린 것은?

① 지배구조보고서는 2022년부터 자산 1조 원 이상 공개하여야 한다.
② 지배구조보고서는 2026년부터 모든 코스피 상장회사는 공개하여야 한다.
③ 지속가능보고서는 2025년부터 자산 2조 원 이상 공개하여야 한다.
④ 지배구조보고서는 2030년부터 모든 코스닥 상장회사는 공개하여야 한다.

05 EU 택소노미의 판단기준으로 틀린 것은?

① 둘 이상의 환경목표 달성에 상당한 기여
② 최소한의 사회적 안전장치를 준수할 것
③ 경제활동별 기술 선별기준에 부합하는 친환경활동 식별 및 개발
④ 다른 환경목표에 중대한 피해를 주지 않을 것

06 EU 택소노미를 분류하고 유형별로 각각 정의하시오.

( )

07 K-ESG 가이드라인 마련의 배경에 대해 설명하시오.

( )

08 K-ESG 가이드라인에 대해서 정의하시오.

( )

09 EU 택소노미 6대 환경목표에 대해 설명하시오.

( )

10 K-ESG 가이드라인의 특징에 대해 설명하시오.

( )

연습문제

제12장 연습문제 정답

01. ② 환경 영역은 온실가스 배출량, 환경 법규위반, 산업안전 법규위반 등을 포함하고 있다.

02. ① ISSB

03. ④ 상장 중소기업과 소규모 기업은 Scope 1은 2025년, Scope 2는 2026년에 적용되고, Scope 3은 상장 중소기업에 대해서 2030년에 적용된다.

04. ④ 지배구조보고서는 2030년부터 모든 코스닥 상장회사는 공개하여야 한다.

05. ① 둘 이상의 환경목표 달성에 상당한 기여

CHAPTER 13

ESG 평가시스템

13.1 | ESG 평가의 개요

기후환경의 변화와 탄소중립 실현에 따라 기업의 ESG 경영은 고객 및 투자자의 ESG 요구 증대와 공급망 관련 ESG 요소의 부각, 기업 평가 시 ESG 요소 반영, ESG 규제 강화 등으로 ESG 경영 평가의 필요성이 증대하고 있다.

기업이 지속가능경영을 할 수 있는 이유는 고객과 투자자의 영향이 크다고 할 수 있다. 고객이 기업의 제품과 서비스 등을 선택할 때 기업은 시장에서 살아남을 수 있다. 이에 따라 고객을 위해서 기업은 지속적인 투자가 이루어져야 한다. 또한 투자자의 선택을 받고, 이를 통해 기업은 성장할 수 있는 동력을 확보할 수 있다. 기업의 ESG 활동에 대한 객관적 평가는 기업의 성장뿐만 아니라 고객과 투자자 관점에서 매우 중요하다.

13.1.1 ESG 평가의 개념

평가제도의 근본목적은 이미 수행된 사업이나 정책을 대상으로 하여 발생한 문제를 해결하거나 또는 새로운 목표 및 방향 설정에 대해 유익한 정보를 제공하고자 하는 것이다.

또한 평가제도의 목적은 평가과정을 통해 얻은 결과를 향후 정책이나 사업에 대한 의사결정과정에 적용하기 위한 것이다. 이를 위해 기업의 실질적인 현상을 정확하게 반영해야 한다.

과거 기업의 대한 평가제도는 신용등급(Credit Rating)이 주를 이루었다. 신용등급은 기업의 현재 정보와 미래에 대한 합리적이고 종합적인 전망에 기초하여 기업의 신용위험을 평가하는 지표로 자본시장 내 투자자를 위해 객관적이고 신뢰성 있는 정보로 활용되었다. 하지만 최근 들어 기업의 재무적인 성과 이외에 비재무적 성과까지 고려해야 한다는 인식이 확산되기 시작하면서 ESG 평가 결과의 활용이 높아지고 있다.

ESG 평가란 지속가능성 이슈에 대한 접근방법, 공시, 전략 또는 성과에 대한 비교평가에 기반하여 기업, 국가, 금융상품 또는 펀드 등을 평가하는 것이다. 기업 측면에서의 ESG 평가란 기업의 지속가능성 전략과 성과를 평가하는 것으로 정의할 수 있다.

기업에 대한 ESG 평가는 전적으로 비재무정보에 기반할 수도 있고, 재무정보와 비재무정보를 결합하여 장기적인 기업가치와 지속가능성을 평가할 수도 있다. 또한 지속가능성 전략과 성과의 비교평가는 정해진 기준에 따른 절대평가 또는 동종 기업과의 비교를 통한 상대평가에 기반할 수 있다.

13.1.2 ESG 평가의 목적

ESG 평가의 목적은 ESG 평가회사가 정의하는 일련의 지속가능성 기준에 대해 상대적인 회사의 성과를 측정하는 것이다. ESG 평가는 종종 투자 전 의사결정과 투자 후 분석 및 특징에 사용된다. 또는 투자 심사, 회사 참여를 위한 기초로 사용된다. 이를 통해 기업의 ESG 경영성과를 측정하고 평가하여 이해관계자들의 의사결정에 도움을 주며 ESG 목적에 맞는 자금조달을 지원하여 기업의 ESG 경영을 촉진할 수 있다.

MSCI, 블룸버그, 서스테이널리틱스, FTSE 러셀, ISS 등의 영리 평가기관과 탄소정보공개프로젝트(CDP: Carbon Disclosure Project)와 같은 비영리 평가기관의 평가목적이 상이함을 알 수 있다. 영리 평가기관의 주요 목적은 ESG 평가 관련 서비스와 데이터 판매라고 할 수 있다. 이러한 모형은 지속가능경영과 관련된 정보를 생산하고 이를 필요로 하는 곳에 제공함으로써 수익을 창출한다. 반면에 비영리 평가기관은 투자자와 기업, 도시와 국가 등의 환경 관련 행동변화를 이끌어내는 것에 집중하며, 이들은 환경적 영향을 측정하고 이해함으로써 지속가능한 경제를 구축하기 위한 조치를 만드는 것이 주된 목표라 할 수 있다.

ESG 평가에 대한 대응과 ESG 등급을 받는 것에 대한 명확한 목적과 우선순위가 기업 자체적으로 먼저 세워져야만 한다. 평가받기에 앞서 기업은 ESG 평가 결과 및 대응의 노력을 어떤 '목적'을 가지고, 향후 경영 측면에서 어떻게 '활용'할 것인지를 반드시 고민해야 한다.

ESG 평가에 있어서 "공개된 데이터 없이 객관적 평가를 할 수 없다(No Data, No Score)"라는 법칙은 기본이다. ESG 정보가 공개되지 않으면 평가를 받을 수도 없고 따라서 등급이나 점수를 획득할 수 없다. 기업은 평가의 필요성과 대응에 관한 결정을 내렸다면, 먼저 ESG

경영 요소 및 공시를 위한 경영 현황에 대해 진단해야 한다. 그다음으로 단기 과제와 중장기 과제를 만들어 전사 차원에서 함께 관리하여야 한다.

13.1.3 ESG 평가의 이유

ESG 경영을 평가하는 이유는 다음과 같이 네 가지로 정리할 수 있다.

(1) ESG는 기업 건전성의 기준

기업을 평가하는 기준이 과거 재무구조에서 지속가능경영과 사회적 책임으로 이동하고 있다. 과거에는 재무구조의 안정성에 초점을 맞추었다면 지금은 기업이 얼마나 대내 · 외 리스크에 안정적으로 대응할 수 있느냐에 초점이 맞추어져 있다. 이는 재무적 리스크뿐만 아니라 비재무적 리스크까지 모두 고려해야 하는 것으로 기업의 ESG 평가 결과는 기업 건전성의 기준으로 판단할 수 있다.

(2) ESG는 중요한 투자지표의 기준

2020년 1월 세계 최대 규모의 자산운용사 블랙록(BlackRock)의 래리 핑크(Larry Fink) 회장은 "이제는 투자 결정 시 기업의 재무적 성과가 아니라 지속가능성을 기준으로 하겠다"고 선언하면서 전통적인 주주자본주의로부터 새로운 이해관계자 자본주의로 전환해 가는 추세에 큰 영향을 미쳤다. 이제 기업들은 투자 유치나 대출을 위해 ESG 성과를 객관적으로 평가한 결과를 제시해야 한다.

(3) ESG는 기업의 지속가능한 성장 및 발전의 기준

기업의 지속가능성을 위협하는 요인 중 가장 대표적인 것은 수익성에 기반한 재무구조이다. 대체로 기업들은 재무적 요인에 관해서 관리를 잘 하고 있다. 그러나 기업을 종종 위험에 빠지게 하는 경우는 비재무적인 요인들이 더 많다. 이제는 기업의 지속가능성의 여부는 비재무적 요인에 의해 좌우될 가능성이 커지고 있다.

(4) ESG는 기업 평판의 기준

기업의 사회적 책임은 제품과 서비스의 구매조건으로 해당 기업의 평판을 매우 중요한 사항으로 삼고 있다. 좋은 기업의 평판은 대중이 스스로 선택하는 의사결정의 기준이 된다. 그래서 ESG는 기업의 평판에 결정적인 영향을 미치는 기준이 될 수 있다.

13.2 | ESG 평가의 종류 및 활용

13.2.1 ESG 평가의 종류

최근 높아지는 ESG 경영의 중요성에 따라서 기업의 ESG 요소가 해당 기업의 신용도에 미치는 영향이 높아지고 이에 대한 평가도 비중이 높아질 것이다. ESG 평가는 크게 등급평가와 인증평가로 구분할 수 있다.

(1) ESG 등급평가

ESG 등급평가는 기업의 ESG 리스크 기회 · 노출 정도와 리스크 관리능력 등을 평가하여 점수 또는 등급을 부여하는 것이다. 투자자가 투자대상기업의 지속가능 수준을 참고하기 위하여 외부 평가회사에서 산정한 등급을 사용한다. 국내에서는 한국ESG기준원, 서스틴베스트 등과 같은 ESG 전문 평가회사에서 수행한다.

(2) ESG 인증평가

ESG 인증평가는 발행된 채권 등이 국내 · 외 ESG 가이드라인에 따르는지 외부 평가회사에서 인증하는 것이다. 채권을 예로 들면, 대표적인 ESG 가이드라인으로는 국제자본시장협의회(ICMA)와 같은 공인된 국제기준 제정기구의 녹색채권원칙(GBP: Green Bond Principles)이 있다. 이같은 ESG 채권에 대한 인증평가는 국내의 경우, 한국신용평가, 한국기업평가 그리고 NICE 신용평가와 같은 평가회사에서 수행한다. ESG 채권 인증평가의 대상인 ESG 채권이란 조달자금을 적격 ESG 프로젝트에 투입 및 배분하고, 조달자금의 사용, 프로젝트 평가 및 선정절차, 조달자금의 관리, 사후보고 등에 있어 ICMA와 같은 기구에서 규정하는 요건을 충족하는 채권이다.

ESG 채권의 인증평가는 채권의 신용평가와도 구분해야 한다. 채권의 신용평가는 발행회사나 기관, 신용공여, 채무 등에 대한 미래의 상대적 신용위험에 대한 현재시점의 신용평가회사 의견으로 금융채무의 상환 가능성을 평가하는 것이 주목적이다. 반면 ESG 채권 인증평가는 ESG 채권으로 조달하는 자금을 녹색분류체계에 따라 공인된 기준에 부합하는 프로젝트에 사용하는 정도와 조달자금과 관련된 관리, 운영 및 투명성 확보의 정도를 평가하여 등급을 부여한다.

13.2.2 ESG 평가의 활용

ESG 평가는 다음과 같이 다양하게 활용될 수 있다.

- 자산관리자는 투자과정에 ESG 요소를 통합하고 투자 포트폴리오의 ESG 리크스 노출·기회를 관리하는 데 활용한다.
- 자산관리자는 ESG 투자상품의 개발과 감독에도 활용한다.
- 자산운용사는 ESG 평가를 활용하여 투자한 회사를 ESG 측면에서 긍정적인 방향으로 유도하기 위한 전략을 제시하거나 투자한 회사의 지속가능경영 이니셔티브를 위한 가이드를 제공한다.
- 기업에 대한 투자자들의 의사결정을 돕기 위한 정보를 담은 지속가능보고서의 제작에 활용된다.
- 투자기관이 외부 투자 수탁기관의 ESG 노출도를 평가할 때 활용한다.
- 지속가능경영보고서의 방침이나 감독기관에 대한 보고 및 규제를 준수하기 위해 활용된다.
- 자산관리기관이 수행하는 환경적 분석에서 기업들의 투자 포트폴리오가 파리협약에 부합하는지 등을 모니터링하는 데 활용된다.

13.3 | ESG 평가기관

2008년 글로벌 금융위기로 인해 많은 기업들이 재무적 관점에서 편중된 취약한 경영시스템이 드러나기 시작했고, 특히 비재무적 관점의 경영시스템 요소들의 취약성은 기업 도산의 중요한 요인이 되기 시작했다. 비재무적 경영관리체계의 균형성과 안정성에 대한 관심이 높아지기 시작하면서 ESG가 부상하게 되었다. 또한 주주중심의 자본주의에서 이해관계자 중심의 자본주의로 전환하며 기업의 지속가능성과 관련하여 금융투자사들의 ESG 투자가 점차적으로 증가하기 시작했다. 이러한 환경 속에서 ESG를 전문적으로 평가하는 기관들이 나타났다. 현재 전 세계적으로 약 120여 개의 ESG 평가기관이 있다. 대부분 공개된 정보를 기반으로 ESG 평가를 진행하고 있다.

표 13-1 | 평가 기반에 따른 국내외 ESG 평가기관 분류

구분		해외 평가기관	국내 평가기관
공개정보 기반 평가	일반대중 (홈페이지 평가 결과 공개)	• MSCI • Sustainalytics • Refinitiv	• 한국ESG기준원 • 서스틴베스트
	데이터 구매자 (개별적으로 평가 결과 제공)	• FTSE Russell • Bloomberg • Rep Risk • ISS ESG	• 한국ESG연구소 • 지속가능발전소
플랫폼 기반 평가	일반대중 공개	• Dow Jones(DJSI)	–
	데이터 구매자 제공	• EcoVadis • CDP	–

13.3.1 해외 평가기관

ESG 평가 초기부터 선도적인 위치를 차지하고 있는 MSCI, 서스테이널리틱스, 리피니티브(전 톰슨로이터) 등의 기관이 있으며, 최근에는 미국의 경제 미디어 데이터 회사인 블룸버그, 금융정보회사인 다우존스 등이 각각의 평가 모델 기반의 ESG 평가를 진행하고 있다.

표 13-2 해외 ESG 평가기관

기관명	지수명	평가등급	평가방법	평가특징
MSCI	MSCI ESG Ratings	AAA~CCC	• 공개정보 기반 평가 실시 • 피평가자는 정보 검증과정에 참여 가능	• 37개 ESG 이슈로 구분 • 운영성과 측면 • 기업데이터 주단위 업데이트, 연 1회 평가
블룸버그	ESG Data	0~100	• 공개정보 기반 평가 실시	• 에너지 폐기물, 여성임원, 이사회 독립성 등을 포함한 ESG 정보공시와 투명성에 높은 비중 • 120개 지표, 평가정보 누락 시 감점 적용
서스테이널리틱스	ESG RISK Ratings	$0\sim40^{+}$ (산업 내 비교)	• 공개정보 기반 평가 진행 • 피평가자 요청 시 보고서 발간 전 정보 업데이트 가능	• 기업 거버넌스, 20개 중대 ESG 이슈 평가 • 산업별 최소 70개 평가, 평가항목은 미공개 • 낮을수록 ESG 리스크가 작다는 것을 의미
리피니티브	ESG Score	0~100% & $A^{+}\sim D^{-}$	• 공개정보 기반 평가 진행	• 10개 항목에서 ESG Score와 ESG Controversy Score 평가 • 2주마다 업데이트
다우존스	DJSI	0~100 (산업 내 비교)	• 피평가자가 질의서에 답변한 내용을 기반으로 평가	• 사회, 윤리, 환경적 가치에 대해 산업별 80~120문항의 설문조사 진행 • 매년 DJSI 조사를 통해 상위 10%를 DJSI 회원사로 선정

(1) MSCI

모건스탠리 캐피털 인터내셔널(MSCI: Morgan Stanley Capital International)은 전 세계의 투자자들이 가장 많이 사용하고 있는 MSCI 지수를 제공하는 평가기관이다. 2009년부터 ESG 평가를 시작했으며, 공개정보를 기반으로 평가를 진행하고 있다. 주요 이슈에 대해서는 피평가자에게 정보를 요청하여 평가를 진행하고 있다. 특히 외부 공개정보에 대한 정보 검증에 대해 피평가자들의 참여가 가능한 평가 모델이다. ESG의 각 영역별로 총 37개의 이슈로 구분하여 평가를 진행한다. 기업평가는 보통 연 1회 진행하지만, 이해관계자와 투자자에게 정보제공을 위해 주단위로 업데이트하고 있다. 평가는 8,500개의 다국적기업을 대상으로 하고 있으며, AAA~CCC로 평가등급을 구분하고 있다.

(2) 블룸버그

블룸버그(Bloomberg)는 1982년 설립된 경제 미디어, 데이터, 소프트웨어 등의 사업 영역을 보유하고 있는 경제 분야의 종합 미디어 그룹으로, 전 세계 금융시장에 막강한 영향력을 미치고 있다. 블룸버그는 전 세계 기업들이 공시한 ESG 데이터를 수집하여 '블룸버그 ESG 공시점수'를 산정하고 있으며, 회원사를 대상으로 관련 데이터를 제공하고 있다. 최근에는 ESG 투자 비중이 높아지면서 ESG 평가점수를 공개하기 시작했다. 환경, 사회, 지배구조의 영역별로 공시되고 있는 데이터의 수준과 투명성을 평가하기 때문에 기업들의 ESG 추진과정 측면에 평가의 비중을 상대적으로 높게 두고 있는 특징이 있다.

(3) 서스테이널리틱스

서스테이널리틱스(Sustainalytics)는 1992년에 설립된 ESG 평가기관이다. Sustainability와 Analytics의 합성어로 기업의 지속가능성을 분석한다는 의미이다. 2020년 글로벌 펀드평가회사 모닝스타(Morningstar)에 인수되었다. 이후 모닝스타는 서스테이널리틱스의 ESG 평가방법론을 활용하여 모든 펀드, 주식, 자산 분석에 ESG 요소를 도입하여 적용하고 있다. 서스테이널리틱스의 ESG 지수는 ESG Risk Ratings로 대표된다. 즉 기업이 어떤 리스크에 노출되어 있는지, 그 리스크를 어떻게 관리하고 있는가에 초점을 두고 평가를 진행하는 모델을 가지고 있다. 산업별로 70개 이상의 항목에 대한 공개정보를 기반으로 평가하고 있으며, 일반적으로 평가항목에 대해서는 비공개를 원칙으로 하고 있다. ESG 리스크가 기업의 재무 영역에 미치는 영향을 측정하여 제공하므로 글로벌 ESG 평가시장에서 상당한 영향력을 미치고 있는 평가기관이다.

(4) 리피니티브

리피니티브(Refinitiv)는 세계 최대의 금융시장 데이터 및 인프라 제공업체이다. 고객이 중요한 투자, 거래 및 리스크 관련 의사결정을 자신이 있게 수행할 수 있도록 정보 및 인사이트를 제공한다. 이러한 리피니티브는 톰슨로이터의 금융 · 리스크관리 사업부가 독립해 만든 자회사였으나, 2021년 초 런던주식거래소그룹에 매각되면서 현재에 이르렀다. 톰슨로이터(Thomson Reuters)를 통해 재무정보의 제공과 분석을 해왔기 때문에 리피니티브의 ESG 평가의 역사는 톰슨로이터의 역사와 같다고 할 수 있다. 리피니티브는 2002년부터 전 세계 상장기업 시가총액의 약 70%에 달하는 기업들의 ESG 평가를 수행하고 있다. 총 500가지가 넘는 다양한 ESG 평가항목을 활용하여 등급을 부여한다. ESG 영역 전반을 10개의 카테고리로 구분하여 공개정보를 기반으로 평가를 진행하여 'ESG Score'를 도출하고 있다. ESG와 관련하여 미디어 등에서 발생하는 이슈에 대해 'ESG Controversy Score'를 산정하여 이를 ESG Score에 반영하고 있다. 2주마다 ESG Score를 업데이트함으로써 기업의 최신 동향을 실시간으로 반영하고 있는 특징을 가지고 있다.

(5) 다우존스

다우존스사(Dow Jones)는 스위스 글로벌 자산관리운용사인 로베코샘(RobecoSAM)과의 파트너십을 통해 다우존스지속가능지수(DJSI: Dow Jones Sustainability Index)를 발표하고 있다. DJSI는 경제 · 지배구조, 환경, 사회 등 기업의 ESG 경영성과를 평가하는 지수로 1999년부터 평가를 시작하였다. DJSI는 다른 평가기관들이 공개정보를 기반으로 평가를 진행하는 것과는 달리 산업군별로 개발된 약 80~120문항의 질의에 대해 평가대상자가 답변한 내용을 기반으로 평가를 진행하고 있다. 매년 평가된 DJSI를 바탕으로 상위 10%를 DJSI 회원사로 선정하여 운영하고 있으며, 2021년 기준 한국은 21개의 기업이 DJSI 회원사에 선정되어 있다.

13.3.2 국내 평가기관

국내의 ESG 평가의 대표적인 기관으로는 한국ESG기준원(전 한국기업지배구조원), 서스틴베스트, 한국ESG연구소 등이 있다. 그리고 2021년 12월에 산업통상자원부에서 K-ESG 평가 모델을 개발하여 발표했다.

▌표 13-3▐ 국내 ESG 평가기관

기관명	지수명	평가등급	평가방법	평가특징
한국ESG 기준원	KCGS	7등급 (S~D)	4단계 절차(평가 준비, 평가 수행, 등급 부여, 결과 분석 및 등급 조정)	• 4개 영역, 18개 대분류, 265개의 핵심 평가항목 • 기본평가는 가점방식, 심화평가의 부정적 이슈는 감점방식
서스틴 베스트	ESG Value	7등급 (AA~E)	4단계 절차(평가 모델 업데이트, 데이터 수집, 검증, 최종점수 및 등급 산출)	• 산업별 가치사슬 고려한 평가지표 및 가중치 • 실제 업무를 ESG 관점에서 관리하는 데 유용 • 가치사슬 기반의 8개의 카테고리로 구분하여 ESG 관점으로 연결
한국ESG 연구소	KRESG	7등급 (S~D)	4단계 절차(기초조사, 문항평가, 기업평가, 지배구조 등급산정)	• 3개 영역 36개 중분류, 136개 지표로 구성 • 상대평가를 적용하여 평가대상기업 위치에 따라 해등 등급 부여

(1) 한국ESG기준원

한국기업지배구조원은 2003년 지배구조 영역에 대한 평가를 시작으로 2011년 ESG 전 영역으로 평가 범위를 확대하였다. 2022년 9월 한국ESG기준원(KCGS: Korea Institute of Corporate Governance and Sustainability)으로 사명을 변경하였다. 매년 900여 개 상장회사를 대상으로 ESG 평가를 진행하고 있다. KCGS의 평가 모델은 OECD 기업지배구조 원칙, ISO26000 등 국제기준의 부합성과 국내 관련 법규와 경영환경을 고려하고 있다.

(2) 서스틴베스트

서스틴베스트(Sustinvest)는 2006년 설립된 ESG 전문 리서치 기관이다. 연기금을 비롯한 기관투자자 대상으로 ESG 관련 분석 및 책임투자 운용전략 자문을 제공하고 있다. 기업이 공개한 정보와 데이터, 언론이나 미디어를 통해 표출된 정보를 수집하고 검증을 거친다. 이후 서스틴베스트에서 자체 개발한 ESG 평가 모델인 ESGValue™ 평가 모델을 활용하여 최종점수와 등급을 산출하고 있다. 또한 산업별 가치사슬을 고려하여 평가지표 및 가중치를 고려하고 있는 특징을 가지고 있다. 한국ESG기준원과 더불어 국내·외 투자기관들이 국내 기업에 대한 ESG 결과를 확인할 때 가장 많이 활용하고 있다. 한국ESG기준원과 유사한 체계를 가지고 있다.

(3) 한국ESG연구소

1984년 설립한 대신경제연구소에서 분할한 독립법인으로, 2021년 8월 설립하였다. 한국ESG연구소는 한국거래소 주권 상장기업을 평가대상으로 하여 환경, 사회, 지배구조를 평가한다. 한국ESG연구소의 KRESG 평가 모델은 기업이 공개한 정보를 토대로 평가가 이루어지도록 설계된 평가모형의 기준에 맞추어 설정되었다. 평가를 위한 조사목적에 더해 추가적인 기업 데이터도 조사대상에 포함하여 다양한 분석의 기초자료로 이용하고 있다.

13.4 | ESG 평가 모델

13.4.1 해외 주요 평가 모델

(1) 모건스탠리 MSCI ESG 평가

MSCI는 국제적 금융 펀드의 투자기준이 되는 대표적인 지표이다. 1970년 이후부터 금융자본 관련 지수를 지속적으로 발표하여 왔으며, 2009년부터 세계 주요 상장기업을 대상으로 ESG 평가를 수행하고, 결과를 공개해 오고 있다. MSCI는 ESG 평가의 평가대상기업이나 조직의 정보는 해당 기업의 홈페이지와 정부 및 NGO의 데이터베이스, 지속가능성보고서 공시자료, 다양한 미디어 설문조사 등을 통해 활용하여 수집하고 있다.

■ 평가요소

MSCI의 ESG 평가요소는 총 3개 영역 10개 테마, 35개 주요 이슈로 구성되어 있다.

표 13-4 MSCI ESG 평가기준

영역	테마	ESG 주요 이슈
환경	기후변화 (Climate Change)	• 탄소배출량(Carbon Emissions) • 제품 탄소발자국(Product Carbon Footprint) • 금융의 환경 영향(Financing Environmental Impact) • 기후변화 대응(Climate Change Vulnerability)
	천연자원 (Natural Capital)	• 수자원 스트레스(Water Stress) • 생물다양성과 토지이용(Biodiversity & Land Use) • 원자재 수급(Raw Material Sourcing)
	오염 · 폐기물 (Pollution & Waste)	• 독성물질 배출 및 폐기물(Toxic Emissions & Waste) • 포장재 및 폐기물(Packaging Material & Waste) • 전자폐기물(Electronic Waste)
	환경적 기회 (Environmental Opportunities)	• 청정기술(Opportunities in Clean Tech) • 녹색건물(Opportunities in Green Building) • 재생 가능한 에너지(Opportunities in Renewable Energy)
사회	인적자원 (Human Capital)	• 근로자 관리(Labor Management) • 보건과 안전(Health & Safety) • 인적자원개발(Human Capital Development) • 공급망 노동기준(Supply Chain Labor Standards)
	제조물 책임 (Product Liability)	• 제품안전과 품질(Product Safety & Quality) • 화학물질 안전(Chemical Safety) • 금융상품 안전(Financial Product Safety) • 개인정보 보안(Privacy & Data Security) • 책임 있는 투자(Responsible Investment) • 보건 및 인구학적 리스크(Health & Demographic Risk)
	이해관계자 대응 (Stakeholder Opposition)	• 윤리적 자원(Controversial Sourcing) • 지역사회와의 관계(Community Relations)
	사회적 기회 (Social Opportunities)	• 커뮤니케이션 접근성(Access to Communications) • 금융 접근성(Access to Finance) • 헬스케어 접근성(Access to Health Care) • 영양 및 건강의 기회(Opportunities to Nutrition & Health)
지배구조	기업지배구조 (Corporate Governance)	• 소유권과 지배(Ownership & Control) • 이사회(Board) • 경영진 보수(Pay) • 회계관리(Accounting)
	기업 행태 (Corporate Behavior)	• 기업윤리(Business Ethics) • 세금 투명성(Tax Transparency)

출처: MSCI(2020)

산업별로 특성이 다르고 동일한 산업군에서도 기업의 비즈니스 모델이 다르기 때문에 기업 평가요소를 동일하게 적용하지 않는다. 따라서 평가대상기업이 속해 있는 산업군과 운영 중인 핵심 비즈니스 모델 등을 종합적으로 고려해 기존의 평가요소 중 10개 내외를 선정하여 이를 기준으로 ESG 평가를 진행한다.

평가기준을 선정할 때 고려하는 것은 ① 기업이 속한 산업군의 주요 ESG 이슈, ② 해당 기업에 대한 ESG 리스크 요소, ③ 해당 기업의 리스크 대응 및 관리 정도, ④ ESG 관련 기회 포착 등 네 가지를 고려하여 ESG 평가요소를 산정한다.

■ 평가방법

MSCI 평가 프로세스는 평가를 위한 데이터 취합, 평가방식 및 핵심이슈 선정, 평가 및 ESG 평가등급 부여 등의 3단계로 구분할 수 있다.

[그림 13-1] MSCI ESG 평가 프로세스

활용 데이터 취합	핵심이슈 선정	ESG 등급 부여
① 185명의 분석가를 통해 ESG 정책, 프로그램, 실적에 따른 1,000개 이상의 데이터 포인트 취합 ② 데이터 구분 • 노출도: ESG 이슈에 대한 기업의 노출 빈도 • 경영성과: ESG 관련 이슈에 대한 기업의 대응역량 및 성과	① 3개 영역, 10개 테마, 35개 주요 이슈 선정 ② 35개 세부요소는 평가대상기업별로 소속된 산업, 핵심 비즈니스 모델, ESG 주요 이슈, 리스크 대응, ESG 기회 포착 등을 고려하여 기업별 평가요소를 도출	① 600여 개 정책 프로그램, 240개 성과 매트릭스 기반 ESG 스코어를 산정 ② AAA~CCC 7개 등급으로 구분 • Leader: AAA, AA • Average: A, BBB, BB • Laggard: B, CCC
평가자료 출처 • 전문화된 데이터 셋(정부, NGO 등) • 기업공시자료 (지속가능보고서, 언론자료 등)	**이슈 점검** • 피평가자들과 정기적인 소통을 통한 정합성 확보 • 점검 프로세스와 위원회를 통해 평가 결과에 대한 신뢰성 확보	**결과 공개** • 기업보고서, 산업보고서, 테마보고서 발간 • 웨비나, 애널리스트 브리핑 등 진행

• MSCI에서 활용하는 데이터는 공개된 정보를 활용하는 것을 원칙으로 한다. 데이터 취합은 약 180여 명의 MSCI 분석가를 통해 1,000개 이상의 데이터 포인트에서 유관 데이터를 추출한다. 데이터 추출 시 가장 중요한 사항은 노출도와 경영역량이다. 노출도는 기업이 ESG 이슈에 얼마나 자주 노출되었는지에 대한 부분이며, 경영역량은 발생한 ESG 이슈에 대해 어떻게 대응하고 그 결과가 어떠했는지에 대한 부분이다.
• 데이터가 추출되면 3개 영역별로 평가요소를 도출하여 평가 모델을 구성한다. 평가요소는 기업이 속한 사업과 핵심 비즈니스 모델 등을 고려하여 적합한 요소를 도출한다.
• 평가는 비재무적 요소를 기업 실적에 잘 반영하기 위해 600여 개의 정책 매트릭스 및 240여 개의 성과 매트릭스를 활용한다. 평가는 환경, 사회, 거버넌스 영역별로 노출도와 경영역량 점수를 산정하고 결과에 대해 가중 평균을 반영하여 최종 ESG 스코어를 산출한다. 그 점수를 바탕으로 ESG 등급을 최종 부여한다.

■ ESG 등급 부여

MSCI의 ESG 평가 스코어는 0점에서 10점 사이로 산출하고 산출된 점수에 따라 AAA부터 CCC에 이르기까지 7개 등급으로 구분하고 있다. AAA와 AA등급을 받은 기업은 ESG에 대한 대응력이 좋고 ESG를 기업의 새로운 기회로 잘 활용하고 있는 리더 기업임을 나타낸다. A, BBB, BB등급을 받은 기업은 평균적 수준에서 ESG에 대응하고 있음을 의미한다. B, CCC등급을 받은 기업은 대응력이 미흡함으로써 향후 ESG 리스크에 직면할 수 있는 위험성을 가지

| 표 13-5 | MSCI ESG 평가 구분

구분	등급	점수 구간
리더 (Leader)	AAA	8.571~10.000
	AA	7.143~8.570
평균 (Average)	A	5.714~7.142
	BBB	4.286~5.713
	BB	2.857~4.285
느림보 (Laggard)	B	1.429~2.856
	CCC	0.000~1.428

고 있음을 의미한다.

(2) 블룸버그 ESG 평가 모델

블룸버그는 약 102개국, 11,700여 개 이상의 기업에서 공개한 정보를 수집하여 이를 분석 · 검증한 후에 이를 블룸버그 터미널을 통해 공개하고 있다. 2020년 8월에 석유, 가스 기업 252개의 환경과 사회 점수를 공개했고, 4,350개 기업의 지배구조 점수를 공개하면서 본격적인 ESG 스코어 서비스를 시작했다.

■ 평가요소

블룸버그의 ESG 평가요소는 환경, 사회, 지배구조 영역으로 구분되며, 36개 항목으로 되어 있다. 각 영역별로 가중치가 1/3로 동일하게 적용되고 있다.

표 13-6 블룸버그 ESG 평가요소

영역	항목				
환경	에너지 효율 정책	배출량 감소 이니셔티브	공급사슬관리	친환경 빌딩 정책	폐기물 감소 정책
	수질정책	지속가능한 물질 사용	환경품질관리 정책	기후변화 기회 논의	기후변화 리스크 논의
	기후변화정책	친환경 상품 개발	생물다양성 정책	환경정책 검증	
사회	지역사회	직장 내 여성 비율	공급사슬관리	협력사 가이드라인	안전 및 보건
	공평한 보수 정책	근로자 교육	근로자 CSR 교육	근로자 차별 금지정책	근로자 인권 정책
	윤리경영정책	부패방지정책	근로자 수	근로자 보호	UNGC 가입 여부
지배구조	이사회 구조	이사회 독립성	이사회 다양성	이사회 내 위원회	이사회 및 임원활동
	주주권리	주총의결권 행사 결과			

■ 평가방법

평가 프로세스는 11단계로 구성된다.

- External Frameworks: 지속가능성을 평가하기 위한 우선순위 지정 및 그룹화를 위한 외부 프레임워크를 활용한다.
- Key Issue Research: 우선시되는 주제에 대한 적합한 데이터 필드의 지정을 위해 자체적으로 개발된 고유의 분석방법론과 외부 전문가의 자문을 통해 주요 이슈에 대한 데이터를 수집한다.
- ESG Data Analysis: ESG 데이터의 공개성과 적합성을 분석하고 이에 대한 정형화를 통해 지속가능성의 주요 이슈와 이와 관련된 활동성과를 파악한다.
- New ESG Field: 산업별 지속가능성 정보의 격차를 좁히기 위한 신규 ESG 데이터를 수집하고 개발하여 향후 ESG 평가 결과에 대한 문제 발생 여지를 사전에 차단할 수 있는 조치를 위한다.
- Taxonomy/Grouping: 지속가능성 주제 및 해당 데이터를 그룹화한다.
- Issue Priorities: 산업별 연구, 평가 및 이슈에 대한 분류를 통해 우선순위를 부여한다.
- Data Attributes: 중요도, 적합도, 일관성 및 데이터 품질 등에 따라 담당자에게 데이터를 할당한다.
- Quantitative Data Survey: ESG 데이터의 품질 및 적용 범위에 대한 정량적인 분석을 진행한다.
- Field Score: 분야별, 산업별 점수 산정 개발 모델을 수립한다.
- Aggregation and Weighting: 주요 이슈 및 분야별 가중치 항목을 통하여 반영한다.
- Review and Feedback: 내부 점수 검토 및 피드백을 통해 최종점수를 0점에서 100점으로 산정하여 확정한다.

(3) 서스테이널리틱스 ESG 리스크

서스테이널리틱스(Sustainalytics)는 ESG 리스크가 기업의 재무성과에 어떠한 영향을 미치고 있는가를 측정하여 투자자의 의사결정에 유용한 정보를 제공하고 있다. ESG 리스크 관리는 관리되고 있는 리스크와 관리되고 있지 않은 리스크를 구분하고, 이 중 미관리 리스크를 대상으로 평가를 진행하여 ESG 리스크 점수를 산정하는 방식이다.

ESG 리스크 점수는 0~50점으로 산정된다. 낮을수록 리스크가 낮으며, 해당 점수에 따라 등급이 부여된다. ESG 평가 영역에서 높은 신뢰도와 위상을 가지고 있는 대표적인 ESG 평가 모델이라 할 수 있다.

■ 평가요소

서스테이널리틱스의 ESG 평가는 거버넌스, 산업별 중대 ESG 이슈, 특이한 ESG 이슈 등 세 개의 프레임에 의해 진행된다. 산업별로 70개 이상의 평가항목에 대해 공개정보를 기반으로 평가를 진행하고 있으나, 평가항목은 공개되지 않고 있어 기업 입장에서는 대응이 쉽지 않다.

- **거버넌스**(Governance): 리스크 평가에서 거버넌스가 차지하는 비중은 20%이며, 산업군의 특성에 관련성을 두지 않고 동등하게 적용되고 있다.
- **산업별 중대 ESG 이슈**(Material ESG Issues): 리스크 평가의 가장 주된 평가 영역이다. 산업군별로 분류하여 진행하며, 기업의 재무적 영향을 미칠 수 있는 영역을 평가하는 것으로, 현재의 이슈들이 향후 기업에 어느 정도 재무 리스크를 초래할 수 있는가에 초점을 두고 있다.
- **특정 ESG 이슈**(Idiosyncratic ESG Issues): 산업별 중대 ESG 이슈와 달리 예측이 어려운 ESG 리스크를 평가하는 것이다. 특정한 상황 발생이 기업에 미치는 리스크에 대해 기업의 특성을 고려하여 평가기준을 수립하여 평가를 진행하고 있다. 산업별 중대 ESG 이슈가 예방적 차원의 리스크 대응을 평가하는 것이라면 특이한 ESG 이슈는 기업이 발생한 리스크로부터 얼마나 빠르게 회복할 수 있는가를 평가하는 개념이다. 즉 회복탄력성(Resilience)으로 이해하면 된다.

■ 평가방법

서스테이널리틱스의 ESG 리스크 평가는 이차원 모델 구조이다. 첫째는 기업이 중요한 ESG 위험에 노출되는 정도를 반영하는 ESG 리스크 노출(Exposure)과 둘째는 기업이 노출을 얼마나 잘 관리하고 있는지를 반영하는 관리(Management) 차원의 두 개의 축으로 되어 있다.

평가항목은 매년 해당 연도의 주요 이슈를 반영하여 재설정을 진행하고 있다.

- **ESG 리스크 노출**: ESG 노출은 ESG 리스크 요소가 기업의 재무적 성과에 영향을 미칠 수 있는 리스크와 취약성을 나타내는 점수로써 의미를 가지고 있다. 일반적으로 ESG 노출은 산업별 ESG 노출도, 관리 가능한 ESG 요소 산정, 기업별 ESG 리스크 노출도 등의 세 가지로 구분할 수 있다.
- **ESG 리스크 관리**: ESG 리스크 관리를 위해 기업의 정책이나 활동 그리고 성과를 종합하여 진행한다. 평가는 관리 영역과 성과 영역으로 구분하여 진행한다. 관리 영역은 ESG 리스크에 대한 기업의 정책, 관리체계(조직, 프로세스, 시스템, 교육 등), 국제표준 가입 및 준수 등을 대상으로 평가가 진행되고 있다. 성과 영역은 정량적으로 직접적으로 측정이 가능한 탄소배출량, 물 사용량 데이터 등의 환경과 사회에 대한 기업의 성과 데이터를 활용하고 있다. 이때 환경이나 사회에 대한 부정적인 영향에 대한 요소도 평가에 포함된다.

평점을 구하는 산식을 살펴보자. 최종적인 ESG 리스크 점수는 기업의 노출된 리스크(Company Exposure)에서 관리된 리스크(Managed Risk)를 제하여, 미관리된 리스크(Unmanaged Risk)를 산출하고, 이를 평가대상기업의 ESG 리스크 평점으로 활용한다.

- 최종 ESG 리스크 평점=미관리된 리스크
- 미관리된 리스크=노출된 리스크−관리된 리스크

여기서 노출된 리스크는 산업 리스크 노출을 기반으로 해당 산업에 속한 특정 기업의 고유한 베타(Issue Beta)를 곱하여 산정한다. 베타는 해당 기업의 고유한 리스크 특성이다. 이 베타에 영향을 주는 요소는 기업의 상품 및 서비스와 그 생산 프로세스, 기업의 재무제표, 개별 사건이나 사고, 지정학적 리스크를 들 수 있다. 기타 정성적 분석 결과도 베타에 반영된다.

- 노출된 리스크=산업별 리스크 노출×특정 기업의 베타

한편 관리된 리스크는 관리 가능한 리스크(Manageable Risk)에 해당 기업의 ESG 관리점수(Management Score)를 곱하여 산정한다.

- 관리된 리스크=관리 가능한 리스크×ESG 관리점수

각 산업 및 기업의 리스크는 관리 가능한 리스크와 관리 불가능한 리스크로 구분되는데, 관리 가능한 리스크를 산정하기 위해서는 관리 가능한 리스크 요소(MRF: Manageable Risk Factor)를 반영한다.

- 관리 가능한 리스크=노출된 리스크×MRF

산업별 잠재적 ESG 이슈들에 대한 리스크 노출이 결정된다. 평가는 부문별 연구팀의 전문성을 활용하여 통합적으로 진행된다. 평가에 사용되는 요소로는 기업의 과거 기록, 이산화탄소 배출과 같은 구조화된 외부 데이터, 회사의 보고서 및 제3기관의 조사 등이 있다. ESG 리스크 평점은 연단위로 갱신된다. 평가 결과에 따라서 중요한 ESG 이슈뿐만 아니라 중요한 ESG 이슈에 대한 해당 기업의 관리 수준을 평가하기 위한 일련의 지표는 시간이 지남에 따라 달라질 수 있다.

13.4.2 국내 주요 평가 모델

(1) 한국ESG기준원 KCGS ESG 평가

KCGS가 자체 개발한 ESG 평가지표는 OECD 기업지배구조 원칙이나 ISO 26000 등 국제기준에 부합하고 국내의 법제 규범과 환경보호를 반영한 평가모형이다. KCGS ESG 평가는 매년 전년도 코스피 시장에 등재된 전체 상장기업과 코스닥시장 상장회사 중 일부를 중심으로 평가를 시행하고 있다. 예외적으로 기관투자자 등 외부에서 요청한 기업을 대상으로 평가가 이루어지고 있다.

KCGS의 평가 영역은 환경 영역 3개 대분류, 사회 영역 4개 대분류로 되어 있으며, 지배구조 영역은 일반기업은 4개 대분류, 금융사는 7개 대분류로 구분하고 있는 점이 특징이다.

■ 평가요소

평가요소는 4개 영역에 18개의 대분류와 265개의 핵심 평가항목으로 구성되며, 상세 평가문항은 평가대상기업만 확인할 수 있도록 지침을 수립하고 있다. 기본평가는 특성별 분류 후 가점방식을, 심화평가는 58개의 부정적 ESG 이슈에 대한 평가항목을 설정하고 기본평가 점수에 대해 감점방식으로 운영하고 있다.

[그림 13-2] KCGS ESG 평가요소

유형 분류		환경(E)	사회(S)	지배구조(G)	금융사 지배구조(FG)
기본평가	기업분류	표준산업분류 기반**	WICS 기준별 분류***	기업 유형	상장 여부별 분류
		철강/비철	에너지	자산규모****	상장 금융사
		비금속광물제품	소재	지배주주 유무	비상장 금융사*****
		…	…	감사위원회 유무	
	문항구성	리더십과 거버넌스	리더십과 거버넌스	이사회 리더십	이사회
		위험관리	노동 관행	주주권보호	주주권보호
		운영 및 성과	직장 내 안전보건	감사	최고경영자
		이해관계자 소통	인권	이해관계자 소통	보수
		4대 대분류	공정운영 관행	(일반) 4대 대분류	위험관리
			지속가능한 소비		감사기구 및 내부통제
			정보보호 및 개인정보보호		이해관계자 소통
			지역사회 참여 및 개발		(금융사) 7대 대분류
			이해관계자 소통		
			9대 대분류		
심화평가	분석방법	• 기업활동에서 발생한 부정적 이슈를 확인하기 위해 공시자료 · 뉴스 · 미디어 등 다양한 출처의 정보를 상시 수집 • 기업가치 훼손 우려가 높은 ESG 이슈를 법 위반 여부 · 중대성 · 규모 · 기간 등을 종합적으로 고려하여 감점 수준을 결정			

** WICS-표준산업분류 기반 21개 자체 산업분류 기준 적용
*** WICS(Wise Industry Classification Standard) 28개 중분류 기준 적용
**** 이사회 내 위원회 설치 여부에 따른 이사회 규모 추가 고려하여 분류 세분화
***** 「금융회사의 지배구조에 관한 법률」이 전부 적용되는 기업

출처: 한국ESG기준원(2022)

■ 평가방법

KCGS의 ESG 평가는 4단계 ESG 평가 프로세스를 통해 산출된 점수를 기반으로 기업의 ESG 등급을 부여한다.

- **평가 준비**: 준비 단계에서는 평가기업의 선정과 대상기업에 관련된 기초 데이터를 수집하는 과정이다. 기초 데이터 수집은 사업보고서, 공식 홈페이지, 지속가능성보고서 등 기업에서 공개하는 자료와 뉴스 등 미디어를 통해 공개된 정보 등을 기반으로 수집한다.
- **평가 수행**: 평가는 기본평가와 심화평가로 구분된다. 기본평가는 수집된 기초 데이터에 대한 검증을 거쳐 ESG 위험 및 기회관리시스템에 대한 평가가 진행된다. 심화평가는 기업의 ESG 이슈의 중대성을 검증하고, 기업가치를 훼손시킬 수 있는 ESG의 쟁점 발생 여

[그림 13-3] KCGS ESG 평가 프로세스

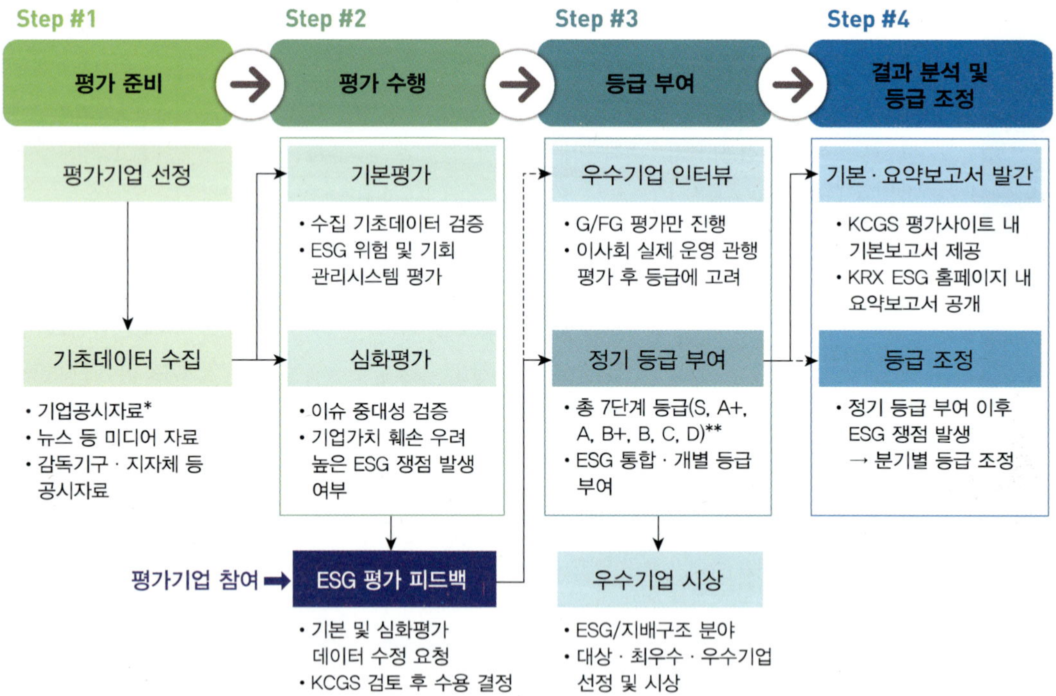

* 사업보고서, 공식 홈페이지, 지속가능성 관련 보고서 등
** 대내외 전문가로 구성된 'ESG 등급위원회'에서 등급 부여

출처: 한국ESG기준원(2022)

부를 판단한다. 이렇게 평가된 기업의 자료는 해당 기업에게 제공되어 기본 및 심화평가 데이터의 수정을 요청하는 ESG 평가 피드백 단계를 거친다.

- **등급 부여**: 등급은 정기등급, 총 7단계 등급(S, A+, A, B+, B, C, D)이 부여된다.
- **결과 분석 및 등급 조정**: ESG 평가 결과는 KCGS 평가 사이트에 기본보고서를 제공하고 있다. KRX ESG 홈페이지에는 요약보고서 형태로 공개하고 있다. 정기등급 부여 이후 관련 쟁점이 발생하면 등급을 조정하여 최종 ESG 등급을 부여한다.

(2) 서스틴베스트 ESGValue™ 평가

서스틴베스트에서 활용하고 있는 ESGValue™ 평가 모델은 가치사슬과 ESG 성과 간의 관련성을 분석하고 기업의 지속가능경영에 대한 성과와 ESG 관련 위기와 기회를 평가·분석함으로써 ESG에 기반한 기업의 비재무적인 성과와 기업에 미치는 영향을 다차원적으로 접근하고 있다. 가치사슬 기반으로 평가요소를 도출하고, 실제 업무를 ESG 관점에서 관리하는 데 유용한 특징을 가지고 있다.

■ 평가요소

ESGValue™ 평가 모델은 상부와 하부로 이어지는 위계적 구조(hierarchy)를 가지고 있다. 평가모형의 최상위는 환경, 사회, 지배구조 세 영역으로 구분되며, 각 영역은 평가항목(Category), 평가지표(KPI), 세부지표(Data Point)의 단계별 하부체계로 구성되어 있다.

표 13-7 평가지표

영역	평가항목	평가지표	세부지표
환경	4	7	21
사회	4	13	34
지배구조	6	18	41
합계	14	38	96

출처: 서스틴베스트(2021)

표 13-8 영역별 세부 평가항목 및 기준

영역	평가항목	평가지표
환경	혁신활동	친환경 혁신역량, 환경성 개선성과
	생산공장	환경사고 예방 및 대응, 공정관리, 온실가스
	공급망 관리	친환경 공급망 관리
	고객관리	그린마케팅
사회	인적자원 관리	근로조건, 고용평등 및 다양성, 노사관계 관리, 근로자 보건 및 안전
	공급망 관리	공정거래, 상생협력, 공급사슬 관리
	고객관리	고객정보 보호, 소비자만족 경영, 품질관리
	사회공헌 및 지역사회	국제 이니셔티브 가입 및 활동, 사회공헌활동, 지역사회관계
지배구조	주주의 권리	경영권 보호장치, 주주총회, 주주가치 환원
	정보의 투명성	공정공시, 공시위반, 회계 투명성
	이사회의 구성과 활동	이사의 선임, 이사회의 구성, 이사회의 활동, 감사 및 감사위원회
	이사의 보수	이사 보수의 적정성, 보상위원회
	관계사 위험	관계사 우발채무, 관계사 거래, 내부거래 위반
	지속가능경영 인프라	지속가능경영 거버넌스, 지속가능경영 보고, 윤리경영

출처: 서스틴베스트(2021)

■ 평가방법

평가 프로세스는 네 단계로 진행된다.

- **평가 모델 업데이트:** ESG와 관련된 이슈 및 트렌드를 반영하여 기존의 평가모형에 대한 업데이트를 매년 진행한다.
- **데이터 수집:** 평가 모델에 따라 1,000개 이상 상장사에 대한 기업보고서, 공시, 언론보도 등의 자료를 수집한다. 알고리즘 기반의 데이터 수집 자동화를 통해 데이터 취합의 오류를 최소화하고 있다.
- **검증:** 데이터 검증에 기업 참여를 통해 발생할 이슈에 대한 원인을 사전적으로 차단하고, 기업이 별도 제시한 비공시 데이터를 평가에 반영할지에 대해 최종결정을 진행한다.

- **최종 점수 및 등급 산출**: 검증이 끝난 데이터는 평가를 통해 최종점수와 등급을 산출한다. ESG 등급은 AA, A, BB, B, C, D, E의 7등급으로 구분하고 있다.

[그림 13-4] 서스틴베스트 ESG 평가 프로세스

평가 모델 업데이트	데이터 수집	검증	최종점수 등급 산출
• ESG 정보공시 트렌드, 관련 법·규제의 변화, ESG 평가방법론 발전 등을 반영, 평가모형 개선 연구와 업데이트 작업을 매년 초에 진행	• 1,000개 이상의 국내 기업에 대한 ESG 관련 정보 수집 • 수집된 데이터에 대해 3단계 검증을 통해 데이터의 품질관리	• 매년 9월 평가대상기업에게 데이터 검증 기회 제공하여 데이터 안정성 확보 • 기업이 제공한 데이터 중 공시되지 않은 데이터는 평가기준에 따라 반영 여부와 그 비중을 결정	• 수집된 데이터를 ESG-Value™에 따라 평가 • 국내 기업의 ESG 리스크 관리 수준을 비교 가능한 형태로 정량화 • 상반기 결과 공개: 6월 • 하반기 결과 공개: 11월

출처: 서스틴베스트 홈페이지

(3) 한국ESG연구소 KRESG 평가

대신경제연구소의 자회사로 별도 독립법인으로 2021년 8월 이해상충 방지를 위해 설립되었다. 기업의 지속가능성에 영향을 미칠 수 있는 기업의 비재무적 요인인 환경, 사회, 지배구조 세 가지 부문에 대한 정보들을 취합 후 평가하여 투자자의 합리적인 의사결정과 책임투자활동을 지원하는 것을 목적으로 하고 있다.

■ 평가요소

KRESG 평가 모델은 연 2회 제공하며(7월 초, 12월 초) 매년 1~2월 평가 모델 검토 및 개선을 통해 국내외 ESG 동향을 반영한다. 평가 모델의 구성을 살펴보면 환경 영역은 7개의 주요 이슈와 11개 항목, 45개의 세부지표로 되어 있고, 사회 영역은 8개의 주요 이슈와 13개 항목, 45개의 세부지표로 되어 있으며, 지배구조 영역은 5개의 주요 이슈와 12개 항목, 46개의 세부지표로 이루어져 있다. 지배구조 영역의 경우 금융업은 별도 기준을 적용하고 있다.

[그림 13-5] KRESG 평가 모델 구성요소

KRESG 평가 모델 구성

Environmental

대분류		중분류
환경경영체계	1	환경경영시스템
환경경영활동	2	환경경영 실천
	3	생물다양성
	4	환경전략 및 목표
기부변화 대응	5	온실가스 및 에너지
자원순환 및 효율화	6	용수 및 폐기물
	7	에코 디자인
환경영향 저감	8	오염물질 및 유해화확물질
환경 기회	9	비즈니스 모델 혁신
환경 위험	10	폐기물 및 오염물질 제재
	11	기타 환경 제재

Social

대분류		중분류
인권경영과 다양성	1	인권경영
	2	다양성
제품 및 서비스 책임	3	제품서비스 안전
	4	소비자보호
공급망 관리	5	공정거래 및 동반성장
	6	공급망 ESG 관리
인적자본 및 근무환경	7	고용환경
	8	조직문화
	9	노사관계
안전보건	10	산업안전보건
지역사회관계	11	지역사회 공헌
정보보호	12	정보보호시스템
사회위험	13	사회 제재 및 처벌

Governance

대분류		중분류
주주	1	주주권리
	2	이익배분
이사회	3	이사회 구성
	4	이사회 성과 보수
	5	이사회 산하 위원회
	6	이사회 활동 성과
감사제도	7	감사기구 운영
	8	감사기구 독립성 및 전문성
	9	감사 기능 및 역할
내부통제 및 경영투명성	10	윤리경영
	11	계열회사와의 거래
거버넌스 위험	12	제재 및 처벌 내역

등급 분류체계

구분	등급
우수	S (Excellent)
	A+ (Very Good)
	A (Good)
보통	B+ (Satisfactory)
	B (Fair)
미흡	C (Laggard)
	D (Poor)

출처: 한국ESG연구소(2023)

■ 평가방법

평가 대상기업의 다양한 소스를 직접 수기조사(Hand Collecting)하는 것을 원칙으로 기초조사 및 정량적 문항평가를 진행한다. 평가 진행은 기초조사 → 문항평가(정량) → 기업평가(정성) → 지배구조 등급산정(정성)의 단계로 진행된다. 등급은 우수(S, A+, A), 보통(B+, B), 미흡(C, D) 등 7등급으로 구분하고 있다. S등급의 경우 A+ 등급을 받은 곳 중 상위 5%에 해당하는 기업만 부여한다. KCGS는 절대평가이지만 KRESG는 상대평가인 것이 특징이다.

[그림 13-6] KRESG 평가 프로세스

기초조사 →	문항평가 →	기업평가 →	지배구조 등급산정
• 한국거래소 상장기업 공시된 데이터 활용 • 상반기, 하반기 데이터 수집 및 검증	• 3개 영역 36개 중분류, 136개 지표 • 34개 산업별, 정성·정량 평가를 통한 산업별 가중치 반영한 지표로 점수 합산 • 연 2회 실시(7월, 12월)	• 기업 부정사건/사고에 대해 일간 모니터링 및 월간 C-score 평가	• 상대평가 적용 • 산업 가중치가 적용된 기업별 점수의 정규분포로 등급구간 산정 • 등급은 S, A+, A, B+, B, C, D의 7단계로 구분단, S등급은 A+ 등급 중 상위 5%에 부여

출처: 한국ESG연구소(2023)

13.5 | ESG 관련 인증제도

ESG 평가기관마다 기준이 다르고 등급 차이도 천차만별인 경우가 많아 혼란을 야기하고 있어 표준화된 ESG 평가기준 필요성이 제기되고 있다. ESG 평가가 보다 객관성과 신뢰성을 갖추기 위해 이미 국제적인 합의로 제정된 ISO · IEC 국제표준을 활용하는 것이 바람직할 것이다. 국가기술표준원에서는 ESG 경영을 준비하고 이행하는 기업과 기관에게 국제표준에 대한 이해를 높이기 위해 주요 표준 600여 종의 국제표준을 검토하여 100종을 선정하였다. 향후 ESG 평가의 일관성과 신뢰성 확보를 위해서는 국제적 합의로 제정된 ISO · IEC 등 국제표준의 활용이 확대될 것이다.

13.5.1 국제인증제도 현황

(1) 환경 분야

환경 분야의 대표적인 국제표준은 ISO 14001, ISO 50001, ISO 14064-1, ISO 46001 등이 있으며 내용을 간략하게 설명한다.

- ISO 14001(환경경영시스템): 조직이 환경경영의 효과적 수행과 환경성과의 향상을 위해 사용하는 환경경영시스템에 대한 요구사항을 규정하고 있다. 환경경영시스템을 구축함으로써 환경 사고의 사전 예방 및 최소화, 환경 법규 준수, 폐기물 및 에너지 소비 절감을 통한 비용절감을 기대할 수 있다.
- ISO 50001(에너지경영시스템): 에너지경영시스템을 수립, 구현, 유지 및 개선하기 위한 요구사항을 규정하고 있다. 에너지 비용을 개선함으로써 기업의 경쟁력을 강화하고, 온실가스 배출량을 줄임으로써 기후변화 완화에 기여할 수 있다.
- ISO 14064-1(온실가스 배출량 산정): 기후변화에 대한 위험을 극복하고, 저탄소 경제를 통한 지속가능한 개발을 지원하기 위해 온실가스 배출량과 제거량을 정량화, 보고하기 위한 요구사항을 규정하고 있다.

- ISO 46001(물 효율 관리시스템): 물 효율 관리시스템을 구축하고 유지하기 위한 요구사항을 규정하고 있다. 조직의 물 소비에 대한 투명성, 물 사용의 개선, 최적화된 물의 수요 예측을 기대할 수 있다.

(2) 사회 분야

사회 분야의 국제표준은 ISO 26000, ISO/IEC 27001, ISO 45001, ISO 13485 등이 대표적이다.

- ISO 26000(사회적 책임에 대한 지침): 지속가능한 발전에 기여할 수 있도록 사회적 책임의 기본원칙, 사회적 책임의 인식 및 이해관계자 참여, 핵심주제 및 문제, 사회적으로 책임 있는 행동을 조직에 통합하는 방법에 대한 지침을 명시하고 있다. 금융기관 등의 기업투자와 평가 시 주요 지표, 소비자단체 등의 모니터링 활동기준, 정부의 조달기준 등 다양한 기준으로 활용할 수 있다.
- ISO/IEC 27001(정보보호경영시스템): 보안정책, 정보보안조직, 자산 분류 및 통제, 정보시스템의 구축과 개발 및 운영 등 정보의 보안 위험을 평가하고 처리하는 요구사항을 규정하고 있다. 체계적인 정보보안 및 고객정보보호로 정보보안사고의 리스크를 최소화할 수 있다.
- ISO 45001(안전보건경영시스템): 사업장에서 발생할 수 있는 각종 위험을 사전 예측, 예방하여 조직의 안전보건을 체계적으로 관리하기 위한 요구사항을 규정하고 있다. 안전·보건 리스크를 정량적으로 평가하여 안전보건사고에 대한 예방, 대책 마련 등을 기대할 수 있다.
- ISO 13485(의료기기 품질경영시스템): 고객과 규제사항을 충족하는 의료기기 및 서비스 제공능력을 입증하기 위한 의료기기 요구사항을 규정하고 있다. 의료기기 제품 품질사고를 예방하고 환자의 안전을 우선하여 제품 결함으로 인한 제조업체의 리스크를 최소화할 수 있다.

(3) 지배구조 분야

지배구조 분야의 대표적인 국제표준은 ISO 37001, ISO 37301, ISO CD 32210, ISO/IEC 38500 등이 있다.

- ISO 37001(부패방지경영시스템): 조직이 직면한 뇌물수수 위험에 따라 합리적인 정책, 절차, 통제방법을 구현하기 위한 요구사항을 명시하고 있다. 사회적 책임을 입증함으로써 이해관계자와 고객의 신뢰성을 확보하고 뇌물수수 등 법규 위반에 대한 리스크를 최소화할 수 있다.
- ISO 37301(준법경영시스템): 효과적인 규정 준수를 위한 준법경영시스템을 구축, 개발, 구현, 평가, 유지관리 및 개선하기 위한 요구사항을 명시하고 지침을 제공하고 있다. 준법

[그림 13-7] ESG 관련 영역별 국제표준

출처: 한국표준협회(2021)

경영시스템을 통해 법규 및 기업윤리를 준수함으로써 법규 위반 등의 손실에 대한 리스크를 최소화할 수 있다

- ISO CD 32210(지속가능금융 프레임워크): 지속가능한 금융의 원칙 및 용어에 대한 지침을 제공하고 있다. 지속가능성 원칙을 투자, 대출, 자산과 자금관리에 적용하고, 지속가능한 새로운 자산등급과 금융상품을 개발하는 등 금융기관 지원을 위한 표준이다.
- ISO/IEC 38500(IT 거버넌스): 조직의 주주, 이사, 파트너, 경영진, 이해관계자를 위한 정보기술 사용에 대한 지침을 제공하고 있다. 경영진의 IT 활용에 대한 법적 규제 및 윤리적 의무 이행을 지원하는 최상의 IT 거버넌스 원칙을 제공한다.

13.5.2 국내 인증제도 현황

ESG 관련 국내 인증은 국내 기관에 의해 개발되었으며, 환경 분야 인증은 녹색인증, 녹색제품인증, 녹색건축인증, 녹색경영시스템(GMS) 등이 있다. 사회 분야 인증은 인권경영인증, 바른 채용 경영, 공정 채용 인증, 노사관계 우수기업 인증, 안전보건경영시스템(KOSHA-MS), 재해경감우수기업 인증 등이 있다. 환경 분야 관련 인증과 산업안전보건 인증중심으로 간략하게 살펴본다.

(1) 녹색인증

「탄소중립기본법」에 근거하여 유망한 녹색기술을 인증하고 지원하는 제도이다. 녹색산업에 대한 지원이 원활하게 이루어질 수 있도록 기술을 확인하는 제도이다. 녹색인증은 한국산업기술진흥원을 통해 인증 신청, 접수, 발급이 이루어진다. 녹색인증의 종류는 녹색기술인증, 녹색기술제품 확인, 녹색전문기업 확인 등 세 가지로 구분되어 있다.

- **녹색기술인증**: 에너지와 자원을 절약하고 효율적으로 사용하여 온실가스 및 오염물질의 배출을 최소화는 기술에 대한 인증이다.
- **녹색기술제품 확인**: 인증된 녹색기술을 적용한 제품으로 판매를 목적으로 상용화한 제품에 대한 인증이다.

- **녹색전문기업 확인:** 전년도 총매출액에서 인증받은 녹색기술에 의한 매출이 20% 이상인 기업에 주는 인증이다.

(2) 녹색제품인증

녹색제품이란 「저탄소 녹색성장 기본법」 제2조 제5호에 따른 에너지 · 자원의 투입과 온실가스 및 오염물질의 발생을 최소화하는 제품으로 정의한다. 녹색제품의 종류는 환경표지제품, 우수재활용(GR)제품, 저탄소인증제품 등 세 가지가 있다.

- **환경표지제품:** 「환경기술 및 환경산업 지원법」에 따라 같은 용도의 다른 제품에 비해 제품의 환경성을 개선한 제품에 대한 인증이다. 사무용기기, 건설용자재, 생활용품 등 169개 제품군이 인증대상제품이다.
- **우수재활용(GR)제품:** 「자원의 절약과 재활용촉진에 관한 법률」 및 「산업기술혁신 촉진법」에 따라 재활용제품의 품질인증 대상품목으로 인증을 받은 제품에 대한 인증이다. 폐지, 폐목재, 폐플라스틱 등 18개 분야가 인증대상제품이다.
- **저탄소인증제품:** 「녹색제품 구매촉진에 관한 법률」에 따라 온실가스 배출량을 줄인 제품에 대한 인증이다. 생활용품, 건설용자재 등 52개 제품군이 인증대상제품이다.

(3) 녹색건축인증

「녹색건축물 조성 지원법」에 근거한 「녹색건축 인증에 관한 규칙」에 따라 녹색건축을 인증하며, 설계와 시공 유지, 관리 등 전 과정에 걸쳐 에너지 절약 및 환경오염 저감에 기여한 건축물에 대한 친환경 건축물 인증을 부여하는 제도이다. 녹색건축은 최우수(그린1등급), 우수(그린2등급), 우량(그린3등급), 일반(그린4등급) 등으로 구분한다. 공공기관에서 발주하는 연면적 3,000m^2 이상 건축물은 인증 의무대상이다. 2013년부터 시행하고 있고 매년 1,000건 정도 인증되고 있으나 최우수등급은 3% 미만이다.

(4) 녹색경영시스템 인증

녹색경영이란 기업이 경영활동에서 자원과 에너지를 절약하고 효율적으로 이용하며 온실가스 및 환경오염의 발생을 최소화하면서 사회적, 윤리적 책임을 다하는 경영을 의미한다.

녹색경영시스템(GMS: Green Management System)이란 조직이 녹색경영방침을 개발하여 실행하고 녹색경영활동을 관리하는 데 활용되는 조직의 경영시스템의 일부로서, 조직의 모든 활동이나 제품, 서비스와 관련된 녹색경영활동을 체계적으로 관리하기 위한 시스템이다. 또한 KS/ISO 14001 환경경영시스템 요구사항을 기반으로 하여, 「저탄소 녹색성장 기본법」의 녹색경영 정의에 따른 녹색경영 필수요소를 추가하고, 기업의 지속적인 녹색경영 활성화를 위한 성과평가 요구사항을 추가하여 표준을 제정하였다.

(5) 안전보건경영시스템(KOSHA-MS)

줄어들지 않는 산업재해와 끊이지 않는 안전관리의 문제가 심각해지면서 작업현장에서 발생하는 사고예방을 위해 경영자를 강력하게 처벌하겠다는 「중대재해 처벌 등에 관한 법률(중대재해처벌법)」은 2022년 1월 27일부터 시행하였다. 세계노동기구(ILO)가 2001년 산업재해로부터 노동자를 보호하기 위해 '안전보건경영체제(OSHMS: Occupational Safety & Health Management System) 구축을 위한 가이드라인을 제시한 이후부터 안전보건경영시스템은 사업장의 안전보건관리를 위해 가장 효과적인 방법으로 평가받고 있다.

안전보건경영시스템(KOSHA-MS: Korea Occupational Safety & Health Agency Management System)은 기존의 안전보건경영시스템 KOSHA 18001에서 2019년 7월 1일 전환되었다. KOSHA-MS의 주무부서는 고용노동부이나 산하기관인 산업안전보건공단에 위임하여 인증업무를 실시하고 있다. 산업안전보건법의 요구조건과 국제규격인 ISO 45001의 기준체계 및 KOSHA 18001을 참고하여 자체 개발한 안전보건경영시스템으로 인증의 기준은 안전보건경영체제 분야(27개), 활동수준 분야(14개), 경영관계자 면담 분야(6개)의 47개 항목으로 구성되어 있다.

안전보건경영이란 사업주가 자율적으로 해당 사업장의 산업재해를 예방하기 위하여 안전보건관리체제를 구축하고 정기적으로 위험성 평가를 실시하여 잠재 유해·위험요인을 지속적으로 개선하는 등 산업재해예방을 위한 조치사항을 체계적으로 관리하는 제반 활동을 의미한다. KOSHA-MS는 유해·위험요인에 노출된 근로자와 그 밖의 이해관계자에 대한 위험을 제거하거나 최소화하여 사업장의 안전보건 수준을 지속적으로 개선하고자 하는 시스템이다. 그러나 국내 인증인 KOSHA-MS는 기업들이 인증받았다 하더라도 국제적으로 통용하기 위해서는 ISO 45001을 추가로 인증받아야 한다.

연습문제

01 ESG 경영 평가의 이유로 틀린 것은?

① 기업 평판의 기준
② 기업 건전성의 기준
③ 투자지표의 기준
④ 고객만족의 기준

02 ESG 관련 인증제도 중 분야가 다른 것은?

① ISO 26000　② ISO 45001
③ ISO 37001　④ ISO/IEC 27001

03 ESG 평가 기반에 따라 기관을 분류할 수 있다. 다음 중 다른 것은?

① Sustainalytics　② DJSI
③ MSCI　④ Refinitiv

04 유해 · 위험요인에 노출된 근로자와 그 밖의 이해관계자에 대한 위험을 제거하거나 최소화하여 사업장의 안전보건 수준을 지속적으로 개선하고자 하는 시스템으로 고용노동부가 주관인 인증제도는 무엇인가?

① KOSHA-MS　② ISO 50001
③ GMS　④ ISO 37301

05 공개정보 기반의 평가를 실시하고 37개의 ESG 이슈로 구분하며 매주 기업데이터를 업데이트하고 등급은 AAA~CCC까지 총7단계로 구분하는 평가 모델은 다음 중 어느 것인가?

① KCGS　② DJSI
③ MSCI　④ KRESG

연습문제

06 ESG 평가의 목적에 대해 서술하시오.

( )

07 국내 대표적인 ESG 평가기관들에 대해 각 기관의 특징을 서술하시오.

( )

08 안전보건경영시스템(KOSHA-MS)에 대해 설명하시오.

( )

09 서스테이널리틱스의 리스크 평가의 평점을 구하는 산식을 순서대로 설명하시오.

( )

10 MSCI ESG 평가 프로세스에 대해 단계별로 설명하시오.

( )

제13장 연습문제 정답

01. ④ 고객만족의 기준
02. ③ ISO 37001
03. ② DJSI
04. ① KOSHA-MS
05. ③ MSCI

CHAPTER 14

ESG의 미래

14.1 | 디지털 융합과 기술

14.1.1 디지털 융합

IT와 디지털 기술이 발전됨에 따라 독립적인 제품과 프로세스들이 연결되어 제품과 프로세스 및 서비스가 하나로 통합되는 현상이 일어났다. 이런 현상을 융합(Convergence)이라고 한다. 특히 인터넷은 물리적인 거리를 사실상 '0'으로 만들어 이러한 융합화의 기폭제가 되었다. 최근에는 ICT의 급속한 발전과 함께 융합의 속도는 빨라지고 형태도 다양해지고 있다.

디지털 융합(Digital Convergence)은 디지털 기술을 활용한 제품 또는 기술 간의 융합을 의미한다. 기존 제품의 디지털화를 시작으로 디지털 제품 및 기술과의 융합이 이루어지고, 네트워크 과정의 통합으로 새로운 제품, 서비스, 비즈니스 모델을 탄생시켰다.

1990년 후반부터 시작된 디지털 융합은 4차 산업혁명 기술이 상용화됨에 따라서 융합의 속도가 빨라지고 커지고 있다. 클라우드, 사물인터넷, 인공지능, 빅데이터 등의 기술을 활용한 기술 관점의 융합과 데이터 · 정보의 다양화와 속도의 개선을 활용한 통합이 일어나고 있

[그림 14-1] 디지털 융합

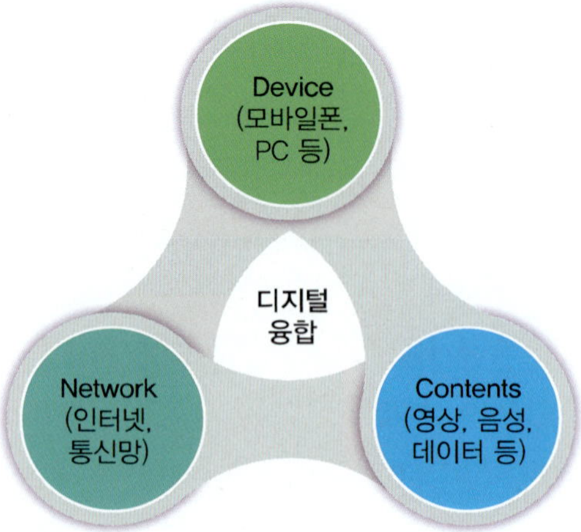

다. 또한 이미 일어나고 있었던 프로세스 및 산업 간의 융합도 계속되고 있다.

이러한 디지털 융합은 ICT 관련 기술이 발전함에 따라 연결 대상의 다양화와 연결 속도의 개선, 그리고 지능화가 진척되어 기존 프로세스를 근본적으로 변화하는 현상으로 진화하고 있다.

14.1.2 디지털 기술

ESG 경영과 융합할 수 있는 4차 산업혁명 기술은 대표적으로 사물인터넷(IoT), 빅데이터(Big Data), 클라우드 컴퓨팅(Cloud Computing), 인공지능(AI), 로봇(Robot), 3D 프린팅(3D Printing), 블록체인(Blockchain), 가상·증강현실(VR/AR) 등이 있다. ESG 데이터와 서로 연결되고 융합하여 새로운 가치를 만들어 내는 디지털 기술은 [표 14-1]과 같이 정의할 수 있다.

표 14-1 대표적인 디지털 기술

기술	정의
사물인터넷	인터넷을 기반으로 모든 사물을 연결하여 사람과 사물, 사물과 사물 간의 정보를 상호 소통하는 지능형 기술 및 서비스이다.
빅데이터	기존의 데이터베이스 관리 도구의 능력을 넘어서는 대량의 정형 또는 비정형의 데이터로부터 가치를 추출하고 결과를 분석하는 기술이다.
클라우드 컴퓨팅	웹 기반 애플리케이션을 활용하여 대용량 데이터베이스를 인터넷 가상공간에서 분산 처리하고 이 데이터를 다양한 단말기에서 불러오거나 가공할 수 있는 하드웨어 및 시스템 환경이다.
인공지능	인간의 학습능력을 추론하고, 지각하며, 이해하는 능력 등을 실현하는 기술로 인간이 결정을 내리는 것처럼 정보를 이용해 새로운 상황에서 결정을 내리는 학습 메커니즘을 가진 소프트웨어나 컴퓨터 프로그램이다.
협동로봇	생산현장에서 인간과 직접 상호작용하기 위해 설계된 로봇으로, 코봇(cobot)이라고도 하며, 작업자 옆에서 물건을 건네거나 옮기는 등 인간 업무를 성공적으로 수행하도록 지원한다.
3D 프린팅	분말, 액체, 고체(실, 와이어, 펠릿) 형태의 특정 물질을 한 층씩 쌓아 올려 3차원 형태의 입체물을 제조하는 것으로 구현하고자 하는 물체를 3차원 그래픽 설계를 통해 가상의 물체로 디지털화한 후 매우 얇은 단면(약 0.015~0.10mm)을 한 층씩 쌓아 결과물을 만들어낸다.

블록체인	누구나 열람할 수 있는 디지털 장부에 거래 내역을 투명하게 기록하고, 여러 대의 컴퓨터에 이를 복제해 저장하는 분산형 데이터 저장 기술이다. 즉 유용한 거래정보를 묶음으로 블록이 체인화되어 있고 사용자가 직접 관리하는 공공의 거래 장부이다.
가상 · 증강 현실	가상현실(VR)은 헤드셋과 같은 몰입을 위한 기기(HMD: Head Mounted Display)가 필요하며, 실제가 아닌 가상의 환경에 현실적인 이미지를 생성하는 것이다. 증강현실(AR)은 휴대폰이나 태블릿의 카메라와 같은 장치를 통해 디지털 그래픽과 사운드를 실제 환경에 겹쳐서 표시하여 콘텐츠를 제공하는 것이다.
디지털 트윈	DT(Digital Twin)는 가상과 유사한 현실을 쌍둥이처럼 만들어가는 기술을 의미한다. 즉 다양한 물리적 시스템의 구조 및 작동을 나타내는 데이터와 정보의 조합으로 현재의 운용상태를 이해하고 가상의 공간에서 미래를 예측할 수 있는 시스템이다.
로봇 프로세스 자동화	RPA(Robotic Process Automation)는 사용자 PC상에서 이루어지는 단순 반복 업무를 마치 정해진 규칙과 워크플로에 따라 자동으로 수행하게 해주는 물리적 로봇이 아닌 프로그래밍한 소프트웨어이다.
전사적 자원관리	ERP(Enterprise Resource Planning)는 기업 내 업무를 통합정보시스템으로 구축하여 처리하는 것을 의미한다. 즉 인사 · 재무 · 생산 · 마케팅 등 기업의 전 부문에 걸쳐 독립적으로 운영되던 시스템을 하나로 통합하여 기업 내의 인적 · 물적자원의 활용도를 극대화하고자 하는 경영혁신시스템이다.
제조실행 시스템	MES(Manufacturing Execution System)는 현장의 실시간 데이터를 이용하여 주문에서 생산활동을 최적화할 수 있는 정보를 제공하며 이를 통해 부가가치 없는 활동을 줄이고 효율적인 공장운영을 하도록 지원하는 시스템이다.
에너지관리 시스템	FEMS(Factory Energy Management System)는 공장 내 설비의 에너지 측정에서 모니터링, 분석, 계획, 그리고 제어를 통해 공장 내에 공급, 소비되는 에너지를 최적화시켜주는 에너지관리시스템이다.

14.2 | ESG와 디지털 트랜스포메이션

14.2.1 ESG와 데이터

기업의 다양한 ESG 활동에 대한 성과를 기록한 〈지속가능경영보고서〉는 2030년부터 코스피 상장사 모두를 대상으로 정보공시가 의무화된다. 기업에서 가장 먼저 명확한 이해와 준비가 필요한 부분이 바로 ESG 데이터이다.

ESG 데이터란 "기업이 경영활동을 수행하는 데 필요한 내 · 외부의 모든 데이터를 글로벌

ESG 정보공개 기준으로 통합 및 재가공한 데이터"라고 정의할 수 있다. 다시 말해서 ESG 데이터는 기업들이 새로 생성하는 것이 아니라, 개발, 구매, 마케팅, 영업, 생산, 물류 등 기존의 경영활동을 통해 이미 보유하고 있는 다양한 데이터를 ESG 관점으로 재해석한 데이터이다.

그러므로 기업에서는 글로벌 ESG 정보공개기준에 대해 이해해야 한다. 그리고 이를 바탕으로 데이터가 언제 어떻게 생성되는지, 어디에 저장되어 있는지, 언제 어떠한 데이터를 공개해야 하는지에 대한 정의와 분석이 필요하다. 이렇듯 ESG 데이터는 단순한 결과 데이터뿐만 아니라 원인 데이터를 한눈에 볼 수 있도록 관리해야 한다.

데이터의 정확성과 신뢰성을 높이기 위해서 기업 스스로 ESG 데이터 기반으로 점검하고 정확한 원인 파악을 해야 한다. 이를 통해 지속적인 ESG 성과를 달성하기 위해 디지털 기반의 운영이 필요한 시점이다. 다시 말해 IT를 활용한 ESG 데이터의 디지털화가 필요하다.

14.2.2 디지털 트랜스포메이션(DX)

(1) 개념 및 정의

코로나19의 확산으로 인해 비대면 회의, 온라인 비즈니스 센터 운영, 온라인 교육, 재택근무 등으로 기존의 오프라인에서 온라인으로 전환되고, 더불어 다양한 디지털 기술 기반의 경험이 일상화되고 제품과 서비스의 디지털 전환이 가속화되고 있다.

디지털 트랜스포메이션(DX: Digital Transformation)은 해석하면 디지털 전환이라고 한다. 디지털 트윈(DT: Digital Twin)과 혼동할 수 있어 DX라고 한다. 'X'는 교차(cross), 변화(trans) 등의 의미를 담고 있어 'T''대신 'X'를 사용한다. 광의의 의미는 디지털 기술로 사회 전반에 적용하여 사회구조를 전환하는 혁신을 일으키는 것이라 할 수 있다. 협의의 의미로는 비즈니스의 모든 영역과 비즈니스 프로세스에 디지털 기술을 결합하여 기업의 전통적인 운영방식과 서비스 등을 혁신하는 것을 말한다. 4차 산업혁명 시대에 맞추어 아날로그 사고와 방식을 디지털이라는 변화의 DNA를 도입하여 기업 전체를 근본적으로 바꾸는 것이다. 사물인터넷, 빅데이터, 인공지능 등의 디지털 기술을 가져와 제한된 프로세스에 적용하는 것이 아니라,

기업의 조직, 프로세스, 운영관리 등 일하는 방식까지 변화를 해야 하는 것이 진정한 디지털 트랜스포메이션이라 할 수 있다.

[그림 14-2] DX 개념도

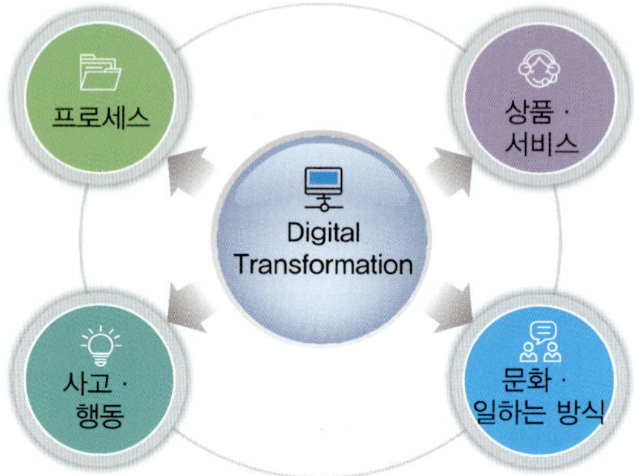

출처: 산업일보

시장조사 전문기관 IDC는 DX를 "기업이 새로운 비즈니스 모델, 제품, 서비스를 창출하기 위해 디지털 역량을 활용함으로써 고객 및 시장의 파괴적인 변화에 적응하거나 이를 추진하는 지속적인 프로세스"라고 정의했다.

ROA 컨설팅은 "기존의 전통적 제조기업의 비즈니스 방식에서 벗어나 실시간 데이터 수집-분석 기술역량을 바탕으로 양면-다면의 다양한 생산자-소비자가 새로운 가치 획득이 가능한 생태계 중심 플랫폼 비즈니스로 전환되는 현상을 통칭한다"고 정의하기도 했다.

DX는 다양하게 정의되고 있으나 공통적인 요소를 모아 정리해 보면, DX는 기업의 목표 달성을 위해 디지털 기반으로 기업의 조직, 시스템, 프로세스, 문화, 커뮤니케이션, 가치사슬, 비즈니스 모델을 근본적으로 변화시키는 경영전략이라고 정의할 수 있다.

DX는 크게 '기술적인 부분'과 '구조적인 부분'으로 나눌 수 있다. 사물인터넷, 빅데이터, 인공지능, 로봇 등 디지털 기술이 적용되는 것이 DX의 기술적인 부분이다. 구조적인 부분은 IT 등 디지털 기술의 도입으로 끝나는 것이 아니라 기업 조직변화의 전략을 통해 비즈니스 프로세스의 변화로 조직혁신, 비즈니스 혁신을 지향하는 것이다.

DX 추진전략은 최신의 디지털 기술만을 고집하는 것이 아니라 기업의 규모와 수용역량에 따라 적합한 디지털 기술을 선택하여 추진하는 것이 중요하다.

제조업 DX의 개념은 현실에서 생성된 데이터와 사물인터넷, 인공지능, 클라우드와 같은 디지털 기술을 활용하여 고객이 경험하지 못했던 새로운 가치를 창출하는 활동이라 할 수 있다. 즉 제조업의 전후방에 있는 공급사와 고객사와의 상호 관련 업무에서 생성된 빅데이터를 업무 기능별 데이터베이스에 축적하고, 이를 디지털 기술을 활용하여 업무 효율성과 생산성 향상은 물론, 다양한 고객 요구를 충족시킬 수 있는 실시간 맞춤형 서비스를 제공하는 것이다.

[그림 14-3] 제조업 DX의 개념

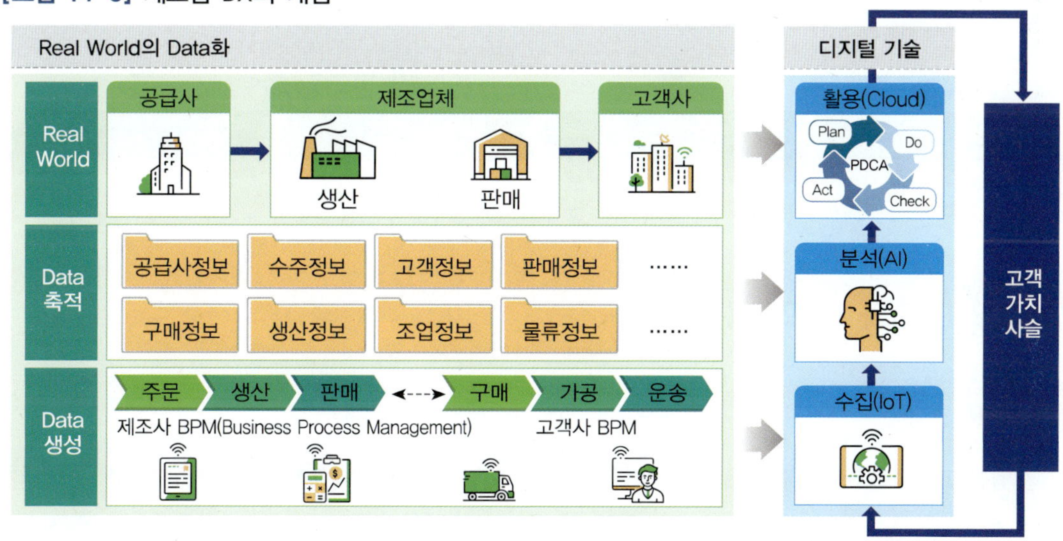

출처: POSRI(2021)

제조업 DX의 진화과정은 [그림 14-4]와 같이 4단계로 발전한다.

- **기업 전사 디지털화 단계:** 제조운영의 스마트 공장을 넘어 경영 전반의 디지털화를 통한 기업 내부의 생산성과 효율성을 향상시키는 단계이다.
- **공급사슬 통합 단계:** 전후방에 있는 공급사는 고객사와의 디지털 연결을 통한 거래비용 최소화로 실시간 대량 맞춤 생산(Mass Customizing)을 실현하는 단계이다.

• **플랫폼 등장:** 플랫폼 기반의 새로운 비즈니스 부상은 산업 간 영역 붕괴와 과거에는 경험하지 못했던 새로운 비즈니스의 등장으로 새로운 수익 모델을 창출하는 단계이다.
• **디지털 기반 사회적 가치창출:** 최근 부각하고 있는 안전과 환경 이슈에 대한 디지털 역할로서 사회적 혁신을 도모하는 단계이다.

[그림 14-4] 제조업의 4단계 DX 진화 과정

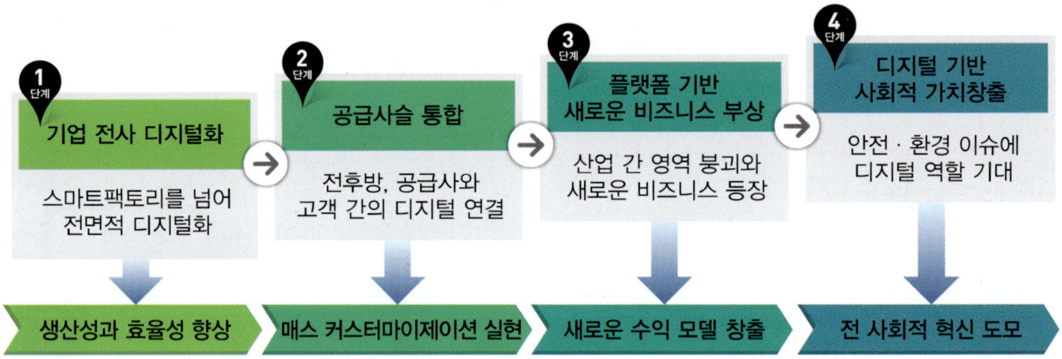

출처: POSRI(2021)

14.2.3 ESG와 DX의 융합

(1) 개념

기업은 ESG 목표를 달성하기 위한 구체적인 실행방안을 추진함과 동시에 DX를 통한 디지털 혁신을 추진해야 한다.

ESG 활동은 비재무적이지만 투자자들은 ESG 성과로 투자를 결정한다. 이에 따라 기업은 ESG 활동으로 나타나는 결과를 수치로 보여주어야 한다. ESG의 비재무적 요소를 디지털 기술과 융합하여 데이터 분석 및 가시화하고, 투자자 및 이해관계자들에게 기업의 ESG 성과에 대해 파악 및 이해할 수 있도록 해야 한다. 여기서 중요한 것이 데이터이며, 디지털화(Digitalization)를 통해 생성할 수 있다.

DX는 디지털화를 포함하여 새로운 가치창출과정까지의 모든 활동을 의미한다. 또한 DX는 데이터와 IT 기술의 활용으로 새로운 가치를 창출하는 것이다.

ESG와 DX를 융합한 ESG DX는 "평가에서 경영에 이르는 전반적인 ESG 활동에 있어서 디지털 기술 도입을 통한 모든 ESG 정보들을 데이터로 관리하고, 기존 ESG 경영에서 수행하기 어려웠던 활동들을 디지털 기술로 해결하는 혁신적인 디지털 전환"이라고 정의할 수 있다.

ESG와 DX의 융합은 전략적 선택이다. ESG 경영을 추진하기 위해 가장 필요한 것은 기업 내 데이터 확보이다. 기업활동 전반에서 생산하는 데이터를 구조화하고 재구성해 비즈니스 전략에 녹이는 것이 우선되어야 ESG 정보공시와 사업 전환을 계획할 수 있다. 대기업은 협력사와 그룹사를 관리할 수 있는 시스템을 만들고, 중소·중견기업은 스스로 ESG 경영을 점검할 수 있는 생태계를 구축해야 한다.

ESG 경영 및 정보공개에 해당하는 주요 ICT 기술은 데이터 수집-전송-저장-분석-정보제공을 통해 사용자의 요구사항을 충족시키는 기술로 [그림 14-5]와 같다. 현장의 데이터를 수집하여 유무선통신으로 전송되고 데이터베이스 내 저장된다. 다양한 외부 데이터와 연계하여 관리사항을 파악하고 의사결정에 활용할 수 있다. ESG 관리지표로 사용하거나 ESG 정보공개를 위한 데이터로 사용할 수 있다.

[그림 14-5] ESG 경영을 위한 ICT 기술 개념도

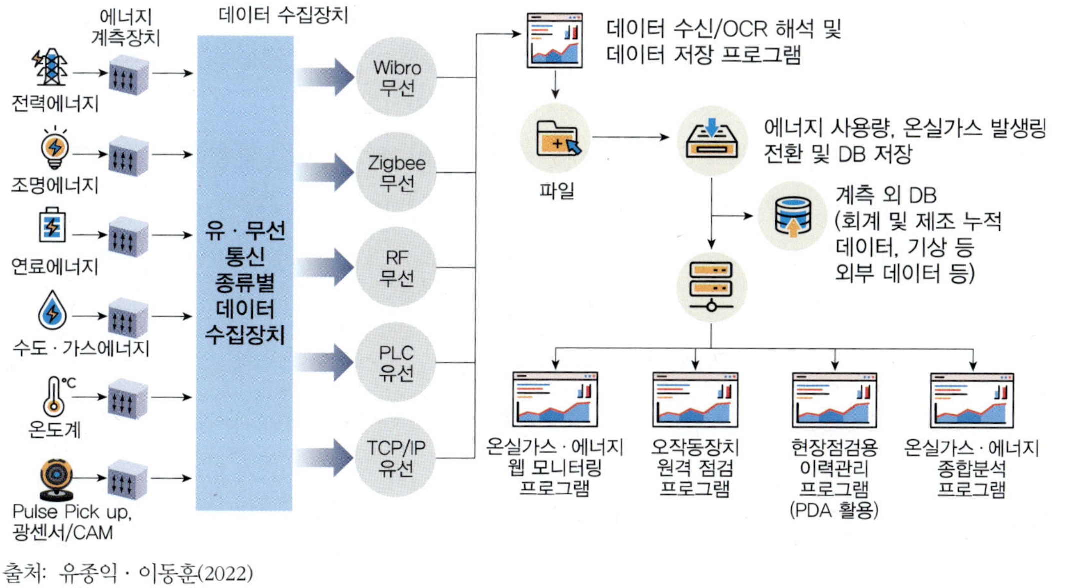

출처: 유종익·이동훈(2022)

(2) 특징

ESG DX의 특징은 ESG 관련된 활동에 디지털 기술을 융합시켜 업무의 효율성을 높이고, 투자자와 이해관계자들에게 투명하게 공개하여 신뢰를 제공하는 것이다.

- **효율성**(Efficiency): 최소한의 투입으로 기대하는 결과를 얻는 것을 의미한다. ESG 경영에서는 디지털화된 데이터를 투입하여 최대의 성과를 창출할 수 있다.
- **객관성**(Objectivity): ESG 데이터는 보편타당성을 근거로 매우 객관적인 성격을 가지고 있다.
- **정확성**(Accuracy): 디지털 기술의 융합으로 데이터의 오차가 작고 정확성이 높다.
- **신뢰성**(Reliability): ESG 데이터를 디지털 기술 융합과 함께 미래 예측 가능성의 정도를 향상시킬 수 있을 만큼 신뢰가 높다.
- **투명성**(Transparency): 디지털 데이터는 투명성이 확보되어야 한다. 모든 데이터는 이해관계자들이 동일한 방법으로 접근할 수 있도록 관리되어야 한다.

ESG와 디지털 기술을 접목하는 것은 어렵지 않다. ESG를 데이터로 가시화하고 계량화하여 나타내는 일이 가능하다. 현장의 데이터를 IoT를 통해 정확하게 측정 및 확보하고, 데이터 분석 및 계량화를 통한 가시화는 빅데이터 분석기술과 인공지능을 활용할 수 있다.

인공지능은 대량의 데이터를 처리하고 데이터를 기반으로 학습하고 의사결정하여 실행할 수 있다. 즉 학습하고 미래를 예측하여 의사결정을 수행할 수 있는 역량을 보유하고 있다는 점에서 오늘날 4차 산업혁명 및 DX의 핵심기술이 되었다.

사물인터넷, 빅데이터, 클라우드, 인공지능 등 혁신적인 IT 기술을 활용해 디지털화된 데이터로 새로운 가치를 창출하는 과정이 DX이다. ESG 평가에서는 정확한 측정이 중요하다. 측정을 통해 얻은 데이터의 활용이 가치창출 측면에서는 더 중요한 요소일 수 있다.

(3) 전산화, 디지털화 및 DX 비교

DX를 위해서는 아날로그 형태를 디지털로 변환하는 전산화 단계와 산업에 정보통신기술을 활용하는 디지털화 단계를 거쳐야 한다. 세 가지 용어를 혼동하여 사용하는 경우가 많아 각각의 일반적인 의미를 아래와 같이 정리하였다.

- **전산화**(Digitization): 비즈니스, 제품 및 프로세스에 대한 아날로그 정보를 디지털 형태로 수집하는 것을 의미한다. 예를 들면 종이문서 스캔, 엑셀 스프레드시트에 데이터 입력 등이라 할 수 있다.
- **디지털화**(Digitalization): 디지털 형식으로 데이터를 활용하는 기능적 프로세스를 구축하거나 개선하기 위한 디지털 기술 분야이다. IoT, IIoT, 빅데이터, 블록체인 등의 기술로 실현 가능하다. 예를 들면 CAD 환경에서 제품 설계 또는 수작업이 아닌 IoT 플랫폼을 통한 제조 데이터 수집과 분석 등이라 할 수 있다.
- **디지털 트랜스포메이션**(DX): 상호 연결된 기능적 프로세스를 디지털화하고, 비즈니스 프로세스 및 전략 수립으로 새로운 혁신 및 가치를 창출하는 것을 의미한다. 예를 들면 IoT 및 AI 등의 디지털 기술을 활용한 비즈니스 프로세스 혁신 등이라 할 수 있다.

[그림 14-6] 전산화 vs 디지털화 vs DX

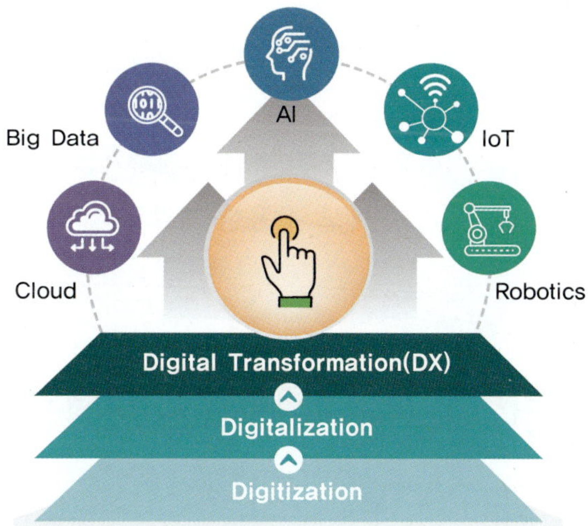

출처: 한국정보통신기술협회

(4) ESG와 DX 비교

기업들은 4차 산업혁명 시대에 맞추어 디지털화되어 가는 시장에 대응하기 위해 DX를 도입하기 위해 노력하고 있다. DX의 행태는 기업경영 환경에 따라 다양하게 나타날 수 있다. 데이터의 수집 및 관리, 활용을 통한 원가절감과 생산관리의 효율화 및 최적화 등을 추구한다는 점에서 기업운영 전체를 혁신하는 ESG 경영과 유사하다는 공통점이 있다.

DX는 생산과정에 투입되는 원료 및 에너지를 최적화하여 환경을 보호하거나 기업 내부관리를 통해 산업재해를 예방하는 등 환경 및 사회요소에 기여할 수 있다. 그뿐만 아니라 최근 시행 중인 내부회계관리제도의 디지털화를 통해 지배구조요소까지 매우 긍정적인 영향을 미칠 수 있다. 이러한 DX는 ESG와 밀접하게 연동될 수 있는 도구이다.

표 14-2 ESG와 DX 비교

구분		ESG	DX
차이점	등장 배경	이해관계자 요구	경제활동의 디지털화
	규제 정도	연성 규범으로 적용	규제 없음
공통점	적용대상	기업활동 전반	
	결과물	경영방식 개선	

출처: 양희원(2021)

DX를 활용한 ESG 경영을 도입하면 기업의 ESG 활동에 대한 데이터가 축적되어 시너지효과가 발생한다. 해당 데이터를 기반으로 향후 기업의 지속가능한 성장을 위한 정보로 이용할 수 있을 뿐만 아니라, ESG 평가 시에도 유용한 자료로 활용될 수 있다.

14.3 | ESG와 디지털 트랜스포메이션 국내외 정책

그린 뉴딜 정책을 중심으로 국가별 주요 동향을 살펴본다. 그린 뉴딜은 '그린(Green)'과 '뉴딜(New Deal)'의 합성어로, 환경과 사람이 중심이 되는 지속가능한 발전정책을 의미한다. 즉 기후변화 대응, 에너지 전환 등 환경에 대한 투자를 통해 침체된 경기부양과 고용촉진을 이끌어내는 정책을 말한다. 이는 기존 경제·산업시스템에 대한 혁신으로, 기후위기 대응과 탄소중립을 실현하는 수단으로 불평등 해소와 녹색 일자리 창출을 목표로 하는 탈탄소 경제사회로의 대전환을 의미한다.

보스턴컨설팅그룹(BCG)에서 전 세계 850여 개 기업을 대상으로 진행한 설문조사에 따르면, 이 중 60% 이상의 기업이 ESG 요소를 디지털 이니셔티브로 선택할 정도로 기업의 디지털화 우선순위에서 ESG가 주요 기준이다. 기업은 디지털화를 통해 효율적인 업무처리와 투명성을 확보할 수 있고 축적된 데이터를 기반으로 ESG 경영 측면에서 방향성을 제시하고 구체적인 실행전략에 대해 논의할 수 있는 토대가 만들어진다.

트윈 트랜스포메이션은 DX를 활용하여 기업의 시스템과 프로세스를 표준화하는 등 비즈니스 모델을 개선할 수 있다. 동시에 ESG와 DX를 추진하기 위해 업무 프로세스를 개선하는 과정에서 중복으로 발생하는 비용과 비효율을 줄일 수 있다.

14.3.1 해외 동향

(1) 유럽연합

EU 집행위원회는 2019년 12월, 2050년 탄소중립 목표 달성을 위해 사회 전 분야에 대한 전환을 목표로 '유럽 그린딜(European Green Deal)' 정책을 발표했다. 유럽 그린딜은 크게 6개 분야인 에너지, 산업, 건축, 수송과 친환경 농식품 및 생물다양성 보존에 집중하여 탄소배출 정책 시행을 담고 있다.

그리고 2021년 3월에는 이를 구체화하여 AI와 빅데이터 등 디지털 신기술의 활용을 근간으로 하는 '그린 디지털 트랜스포메이션(Green and Digital Transformation)'을 발표했다. "혁신적이고 지속가능한, 포괄적이고 탄력적인 사회 및 경제에 기여하는 동시에 지속가능한, 기후중립적인, 주기적인, 제로 오염 경제로의 전환 가속화"의 내용을 포함하고 있다. 이에 EU는 IT를 활용한 ESG 경영혁신에 속도를 내고 있다. 컨설팅업체인 엑센추어(Accenture)는 이를 '트윈 트랜스포메이션(Twin Transformation)'이라는 개념으로 설명하고 있다.

ESG와 DX, 이 둘은 독립적으로 움직이는 것이 아니라 쌍둥이처럼 함께 달성된다는 의미이다. 즉 기업이 디지털 혁신과 지속가능성이라는 두 개의 목표를 함께 달성해야 한다는 것이다. 트윈 트랜스포메이션에서 ESG와 디지털 기술 간의 중요한 공통요소를 찾아서 정리하면 다음과 같다.

- Digital for Environment: 에너지, 모빌리티, 농업, 건설 및 산업과 같은 우선순위 영역에서 환경 중립성으로의 전환을 가속화하기 위한 디지털 기술개발
- Digital for Social: 녹색 거래나 저배출 및 디지털 기술에 대한 투자와 이를 적절히 활용할 수 있는 공공과 민간의 기술과 역량을 활용한 양질의 일자리 확보
- Digital for Governance: 고품질 데이터, 데이터 분석 모델 및 에너지 효율적인 인공지능 기반 솔루션 활용을 통한 경제활동계획 등 지속가능한 의사결정체계 마련

EU 집행위원장은 2021년 2월에 열렸던 뮌헨 안보회의에서 새로운 글로벌 의제로 2030년까지 성공적인 디지털 전환을 목표로 하는 '2030 디지털 컴퍼스(2030 Digital Compass)'를 발표했다. 기후변화와 디지털 전환을 강조하는 등 최근 EU가 마련하고 있는 정책의 방향이 기후변화와 디지털에 중점을 두고 있다. 디지털 컴퍼스는 디지털 시민 및 전문가 양성, 지속가능한 디지털 인프라 구축, 기업의 디지털 전환, 공공서비스의 디지털화 등에 계량화된 구체적인 목표를 제시하고, 디지털 환경에서의 규제, 역량 강화, 기술문제 해결 등 국제협력방식을 정책안으로 하고 있다.

2021년 3월 EU는 '유럽 그린 디지털 연합(EGDC: European Green Digital Coalition)'을 출범시켰다. EGDC는 유럽 내외의 녹색경제와 디지털 혁신 지원을 공동의 목표로 가진 선도적인 기술기업들이 최초로 설립한 연합이다. EU는 기후변화, 대기오염, 천연자원 고갈, 멸종 위기 생물 등 환경문제에 대응하기 위해 디지털 네트워크 및 기술, 애플리케이션의 핵심역할을 강조하기 위해 EGDC 연합을 설립했다. 또한 다양한 업계에서 친환경, 디지털 솔루션의 개발과 구축에 적극적으로 투자할 계획으로 SAP, 다쏘시스템, 슈나이더를 비롯해 보다폰, 도이치텔레콤 등 디지털화 분야 솔루션 및 서비스 대기업 26개사가 주요 창립회원으로 가입했고, 45개 중소기업도 참여했다.

(2) 미국

기후위기와 사회·경제적 불공정 문제를 극복하기 위해 2019년 2월 7일 그린 뉴딜 결의안을 제출하였다. 이는 양질의 일자리와 사회 번영과 경제적 안전망 제공, 구조적 불공정 해소를 위해 전례 없는 규모의 국가적 지원과 역량 동원을 촉구하는 내용이다. 5대 그린 뉴딜

목표 및 향후 10년 내 청정에너지원으로 전력 수요 100% 충당, 건물 에너지효율 개선, 청정 생산공정 확산, 지속가능한 식량, 물, 교통, 보건, 폐기물관리시스템 구축, 생태계 복원 등의 14개 프로젝트를 제시하였다.

5대 그린 뉴딜 목표는 다음과 같다.

- 모든 공동체와 근로자의 공정하고 정의로운 전환을 통한 탄소중립 달성
- 수백만의 양질의 일자리 창출과 경제 안보와 번영 보장
- 21세기 도전과제에 지속가능한 방식으로 대응할 수 있도록 인프라와 산업에 투자
- 모든 세대에 대해 깨끗한 물과 공기, 기후와 공동체 회복 탄력성, 건강한 음식, 자연에의 접근성, 지속가능한 환경 보장
- 원주민, 유색인종 및 이민자, 빈곤층 등 사회적 약자에 대한 억압 금지를 통한 정의와 형평성 증진

막대한 재정 투입이 소요될 것으로 예상되어 미 상원에서 부결되었으나 기후위기뿐만 아니라 사회적 문제를 해결하는 구조적 전환을 다룬 포괄적 계획이라는 의의가 있다. 바이든 대통령 취임 이후 파리협정에 재가입하였고, 2050년까지 탄소중립 달성, 청정에너지 중심 2조 달러 투자 등 그린 뉴딜의 기조를 반영한 정책을 펴고 있다.

14.3.2 국내 동향

우리나라는 2020년 7월 코로나19의 위기를 기회로 삼기 위해 '한국판 뉴딜' 정책을 추진했다. 비대면 수요가 급증하면서 전 산업 분야에서의 디지털 전환의 가속화, 저탄소·친환경 경제에 대한 요구가 증가하며 그린경제로의 전환, 경제·사회구조 대전환과 노동시장 개편을 통해 양극화가 심화되고 있는 상황을 돌파하기 위해 디지털 뉴딜, 그린 뉴딜, 휴먼 뉴딜(안전망 강화) 등 세 분야를 선정하여 세부 추진과제 28개(디지털 뉴딜: 12개, 그린 뉴딜: 8개, 휴먼 뉴딜: 8개)를 발표하였다. 세부 추진과제 중 선정기준에 부합하고 미래 비전을 제시하는 10대 대표과제를 별도로 선정하였다.

[그림 14-7] 10대 대표과제

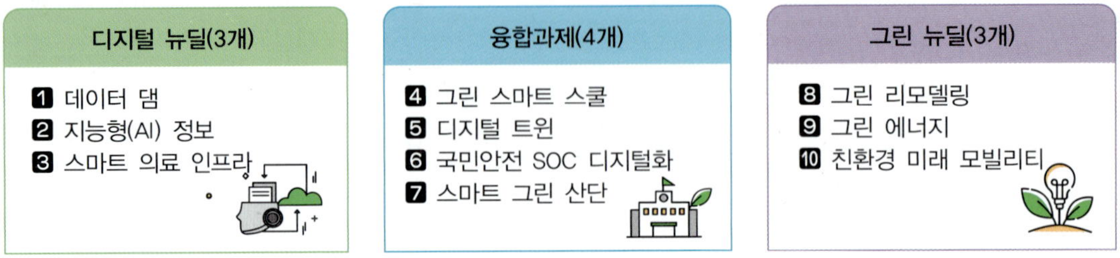

출처: 한국판 뉴딜 홈페이지

이후 2022년 2월, 한국판 뉴딜의 성공적인 추진과 민간의 적극적인 참여를 위하여 '2022년 3월 한국판 뉴딜 주요 사업 추진계획'을 발표하였다. 주요 내용은 다음과 같다.

- **디지털 뉴딜**: 비즈니스 혁신 및 새로운 서비스 창출을 위해 양질의 데이터 수집 · 활용 · 유통 등을 지원하는 '빅데이터 플랫폼 및 센터 구축 사업(약 700억 원)'을 본격 진행할 예정이다.
- **그린 뉴딜**: 친환경 미래 모빌리티 전환을 가속화할 계획이며, 해양부문 탄소중립 달성과 농업부문 친환경 전환, 산업부문 탄소중립 달성을 위한 노력도 지속적으로 추진할 계획이다.
- **휴먼 뉴딜**: 교육 · 훈련 · 자격 등 여러 경로로 습득한 개인별 직무능력정보를 저축 · 통합 관리하여 취업 등에 활용할 수 있도록 지원하는 '직무능력은행제' 사업을 추진할 계획이다.
- **지역균형 뉴딜**: 지자체 대상 컨설팅 등을 통해 2023년 지역균형 뉴딜 국비지원 신규 사업을 본격 발굴할 계획으로 디지털 · 그린 중심의 지역 신규 사업 발굴 · 지원을 통해 한국판 뉴딜의 지역 확산이 더욱 가속화될 것으로 기대한다.

한국판 뉴딜이 추구하는 우리 경제 · 사회의 미래 변화상은 세 가지이다.

- 미래산업과 행정혁신을 선도하는 안전 · 편리한 '똑똑한 나라'
- 사람-환경-성장 조화+국제사회 기후 논의 선도하는 '그린 선도 국가'
- 실업 불안 벗어나고 격차로 좌절 없는 '더 보호받고 더 따뜻한 나라'

14.4 | ESG와 디지털 트랜스포메이션 활용 사례

최근 기업경영의 주요 전략인 ESG와 DX는 개별적인 전략이기도 하지만 다수의 글로벌 기업들은 디지털 ESG 경영으로 시너지를 창출하고 있다. 효율성이 낮은 분야나 높은 투명성이 요구되는 분야에서부터 디지털 기술을 활용하여 기업환경에 맞추어 적용함으로써 한 단계 진화한 ESG 경영을 추구할 수 있다.

14.4.1 환경 분야

(1) 인공지능 적용 사례

비누, 라면, 식용유, 초콜릿 등의 제품에는 팜유가 사용된다. 도브 비누와 바셀린 로션을 생산하는 유니레버(Unilever)도 그린피스 등 환경단체들이 산림을 파괴하지 않고 팜유를 생산하는 업체에서만 팜유를 구매하라는 압력을 받아왔다. 유니레버는 2020년 8월 인공위성과 GPS 기술을 활용해 수집한 데이터를 기반으로 인공지능시스템을 개발하여 인도네시아 팜유 생산지의 물류량을 실시간 모니터링하는 프로그램을 도입하였다.

이 기술의 핵심은 GPS 데이터 신호를 통해 팜유 농장과 제조공장 사이의 교통량이 일정한 지역을 확인하여 원료 생산농장을 실시간으로 추적하는 것이다. GPS 신호로 운송트럭의 이동 패턴을 파악하고, 교통량이 일정한 장소를 확인하는 방식이다. 이로 인해 팜유가 어느 농장에서 재배하였는지, 팜유 제조공장으로 어떻게 이동하는지 등을 세부적으로 모니터링할 수 있다. 또 산림 벌채가 일어나는 현장도 파악이 가능하다. 이러한 기술은 수만 개의 위성 영상, 지리 위치 데이터, AI, 데이터 과학 등을 융합한 것이며, DX와 ESG를 결합한 트윈 트랜스포메이션의 대표적인 성공 사례이다.

유니레버와 유사하게 네슬레(Nestlé)도 인공지능을 활용한 원료 채굴 모니터링으로 산불 발생 여부, 산림 훼손 여부 등을 감시하여 투명성을 보장하고 있다. ESG 경영을 잘하는 기업으로 알려져 있었으나, 그린피스 등 환경단체로부터 팜유 공급농장의 산림 훼손으로 인한 오랑우탄 서식지 파괴를 간과하고 있다는 비난을 받았다. 산림보호 플랫폼 스탈링(Starling)과 협업하여 세계 최초로 인공위성 기반 AI 기술과 GPS 기술을 활용하여 팜유 인근 농장 숲을 실시간 모니터링하고 있다. 원료 조달과정의 친환경성까지 디지털 기술을 통하여 실시간으로 관리하고 정보를 투명하게 제공함으로써 그린워싱(Greenwashing) 오명에서 벗어나고 기업 이미지에 긍정적 효과를 얻고 있다.

세계 규모 6위의 일본 최대 정유업체 에네오스(ENEOS)는 제조공정에서 배출된 이산화탄소를 회수해서 합성하는 연구를 진행하고 있다. 인공지능를 통해 공장이 배출하는 이산화탄소에서 e-메탄올(e-Methanol), e-디젤(e-diesel)과 같은 새로운 에너지원인 인공합성연료(e-fuel)를 발굴할 수 있다. 석유의 주성분은 탄소와 수소의 화합물이다. 수소와 이산화탄소를 촉매제와 함께 합성하면 석유와 거의 유사한 성분의 연료를 만들 수 있다. 이 과정에서 촉매제의 성능이 핵심으로 이를 찾는 데 인공지능을 이용한다. 과거의 실험 데이터와 보고서를 인공지능에 학습시키고, 적합한 재료 조합을 예측한다. 이를 기반으로 막대한 수의 원자 조합을 가상공간에서 시험하고, 최적의 값을 찾아낸다. 그렇게 인공지능이 합성 실패 가능성이 낮고 효율은 높은 촉매 조합을 도출하는 것이다. 실제로 한 번의 화학반응으로는 20% 수준의 사용 가능 연료를 얻을 수 있는데, 인공지능을 활용하면 최대 60%의 효율성을 기대할 수 있다.

재료 감지 센서가 있는 '스마트 쓰레기통'은 인공지능 기반의 디지털 기술을 이용해서 폐기물이 매립지에 들어가는 것을 방지하고, 축적된 데이터 분석을 통해 버려지는 재료 이용을 최소화하는 데 기여한다. 노르웨이의 리사이클링 전문업체 '톰라(TOMRA)'는 대규모의 재료 샘플링에서 수집한 정보를 기반으로 정확한 인공지능 알고리즘을 개발하였다. 핀란드의 '젠로보틱스(ZenRobotics)'는 머신러닝과 로봇공학을 인공지능 기반 회수시설에 접목시켜 폐기물 처리과정에서 희귀 재료를 분류하고 재활용률을 높이는 데 활용하였다. 이는 모두 인공지능 기술을 이용하여 폐기물시설의 데이터 관리에 DX를 활용한 대표적인 사례이다.

국내 폐기물산업은 폐기물 배출-수거-운반-최종처리 등 가치사슬 전체를 통합적으로 관리하기 어려웠고, 관련 데이터 확보도 쉽지 않았다. 사업장에서 나오는 폐기물이 각 기업에서 자체적으로 관리되고 있음에도 불구하고 소통 등의 문제로 인해 효율성이 크게 떨어진 상태였다. 이를 해결하기 위해 SK에코플랜트는 프로세스 전 단계의 관리에 DX를 적용하여 폐기물 데이터를 확보하고 투명하게 관리하는 폐기물 배출관리 솔루션 '웨이블(WAYBLE)'을 개발하였다. 웨이블을 통해 수기 입력이 필수였던 인계서를 자동으로 생성하고, 환경부 신고 시스템 '올바로' 연동 기능을 탑재하여 필수로 등록해야 하는 폐기물 처리 관련 정보의 신고 누락 등의 문제를 사전에 차단할 수 있다. 또한 '스마트 배차' 기능을 통해 보다 효율적인 배차가 가능하다. 처리 의뢰한 폐기물이 소각·매립장까지 제대로 운송되는지 경로를 한눈에 파악할 수 있고, 폐기물과 관련한 분석 리포트도 제공한다. 웨이블의 AI 기술은 테슬라의 자율주행처럼 수많은 딥러닝 과정이 필요하다. 사람이 보기 힘든 미세한 폐기물까지도 구별해야 하기 때문이다. SK에코플랜트의 웨이블은 ESG 환경 분야에 투명성과 신뢰성을 제공하는 데 기여하고 있다.

(2) 디지털 트윈 적용 사례

프랑스를 대표하는 종합건설기업인 부이그 건설(Bouygues Constructions)은 전 세계 60여 개국에서 설계, 프로젝트 구축 및 운영 등 건설 및 인프라 사업을 활발히 펼치고 있다. 건설 프로젝트의 생산성 향상을 위해 디지털 트윈 기술을 이용한 클라우드 기반 3D 익스피리언스 플랫폼을 도입했다. 현실과 똑같은 상황을 만들어 현실에서 발생할 수 있는 상황을 컴퓨터로 시뮬레이션함으로써 결과를 미리 예측하는 것이다. 예를 들면 도시 전체를 온라인상에서 똑같이 구현해 여러 사회문제를 시뮬레이션한 국가 프로젝트 '버추얼 싱가포르(Virtual Singapore)'가 있다. 클라우드 기반의 디지털 트윈 플랫폼에서 실제 건물의 에너지 및 자원 활용 시스템과 동일한 조건으로 시뮬레이션해 친환경 건물을 빠른 시간 안에 제작할 수 있다. 저탄소 주택은 물 소비량 70% 감소, 폐수 40% 감소효과가 검증되었다. 이처럼 설계·건축·유지관리 전 과정에 디지털 트윈을 결합시켜 통합 건설 환경을 구축하는 동시에 저탄소 주택 건설 부문을 강화하여 미래 신성장 동력을 확보했다.

14.4.2 사회 분야

(1) 블록체인 적용 사례

BMW 그룹은 자동차산업의 복잡한 글로벌 공급망에서 원자재 및 부품 추적의 투명성을 보장하기 위해 블록체인 기술인 '파트체인(PartChain)'을 도입했다. 파트체인이 공급망 데이터의 변조 방지 및 지속적으로 검증할 수 있는 데이터를 수집 및 거래하는 데 큰 역할을 하고 있다. 더불어 광산에서 제련소에 이르기까지 주요 원자재를 완벽하게 추적하는 데 활용하고 있다. BMW는 블록체인 공급망을 통해 데이터를 익명화하고 산업 전반에 걸쳐 데이터를 안전하게 교환 및 공유할 수 있는 개방형 플랫폼을 만드는 것을 목표로 하고 있으며, 공급업체에 블록체인 솔루션을 도입하고 더 많은 협력사로 확대 적용할 계획이다.

[그림 14-8] 블록체인 기반 공급망

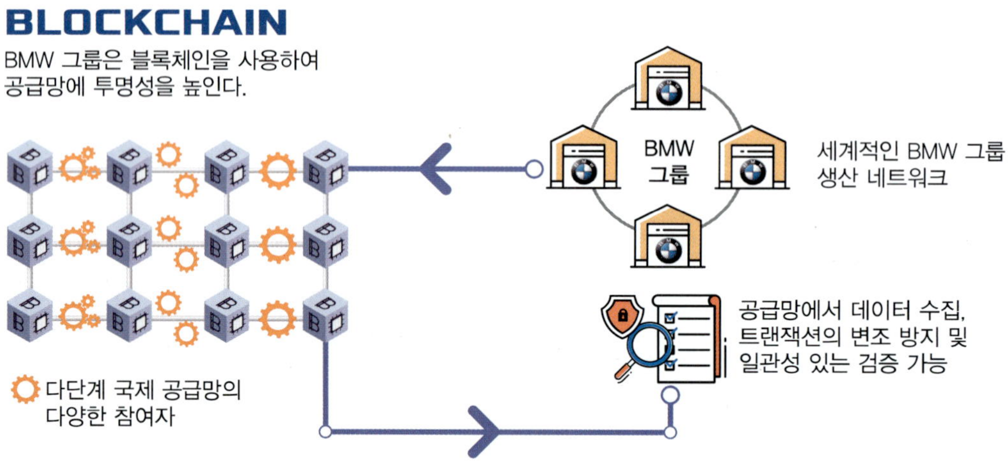

출처: BMW Group

볼보(Volvo)자동차는 블록체인을 이용하여 '책임 있는 공급망 블록체인 네트워크(RSBN: Responsible Sourcing Blockchain Network)'로 사회적 가치를 실현하고 있다. RSBN은 IBM 블록체인 플랫폼을 기반으로 광물 및 금속산업에서 지속가능한 공급망의 투명성, 추적성 및 검증을 개선하는 것을 목표로 하는 네트워크로 포드, 폭스바겐, LG화학 등이 참여하여 원자재 공급에서부터 사회적 가치를 추구하는 것이다.

콩고민주공화국(DRC)에서 대부분 생산되는 전기차 배터리의 주원료인 코발트를 채굴하기 위해 아동노동이 착취당한다는 사실이 알려지면서 사회적 이슈가 되었다. 이에 전기차 배터리 생산에 사용되는 원자재 추적 블록체인 기술을 활용한 윤리적인 원자재를 공급하고 사회적 감시망을 제공하는 시스템을 도입하여 원자재의 출처를 명확히 하고, 지속가능한 공급망을 구축하기 위해 앞장서고 있다.

[그림 14-9] 블록체인 기반의 원재료 추적시스템

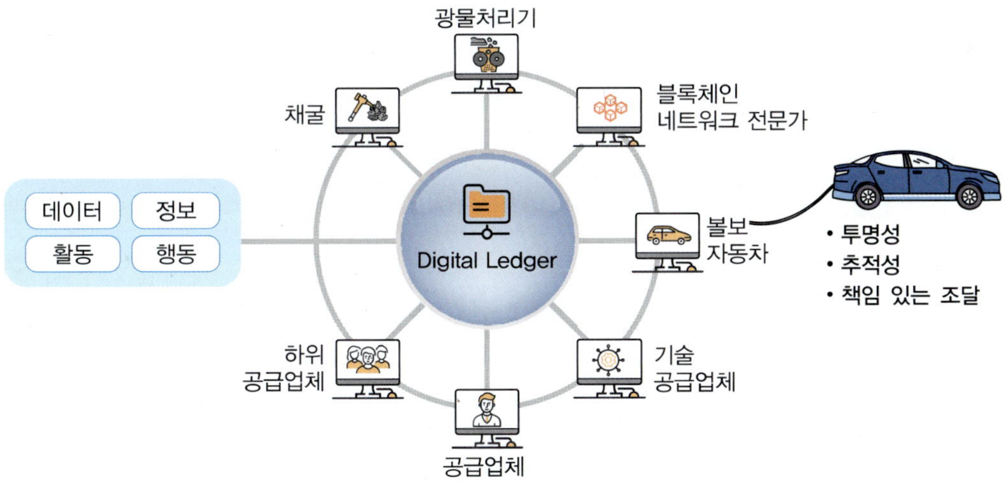

출처: 볼보자동차

스타벅스는 '커피 원두에서 컵으로(Bean to Cup)'라는 명칭으로, 위치추적에 투명성을 확보하기 위해 콜롬비아, 코스타리카, 르완다 등에서 커피의 원두를 추적하는 프로그램을 시작했다. 사회문제인 커피농장에서의 노동권 침해 등의 인권문제를 해결하고자 DX를 도입했다. 블록체인 기술을 활용하여 커피 생산과 유통 이력 등의 전 과정을 모니터링할 수 있는 앱 서비스를 출시하였다. 전 세계 커피농장의 생산과 제조공장, 물류센터의 유통과정을 해당 앱을 통해 확인할 수 있도록 했다. 이로 인해 스타벅스는 소비자에게는 원재료에 대한 윤리적인 사고를 고취함과 동시에 농장주에게는 경제적인 이익의 제공을 목표로 하고 있다. 또한 가격 · 유통에 있어 투명성을 제공하고 생산량과 제품 품질 향상에 기여하고 있다.

(2) 인공지능 적용 사례

현장에서 사고가 끊이지 않는 건설업계에서는 안전관리의 예방 측면이 중요해짐에 따라 IT를 활용해 안전사각지대를 해소하고 있다.

인텐스아이(Intenseye)는 머신러닝과 컴퓨터 비전 기술을 기반으로 산업현장에서 안전문제를 관리하는 데 인공지능을 활용한 사례이다. AI 시스템을 사람과 물체를 감지하도록 훈련하는 과정을 거치면서 95% 이상의 정밀도 수준으로 개발하여 실제 현장에 배치했다.

고성능 소프트웨어와 IP에 연결된 카메라를 기반으로 상시 자동화 모니터링과 이상을 감지하면 실시간 알려준다. 이를 통해 실시간으로 비디오 데이터 스트림을 처리하고, 비정상적인 이벤트를 신속하게 식별 가능하도록 설계하였다. 인텐스아이의 솔루션을 도입함으로써 산업현장에서 인명피해 등 재해 발생이 감소됨으로써 기업의 생산성을 향상할 수 있다. 이런 측면에서 산업현장에서 AI를 도입하는 것은 사회적 가치를 창출하는 것이다.

국내 대형건설사인 현대건설은 사물인터넷 센서 기반으로 터널, 빌딩 시공, 교량현장 등의 상황을 실시간으로 파악할 수 있는 원격위치 관제시스템을 도입했다. 이 시스템을 통해 관리 사각지대에서 발생하는 근로자의 안전사고 예방에 실시간으로 대응할 수 있다. 또한 10년간 시공한 전체 프로젝트에서 수집된 3,900만 건의 빅데이터를 인공지능이 분석하여 건설현장의 잠재적 재해 위험을 파악하는 '재해예측 인공지능'을 도입했다.

재해예측 인공지능은 현장관리자가 현장관리시스템에 입력한 예정 공사정보를 분석하여 유형별로 안전사고 발생 확률과 안전관리지침을 도출한다. 현장소장 및 관리자는 작업 당일 이메일과 문자메시지를 통해 사고예측정보를 받아 선제적인 안전관리를 할 수 있다. 10여 년간 축적된 데이터를 디지털화하여 인공지능을 통해 사전 안전관리라는 사회적 가치를 만들어낸 것이다.

「중대재해처벌법」이 아니더라도 산업일터에서의 안전관리는 ESG 경영 측면에서 매우 중요한 부분이다. 사물인터넷, 빅데이터, AI, 로봇 등의 디지털 기술은 근로자의 생명과 건강을 지켜주는 핵심적인 역할을 할 것이다.

14.4.3 지배구조 분야

(1) 로봇 프로세스 자동화(RPA) 적용 사례

하이네켄(Heineken)은 내부감사를 위한 샘플링을 기존에는 수작업에 의존하고 있었기 때문에 모집단의 5~10% 정도만 진행할 수 있었다. 이에 로봇을 사용하여 반복적인 작업을 효율화하는 RPA 기술과 텍스트 및 숫자 데이터가 아닌 자료도 판독할 수 있는 광학문자인식(OCR: Optical Character Recognition) 기술을 도입하여 샘플링 크기를 전체 모집단의 20~90%까지 확대하여 감사의 질을 향상시켰다. 아직은 비용이나 기술적인 측면에서 디지털 기술을 통한 내부감사가 활성화되지 않고 있다. 향후 디지털 감사기술이 보편적으로 보급되면 내부감사는 점차 사람의 개입을 배제한 실시간 기반의 디지털 감사로 전환될 것이다. 미래에 실시간 감사가 고도화된다면 공시가 적시에 이루어질 수 있고, 이해관계자들에게 정확하고 투명한 정보를 제공할 수 있게 될 것이다.

(2) 인공지능 적용 사례

최근에는 인공지능을 이용하여 ESG 평가에도 활용하고 있다. 데이터마이닝 전문업체인 트루밸류 랩스(Truvalue Lab)의 경우, 매일 생성되는 수많은 뉴스를 비롯해 13개의 언어로 된 10만 개 이상의 비구조화 텍스트 소스에 인공지능 기반기술을 적용하여 ESG 관련 데이터를 구축하고 있다. 1만 6,000개 기업의 수백만 개 데이터를 AI로 주기적인 업데이트를 하고 있다. 만약 사람이 매달 업데이트를 직접 한다면 50명이 필요한 수준이다. 독일의 금융지수 제공업체 솔랙티브(Solactive)가 만든 '솔랙티브 트루밸류 ESG 미국 지수'는 인공지능 기반의 평가지수이다. 이는 투자자들이 인공지능이 제공하는 실시간 데이터로 기업의 ESG를 자신의 투자와 직접 연결할 수 있도록 만든 것이다.

14.5 | ESG의 추진과 미래

14.5.1 ESG 경영 추진 프로세스

가트너(Gartner)는 지속가능성 및 ESG 경영을 위해 공급망 협력체계 구축, IT 기술 적용 가능성 검토, 디지털 기술 적용 극대화, 구체적인 온실가스 감축목표 설정, 데이터 품질 개선 등의 다섯 가지를 제시하였다. 특히 이 중 목표 설정에 있어서 구체적인 핵심성과지표(KPI)를 선정함으로써 KPI 설정 및 이에 대한 노력이 기업의 운영, 공급망과 가치사슬을 연결하는 중요한 요건임을 강조하였다. 매경이코노미에서는 경영자를 위한 ESG 경영의 성공적인 수행을 위한 필요전략을 아래와 같이 제시하였다.

- ESG 활동의 객관적 수치화 및 계량화가 필요하다.
- 최소한 메이저 평가기관의 평가지표에 맞춘 대응이 필요하다.
- ESG 정보의 적극적인 공시에 노력할 필요가 있다.
- 전사 차원의 체계적인 운영시스템을 구축할 필요가 있다.
- 비즈니스 모델에 ESG 경영을 접목시켜야 한다.
- ESG 활동의 본질은 기업생존을 위한 수단이므로 그린워싱(Green Washing)은 지양해야 한다.
- ESG 경영의 일환으로 세금을 납부하고 사회적 가치를 창출하며 환경 관련 세제를 감면받는다는 자세가 바람직하다.
- 장기적인 관점에서 ESG 경영을 하며 성과를 추구해야 한다.
- 기업을 인수할 경우에도 반드시 객관적인 자료를 토대로 하여 진행할 필요가 있다.
- ESG는 단독으로 성과를 내는 것이 어렵기 때문에 협력업체와 네트워크를 구축할 필요가 있다.

위 내용의 핵심은 ESG 활동의 계량화, 주요 평가기관의 평가지표에 맞춘 대응, ESG 정보의 적극적인 공시, ESG 활동은 기업생존의 문제라는 인식 등을 토대로 장기적인 관점에서 추진할 필요가 있다는 것으로 요약할 수 있다.

기업은 장기적이고 지속가능한 성장을 위한 가치창출을 위해 ESG 경영전략을 수립해야 한다. ESG 경영은 아래와 같이 단계적으로 이루어져야 한다. 이 프로세스는 한 번으로 끝나는 것이 아니라 반복적으로 진행되어야 한다.

[그림 14-10] ESG 경영 추진 프로세스

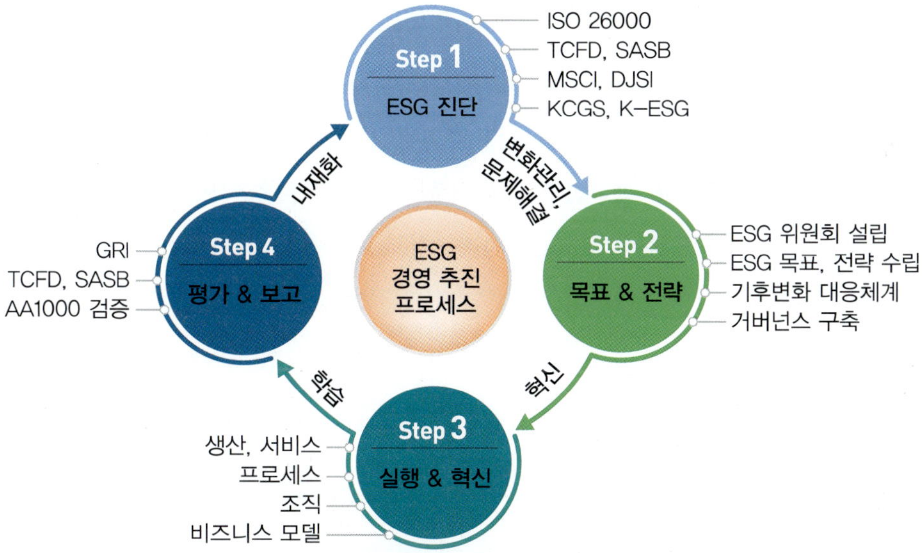

- **제1단계:** ISO 26000 등의 국내 · 외 우수 사례 및 글로벌 이니셔티브를 활용하여 기업의 ESG 경영을 위한 체계를 진단한다. 또한 CEO 및 전 구성원의 공감대가 형성되어야 한다.
- **제2단계:** 진단 결과를 활용하여 조직은 분야별로 실행할 목표를 설정하고 이를 달성하기 위한 구체적인 전략을 수립하는 단계이다. ESG 경영목표 수립이 중요하다. ESG 관련 부서에만 맡겨서는 해결되지 않는다. 기존에 추진해 온 사업적 전략목표와 ESG 경영의 전략목표를 하나로 통합하는 매우 중요하면서 어려운 단계이다.
- **제3단계:** 사업부서별 목표에 맞게 ESG 경영전략을 실행하는 단계이며 조직의 가치사슬 전반을 혁신하는 단계이다. 제품 · 서비스 혁신, R&D-구매-생산-영업-A/S 등 가치사슬 전체의 혁신, 더 나아가 비즈니스 모델의 혁신이 필요하다.

- **제4단계:** ESG 성과에 대한 평가를 시행하고 정량화 및 가시화해야 하며 이를 GRI 등 공시기준에 맞추어 ESG 보고서를 작성하는 단계이다.

삼성SDS가 개발한 ESG 플랫폼은 전략 수립과 정보관리, 모니터링, 과제관리, 공시관리 등 ESG 경영과 관련한 일련의 프로세스를 디지털화한 데이터 기반 플랫폼이다. ESG 플랫폼을 통해 개발, 구매, 제조, 폐기, 판매·물류, 사용·서비스 등 기업활동 전반에 걸친 데이터와 시스템을 ESG 관점으로 재구성, ESG 이슈에 효과적으로 대응할 수 있도록 설계하였다.

ESG 관련 데이터를 수집하고 유의미한 데이터를 추출해 평가기관·투자자의 ESG 문의에 관련 정보를 적시에 제공함은 물론 데이터에 대한 신뢰도를 높일 수 있다는 장점이 있다. 또한 ESG 관점으로 재구성한 내·외부 데이터를 기반으로 ESG 전략 수립, 정보관리, 리스크 관리, 평가·공시 관리를 통해 고객, 투자자, 정부, 임직원 등 다양한 이해관계자와 소통할 수 있다.

[그림 14-11] 디지털 ESG 플랫폼

출처: 삼성SDS

ESG 데이터를 수작업으로 추출·가공하는 데에는 많은 시간과 인력이 필요하다. ESG 플랫폼은 시간과 인력 투입을 최소화하는 동시에 관련 정보를 적시에 공유하고 신뢰할 수 있는 데이터를 제공할 수 있다.

14.5.2 중소·중견기업의 방향

탄소중립은 중소·중견기업의 경쟁력 측면에서 에너지 및 온실가스 감축에 대한 내외부적인 요구, 친환경제품 및 서비스에 대한 소비자 구매 욕구 충족, 그리고 공급자로서 선택이 아닌 필수가 되고 있다.

ESG 경영은 경영전략과 정보공개로 구분된다. ESG 경영전략은 기업이 ESG 관점에서 비전과 목표, 추진전략의 수립 등 경영 전반에서 ESG 요구사항에 부합하는 경영시스템을 구축해야 한다. ESG 정보공개는 기업의 ESG 경영활동에 대한 대외 평가에 필요한 정보를 투자자들에게 제공하는 것이다. 모든 코스피 상장사를 중심으로 2026년에는 기업지배구조보고서, 2030년에는 지속가능경영보고서를 의무적으로 공개하여야 한다.

또한 국제회계기준(IFRS) 재단이 ESG 공시 글로벌 표준을 제정하기 위하여 2021년 11월에 설립한 '국제지속가능성기준위원회(ISSB)'가 2022년 3월 31일 발표한 '기후 관련 공시기준'에 따라 기업들은 Scope 1, 2, 3 온실가스 배출량을 모두 공시해야 한다.

- Scope 1(직접 배출): 기업이 소유한 사업장이나 공장, 운송수단에서 직접 배출한 온실가스이다.
- Scope 2(간접 배출): 기업이 구매한 전기와 스팀 생산과정에서 발생한 온실가스이다.
- Scope 3(기타 간접 배출): 직·간접 배출을 제외하고 기업경영 가치사슬 전반에서 발생하는 온실가스(Scope 1, 2를 제외한 전 공급망에서의 배출량)이다.

이러한 상황에서 Scope 3 배출량 공개를 의무화한다면, 글로벌 공급망으로 이루어진 중소기업도 온실가스 배출량 정보공개를 해야 할 시점이 올 것이다.

ESG 정보공개는 평가지표를 기반으로 하고 ESG 평가지표는 국내·외 다양한 기관의 지표가 있다. 그러나 중소기업에서는 지표에 맞추어 관리하기에는 상당한 무리가 따른다. 평가지표의 난립으로 정부에서 마련한 중소기업형 K-ESG 가이드라인과 공급망 대응 K-ESG 가이드라인을 활용하는 것도 하나의 좋은 방법이라 할 수 있다.

ESG 관련 지속가능경영의 흐름이 전 세계적인 추세로 이어지고 국내 중소·중견기업이 관심을 가지고 ESG 경영에 대한 대응방안을 수립해야 하는 이유는 크게 두 가지로 요약할 수 있다. 첫째는 탄소배출에 대한 규제 강화이고, 둘째는 대기업의 ESG 정책 강화이다.

이에 중소·중견기업은 적절한 대응전략이 필요하다. 특히 매출액 중 해외 고객사 비중이 크거나 주주 중 해외 기관투자자 비중이 높은 경우에는 세부적인 대응전략을 마련할 필요가 있다. 또한 EU, 미국 등에서 환경 관련 분야에서 탄소국경조정제도와 같은 비관세장벽이 있는 상황을 고려하면, 국내 기업들이 과거처럼 제품 수출에만 신경을 쓴다면 성장은 어려워질 것이다. 해당 기업의 환경, 인권 등 ESG와 협력사들에 대한 공급망 관리까지 해야 한다.

이러한 지속가능경영에 대한 요구가 기업의 이해관계자로부터 더욱 강화되고 있다. 이처럼 더 이상 피할 수 없는 ESG 경영을 해야 한다면 선행되어야 할 사항은 아래와 같다.

먼저 ESG 경영시스템을 구축하기 위해서는 세 가지의 핵심요소, ACE를 고려해야 한다.

• **민첩성**(Agility): ESG 이슈는 기업의 리스크 이슈와 연결된다. 리스크 대응의 핵심은 신속하고 민첩하게 대응하는 것이다. 민첩성을 갖추기 위한 조직과 시스템, 프로세스를 확보

[그림 14-12] ESG 경영시스템 구축 핵심요소

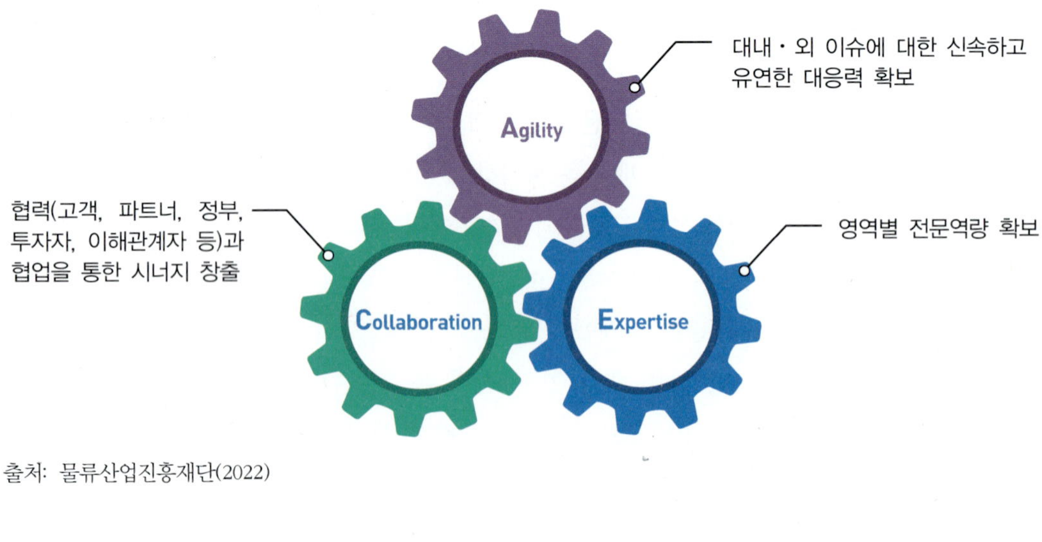

출처: 물류산업진흥재단(2022)

하는 것이 중요하다.

- **협업**(Collaboration): ESG 이슈가 발생하면 전사적인 협업체계가 가동되고 필요에 따라 신속한 외부 협력이 진행되어야 한다. 또한 이슈가 발생되기 전 사전에 감지하고 발생 시 신속히 대응할 수 있는 체계를 확보해야 한다. 협업은 ESG 경영에 있어 가장 중요한 동력원이다.
- **전문성**(Expertise): ESG 경영을 위해서는 전문역량을 내재화하는 것이 중요하다. 산업 및 기업의 특성에 맞추어 전문조직을 갖추고 전문인력의 양성이 필요하다.

국내 중소·중견기업의 지속가능경영을 위한 ESG 실행 세부전략은 [표 14-3]과 같다.

표 14-3 ESG 경영 실행을 위한 세부 대응전략

구분	주요 내용
인식의 전환	과거 기업의 가치는 재무성과로만 평가하였지만, 최근에 EU를 중심으로 ESG 관련 글로벌 지속가능경영의 요구가 확대되고 있고, 이런 비재무요소인 ESG에 의해서도 중장기 기업가치가 결정될 수 있다는 해당 기업 임직원의 인식 전환이 필요하다.
ESG 경영진단	해당 기업의 시장에서 영역별 ESG 평가가 어느 수준에 있는지의 사전 진단과 해당 기업의 재무성과와 비재무성과가 통합된 ESG 경영의 목표 설정이 필요하다.
핵심 ESG 파악	• 해당 기업의 비즈니스에서 핵심역량이 어떤 것인지에 대한 파악과 핵심역량과 관련된 ESG 영역별로 어떤 것이 있는지에 대한 현황 파악이 필요하다. • 핵심 ESG 파악은 동시에 해당 기업의 ESG 리스크는 어떤 것이 있는지에 대한 파악이 동시에 진행되어야 한다.
정보공개	ESG 관련 정보를 공개하는 것은 여러 글로벌 공개기준들을 준용하지만, 해당 기업의 핵심 ESG를 효율적으로 공개할 수 있는 기준을 결정해서 보고서(지속가능보고서)를 작성할 필요가 있다.
이니셔티브 가입	해당 기업이 속한 산업과 관련이 깊은 이니셔티브 가입 등을 통해 해외 고객사와 해외 기관투자자로부터 지속가능경영에 대한 요구에 대응전략 마련이 필요하다.
국내 인증제도 활용	글로벌 수준의 높은 지속가능경영 기준을 충족하기 어려울 경우, 국내에서 인증하는 인증제도(한국형 RE100, K-ESG 등)의 활용이 필요하다.

출처: 한국산업기술진흥원(2021)

현실적으로 ESG 경영에 대한 대비는 비용과 역량 등을 고려하면, 주로 대기업 중심으로 진행될 가능성이 크므로 중소·중견기업은 ESG 경영을 대비하기 위한 준비가 상대적으로 열악할 수밖에 없다. 이처럼 중소·중견기업의 ESG 경영에는 시간과 투자가 상대적으로 더 많이 필요하며, 자금이나 인력이 풍부한 대기업보다 상대적으로 열악한 중소·중견기업에 적합한 정부의 지원이 필요하다.

또한 공급망 내 협력사들의 탄소배출량에 대해 파악하고, 저탄소제품 생산을 위한 기술개발이 필요하다. 더불어 대기업은 협력사에게 기술이전 및 지원, 저탄소제품에 대한 인센티브 제공 등 대·중소기업 간의 협력이 활성화되어야 할 필요가 있다.

14.5.3 ESG 미래

탄소중립과 DX를 내세운 EU는 2020년에 자원 재순환 촉진을 위한 신순환경제 행동계획(New Circular Economy Action Plan)을 발표하고 '3R(Reduce, Reuse, Recycle), 지속가능한 순환경제(CE: Circular Economy)'로 2030년까지 70만 개의 새로운 일자리 창출을 예상하고 있다. 무엇보다도 기후환경변화에 대한 관심과 더불어 기업의 사회적 책임경영과 지속가능경영, 그리고 투명경영 등을 포함한 이슈가 전 세계적으로 확산되고 있다. 공통된 목표를 달성하기 위해 정부 주도로 시작하지만 결국에는 사회 전체가 함께하는 사회적 대타협이 이루어져야 한다. 탄소중립과 온실가스 감축은 정부 차원의 단기적 과제가 아니라 사회 전체가 함께하는 국가 차원의 지속적인 과제이기 때문이다.

ESG 경영 관련 최우선과제는 국제적으로 적용될 수 있는 공통의 지표개발이 구축되어야 한다는 것이다. 이와 함께 항목들 각각에 대한 정보를 보다 정확하게 분석할 수 있는 디지털 기반의 도구가 개발되어야 한다.

현재 많은 기업이 ESG 경영을 위한 활동과 준비를 하고 있다. 그러나 기업들 대부분이 환경이나 사회 영역에 초점을 맞추고 있다. 이는 기업의 이윤창출과 연결되어 있으니 당연하다고 볼 수 있다. 환경 및 사회 영역보다 공론화가 덜 된 영역이 지배구조인데 이는 더더욱 투명성이 요구된다. 이제는 환경을 비롯하여 기업지배구조, 사회적 책임 이행 등 다양하고 폭넓게 기업의 책임과 의무를 이행해 나가야 한다. 또한 기업들은 어떻게 ESG를 기업경영에 반영하였는지 보다 구체적이고 투명하게 밝혀야 한다. 그리고 ESG 경영을 평가할 때 보다 표준화되고 공신력 있는 체계와 시스템이 반영되어야 한다.

우리나라는 2025년부터 자산 규모 2조 원 이상 코스피 상장사, 그리고 2030년부터는 모든 코스피 상장사에 대해 지속가능경영보고서 공시를 의무화하기로 했다. 이제 ESG 경영은 선택이 아닌 필수적으로 해야만 하는 상황이 온 것이다. ESG가 성장과 생존을 위한 기업경영의 핵심으로 자리 잡는 시대가 시작되고 있다.

기업의 지속가능한 경영을 위해서 DX와 ESG는 기업혁신에 필요한 핵심요소이다. DX를 활용하여 기업의 ESG 활동에 대한 데이터가 축적되며, 해당 데이터를 기반으로 기업 성장이 촉진되고, ESG 평가에도 객관적인 자료로 활용되어 기업의 지속가능경영을 실현하는 데 도움이 될 것이다.

현재 ESG 데이터 관련 업무에는 대부분 많은 노동력이 필요하다. 사람의 개입으로 데이터의 수집 · 분석에서 주관적일 수밖에 없는 한계가 있다. 이런 문제점을 극복하기 위해 빅데이터를 활용한 인공지능으로 자료를 객관적으로 분석함으로써 의사결정의 한계점을 극복하고 미래 발생할 수 있는 사건들에 대한 예측능력을 높여야 한다.

디지털 기반의 ESG 분석은 객관적이며 투명하고 상대적으로 빠르게 업데이트할 수 있다는 장점이 있다. 또한 빅데이터 분석 및 인공지능 분석은 방대한 정보를 실시간으로 분석할 수 있어 비용과 속도 면에서 효율적이다.

또한 빅데이터와 인공지능의 기술적 진화는 ESG 경영을 포함한 인적자원관리에서도 혁신을 이끌고 있다. 종업원에 대한 가치평가(인사평가)는 물론 채용에서부터 퇴직까지 인적자원개발을 위한 인공지능 기반의 효율적 인사시스템으로 발전하고 있다. 인공지능 도입에 의한 윤리경영과 정도경영이 앞으로 기업이 나아가야 할 방향이다.

지금은 투자기관 및 평가기관을 중심으로 인공지능이 이용되고 있지만, 앞으로는 ESG 경영을 실현하려는 기업 전반에서 사물인터넷, 빅데이터, 인공지능 등의 디지털 기술을 도입하려는 움직임은 더욱 확대될 것으로 전망된다.

연습문제

01 ESG 경영시스템 구축의 핵심요소가 아닌 것은?

① 민첩성 ② 전문성
③ 유연성 ④ 협업

02 제조업의 디지털 트랜스포메이션의 진화과정으로 순서가 올바른 것은?

㉠ 기업 전사 디지털화 단계	㉡ 플랫폼 등장 단계
㉢ 디지털 기반 사회적 가치창출 단계	㉣ 공급사슬 통합 단계

① ㉠-㉣-㉡-㉢ ② ㉠-㉡-㉢-㉣
③ ㉡-㉠-㉢-㉣ ④ ㉡-㉠-㉣-㉢

03 다음 중 ESG DX의 특징이 아닌 것은?

① 투명성 ② 정확성
③ 효과성 ④ 신뢰성

04 상호 연결된 기능적 프로세스를 디지털화하고, 비즈니스 프로세스 및 전략 수립으로 새로운 혁신 및 가치를 창출하는 것을 의미하는 것은 어느 것인가?

① 디지털화 ② 디지털 트랜스포메이션
③ 전산화 ④ 트윈 트랜스포메이션

05 누구나 열람할 수 있는 디지털 장부에 거래 내역을 투명하게 기록하고, 여러 대의 컴퓨터에 이를 복제해 저장하는 분산형 데이터 저장기술을 무엇이라 하는가?

① RPA ② 빅데이터
③ 블록체인 ④ 인공지능

06 ESG 경영 추진 프로세스에 대해 단계별로 설명하시오.

( )

07 한국판 뉴딜의 10대 과제에 대해 설명하시오.

( )

08 ESG DX의 특징을 설명하시오.

( )

09 디지털 트랜스포메이션을 정의하시오.

( )

10 미국의 5대 그린 뉴딜의 목표에 대해 설명하시오.

( )

제14장 연습문제 정답

01. ③ 유연성
02. ① ㉠-㉣-㉡-㉢
03. ② 정확성
04. ② 디지털 트랜스포메이션
05. ③ 블록체인

참고문헌

강주영(2023), “글로벌 ESG 공급망 실사 확대에 따른 협력 중소기업 ESG 지원방안 연구 — 동반성장위원회 협력사 ESG 지원사업을 중심으로 —”, 중앙대학교 대학원, 석사학위논문.

강채령 · 이태희(2022), “유럽의 ESG 법제화에 따른 K-ESG 대응방안에 관한 연구”, 경영컨설팅연구, 제22권, 제2호, 2022년 4월.

권재열 외(2022), ESG 레볼루션: 지속가능경영의 절대조건, 캐피탈북스.

김성균 · 김민주(2019), “EU의 온실가스 배출 추이(1990~2017)와 2050년 탄소중립 목표 설정”, 에너지경제연구원.

김성영 외(2023), 경영학원론, 한국방송통신 대학교 출판문화원.

김성희 · 방준성(2022), “ESG 경영전략 실천을 위한 인공지능 기술 활용”, 한국전자통신연구원, 2022.6.

김소미(2022), “대한민국 디지털화路 회복전략 시리즈”, 한국지능정보화사회진흥원.

김영식 외(2011), “기업의 사회적 활동과 재무적 성과의 통합적 고찰”, 대한경영학회, 24(5), 2913~2950.

김이진 · 류현정(2021), “ESG 평가체계 현황 분석 연구 — 환경영역(E)을 중심으로”, 한국환경연구원, 2021.3.

김재필(2021), ESG 혁명이 온다: 미래 전략과 7가지 트렌드 편, 한스미디어.

김종년 외(2012), 지속가능경영과 기업 경쟁력 모형의 재구축, 삼성경제연구소.

김창길 · 문동현(2010), 세계 탄소시장의 개황, 한국농촌경제연구원.

김한조(2020), “유럽의 그린 딜과 지속가능금융 관련 규제 발전 현황”, 금융투자협회, 9(22), 9~10.

김효정 · 이준석(2021), “기업의 ESG 실행과 평가의 괴리 가능성 연구: ESG 평가지표 분석을 중심으로”, 국가정책연구, 35(4), 199~225.

나형배(2021), “전자제품 중심의 스마트공장 수준진단에 대한 실증 연구”, 공주대학교 대학원, 박사학위논문.

남영현 · 김성훈(2021), “지속가능 물관리를 위한 ESG와 인공지능”, 한국수자원공사, 54(7), 2021.7.

노규성(2021), “뉴노멀 시대의 디지털 기반 전략경영에 관한 연구”, 한국융합학회논문지, 12(6).

명순영 · 류지민 · 반진욱(2021), “ESG 성공하려면…성과 계량화하고 공시에 힘 쏟아야 [ESG의 모든 것] ESG 성공 10계명”, 매경이코노미 제2113호, 2021.6.16~2021.6.22. 기사.

문성후(2022), ESG 에센스, 한국표준협회미디어.

문진영 · 박영석 · 나승권 · 이성희 · 김은미(2021), 국제사회의 순환경제 확산과 한국의 과제, 대외경제정책연구원.

문휘창(2011), 공유가치창출의 기본은 윤리, 착한 기업이 오래간다, 동아비즈니스리뷰.

박기식 · 조재영 · 김강훈(2022), "글로벌 ESG 트렌드 및 추진 전략 분석", 정보와 통신, 39(7), 2022.7.

박기찬 · 최정철(2022), ESG 경영을 읽는다: ESG 경영보고서 작성 임직원 필독서, ㈜한올출판사.

박태영, 윤건용(2021), ESG의 구조: 착한 ESG 그리고 위험한 ES+G, 문우사.

박혜진(2020), 국내 ESG 펀드의 현황 및 특징 분석, 자본시장연구원.

박흥수 · 이장우 · 오명열 · 유창조 · 전병준(2014), 경영학회가 제안하는 공유가치창출 전략, 박영사.

배성미(2021), "탄소위험에 대한 자기자본비용 반응계수 결정요인", 인하대학교 대학원, 박사학위논문.

배종석 · 문정빈 · 이동섭 · 이재혁 · 김대수 · 박찬수 · 이재남 · 김우찬 · 한승수(2021), ESG 시대의 사회적 가치와 지속가능경영, 클라우드나인.

백인규(2021), "2021년 국내 ESG 경영 동향 및 2022년 전망", 한국딜로이트그룹.

서정열(2021), "ESG 성공 열쇠, 디지털 기반 ESG", DT Trend.

손환식(2022), "중소 제조기업의 스마트공장 운영요인이 기업성과에 미치는 영향에 관한 연구", 공주대학교 대학원, 박사학위논문.

신지현(2022), 한 권으로 끝내는 ESG 수업, 중앙북스.

신지영(2022), 지금 당장 ESG, 천그루숲.

신형원 · 이승현 · 홍선영(2008), "한국기업의 CRM 성공전략", CEO Information, 삼성경제연구소, 2008.3.26.

안세민 · 조대혁 · 류도현 · 최재혁 · 안기완(2022), "산림분야 ESG 평가 모델 개발을 위한 국내외 ESG 동향과 전략", 산림경제연구, 29(2), 2022.12.12.

안승광, "탄소배출권과 탄소시장", 기업지배구조리뷰, 법령연구.

알렉스 에드먼스(2021), ESG 파이코노믹스, 매일경제신문사.

양승룡(2009), "국제탄소시장의 구조와 특징", GS&J 인스티튜트.

양희원(2021), "디지털 트랜스포메이션을 활용한 ESG 경영", KCGS Report, 11(11), 2021.11.

여윤지 · 이은주(2022), "ESG 경영을 위한 인공지능기술의 활용 사례: 안전과 건강, 사회적 가치를 중심으로", 경영과 사례연구, 44(1), 43~62.

염성오(2022), "탄소중립과 ESG 경영을 위한 녹색채권 통합평가방법 연구—LCA와 산업연관분석을 중심으로 —", 세종대학교 대학원, 박사학위논문.
용석광(2022), ESG와 윤리 · 준법경영.ZIP, 맑은샘.
위오기 외(2012), "스마트시대의 경영학원론", 태경.
유종익 · 이동훈(2022), "ESG 경영체계 구축과 정보통신기술 및 서비스 활용", 정보와 통신, 39(7), 2022.7.
유창무(2008), 윤리경영 실천매뉴얼, 한국수출보험공사.
윤순진(2021), "한국의 2050 탄소중립 시나리오: 내용과 과제", 에너지경제연구원.
윤종훈 외(2022), 경영학원론. 도서출판 창명.
이나겸 · 임수영(2022), ESG+SDGs, 미디어 한강.
이병윤(2022), "ESG 성과의 공시 · 평가와 'K-ESG 가이드라인", 금융브리프, 31(1).
이보화(2023), "ESG 발전 및 역사", 한국공인회계사회
이승주(2022), "고용의 질에 관한 정부규제가 중소기업 혁신에 미치는 영향: 전문인력 확보 역량의 매개효과를 중심으로", 고려대학교 대학원, 박사학위논문.
이연우(2022), "한국형 ESG 가이드라인의 쟁점분석과 적용포인트: ESG 이슈별 준법경영시스템 개선방안", 태평양 ESG랩.
이정화(2017), "중소기업 관점에서 기업간 동반성장 활동이 협력성과에 미치는 영향", 충북대학교 대학원, 박사학위논문.
이준희(2020), "한국기업들의 ESG 경영을 위한 변화 I : ESG 경영의 개념과 접근방법", Deloitte Insights, 2020, No.16.
이진(2021), "지속가능한 공급망 관리의 필요성과 달성 방안", 대한상공회의소 정책연구 보고서, 제2021-09호.
이효수(2021), "산업 4.0, 노동 4.0, 그리고 교육 4.0", 경세제민 183, 〈https://blog.naver.com/hyosleegiu/222689188967〉
임창희(2021), 경영학원론, 학현사.
임형석(2021), "한국형 녹색 분류체계 (K-Taxonomy) 관련 과제", 한국금융연구원, 30(5), 19~21.
장석인(2022), "중소기업의 ESG 경영 평가유형에 관한 연구", 혁신기업연구, 7(3), 223~240.
전상길 · 노수진 · 탕위(2014), "LG전자 동반성장 사례연구: 개념모델 도출", 한국경영학회, 18(4), 27~58.
정혜정(2022), "디지털 전환에 따른 신기술 분야 인력양성 및 경력전환 체계 개발 연구", 한국직업능력연구원, 2022.
조단(2022), "탄소중립을 위한 중국 탄소배출효율성의 연구 — 메타 확률변경거리함수를 이용하여 —",

부산대학교 대학원, 박사학위논문.
주성수 · 김성현(2015a), “글로벌 CSR 현황과 발전방안”, KOICA.
주성수 · 김성현(2015b), “글로벌 CSR 사례집”, KOICA.
주성수(2017), 사회적경제와 사회적 임팩트, 한양대 출판부.
주성수(2020), 글로벌 개발 임팩트 투자, 한양대 출판부
천백민(2021), “ESG 경영을 위한 글로벌 3D 프린팅 사례 연구”, 글로벌경영학회지, 18(6), 50~69.
한상범 · 권세훈 · 임상균(2021), “글로벌 ESG 동향 및 국가의 전략적 역할”, 대외경제정책연구원 (KIEP), ODA정책연구 21-01, 2021.12.30.
한성희(2022), “ESG 평가 모델 개발과 활용에 관한 연구: 건설산업에 있어서 협력사 중심으로”, 한성대학교 대학원, 박사학위논문.
후지이 다케시(2016), CSV 이노베이션, 한언.

2050 탄소중립녹색성장위원회(2021), 탄소중립 학습 자료집, 2021.7.
고용노동부, ‘산업재해 현황분석’을 이누리집 국가지표체계(K-indicator)에서 인용, 〈https://www.index.go.kr/unity/potal/indicator/IndexInfo.do?cdNo=2&clasCd=10&idxCd=F0119〉
관계부처합동, “한국판 뉴딜,” 2021년, 〈https://www.knewdeal.go.kr〉
관계부처합동(2021), “K-ESG 가이드라인.”
국회예산정책처(2022), “탄소중립 추진방안 및 관련 재정정책에 관한 국제적 비교 연구.”
금융위원회(2021), “ESG 국제동향 및 국내 시사점.”
네이버 지식백과, 산업 안전 [industrial safety, 産業安全](산업안전대사전, 2004.5.10., 최상복)
네이버 지식백과, 탄소중립기본법(시사상식사전, pmg 지식엔진연구소)
대한산업안전협회, 안전교육교안: 안전보관관리체계구축(KISA-일반-54)
대한산업안전협회, 안전교육교안: 위험성 평가 절차 및 실시(KISA-일반-44)
대한상공회의소(2021), “중소 · 중견기업 CEO를 위한 알기 쉬운 ESG”, 2021.1.22.
대한상공회의소(2022), “국내 제조기업의 RE100 참여 현황과 정책과제 조사.”
대한상공회의소(2022), “대한상의 ESG 뉴스레터”, 제9호, 2022.1.
대한상공회의소(2022), “대한상의 ESG 뉴스레터”, KCCI 브리프 ESG 제15호, 2022.7.
대한상공회의소(2022), “지속가능경영을 위한 기업 가이드, ESG Ato Z”, 2022.7.
대한상공회의소 삼정KPMG(2021), “중소기업ESG추진전략”, 관리지표별 ESG 체크리스트.
대한상공회의소 지속가능경영원, 〈http://www.bisd.or.kr/〉

매일경제 ESG팀(2021), 이것이 ESG다, 매일경제신문사.
물류산업진흥재단(2022), ESG 편람.
사회적가치연구원(2018), 사회성과인센티브 활용 사례 보고서.
사회적금융포럼(2021), 2020 사회적금융 서베이.
산업안전보건법(법률)(제18426호)(20220818)
산업안전보건법 시행령(대통령령)(제32873호)(20220818)
산업인력관리공단 자격정보(www.q-net.or.kr)
산업통산자원부(2021), "2050 탄소중립 시나리오안," 2021.10.18.
산업통상자원부(2021), "K-ESG 가이드라인 v1.0", 산업통상자원부, 산업정책과, 2021.12.
삼정KPMG(2021), "ESG의 부상, 기업은 무엇을 준비해야 하는가?", Samjong INSIGHT 통권 제74호.
서스틴베스트(2021), 기업 ESG 분석보고서.
전경련(2013), 사회공헌 백서.
전경련(2019), 2019 주요 기업의 사회적 가치 보고서.
중대재해 처벌 등에 관한 법률(중대재해처벌법)(제17907호)
코트라(2021), "주요국 그린뉴딜 정책의 내용과 시사점."
하람커뮤니티, 고객관계관리 중 'CRM구현방식', 하람커뮤니티 홈페이지(2023.4.21.), 〈http://haramcs.com/sub/sub0104_3.php〉
한국경영학회(2023), ESG 이해관계자 중심 경영, 박영사.
한국공인회계사회(2022), ESG 한 권에 담았다, 한국공인회계사회.
한국국제협력단(2019), "혁신적 개발협력 사업."
한국기업지배구조원, 〈http://www.cgs.or.kr/〉
한국기업지배구조원(2017), "ESG 공시 강화에 대한 제안."
한국무역협회(2021), "EU의 ESG 관련 입법 동향과 시사점."
한국사회적 기업진흥원(2015), 따뜻한 혁신 알찬경영 사회적 기업 16.
한국산업기술진흥원(2021), "ESG 경영의 전략과 과제", 중견기업이슈리포트, 2021.8.
한국은행(2021), "주요국 기후변화 대응 정책이 우리 수출에 미치는 영향 — 탄소국경세를 중심으로."
한국정보통신기술협회, 〈https://terms.tta.or.kr〉
한국표준협회(2021), "ESG 경영 · 평가 대응을 위한 ISO · IEC 국제표준 100선 가이드", 한국표준협회, 2021.6.23.
한국ESG기준원(2022), "ESG 평가 안내", 2022.

한국ESG연구소(2023), “한국ESG연구소 평가방법론 소개”, ESG센터 ESG평가본부, 2023.2.
행복나눔재단(2016), “2015 Impact Investing.”
환경부(2022), “2020년 온실가스 배출량 전년 대비 6.4%감소, 6억 5,622만 톤”, 2022.10.25. 보도자료

ESG경제(2023), “K-ESG 가이드라인, 기존 ESG 평가지표와 어떻게 다른가”, 2023.2.7., ⟨http://www.esgeconomy.com⟩
IMI(2022), “ESG 교육 자료”, IMI전경련국제경영원.
MSCI(2020), “MSCI ESG Ratings Methodology Exec Summary Dec 2020.”
POSRI(2021), “Digital Transformation(DX), 철강산업에서의 의미와 사례”, 포스코경영연구원, 이슈리포트, 2021.10.28.
POSRI(2022), “ESG 경영, Digital로 가치를 더하다”, POSRI 이슈브리프, 2022.10.14.

https://blog.naver.com/mesns/110185996553
https://ellenmacarthurfoundation.org/topics/circular-economy-introduction/overview
https://sustinvest.com/
http://www.impacton.net
https://www.msci.com/
https://www.bloomberg.com/asia
https://www.greencertif.or.kr/ptl/fMainC/main.do
https://www.greenproduct.go.kr/web/contents/cstmGreen.do
https://www.gbc.re.kr/index.do
https://www.ksa.or.kr/ksa_kr/index.do
https://www.kosha.or.kr/kosha/index.do
https://www.skcareersjournal.com/2823
https://www.technologyreview.kr/responsible-climate-change-charts/

AIAF(2022), “ESG Integration the Time of COVID-19.”
Ashutosh Gupta(2021), “How CIOs Can Get Ahead on Sustainability and ESG”, ⟨https://www.gartner.com/en/articles/how-cios-can-get-ahead-on-sustainability-and-esg⟩
B4IG(2021), “Scaling up Inclusive Social Innovation”, 2021 Incubator Graduation Event.

BCG(2021), "Reduce Carbon and Costs with the Power of AI", Boston Consulting Group, 2021.1.

B Corporation(2011), Annual report.

B. K. Dey, A. Datta, B. Sarkar(2023), "Effectiveness of carbon policies and multi-period delay in payments in a global supply chain under remanufacturing consideration", *Journal of Cleaner Production*, 402(20), 136539.

BSDC(Business and Sustainable Development Commission)(2017), "Better Business Better World."

BSR(Business for social Responsibility)(2010), "OECD Discussion Paper On Responsible Supply Chain Management."

B Team(2020), "Net-Zero Economy Report-2020."

Chatterji, A. K. et al.(2009), "How well do social ratings actually measure corporate social responsibility?" *Journal of Economics & Management Strategy*, 18(1).

Climate Leadership Council(2019), "Economists' Statement on Carbon Dividends."

Deloitte(2012), "Societal Purpose: A Journey in its Early Stages."

Deloitte(2017), "The smart factory: Responsive, adaptive, connected manufacturing", A Deloitte series on Industry 4.0, digital manufacturing enterprises, and digital supply networks, Deloitte University Press.

European Commission(2019), "Communication From The Commission", 2019.

Garima Nain, K. K. Pattanaik, G. K. Sharma(2022), "Towards edge computing in intelligent manufacturing: Past, present and future", *Journal of Manufacturing Systems*, 62, 588~611.

G. S. Gupta, S. Tiwari(2021), "Past and present events of climate change", *Global Climate Change*, 267~295.

Helen Kopnina and Kim Poldner(2022), *Circular Economy*, Routledge.

IEA(2021), "Net zero by 2050: Roadmap for the global energy sector."

IPCC(2018), "Special Report on Global Warming of 1.5℃", 2018.10.8.

J. C. Macedo(2023), "Climate change: a bioetthical emergency and health priority", *Ethics, Medicine and Public Health*, 27, 100872.

J. D. Wisner, K. C. Tan, G. K. Leong(2012), *Supply Chain Management: A Balanced Approach*, 3th Edition, Cengae.

Jeffrey Moriarty(2022), *Business Ethics*, Routledge.

J. S. Nelson and Lynn A. Stout(2022), *Business Ethics*, Oxford University Press.

Karoline Heitmann, et, al.(2020), "The Rise of the Corporate Social Investor", *Stanford Social Innovation Review*, Summer 2020.

Kevin Gibson(2023), *Ethics and Business*, Second Edition, Cambridge University Press.

KPMG(2011), "International Corporate Responsibility(CR) Reporting Survey."

Lerwen Liu, Seeram Ramakrishna(2016), *An Introduction to Circular Economy*, Springer.

Lydia Bals, Wendy L. Tate and Lisa M. Ellram(2022), *Circular Economy Supply Chains: From Chains to Systems*, Emerald Publishing.

Marr B.(2020), "8 Powerful Examples Of AI For Good", 〈https://www.forbes.com/sites/bernardmarr/2020/02/10/8-powerful-examples〉

Marsh, C., Robinson, S.(2021), "ESG and Technology: Impacts and Implications", S&P Global Market Intelligence.

Mavropoulos, Antonis and Nilsen, Anders Waage,(2020), *Industry 4.0 and Circular Economy*, Wiley.

Neeta Baporikar(2020), *Handbook of Research on Entrepreneurship Development and Opportunities in Circular Economy*, IGI Global.

N. Saini, K. Malik, S. Sharma(2023), "Transformation of Supply Chain Management to Green Supply Chain Management: Certain investigations for research and applications", *Cleaner Materials*, 7, 100172.

OECD(2011), "Environmental indicators, modelling and outlooks."

OECD(2019), "Taxing Energy Use 2019: Using Taxes for Climate Action."

OECD(2020), "ESG Investing: Practices, Progress and Challenges."

Peter A. Stanwick and Sarah D. Stanwick(2021), *Absolute Essentials of Business Ethics*, Routledge.

P. Fontoura, A. Coelho(2022), "How to boost green innovation and performance through collaboration in the supply chain: Insights into a more sustainable economy", *Journal of Cleaner Production*, 359(20), 132005.

Resul Kurt(2019) "Industry 4.0 in Terms of Industrial Relations and Its Impacts on Labour Life", *Procedia Computer Science*, 158, 590~601.

Samuel O. Idowu, René Schmidpeter, Liangrong Zu(2022), *The Future of the UN Sustainable Development Goals*, Springer.

S. Dora, S. Smit, & R. Viguerie(2011), "Drawing a New Road Map for Growth", McKinsey Quarterly, April.

UNEP(2014), "A New model of governance for sustainabilitty."

UNEP(2020), "Emission Gap Report 2020."

United Nations(2016) [accessed 5 June 2016] [Online], ⟨http://www.un.org/sustainabledevelopment/energy/⟩

W. J. Lee & S. U. Choi(2021), "Internal and external corporate social responsibility activities and firm value: Evidence from the shared growth in the supply chain", *Borsa Istanbul Review*, 21-S1, S57~S69.

찾아보기

| 저자약력 |

황인극

공학박사
(전) 한국프로젝트경영학회 회장
대한설비관리학회 회장
(현) 공주대학교 산업시스템공학과 교수

손환식

공학박사
(전) ENA 제조혁신팀장
(현) WINHITECH 상무 재직
대한설비관리학회 이사
한국산학기술학회 정회원

강성진

공학박사
(현) ㈜엠텍 대표이사 재직

지속가능 기업을 위한 ESG 경영

2023년 10월 15일 1판 1쇄 인쇄
2023년 10월 20일 1판 1쇄 발행

저 자 | 황인극 · 손환식 · 강성진
발 행 인 | 이수영
발 행 처 | 도서출판 청람
서울시 마포구 독막로 288(대흥동, 세양상가 109호)
전 화 | 02) 3272－2601~2
팩 스 | 02) 3272－2603
홈페이지 | http://www.crbooks.co.kr
이 메 일 | crbooks@daum.net
등 록 | 2000년 8월 26일 제6－0509호

ISBN 978-89-5972-986-9 93320 [정가 32,000원]